普通高等教育"十三五"规划教材

21世纪高职高专汽车技术系列教材 汽车技术类

汽车发动机构造与检修

QICHE FADONGJI GOUZAO YU JIANXIU

主　编　李　波　蒋翠翠
副主编　黄志永　邱雪君　杨敏坚
主　审　孟国强

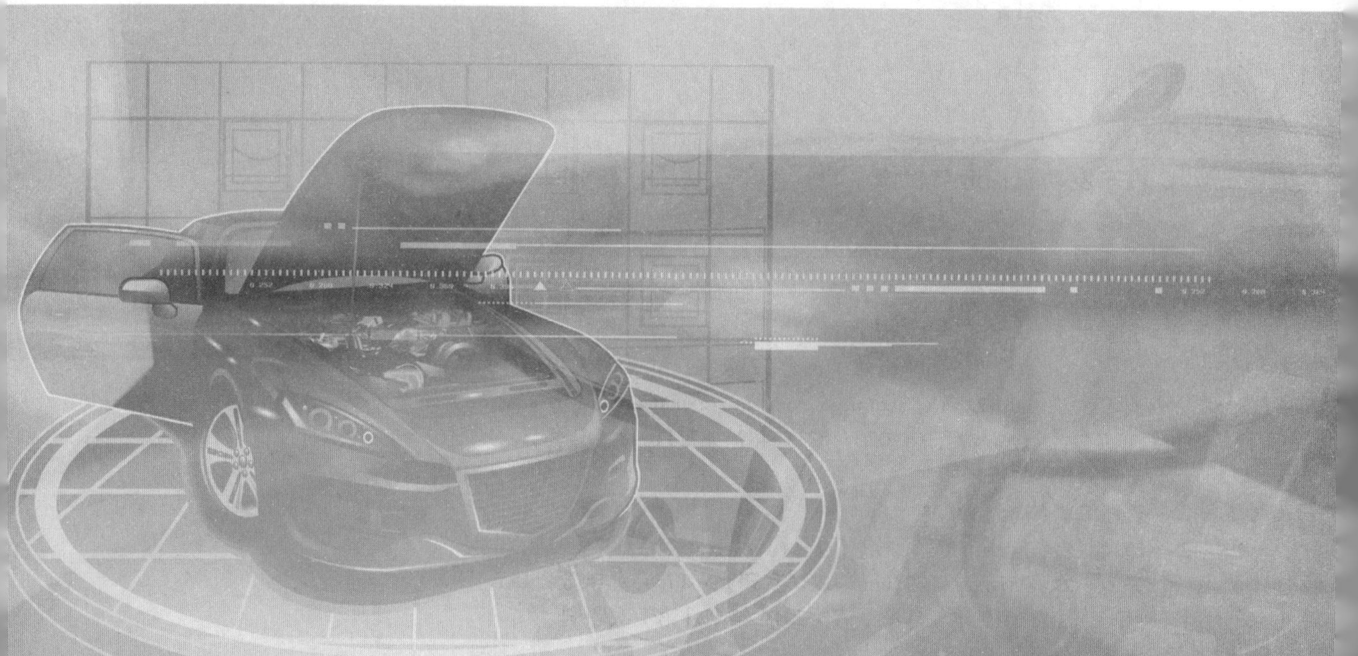

华南理工大学出版社
SOUTH CHINA UNIVERSITY OF TECHNOLOGY PRESS

·广州·

内 容 简 介

本书通过对汽车发动机的各总成、部件典型结构的介绍，系统阐述了现代汽车发动机的构造与检修。本书编写新颖，采用大量的图片来说明汽车发动机构造与原理，文字尽量简洁，并将汽车发动机新技术纳入教材，内容翔实，重在实践能力、发展潜能的培养，借鉴了国际职业教育先进理念，把行业能力标准作为专业课程教学目标和鉴定标准，按照能力标准组织教学内容。书中所用的实例，多采用国内外常见品牌的产品。

本书既可用作汽车相关专业的教材，也可作为汽车维修服务人员的自学用书和员工培训教材。

图书在版编目(CIP)数据

汽车发动机构造与检修/李波,蒋翠翠主编. —广州：华南理工大学出版社，2019.1
ISBN 978-7-5623-4861-0

Ⅰ.①汽… Ⅱ.①李…②蒋… Ⅲ.①汽车-发动机-构造 ②汽车-发动机-车辆修理 Ⅳ.①U472.43

中国版本图书馆 CIP 数据核字(2019)第 019136 号

汽车发动机构造与检修

李波 蒋翠翠 主编

出 版 人：卢家明
出版发行：华南理工大学出版社
（广州五山华南理工大学 17 号楼，邮编 510640）
http://www.scutpress.com.cn　E-mail:scutc13@scut.edu.cn
营销部电话：020-87113487　87111048（传真）
策划编辑：袁　泽
责任编辑：唐燕池　袁　泽
印 刷 者：广州市穗彩印务有限公司
开　　本：787mm×1092mm　1/16　印张：17.75　字数：455 千
版　　次：2019 年 1 月第 1 版　2019 年 1 月第 1 次印刷
定　　价：46.00 元

版权所有　盗版必究　　印装差错　负责调换

前　言

汽车发动机构造与检修是一门实践性很强的课程，作为汽车相关专业必修的专业基础课，对后续的多门汽车专业课程学习影响极大。本书融理论方法与应用为一体，全面介绍了汽车发动机的构造与检修，既可作为一本汽车专业的入门教材，又可作为汽车维修服务人员的自学用书和培训教材。教材的编写从高职教育的要求出发，在内容的编排上结合了职业的特点，在专业知识的讲解上注重知识的前沿性和实用性。

当前，汽车行业高速发展，新技术不断涌现，但教材的出版往往滞后，内容陈旧的教材跟不上汽车行业的发展，学生学到的知识常难以适应企业工作岗位的需求。基于此，本书邀请了宝马和丰田公司的一线培训团队参与编写。他们有丰富的现场教学经验，对企业所需的岗位知识、岗位技能有较为深入的了解，并在编写过程中将国内常见大品牌汽车的新知识、新技术融入书中，使教材内容新颖、实用。

本书共11个项目，内容包括发动机相关原理与维修安全知识、发动机总体构造、曲柄连杆机构、配气机构、进气和排气系统、燃油供给系统、起动系统与点火系统、发动机润滑系统、发动机冷却系统、发动机排放控制、发动机大修等。除了介绍汽车发动机构造和工作原理外，还对汽车发动机的常见维修、检测项目和汽车发动机大修作业做了讲解。每一知识领域的内容都包含学习目标、项目实操、项目小结、复习与思考。以"学中做"作为理论知识点的教学方法，重思考；以"做中学"作为技能训练的教学方法，重总结和分析,弱化案例教学的方式。这不但能充实学生的理论基础,加深学生对发动机各总成结构、工作原理的理解,同时启发学生不断学习,提升自我的潜质和能力,向技术型、发展型、复合型、创新型人才迈进。

本书由李波、蒋翠翠任主编,黄志永、邱雪君、杨敏坚任副主编,孟国强教授主审。本书的编写过程得到陈翔老师的大力支持与帮助,在此表示衷心的感谢!

由于编者水平有限,书中难免有疏漏或不当之处,诚恳地欢迎同行专家和读者批评指正,并提出宝贵的意见。

编者

2018 年 10 月

目 录

项目一 汽车维修安全知识与发动机相关理论 ··············· 1
1.1 安全实践 ·· 1
1.1.1 概述 ·· 1
1.1.2 汽车维修车间潜在危险 ····························· 1
1.1.3 汽车维修车间的安全 ······························· 2
1.1.4 车间环境保护 ······································· 5
1.1.5 车间6S管理 ·· 6
1.2 基础理论 ·· 8
1.2.1 概述 ·· 8
1.2.2 发动机相关物理原理 ······························· 8
1.2.3 金属材料的性能 ···································· 13
1.3 发动机基本原理 ·· 14
1.3.1 发动机的分类 ······································ 14
1.3.2 发动机的安装位置 ································· 15
1.3.3 四冲程发动机工作原理 ··························· 16
1.3.4 发动机的基准参数 ································· 17
【项目实操】 ·· 23
【项目小结】 ·· 23
【复习与思考】 ·· 24

项目二 发动机总体构造 ·· 27
2.1 发动机型号 ·· 27
2.1.1 发动机型号的标识位置 ··························· 27
2.1.2 国产发动机型号的含义 ··························· 28
2.2 技术信息资料 ··· 29
2.3 发动机的基本构造 ····································· 31
2.3.1 汽油机的基本构造 ································· 31
2.3.2 柴油机的基本构造 ································· 33
2.3.3 汽油机与柴油机的差异 ··························· 33
2.4 发动机的螺栓连接件 ·································· 33
2.4.1 常用的螺栓连接件 ································· 33
2.4.2 螺栓螺母的材料和选用 ··························· 35

2.4.3　螺栓防松的方式 ……………………………………………… 35
　　2.4.4　粗牙螺纹与细牙螺纹 ………………………………………… 36
【项目实操】 ………………………………………………………………… 36
【项目小结】 ………………………………………………………………… 37
【复习与思考】 ……………………………………………………………… 37

项目三　曲柄连杆机构 ……………………………………………………… 38
3.1　机体组 ………………………………………………………………… 38
　　3.1.1　气缸盖罩 ……………………………………………………… 38
　　3.1.2　气缸盖密封垫 ………………………………………………… 39
　　3.1.3　气缸盖 ………………………………………………………… 39
　　3.1.4　燃烧室顶 ……………………………………………………… 40
　　3.1.5　燃烧室 ………………………………………………………… 41
　　3.1.6　气缸体 ………………………………………………………… 42
　　3.1.7　油底壳 ………………………………………………………… 44
3.2　活塞连杆组 …………………………………………………………… 45
　　3.2.1　活塞 …………………………………………………………… 45
　　3.2.2　活塞环 ………………………………………………………… 48
　　3.2.3　活塞销 ………………………………………………………… 51
　　3.2.4　连杆 …………………………………………………………… 52
3.3　曲轴飞轮组 …………………………………………………………… 53
　　3.3.1　曲轴 …………………………………………………………… 53
　　3.3.2　曲轴轴承 ……………………………………………………… 56
　　3.3.3　飞轮 …………………………………………………………… 57
　　3.3.4　曲轴皮带轮 …………………………………………………… 57
3.4　活塞销偏置和曲轴偏置 ……………………………………………… 58
　　3.4.1　活塞销偏置 …………………………………………………… 58
　　3.4.2　曲轴偏置 ……………………………………………………… 59
【项目实操】 ………………………………………………………………… 60
　实操1　气缸磨损的检测 …………………………………………………… 61
　实操2　气缸盖平面度的检测 ……………………………………………… 65
　实操3　曲轴磨损与变形的检测 …………………………………………… 67
　实操4　活塞及活塞环三隙的检测 ………………………………………… 71
【项目小结】 ………………………………………………………………… 75
【复习与思考】 ……………………………………………………………… 76

项目四 配气机构 ... 78
4.1 概述 ... 78
4.2 气门驱动组 ... 79
4.2.1 动力传动装置 ... 80
4.2.2 凸轮轴 ... 80
4.2.3 气门的驱动装置 ... 83
4.3 气门组 ... 87
4.3.1 气门锁片 ... 87
4.3.2 气门弹簧座 ... 88
4.3.3 气门弹簧 ... 88
4.3.4 气门油封 ... 90
4.3.5 气门导管 ... 90
4.3.6 气门座 ... 90
4.3.7 气门 ... 91
4.4 气门间隙 ... 94
4.4.1 机械式气门间隙装置 ... 94
4.4.2 液压式气门间隙补偿器 ... 95
4.5 可变配气正时系统 ... 95
4.5.1 正时曲线图 ... 95
4.5.2 可变配气正时装置 ... 98
【项目实操】 ... 110
实操1 气门传动组的检测 ... 110
实操2 气门组的检修 ... 113
【项目小结】 ... 115
【复习与思考】 ... 115

项目五 进气和排气系统 ... 117
5.1 进气系统 ... 118
5.1.1 空气滤清器 ... 118
5.1.2 进气消音 ... 119
5.1.3 节气门 ... 119
5.1.4 进气歧管 ... 120
5.1.5 可变进气歧管装置 ... 121
5.2 排气系统 ... 122
5.2.1 排气催化转换器 ... 122
5.2.2 消音器 ... 123

5.3 进气增压 ·· 123
　　5.3.1 机械式增压 ·· 124
　　5.3.2 废气涡轮增压 ·· 125
5.4 曲轴箱强制通风（PCV）系统 ································ 127
【项目实操】·· 130
【项目小结】·· 130
【复习与思考】·· 130

项目六 燃油供给系统 ·· 132

6.1 燃油特性 ·· 132
　　6.1.1 汽油特性 ·· 133
　　6.1.2 柴油的特性 ·· 134
　　6.1.3 其他代用燃料 ·· 134
6.2 汽油机电子燃油供给系统 ······································ 135
　　6.2.1 燃油供给系统的部件 ···································· 136
　　6.2.2 燃油的内部引流 ·· 142
　　6.2.3 油箱通风 ·· 144
　　6.2.4 燃油蒸发排放控制系统 ·································· 146
　　6.2.5 燃油分配管（低压油轨）································ 147
　　6.2.6 燃油喷射喷束的形式 ···································· 148
　　6.2.7 电控汽油喷射系统的喷油器 ······························ 149
　　6.2.8 汽油喷射系统的形式 ···································· 151
6.3 电控汽油缸外喷射系统 ·· 151
6.4 汽油缸内直喷系统 ·· 152
　　6.4.1 汽油缸内直喷系统概述 ·································· 153
　　6.4.2 汽油缸内直喷系统高压燃油泵 ···························· 156
　　6.4.3 高压喷射装置（油轨）·································· 156
　　6.4.4 缸内直喷喷油器 ·· 157
　　6.4.5 燃油系统传感器介绍 ···································· 157
【项目实操】·· 159
　　实操1 燃油压力测试 ··· 159
　　实操2 燃油泵的检修 ··· 160
　　实操3 喷油器的检修 ··· 161
【项目小结】·· 162
【复习与思考】·· 163

项目七　起动系统与点火系统 ·· 164
7.1　概述 ·· 164
7.2　起动系统 ·· 164
7.2.1　起动机结构 ·· 165
7.2.2　带齿轮减速机构的起动机 ·· 166
7.2.3　直接驱动式起动机 ··· 166
7.3　点火系统 ·· 167
7.3.1　现代点火系统结构 ··· 167
7.3.2　点火的控制系统 ··· 168
7.3.3　点火线圈的结构 ··· 168
7.3.4　火花塞 ·· 169
【项目实操】 ·· 175
实操1　火花塞检查与测量 ··· 175
【项目小结】 ·· 178
【复习与思考】 ·· 178

项目八　发动机润滑系统 ·· 180
8.1　概述 ·· 180
8.2　机油的特性 ·· 182
8.2.1　机油黏度等级 ·· 182
8.2.2　机油质量等级 ·· 182
8.2.3　我国车用发动机机油国家标准分类 ·· 183
8.2.4　机油的种类与添加剂 ·· 184
8.3　发动机润滑系统的组成 ·· 184
8.3.1　压力循环润滑系统 ··· 184
8.3.2　飞溅润滑（非压力循环） ··· 186
8.3.3　定期润滑 ··· 187
8.4　润滑系统的部件 ··· 187
8.4.1　机油泵的典型结构 ··· 187
8.4.2　机油泵的发展趋势 ··· 189
8.4.3　机油滤清器 ·· 190
8.4.4　机油冷却器（热交换器） ··· 194
8.4.5　机油工作信息指示装置 ·· 194
8.4.6　油封 ·· 196
8.5　润滑系统的相关说明 ·· 197
8.5.1　曲轴轴瓦动压油膜的形成 ··· 197

8.5.2 机油在气环和油环中的密封和冷却作用 ………………………………… 198
8.5.3 机油油泥的产生与危害 …………………………………………………… 198
8.5.4 机油的油路控制 …………………………………………………………… 198

8.6 机油的鉴别与消耗 ………………………………………………………………… 199
8.6.1 机油的失效 ………………………………………………………………… 199
8.6.2 新机油质量的鉴别 ………………………………………………………… 199
8.6.3 新机油的选用 ……………………………………………………………… 200
8.6.4 使用中机油的鉴别 ………………………………………………………… 200
8.6.5 机油正常损耗 ……………………………………………………………… 201
8.6.6 机油消耗的计算 …………………………………………………………… 201

【项目实操】……………………………………………………………………………… 203
实操1 机油泵的检修 …………………………………………………………… 203
实操2 机油的检查与更换 ……………………………………………………… 204

【项目小结】……………………………………………………………………………… 207
【复习与思考】…………………………………………………………………………… 208

项目九 发动机冷却系统 …………………………………………………………… 212

9.1 概述 ………………………………………………………………………………… 212
9.2 冷却液 ……………………………………………………………………………… 213
9.2.1 沸点与凝固点（冰点）的影响因素 ……………………………………… 213
9.2.2 冷却液特性和类型 ………………………………………………………… 214
9.2.3 冷却液的配制 ……………………………………………………………… 215

9.3 冷却系统部件 ……………………………………………………………………… 216
9.3.1 水泵 ………………………………………………………………………… 216
9.3.2 节温器 ……………………………………………………………………… 217
9.3.3 散热器 ……………………………………………………………………… 218
9.3.4 冷却风扇 …………………………………………………………………… 220
9.3.5 百叶窗 ……………………………………………………………………… 221
9.3.6 膨胀水箱 …………………………………………………………………… 221
9.3.7 加注口盖 …………………………………………………………………… 222
9.3.8 冷却系统中的传感器与开关 ……………………………………………… 222

9.4 循环冷却系统的原理 ……………………………………………………………… 223
9.4.1 小循环回路 ………………………………………………………………… 224
9.4.2 大循环回路 ………………………………………………………………… 225
9.4.3 横流冷却和纵流冷却 ……………………………………………………… 225
9.4.4 双回路冷却系统 …………………………………………………………… 226

9.5 电子控制冷却系统 227
　9.5.1 系统概览 227
　9.5.2 冷却液大小循环控制 229
　9.5.3 电子水泵 230
　9.5.4 电子节温器 230
9.6 热量管理系统 231
9.7 废气涡轮增压发动机冷却系统 232
　9.7.1 汽油发动机废气涡轮增压冷却系统 232
　9.7.2 柴油发动机废气涡轮增压冷却系统 234
【项目实操】 238
　实操1 节温器的检测 238
　实操2 散热器盖及冷却系统密封性检查 239
　实操3 冷却系统水垢的清洗 240
　实操4 电动风扇热敏开关的检查 240
【项目小结】 241
【复习与思考】 241

项目十　发动机排放控制 244

10.1 概述 244
10.2 汽车的有害排放物介绍 245
10.3 汽车废气产生的机理 246
　10.3.1 理想空燃比 246
　10.3.2 空燃比和 $CO/HC/NO_x$ 的形成曲线图 247
10.4 汽车污染物排放法规标准及测量方法 248
　10.4.1 国内外现行的汽车污染物排放法规标准 248
　10.4.2 国内现行的汽车尾气排放测量方法 248
10.5 汽车污染物减排措施 250
　10.5.1 催化转化器 250
　10.5.2 废气再循环系统（EGR） 251
　10.5.3 曲轴箱通风装置 251
　10.5.4 燃油蒸发排放控制系统 252
　10.5.5 发动机优化措施 253
【项目实操】 254
【项目小结】 254
【复习与思考】 255

项目十一 综合实操 发动机大修 ·· 256
　11.1 发动机大修的步骤 ·· 256
　　11.1.1 确认问题和症状 ·· 256
　　11.1.2 拆卸和分解 ·· 257
　　11.1.3 清洁/检查 ·· 258
　　11.1.4 装配/安装 ·· 259
　　11.1.5 质量检查 ·· 260
　11.2 大修的工作程序 ·· 260
　　11.2.1 发动机落地 ·· 260
　　11.2.2 发动机分解 ·· 261
　　11.2.3 清洗、检查 ·· 261
　　11.2.4 装配 ·· 262
　　11.2.5 调试 ·· 263
　【项目小结】 ·· 264
　【复习与思考】 ·· 264
复习与思考题参考答案 ·· 265
参考文献 ·· 272

项目一　汽车维修安全知识与发动机相关理论

> **学习目标**

1. 识别车间的危险物品，并采取必要的措施避免人员受伤或财物受损。
①列举出在汽车维修车间中保证人员安全的必要措施；
②按照相关法规处理危险废弃物。
2. 描述发动机循环的四个行程。
①描述 $P-V$ 图（示功图）、特性曲线图、相位图；
②解释压缩比、空燃比、充气效率概念；
③描述点火顺序和点火间隔角。

1.1　安全实践

1.1.1　概述

我国对于生产经营单位实施《中华人民共和国安全生产法》，其中规定：生产经营单位必须遵守本法和其他有关安全生产的法律、法规，加强安全生产管理，建立、健全安全生产责任制和安全生产规章制度。生产经营单位的从业人员有依法获得安全生产保障的权利，并应当依法履行安全生产方面的义务。

汽车维修企业承担着车辆售前售后的一系列服务工作，企业必须根据相关法律法规制定相应的安全管理制度，并采取相应的安全防护措施。汽车维修车间是完成大部分车辆售后服务工作的重要场所之一，必须全面做好安全工作。车间人员务必了解车间潜在的危险、车间安全的防护、车间危险品处理等方面的内容，并严格执行车间安全制度，避免出现事故。

1.1.2　汽车维修车间潜在危险

汽车维修车间人员必须清楚车间有哪些潜在的危险，并遵守基本的车间安全守则和采取预防措施，以免造成人员伤害和财产损失。汽车维修车间的常见潜在危险如下。

（1）车间设备：车间的设备存在一定的危险性，如举升机（图1-1）、扒胎机、砂轮机等，操作不规范或者防护不到位都会造成事故。

（2）车间危险品：有毒、易燃、易爆物品的存储和使用都与其他物品有不同的要求和规范，如汽油(图1-2)、燃料添加剂、机油、变速器油、制动液、蓄电池、安全气囊等物品，若存储和使用不当，会使物品发生变质甚至引发事故。

图1-1　有潜在危险的车间设备——举升机　　　图1-2　车间危险品——汽油

(3)车间卫生环境：车间的环境卫生也有可能引发事故危险，如地板上的机油、润滑脂、水或零件清洗液、有油污的抹布都可能使人打滑和摔倒，甚至严重受伤。车间要做好6S管理，并及时、正确处理作业现场的卫生情况，创造整洁有序的车间环境(图1-3)，避免危险事故的发生。

图1-3　整洁有序的车间卫生环境　　　图1-4　车间火灾隐患——焊接作业

(4)车间消防安全：车间作业常会使用到电气与明火，如焊接作业(图1-4)，如果消防保护措施不到位，可能会引发火灾等事故。

1.1.3　汽车维修车间的安全

汽车维修车间必须实行安全防护措施，措施的执行要贯彻到每位员工身上，避免人员受伤、车辆受损和财物损失。

1. 车间作业安全措施

(1)安全操作设备：车间的所有设备必须有安全操作提示，车间人员严格按照操作规范进行；进行车辆作业的时候，要对车辆进行保护(图1-5)，如宝马经销商要求车间技师在进行车辆作业的时候，做到：

①铺上三件套；②接上充电器；③铺上

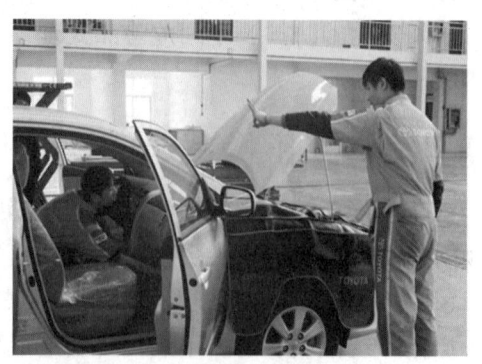

图1-5　作业时对车辆进行保护

翼子板布；④放置车轮挡块；⑤接上尾排；⑥挂 P 档；⑦拉驻车制动。

（2）正确处理危险品：统一规范地存储危险品，包括汽油、制动液、油漆等，使用合格的专门用于存放危险品的存储罐，并贴有标签注明（图1-6），存放在指定位置。

图1-6 危险品的处理

（3）保持车间整洁：严格执行6S管理制度，保持车间干净整洁，有序放置设备工具，避免人员滑倒或绊倒。

（4）保障车间消防安全：车间建立健全的消防保护措施（图1-7），定期检查消防设备的工作状况，要求车间员工要掌握消防设备的正确使用方法，以防万一。

   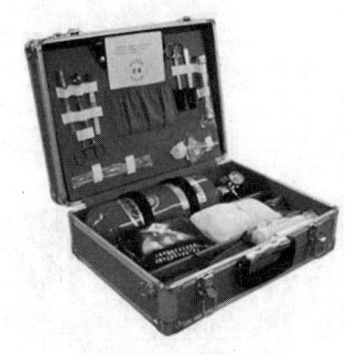

图1-7 消防设备　　　　　　　　　图1-8 急救箱

（5）配备急救箱和急救人员：车间配备急救箱（图1-8），并放在醒目和容易拿到的地方，急救箱里应有绷带、处理轻微伤口的药膏以及其他常规处理物品。车间员工中，至少要有一名接受过基本急救训练的人员担当急救工作，并保证急救箱内的设备齐全。

2. 车间安全标识

车间应当设立安全标识，包括防护标识、警告标识等，尤其应在危险区域设立警告标识、易燃易爆物品标识以及消防物品、消防通道标识等。车间人员必须掌握标识的含义，做好安全保护措施。

（1）汽车维修车间的消防通道及消防标识如图1-9和图1-10所示。

图1-9 车间消防通道

图1-10 消防标识

(2)库房(图1-11)如存放有危险品,应设立危险警告标识,如图1-12所示。

图1-11 库房

图1-12 危险警告标识

(3)车间(图1-13)设立的警告标识如图1-14所示。

图1-13 车间

图1-14 警告标识

我国对于各种安全标识,制定了一系列相关的标准文件,如对于消防标识,标准文件为 GB 13495.1—2015《消防安全标志 第1部分:标志》;对于公共场所、工业企业、建筑工地和其他有必要提醒人们注意安全的场所使用的安全标识,标准文件为 GB 2894—2008《安全标志及其使用导则》。这些文件对安全标识的使用场合、标识的图文做了规定。

3. 个人保护措施

车间工作人员必须做好保护措施，包括穿着车间安全工作服、采取特殊防护措施等（见图1-15），具体要求如下。

（1）在车间里要戴安全眼镜或防护面罩。

（2）当有高强度噪声时，要戴耳塞或耳罩。

（3）要穿对脚进行足够保护的靴子或鞋子。不宜在车间内穿运动鞋和休闲鞋。

（4）在汽车上作业时，不要戴手表、珠宝首饰，这是因为在进行电气作业时，金属物品会对设备甚至人员造成伤害。

（5）不穿宽松的衣服，不佩戴长的饰品，因为宽松的衣服和饰品很容易卷入旋转的部件。

（6）在会产生灰尘的环境下工作时，要戴呼吸器。

（7）进行焊接作业时，要戴焊接防护面罩和手套，保护眼睛和皮肤。

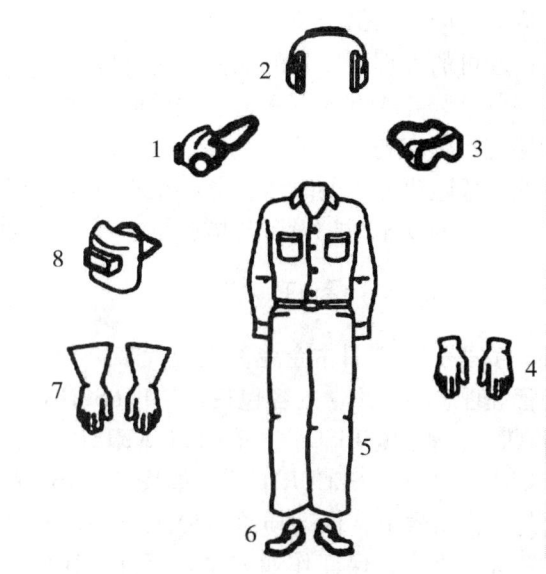

图1-15 个人防护措施
1—呼吸器；2—听力保护器；3—安全眼镜（防护眼镜）；4—手套；5—工作服；6—安全鞋；7—焊接手套；8—焊接防护面罩

1.1.4 车间环境保护

根据我国对汽车维修业的开业条件（GB/T 16739.1—2014）的规定，汽车整车维修企业应具备以下环境保护条件：建立废油、废液、废气、废水（四废）及废蓄电池、废轮胎、含石棉物质及有害垃圾等物质集中收集、有效处理和保持环境整洁的环境保护管理制度，并有效执行；涂漆车间应设有专用的废水处理及排放设施，用于打磨工艺的设备应配备有粉尘收集装置、除尘设备和通风设备；调试车间或调试工位应设置汽车尾气收集净化装置。

汽车维修企业车间必须严格按照有关法律法规执行环境保护措施，每位车间员工都应该了解相关的制度并按规范执行。以下为汽车维修车间废弃物的相关知识。

（1）汽车维修车间废弃物包含以下几种类型：
①喷漆和车身修理产生的废弃物；
②清洗零件和设备的溶剂；
③蓄电池和蓄电池酸性溶液；
④用于清洗金属和预备喷涂表面的弱酸；
⑤废机油、发动机冷却液和防冻液；
⑥空调制冷剂、机油滤清器；
⑦其他带有腐蚀性、挥发性、毒性的废弃物。

(2)严禁使用下列方法处理危险废弃物:
①将危险废弃物倒在杂草上除去杂草;
②将危险废弃物倒在铺满沙砾的街道上以防止灰尘;
③将危险废弃物扔到垃圾筒里;
④在许可的处理厂以外的地方处理危险废弃物;
⑤将危险废弃物倒入下水道、洗手间、水池或地面排水管里;
⑥将危险废弃物埋入地下。

在处理危险废弃物的时候,务必根据其化学特性,进行特殊统一处理,处理时需要使用和采取一定的安全防护设备与措施。

1.1.5 车间 6S 管理

"6S 管理"兴起于日本企业,是现代工厂行之有效的现场管理理念和方法,内容包括:整理(SEIRI)、整顿(SEITON)、清扫(SEISO)、清洁(SEIKETSU)、素养(SHITSUKE)、安全(SECURITY),如图 1-16 所示。其作用是:提高效率,保证质量,使工作环境整洁有序,强调预防为主,保证作业安全。因此,我们应该提倡"天天 6S,人人 6S";要求从小事做起,从"我"做起。

图 1-16 6S 管理的内涵

1. 了解 6S 管理具体内容

6S 管理具体内容见表 1-1。

表 1-1 6S 管理的具体内容

管理内容	整理	整顿	清扫
图示			
定义	将工作场所的物品按必要性分类,留下必需的物品,清除不必需的物品	把留下的物品依规定位置摆放,需放置整齐并加以标识	将工作场所彻底清扫干净,保持工作场所干净、亮丽
目的	腾出空间,活用空间,防止物品误用	使工作场所一目了然,减少寻找物品的时间	稳定品质,减少工业伤害

续表 1-1

管理内容	整理	整顿	清扫
实施要领	• 全面检查工作场所； • 制定需要和不需要的判定标准； • 清除非必需物品； • 根据必需物品的使用频率，决定日常用量； • 制定废弃物品的处理方法； • 每日自我检查	• 腾出空间； • 规划物品搬运流程，摆放的场所及位置； • 规划物品摆放的方法； • 对摆放好的物品加以标示、说明	• 建立清扫责任区； • 执行例行扫除，清理脏污； • 调查污染源，予以杜绝； • 建立清扫基准，作为规范

管理内容	清洁	素养	安全
图示			
定义	将整理、整顿、清扫进行到底并制度化，保持环境处在美观的状态	每位成员养成良好的习惯，遵守规则做事，培养积极主动的精神	重视成员安全教育，使成员每时每刻都有"安全第一"的观念，防患于未然
目的	创造明朗现场，维持前 3S 成果	培养具有好习惯、遵守规则的员工，营造团队精神	建立安全生产的环境，所有的工作都应建立在安全的前提上
实施要领	• 落实前 3S 所有工作； • 制定目标管理、颜色管理的基准； • 制定检查方法； • 制定奖惩制度，加强执行； • 培养维持意识	• 持续推动前 4S 至习惯化； • 制定共同遵守的有关规则、规定； • 制定礼仪守则； • 教育与训练（加强新进人员的培训）； • 塑造团队观念、敬业精神和企业文化	• 加强对员工安全意识的培训教育； • 识别工作场所的潜在安全隐患； • 消除安全隐患的根源； • 对不能消除的安全隐患，制定预防措施； • 制定安全责任制度和奖惩制度； • 制定安全事故应急处理方案

2. 牢记6S管理口诀

整理：要与不要，一留一弃；
整顿：科学布局，取用快捷；
清扫：清除垃圾，美化环境；
清洁：清洁环境，贯彻到底；
素养：形成制度，养成习惯；
安全：安全操作，以人为本。

1.2 基础理论

1.2.1 概述

发动机是汽车的心脏，是汽车动力的来源。要了解车辆的结构与其是如何运作的，首先要了解汽车发动机的构造以及工作原理，并理解与发动机有关的基本物理和化学原理，如功和力、能量的转换、转矩和功率、燃烧等。简而言之，由于发动机内部燃料燃烧产生热能，热能通过发动机的机械结构转化为机械能，带动一系列的结构部件运转，才推动了汽车移动。这一过程中还涉及了其他的基本物理原理，下面将逐一介绍。

1.2.2 发动机相关物理原理

1. 功和力

当力让物体移动一定距离时，就产生了功。做功时，物体可以被举起或在平面上移动（图1-17）。在国际单位中，功的单位是 N·m（牛顿·米）。当物体被移动时才有功产生。

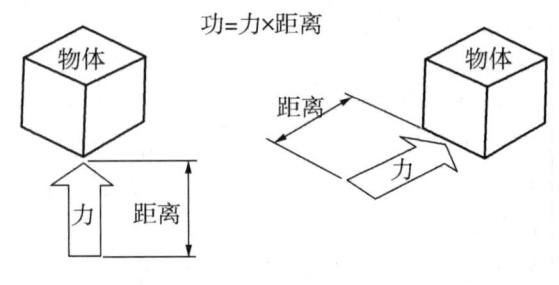

图1-17 力对物体做功

2. 惯性和动量

惯性是静止物体保持静止状态的趋势，或运动物体保持运动状态的趋势。

静止物体的惯性叫作静态惯性，而运动物体的惯性叫动态惯性。液体、固体和气体都有惯性。推动一辆静止的汽车，要克服它的静态惯性。

当作用力克服物体的静态惯性使其移动，则物体获得动量。

动量等于物体质量与速度之积。一个力在克服一个运动物体的动态惯性时，会使物体的动量减少。

3. 能量和能量转换

1）能量

能量指的是物体做功的能力。

释放出来、对外做功的能量叫动能,也叫作运动中的能量;储存起来的能量叫作势能。下面六种形式中的能量是在汽车中可以利用的:

① 储存在分子中的化学能:化学能储存在汽油分子和蓄电池中电解液分子里。

② 电子通过电路所需的电能:蓄电池可以产生用于汽车起动的电能,发电机可以产生使电器工作的电能,并对蓄电池充电。

③ 能够移动物体的机械能:蓄电池提供电能使起动机工作,起动机又将电能转变为机械能起动发动机。

④ 由加热形成的热能:汽油燃烧释放热能。

⑤ 辐射能:主要为光产生的能量。汽车上,辐射能由发光体产生。

⑥ 太阳能:能够转化为热能或电能的光源能量。主要由半导体材料组成的太阳能电池是完成这种转化的基本元件。

2)能量转换

能量不会消失,只能由一种状态或形式转换成另一种状态或形式。汽车上最常见的能量转换如下。

① 化学能转化为热能:当燃料在发动机气缸里燃烧时,汽油或柴油的化学能转化成热能。

② 热能转化为机械能:发动机的活塞、曲轴和传动机构的运作将燃料燃烧产生的热能转换成机械能,机械能用来旋转车轮,驱动汽车。

③ 电能转化为机械能:如风窗刮水器的电动机把蓄电池或发电机的电能转化为机械能,驱动风窗刮水器。

④ 机械能转化为电能:发动机产生机械能驱动发电机,发电机把产生的能量转化为电能,可以带动汽车的电器设备。

⑤ 机械能转化为热能:汽车行驶产生的机械能会通过制动衬垫与旋转的制动鼓(制动盘)之间的摩擦作用,转化为热能。摩擦是阻止两个物体相对运动的力,会产生热。

⑥ 太阳能转化为电能:半导体光电电池把太阳光能转变成电能。利用这种光能转换可以制成传感器,比如汽车光照传感器。

4. 扭矩和功率

1)扭矩

扭矩是使物体发生转动的一种特殊力矩,来自可以做功的扭转力或转动作用力。发动机的扭矩就是指发动机从曲轴端输出的力矩。

当用一个扳手拧紧一个螺钉时,就有一个扭矩作用于螺钉上。该扭矩或扭转作用力等于力与半径的乘积。例如,如果有10N的力作用于2m长的扳手末端以拧紧螺钉,扭矩就是 $10N \times 2m = 20N \cdot m$。有扭矩作用时,螺钉旋转,则做功。反之,若没旋转,则没有做功。

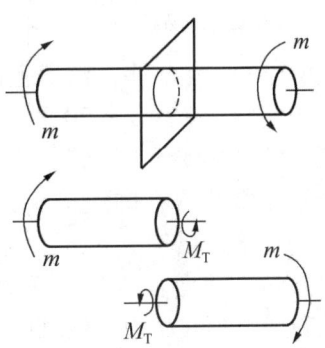

M_T 为内力偶矩,m 为外力偶矩

图1-18 扭矩

2）功率

功率是指物体在单位时间内所做的功。发动机的功率越大，转速越高，汽车的最高速度也越高，最大功率常用来描述汽车的动力性能。最大功率一般用公制马力（PS）或千瓦（kW）表示，1PS 等于 0.735kW。

物理中我们学过公式：$W = F \cdot s$，它告诉我们做功需要具备两个条件，一是力，二是沿着力的方向发生位移。而功率是单位时间内所做的功，即 $P = W/t$，也就是说 $P = F \cdot s/t$，而 s/t 就是速度。因此，在力相同的情况下，想得到更大的功率，关键在速度。汽车功率、扭矩曲线如图 1-19 所示。

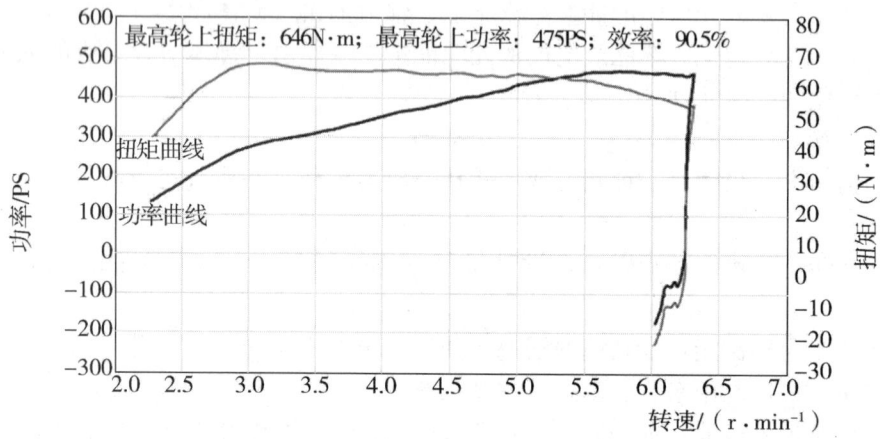

图 1-19 汽车功率、扭矩曲线

3）功率与扭矩的转换公式

功率 P 等于扭矩 T 乘以转速 n 除以 9550，即

$$P = Tn/9550 \tag{1-1}$$

式中，P——功率，千瓦（kW）；T——扭矩，牛·米（N·m）；n——转速，转/分钟（r/min）。

5. 直流电机

电机利用通电导体在磁场中受力的作用的原理，可以将电能转换为机械能。电机由固定部分（定子）和旋转部分（转子）组成，永久磁铁或几组线圈（绕组）在定子和转子间产生力和相应的扭矩。定子和转子铁心用于控制磁场，因为磁通量随时间变化，定子和转子需用互相绝缘的铁片叠合起来。根据线圈的空间排列和供电的选择（直流、交流或三相电）的不同，电机的类型较多。汽车上使用直流电机来启动发动机。

直流电机（见图 1-20）的定子有凸极，由直流磁场绕组磁化。在转子（又称电枢）上，线圈分布在叠片铁心的线槽中，并与转向器相连。当转子旋转时，定子架上的碳刷在换向器上扫过，向电枢线圈输送直流电。换向器的旋转使电枢线圈中产生反向电流。

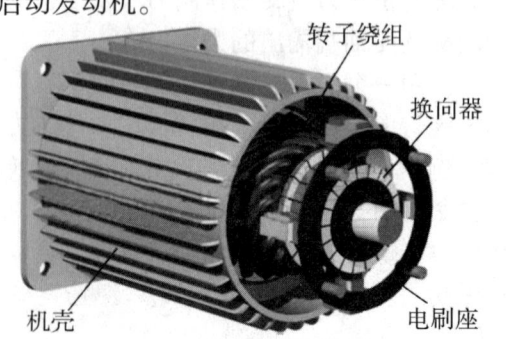

图 1-20 直流电机的结构

6. 大气压和真空

1）大气压

空气是有质量和重量的气态物质，大气

在垂直方向上对地球表面产生压力，大气压就是在一定的环境下，作用在单位面积上的大气压力。

①大气压和温度：当温度升高时，空气膨胀导致密度降低，单位体积的空气质量下降，大气压变小，反之温度降低，大气压变大。

②大气压与海拔：海拔升高，大气压减小。类似地，海拔也影响液体的沸点，海拔越高，液体沸点越低。

2）真空

当某个空间中的空气压力比大气压大时，就出现正压。当比大气压小时，则出现负压。真空通常是用来描述负压的，表示与大气压的压强差。绝对真空是气压为零。

液体、固体和气体都有从高压区向低压区移动的趋势。

掌握气压和真空的概念是理解发动机工作原理的关键之一。压强的影响决定了很多发动机零部件的工作情况。只要出现高压(正压区)和低压(负压区)，高压气体就会向低压区移动，以达到平衡，这一原理在汽车的几个系统里都有应用。例如，在发动机进气系统里，当活塞向下移动，进气门打开，活塞上部的气缸内产生真空，空气迅速从进气管外的高压区进入到低压气缸内(如图1-21所示)。泵也是利用高低压来移动气体或液体的。例如，水泵工作时，在出口处产生一个高压区，入口处产生一个低压区，压力差使冷却液流经冷却系统。

7. 沸点

沸腾是在一定温度下液体内部和表面同时发生的剧烈汽化现象，液体在一定的大气压下沸腾时的温度被称为沸点。不同液体的沸点是不同的。沸点随外界压强变化而改变，压强低时，沸点也低。

当液体沸腾时，在其内部所形成的气泡中的饱和蒸气压必须与外界施加的压强(即周围大气压)相等，气泡才有可能长大并上升，所以，沸点也就是液体的饱和蒸气压等于外界压强时的温度。

液体的沸点与外部压强有关(图1-22)。当液体所受的压强增大时，它的沸点升高；压强减小时，沸点降低。例如，蒸汽锅炉里的蒸气压强有几十个标准大

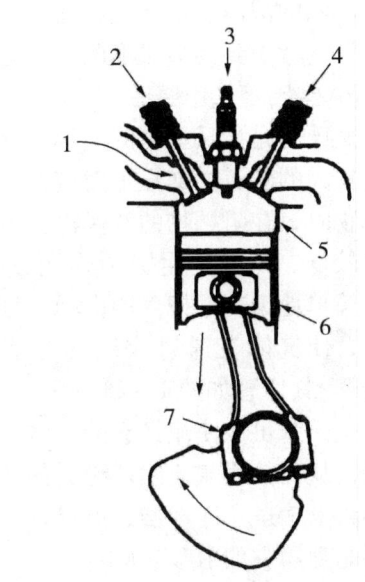

图1-21 内燃机
1—空气和燃油；2—进气门；3—火花塞；
4—排气门；5—燃烧室；6—气缸壁；7—连杆

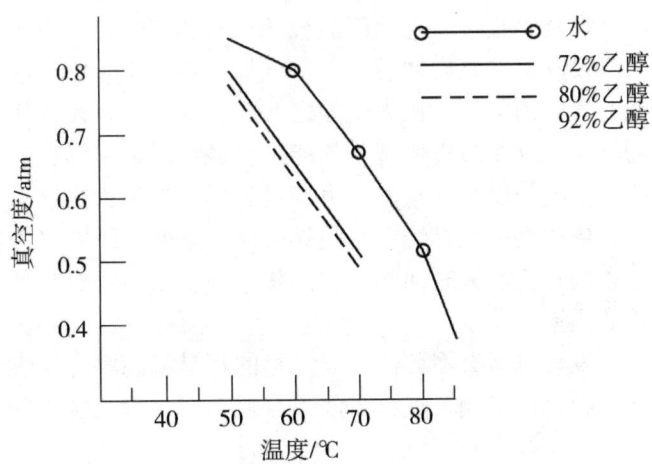

图1-22 不同液体沸点与真空度的关系

气压,锅炉中水的沸点可在200℃以上。又如,在高山上煮饭,水易沸腾,但饭不易熟。这是由于大气压随地势的升高而降低,水的沸点也随大气压的下降而逐渐下降(在海拔1900米处,大气压约为79.8kPa,水的沸点是93.5℃),沸点低的一般先汽化,而沸点高的一般较难汽化。

在使用汽车冷却液的时候要根据发动机运转时产生的高温以及使用地区气压等条件的不同选用不同的冷却液。

8. 凝固点(冰点)

凝固点(冰点)是指液体转化为固体时的温度,如纯净水在标准大气压下0℃会结冰,就把0℃称为它的冰点。

不同的液体、不同混合比的同种液体的凝固点(冰点)都不一样。在使用汽车冷却液的时候还要考虑到环境温度的不同。

9. 文氏管工作原理

文氏管是文丘里管的简称,是一种先收缩后逐渐扩大的管道。文丘里效应的原理是当风吹过阻挡物时,在阻挡物的背风面上方端口附近气压相对较低,从而产生吸附作用并导致空气的流动。简单地说就是把气流由粗变细,以加快气体流速,使气体在通过收缩部分后形成一个"真空"区。其原理如图1-23所示。

文氏管可以使流经它的气体流速增加,压力下降,从而能用气流实现粉料的输送,比如吸尘器、粉末输送、冷却器、流量计、干燥器等。这主要是利用它的射吸效应。

一般情况下,汽车上采用文氏管原理的地方有燃油箱内部引流、曲轴箱强制通风和炭罐的清洁通风系统。

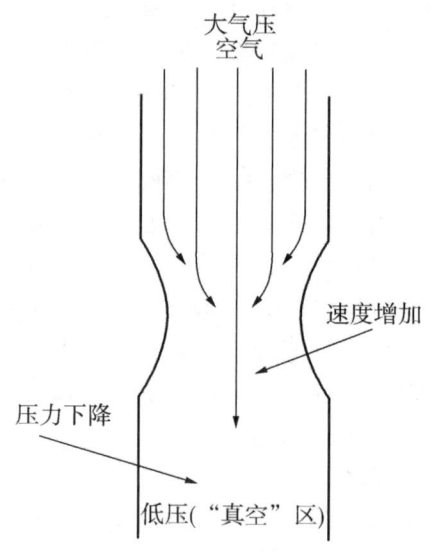

图1-23 文氏管工作原理

10. 燃烧

燃烧是指按一定比例混合的燃料和氧气自发着火或被点燃后着火的过程。

发动机气缸内的燃烧是空气和燃料发生化学反应的过程,这个化学反应过程会释放热能,气缸内的气体压力也随之升高,高压推动发动机活塞运动,活塞的运动又转换为汽车的移动。这个过程实现了热能到机械能的能量转换。

空气与燃料完全燃烧将释放出燃料的最大热能。

要达到完全燃烧,必须具备四个条件:①空气量适当;②燃油量适当;③在密闭容器中燃烧;④点火时间和点火能量适当。虽然还有其他因素影响燃烧,但以上几点是绝对重要的因素。

发动机所有零部件的设计目的都是使燃料完全燃烧。气缸密封不良、气缸内燃料和空气混合比例不当、点火时间不合适都能导致燃烧不完全。

1.2.3 金属材料的性能

1. 金属材料的力学性能

金属在外力作用时表现出来的性能叫力学性能，它包含有以下性能。

(1) 强度：强度是指金属材料在静载荷的作用下抵抗变形和断裂的能力。

(2) 硬度：硬度是指局部抵抗硬物压入其表面的能力。

(3) 塑性：金属材料在静载荷作用下产生塑性变形而不被破坏的能力称为塑性。

(4) 冲击韧度：金属抵抗冲击载荷而不被破坏的能力称为冲击韧度。冲击载荷是指加载速度很快而作用时间很短的突发性载荷。

(5) 疲劳强度：有很多机械零件(如齿轮、弹簧)是在交变应力(大小和方向随时间发生周期性变化的力)下工作的，尽管零件工作时所承受的应力通常都低于材料的屈服强度，但机械零件在这种交变载荷作业下经过长时间工作也会发生破坏，这种破坏现象叫金属的疲劳。材料在无数次交变载荷作业下而不被破坏的最大应力值称为疲劳强度。

2. 金属材料的加工工艺性能

要将金属材料制成零件，即要对其进行各种加工，材料的工艺性能的好坏直接影响到所制造零件的质量。金属材料加工工艺性能包含以下性能。

(1) 铸造性能：材料铸造成形获得优良铸件的能力。

(2) 锻造性能：指材料是否易于进行压力加工的性能，取决于材料的塑性和变形抗力。塑性越好，变形抗力越小，材料的锻造性能就越好。

(3) 焊接性能：指在一定的焊接工艺条件下，获得优良焊接接头的难易程度。影响钢材焊接性能的主要因素是其化学成分，碳含量是影响钢材焊接性能最大的影响因素。

(4) 热处理性能：热处理是通过加热、保温、冷却的方法使材料在固态下的组织结构发生改变，从而获得所要求性能的一种工艺，热处理性能就是金属经过热处理后其性能改变的能力。

3. 零件失效

零件失效是指零件在使用过程中丧失或达不到原来设计的效能。常见的零件失效的情况有如下三种。

(1) 变形导致的失效：零件在使用过程中受到各种载荷的作用而发生不同程度的变形。

(2) 断裂导致的失效：零件发生断裂，不能使用。

(3) 表面损坏导致的失效：零件在工作过程中，由于机械和(或)化学的作用，使工作表面及表面附近的材料受到损坏，不能正常工作。表面损坏通常有磨损失效、腐蚀失效、表面疲劳失效。

导致零件失效的原因主要有四种。

(1) 设计原因：对零件的工作条件、参数计算、结构尺寸等设计不合理造成失效。

(2) 选材原因：零件制作所选材料质量不合格造成失效。

(3) 加工工艺不当：采用的加工工艺方法、技术措施不正确造成的失效。

(4) 安装使用不正确：机械在装配、安装过程中不按技术要求，使用过程中不按规程操作、保养、维修或超载使用等造成失效。

1.3 发动机基本原理

1.3.1 发动机的分类

发动机是将某种能量直接转化成机械能并拖动某些机械进行工作的机器。将热能转化为机械能的发动机,称为热力发动机,其中的热能是由燃料燃烧所产生的。内燃机是热力发动机的一种,其特点是液体或气体燃料和空气混合气直接输入机器内部燃烧而产生热能,然后再转变为机械能。另外一种热力发动机为外燃机,如蒸汽机、汽轮机等,燃料是在机器外部燃烧以加热水,产生高温、高压的水蒸气,输送至机器内部,将所含的热能转变为机械能。

根据车用内燃机将热能转化为机械能的主要构件形式的不同,可分为活塞式内燃机和燃气轮机两类。前者又可按活塞运动方式不同分为往复活塞式和旋转活塞式两种。往复活塞式内燃机在汽车上应用最广泛,现代汽车发动机可以根据下面几种方法进行分类。

1. 按工作循环分类

按工作循环可分为二冲程发动机(图1-24)和四冲程发动机(图1-25)。在发动机内,每一次将热能转变为机械能,都必须吸入一定量的新鲜充量(空气或可燃混合气)并将其压缩(当新鲜充量为空气时还需要输入燃料),使之着火燃烧而膨胀做功,然后将生成的废气排出气缸,这一系列连续的过程,成为一个工作循环。对往复活塞式发动机,可根据每一工作循环所需活塞行程数来分类。活塞往复四个单程(或曲轴旋转两转)完成一个工作循环的称为四冲程发动机;活塞往复两个单程(或曲轴旋转一转)完成一个工作循环的称为二冲程发动机。

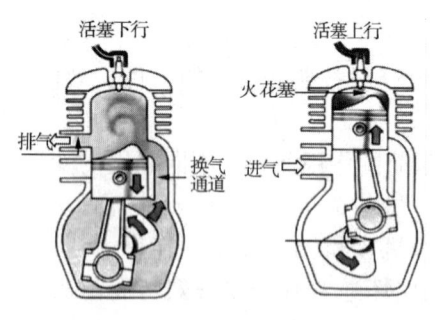

图1-24 二冲程发动机

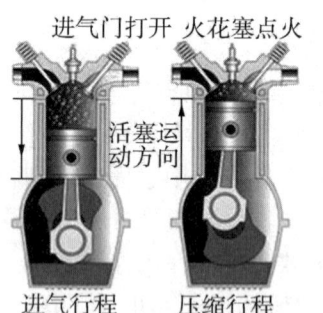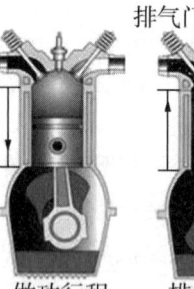

图1-25 四冲程发动机

2. 按气缸数及布置形式分类

按气缸数可分为单缸发动机、两个以上气缸的多缸发动机,如双缸、3缸、4缸、5缸、6缸、8缸、10缸以及12缸。按气缸布置形式可分为直列式、水平对置式或者V形排列,如图1-26所示。

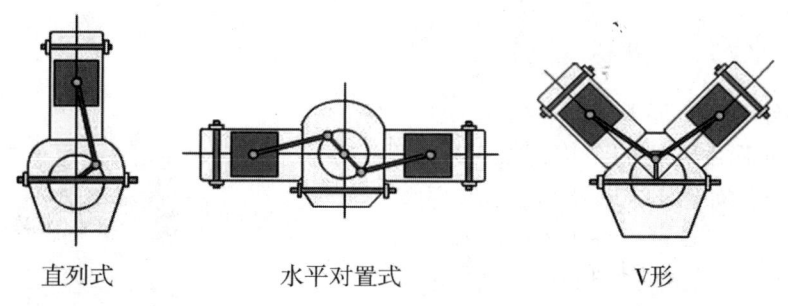

图 1-26 气缸排列方式

3. 其他分类方法

（1）按点火方式分类：有点燃式发动机和压燃式发动机。点燃式发动机是用点火器将压缩气缸内的可燃混合气点燃的内燃机；压燃式发动机是压缩气缸内的空气或可燃混合气，产生高温，引起燃料自燃的内燃机。

（2）按冷却系统分类：有风冷发动机和水冷发动机。以空气为冷却介质的为风冷发动机，以水或冷却液为冷却介质的为水冷发动机。

（3）按燃油类型分类：可分为汽油机、柴油机、煤气机、液化石油发动机和气体燃料发动机等。其中最常用的为汽油机。新能源汽车不依靠某种燃油来产生动力，而是使用电力或者其他新能源燃料。

1.3.2 发动机的安装位置

发动机在车辆上的位置关系是以前轮和后轮的中心为参考点的，各种安装位置各有优劣，目前最常见的是发动机前置前驱和前置后驱。

发动机的安装位置如图 1-27 所示。

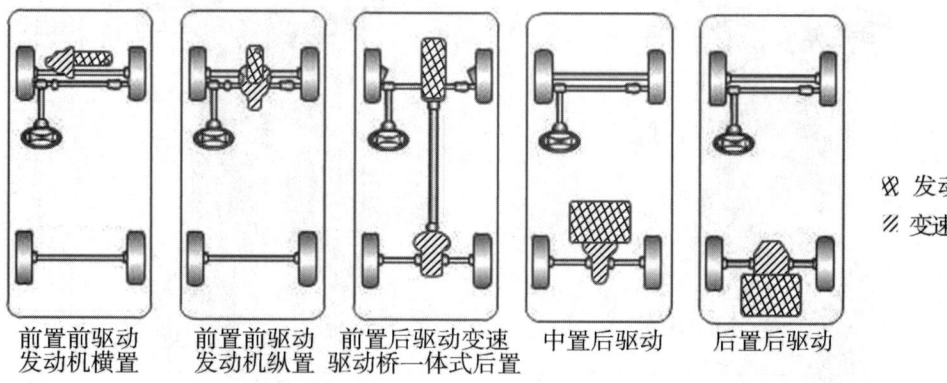

图 1-27 发动机的安装位置

（1）前置：在绝大多数车上，发动机安装在车辆前部，乘客室前面。前置发动机可以横向布置，也可以纵向布置。

（2）中置：发动机安装在车辆中部，乘客室和后悬架之间。中置发动机通常是横向布置的。

（3）后置：大型客车、公交车的常见安装位置，水平对置发动机也采用这种安装方式。

1.3.3 四冲程发动机工作原理

由于大部分的汽车都采用四冲程发动机,本节主要介绍四冲程发动机的结构以及工作原理。发动机的气缸结构如图 1-28 所示,其中活塞不断重复移动的整个过程可以分为不同冲程,每个冲程都完成一项独立功能。四冲程发动机的四个冲程包括进气行程、压缩行程、做功行程、排气行程。

1. 进气行程(见图 1-29)

活塞在曲轴的带动下由上止点移至下止点,此时排气门关闭,进气门开启。在活塞移动过程中,气缸容积逐渐增大,气缸内形成一定的真空度。空气和汽油的混合气通过进气门吸入气缸,并在气缸内进一步形成可燃混合气。上、下止点的定义详见 1.3.4 节。

2. 压缩行程(见图 1-30)

进气行程结束后,曲轴继续带动活塞由下止点移至上止点。这时进气门、排气门均关闭。随着活塞的移动和气缸容积的不断缩小,气缸内的可燃混合气体被压缩,其压力和温度同时升高。

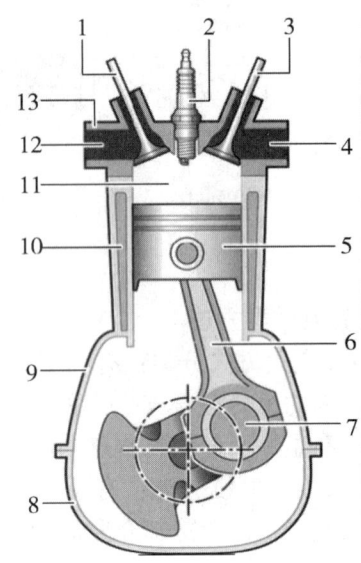

图 1-28 发动机气缸结构图
1—进气门;2—火花塞;3—排气门;
4—排气通道;5—活塞;6—连杆;7—曲轴;
8—油底壳;9—曲轴箱;10—水套;11—燃烧室;
12—进气通道;13—气缸盖

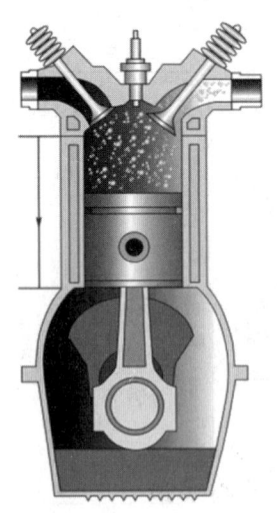

图 1-29 进气行程

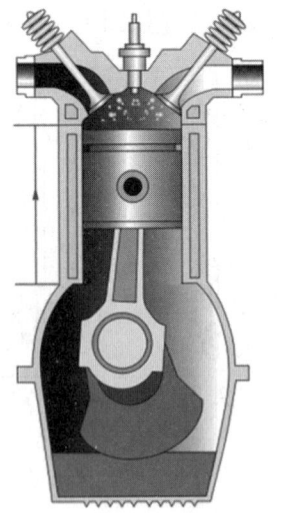

图 1-30 压缩行程

3. 做功行程(见图 1-31)

压缩行程结束时,气缸盖上的火花塞产生电火花,将气缸内可燃混合气体点燃,火焰迅速传遍整个燃烧室,同时放出大量的热能。燃烧气体的体积急剧膨胀,压力和温度迅速升高，在气体的压力的作用下，活塞由上止点移至下止点并通过连杆推动曲轴旋转做功。这时，进气门、排气门仍旧关闭。

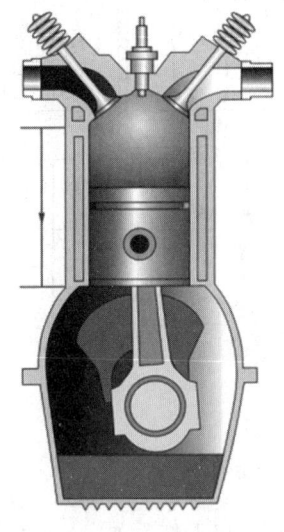

图1-31　做功行程

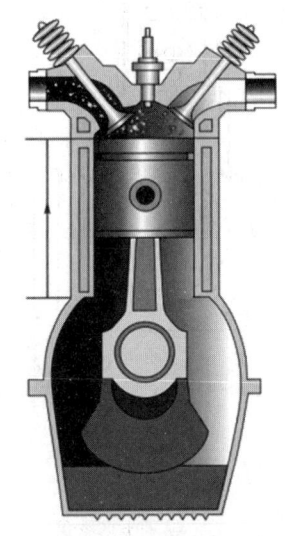

图1-32　排气行程

4. 排气行程（见图1-32）

排气行程开始时，排气门开启，进气门仍然关闭，曲轴通过连杆带动活塞由下止点移至上止点，此时膨胀过后的燃烧气体在其自身剩余压力和活塞的推动下，经排气门排至气缸外。当活塞到达上止点时，排气行程结束，排气门关闭。

四冲程发动机经过进气、压缩、做功、排气四个行程，完成一个工作循环。这期间活塞在上、下止点间往复移动了四个行程，曲轴旋转了两周。

1.3.4　发动机的基准参数

为实现汽车工业的标准化，使汽车的制造和维修技术参数能在全行业、全世界通用，人们定义了发动机的基准参数，这些基准参数和性能详述如下。

1. 缸径和行程

在发动机上，活塞在气缸内做往复直线运动，其中气缸的直径简称缸径。

活塞通过连杆将作用力传递到曲轴上，将活塞的直线运动转化为曲轴的转动，同时活塞持续进行往复运动。

活塞的回复点又称为止点（如图1-33所示）。活塞顶面离曲轴中心线最远时的止点称为上止点（top dead center，TDC）；活塞顶面离曲轴中心线最近时的止点成为下止点（bottom dead center，BDC）；活塞运动的上、下两个止点之间的距离称为活塞行程。

17

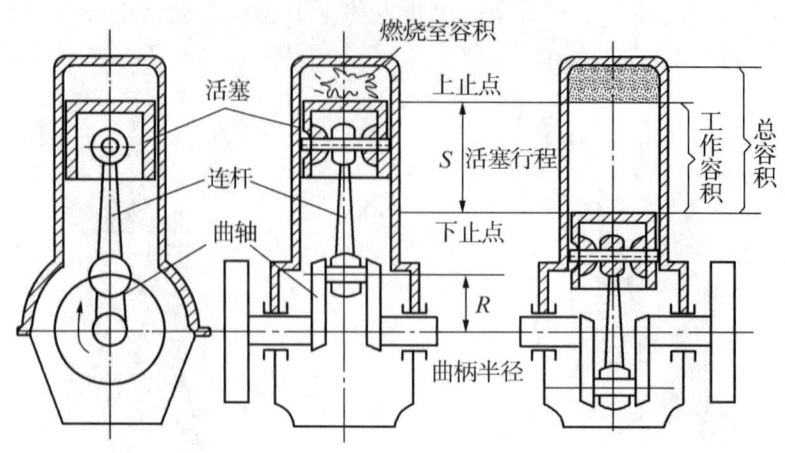

图 1-33 基准参数

2. 排量

一个气缸中,活塞运动一个行程所经过的容积为气缸的工作容积;一台发动机中,全部气缸工作容积的总和称为发动机排量,发动机总排量是发动机所有气缸排量的总和。增大气缸直径或者增加行程的长度都可以加大排量。排量用 V_{st} 表示,计算公式如下:

$$V_{st} = V_s i = \frac{\pi D^2}{4 \times 10^6} \times Si \qquad (1-2)$$

式中,V_{st} 为排量,L;D 为气缸直径,mm;S 为活塞行程,mm;i 为气缸数。

例如:一台 4 缸发动机,缸径为 100mm,行程为 78.9mm,计算此发动机的排量。

$$V_{st} = \frac{3.1416 \times 100^2}{4 \times 10^6} \times 78.9 \times 4 = 2.5(L)$$

大型、重型车辆装配有大排量发动机。与小排量发动机相比,大排量发动机有更大的转矩,也消耗更多的燃油。

3. 压缩比

发动机的压缩比表示在压缩行程期间空气和燃油能够被压缩的倍数。也就是活塞在下止点(BDC)时活塞上方的气缸容积与活塞在上止点(TDC)时活塞上方的气缸容积之比。如图 1-34 所示。计算压缩比的公式如下:

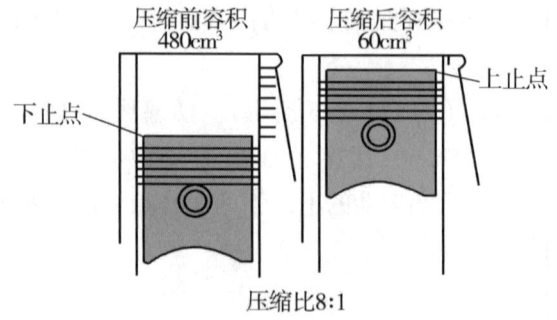

图 1-34 压缩比

$$压缩比 = \frac{活塞位于下止点时活塞上方的容积}{活塞位于上止点时活塞上方的容积}$$

即
$$压缩比 = \frac{气缸总容积}{燃烧室总容积} \tag{1-3}$$

注意：将气缸工作容积加上燃烧室容积才能得到气缸总容积。

例如：如果气缸工作容积为 4.5L，燃烧室容积为 0.55L，计算压缩比。

$$压缩比 = (4.5 + 0.55) \div 0.55 \approx 9.2:1$$

理论上，发动机的压缩比越高，输出功率越大，在压缩行程中产生的热量也越多。如果使用高的压缩比，低辛烷值的汽油燃烧速度会更快，并且有可能会发生爆炸，即常说的爆燃或爆震，而不是燃烧。汽油的辛烷值越高，就越不容易发生爆燃。所以当增加压缩比的时候，也应该提高汽油的辛烷值以防止发生爆燃。

4. 空燃比

发动机工作时，燃料必须和吸进的空气成适当的比例，才能形成可以燃烧的混合气，这就是空燃比，发动机的空燃比等于混合气中空气与燃料之间的质量的比例。一般用每克燃料燃烧时所消耗的空气的克数来表示。计算空燃比的公式如下：

$$空燃比 = \frac{空气质量}{燃料质量} \tag{1-4}$$

空燃比有理论空燃比和实际空燃比。理论空燃比为完全燃烧所需最少的空气质量与燃料质量之比，即

$$理论空燃比 = \frac{完全燃烧所需最少空气质量}{燃料质量} \tag{1-5}$$

不同的燃料，需要的理论最少的空气克数是不一样的，汽油的理论空燃比为 14.7，柴油的理论空燃比为 14.3。如果实际空燃比大于理论值，称之为稀混合气；反之，实际空燃比小于理论值，称之为浓混合气。

空燃比是影响发动机的排放和性能的最关键参数，汽油机的空燃比在 12～13 时功率最大，在 16 时油耗最低，在 18 左右时污染物浓度最低。

在很多的检测设备中，采用过量空气系数 λ 表示空燃比，计算公式如下：

$$\lambda = \frac{燃烧1\text{kg}燃料实际所供给的空气质量}{完全燃烧1\text{kg}燃料所需的理论空气质量} \tag{1-6}$$

$\lambda < 1$ 时，此时燃料与空气中的氧气不完全燃烧，产生的为浓混合气；$\lambda > 1$ 时则为稀混合气。

掌握发动机空燃比的数值判断方法是判断发动机故障和发动机维修的关键，一般情况下，目前较先进的发动机都追求 $\lambda > 1$ 稀混合气的设计，在保证发动机性能的前提下，尽量优化燃油经济性。但当空燃比过稀时，因各缸工作能量不足，会出现异常抖动甚至难以起动的故障现象。

5. 点火顺序

为了在曲轴上得到平稳的转动，发动机各缸的工作不是同步的，经过大量的实验和计算后，汽车生产商不同的发动机缸数和结构，设计了不同的工作顺序，点火顺序的概念也就产生了。

点火顺序指的是发动机各气缸相继点火的顺序。该顺序通常与气缸编号顺序（图 1 -

35）不同。

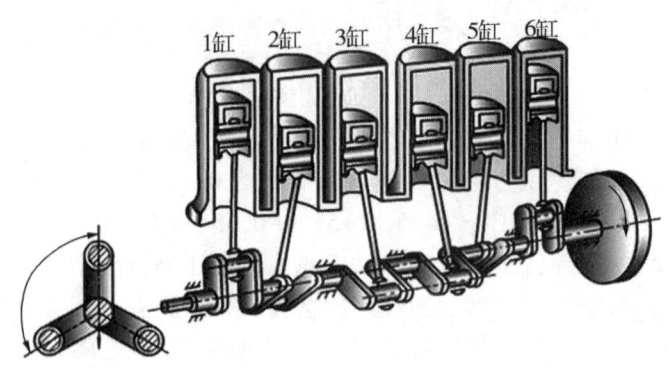

图 1-35　点火顺序

活塞的往复运动通过曲轴变成了旋转运动。点火顺序由发动机结构形式、气缸数和点火间隔决定，对发动机运行平稳性有直接影响。点火顺序通常由第一个气缸开始排序。表 1-2 列出了常见的点火顺序。

表 1-2　常见的点火顺序

发动机类型／气缸数	点火顺序
直列三缸	1—3—2
直列四缸	1—3—4—2
直列六缸	1—5—3—6—2—4
V 形八缸	1—5—4—8—6—3—7—2
V 形十二缸	1—7—5—11—3—9—6—12—2—8—4—10

6. 点火间隔

点火间隔指的是两次连续点火之间的曲轴转角，对于多缸发动机而言非常重要。

四冲程发动机完成整个过程（进气、压缩、做功、排气）时，曲轴将转动整整两圈即转角为 720°。在多缸发动机中，曲轴转动 720°后，每个气缸各点火一次，以便该过程在整个发动机中自动重复。

设计发动机时，通常要求所有气缸之间的连续点火间隔相等。点火间隔相等可在所有转速下确保发动机平稳运行。点火间隔计算公式如下：

$$点火间隔 = \frac{720°}{缸数} \tag{1-7}$$

理论上，气缸数越多，点火间隔越小。点火间隔越小，发动机运行越平稳。

7. P-V 示功图

P-V 示功图可以准确并方便地描述发动机内部的压力和容积（燃烧室容积由活塞位置决定）的关系，进而计算出做功或耗功的大小，因此常用来分析研究气缸内的工作过程，或对比发动机采用各种技术改善后的情况。一个典型的汽油活塞式内燃发动机的示功图如图 1-36 所示。

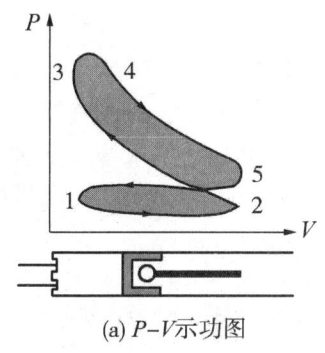
(a) P-V示功图

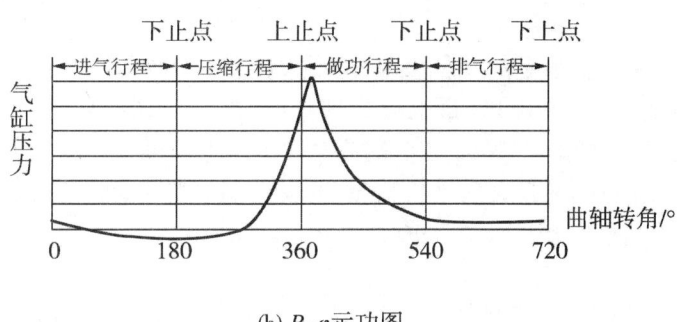
(b) P-φ示功图

图1-36 发动机示功图
1→2 进气；2→3 压缩；4→5 做功；5→1 排气

8. 配气相位图

四冲程发动机的工作过程非常接近人的呼吸过程，配气相位图可以形象地描述四个冲程中进排气门的开关时刻，一个典型的配气相位图如图1-37所示。

配气相位图以曲轴的转角和活塞上下止点为基准，描述气门在四个冲程中的开闭时刻对应的角度，四个冲程以螺旋的方式围绕原点展开。

一个常见的错误解读是在排气门开的时间内存在进气冲程。而从图1-37中可以看出，即使是最普通的发动机，也要设计成进气门提前打开和点火提前，进气门和排气门在排气冲程和进气冲程衔接的过程中存在同时打开的情况（气门重叠角），这样才能达到更好的排气和进气效率，优化发动机的性能。

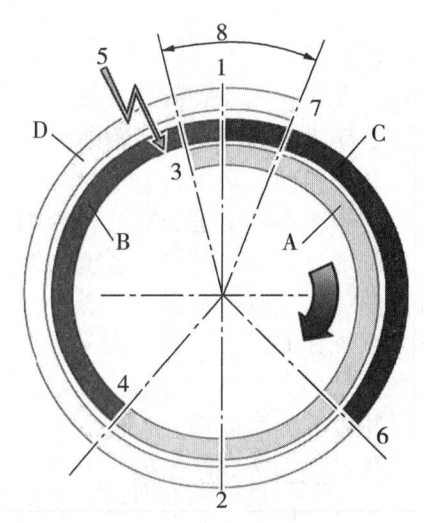

图1-37 典型的配气相位图
A—进气行程；B—压缩行程；C—做功行程；D—排气行程
1—上止点；2—下止点；3—进气门开；4—进气门关；
5—点火时刻；6—排气门开；7—排气门关；8—气门重叠角

设计配气相位机构时，配气相位（或正时）应既能使发动机的高速性能最优，同时也能维持良好的低速和怠速时的性能。在没有可变配气相位的情况下，高速凸轮轴在高速时气门持续开启的时间长可以使高转速时的性能提高，但怠速时的性能却极不稳定。为了在整个转速范围内都能获得最佳性能，目前的发动机几乎都使用了可变配气正时机构，可以精确调整将要进入气缸内的空气燃油混合气的充量，从而获得最佳的怠速性能和低速性能，并且在高速时有较高的功率输出。

9. 发动机效率

发动机效率用于度量输入发动机的能量值与发动机输出的能量值之间的关系。发动机效率用百分比表示。计算效率 η 的公式为：

$$\eta = \frac{输出功率}{输入功率} \times 100\% \qquad (1-8)$$

用效率表示的其他发动机参数还有机械效率、充气效率和热效率。它们都是输入量（实际值）与输出量（最大值或理论值）之比。这些效率都是用百分比来表示的，值都小于 100%。效率与 100% 之差就是发动机在工作过程中损失的百分比。例如，如果给发动机输入 100 份的能量，发动机输出 28 份能量，那么效率应该等于 28%。这就意味着发动机吸收的能量中有 72% 损失或者浪费了。

1）机械效率

机械效率表示发动机的实际输出功率与发动机没有机械摩擦损失时的输出功率之间的关系。

2）充气效率

充气效率是在大气压力下，在进气行程中实际进入气缸的空气量与充满气缸工作容积所需要的空气量之比。影响发动机充气效率的因素有进气歧管的结构、配气正时以及排气系统的结构。

3）热效率

发动机将燃料的化学能转变成热能后，热能又被发动机的活塞和连杆转换成机械能。热效率表示发动机的输出功率与燃油释放出的可以被利用的热能之间的关系。

当冷却系统和润滑系统冷却和润滑发动机的零部件时，会带走许多燃油释放出的热能。然而，这个冷却作用是必需的，否则发动机的零部件会因为过热而造成损坏。因此，燃油释放出的部分热能通过排气系统散失了，同时克服发动机和动力传动系内部的摩擦也消耗了部分热能。这些正常损失在燃油释放的总能量中所占的比例如下：

①冷却系统和润滑系统损失 35%；

②排气系统损失 35%；

③发动机内部的摩擦损失 5%；

④动力传动系内部的摩擦损失 10%。

除去这些损失以后，燃油释放出的热能中仅仅剩下 15% 的能量用于驱动车辆前进。近年来，经过改进的发动机零部件可以有效地减少摩擦，润滑剂的改良也减少了发动机和动力传动系的摩擦。尽管这样，发动机的平均热效率却仍然低于 30%。一些发动机制造厂正在利用陶瓷材料设计制造发动机的零部件，与金属零部件或者铝合金零部件相比，由这种材料制造的零部件可以在更高的温度工作，显著地提高了发动机的热效率。

10. 指示功率和有效功率

指示功是指气缸内燃料燃烧的气体对活塞所做的有效功，指示功率是指发动机在指定时间内做的指示功，用 P_i 表示。

有效功是指曲轴对外做的功，有效功率是指发动机在单位时间内做的有效功，用 P_e 表示，单位 kW，等于有效转矩与曲轴角速度的乘积。

发动机指示功率与有效功率之间的差值称为机械损失功率，用 P_m 表示，机械损失功率即发动机在单位时间内损失的机械功。损失的机械功包含发动机运动件的摩擦、气门机构、油泵、发电机组等附件损失的功。

11. 扭矩和功率图（特性曲线图）

发动机扭矩和功率图，也称发动机特性曲线图，能够直观地表示发动机的转速和对应的扭矩、功率的关系，在发动机技术文档中广泛使用。

以某款发动机为例，功率和扭矩之间的关系如图 1-38 所示。

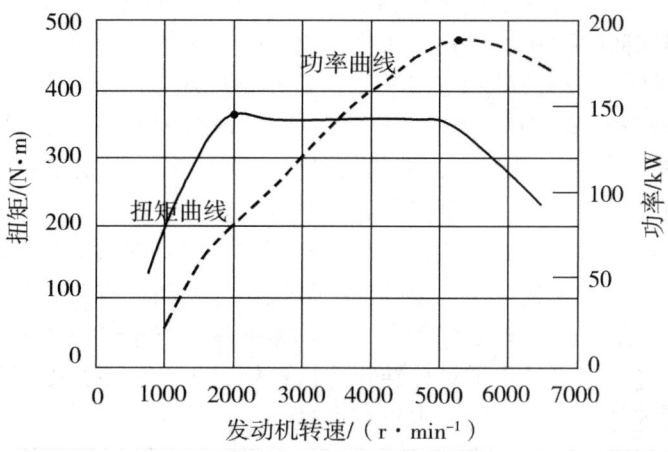

图 1-38　扭矩和功率图

从图 1-38 中可以看出，当发动机转速达 2000r/min 时，扭矩开始下降，而发动机的最大功率出现在 5200r/min 左右，可见发动机的功率和扭矩并不是线性增长的关系。这就像人的身体在运动时，功率就像身体的耐久度，而扭矩像身体的爆发力。对于家用轿车而言，扭矩越大，加速性能越好；对于越野车，扭矩越大，其爬坡度越大。发动机扭矩决定了汽车加速度的大小，而功率决定了汽车能达到的最大车速。

项目实操

请根据下表进行训练，巩固汽车维修安全知识与发动机相关理论。

序号	项　目	目　的
1	车间安全的实训	● 认识车间安全标识； ● 熟识车间安全通道； ● 正确使用灭火器； ● 树立安全意识
2	6S 管理的实践	● 学会执行 6S 管理； ● 适应将来工作岗位的需求

项目小结

1. 汽车维修车间存在很多危险物品和危险情况，危险物品包括易燃液体和材料、腐蚀性的酸性溶液、高压气体、危险废弃物等，危险情况包括高强度噪声、液体溢出造成车间地板湿滑等。

2. 按照必要的安全预防措施操作可以避免危险情况的发生。预防措施包括所有安全措施，如规范操作设备、注意个人安全、注意危险品存储与使用安全、注意车间管理安全、注意防火安全和危险废弃物的处理安全等。

3. 汽车维修车间必须提供必要的车间安全设施，车间内的所有员工必须熟悉这些设施的位置和使用方法。车间安全设施包括安全汽油罐、钢制壁橱、放置可燃材料的容器、灭火器、防护眼镜和防护面罩、急救箱和放置危险废弃物的容器等。

4. 车间6S管理："6S管理"兴起于日本企业，是现代工厂行之有效的现场管理理念和方法，内容包括：整理（SEIRI）、整顿（SEITON）、清扫（SEISO）、清洁（SEIKETSU）、素养（SHITSUKE）、安全（SECURITY），其作用是：提高效率，保证质量，使工作环境整洁有序，对安全问题以预防为主，尽可能保障车间生产安全。

5. 基础理论：要了解车辆的结构与运行原理，首先要了解汽车发动机的构造以及工作原理，而要真正理解发动机是如何工作的，必须理解与发动机有关的基本的物理和化学原理，如功和力、能量的转换、转矩和功率、燃烧等原理。汽车是由于发动机内部燃料燃烧产生热能，热能通过发动机的机械结构转化为机械能，带动一系列的结构部件运转，推动汽车移动。这一过程还涉及其他的基本物理原理。

6. 发动机基本原理：发动机是将某种能量直接转化成机械能并拖动某些机械进行工作的机器。将热能转化为机械能的发动机称为热力发动机，其中的热能是由燃料燃烧所产生的。内燃机是热力发动机的一种，其特点是液体或气体燃料和空气混合气直接输入机器内部燃烧而产生热能，然后再转变为机械能。此外，还必须掌握发动机的分类，发动机的安装位置，四冲程发动机工作原理，发动机的基准参数。

复习与思考

一、单选题

1. 当有人触电而停止了呼吸，但心脏仍跳动时，应采取的急救措施是（　　）。
   A. 立即送医院抢救　　　B. 做胸外按压　　　C. 就地立即做人工呼吸

2. 所有职工必须加强法制观念，严格遵守（　　）和安全生产规章制度。
   A. 安全操作规程　　　B. 纪律　　　C. 道法

3. 电路设备起火时，应使用（　　）灭火。
   A. 酸碱灭火剂　　　B. 干粉灭火剂　　　C. 水

4. 以下不属于劳保用品的是（　　）。
   A. 防静电服　　　B. 黏性纱布　　　C. 防毒面具

5. 以下不属于工业三废的是（　　）。
   A. 废水　　　B. 废料　　　C. 废渣

6. 对于发动机车间的设备操作不应该（　　）。
   A. 任其运转，偶尔看看　　B. 专人负责　　　C. 有操作规程

7. 以下不是噪声产生途径的是（　　）。
   A. 设备产生噪声　　　B. 自然环境产生噪声　　C. 气流产生噪声

8. 安全生产方针是（　　）。
   A. 安全第一，预防为主　　　B. 预防为主，防消结合　　　C. 迅速报警

9. 火灾发生后，如果逃生之路已被切断，应（　　）。
   A. 应退回室内，关闭通往燃烧房间的门窗，并向门窗上泼水，延缓火势发展，同时

打开未受烟火威胁的窗户，发出求救信号
B. 破窗而逃 　　　　　C. 打求救电话

10. 发生火灾时，基本的正确应变措施是( )。
A. 发出警报，疏散，在安全情况下设法扑救
B. 在初期务必扑救 　　　C. 立即逃离

11. 为防止火灾，车间抹过油的废布、废棉丝应( )。
A. 扔到垃圾桶 　　B. 现场烧掉 　　　C. 放在有沙的铁桶内

12. 触电事故( )。
A. 是指人体接触到机械设备的"带电"部分，从而产生对人体的伤害事故
B. 是指机械设备的"带电"部分对人体的伤害事故
C. 是指人体的伤害事故　　D. 后果一般都不严重

13. 对于汽车车间的人身安全，首要注意事项为( )。
A. 注意消防通道 　　　B. 正确穿戴工作服
C. 了解什么是危险品　　D. 注意车间的管理文件

14. 以下( )不是整洁车间的特征。
A. 地面清洁不湿滑 　　B. 器具存取通道无障碍
C. 工作环境舒适不重要　D. 工作场所灯光明亮

15. 燃料(如汽油)既是清洗剂，又是( )。
A. 化学品　　B. 易燃物　　C. 燃料　　D. 干燥剂

16. 工作灯应采用低压( )V安全灯。
A. 24　　B. 12　　C. 30　　D. 36

17. 汽车在车间内行驶车速不得超过( )km/h。
A. 3　　B. 5　　C. 8　　D. 10

18. ( )就是把工作现场的所有物品，分为"要的"和"不要的"。
A. 整顿　　B. 整理　　C. 清洁　　D. 清扫

19. 整顿就是人和物放置方法的( )。
A. 规范化　　B. 统一化　　C. 标准化　　D. 科学化

20. ( )的目的：培养好习惯，打造好团队。
A. 素养　　B. 安全　　C. 整顿　　D. 整理

21. 工作前应检查所使用工具是否( )。
A. 可靠　　B. 完整无损　　C. 合适　　D. 安全

二、填空题

1. 许多工伤事故都是由_____引起。

2. _____可能造成地面更溜滑。

3. 汽车排出的尾气是_____。

4. 发动机过热时，不得打开_____，谨防沸水烫伤。

5. 不仅要做到形体上的清洁，而且要做到_____上的"清洁"。

6. _____经常带头巡查，带动全员重视6S活动。

7. _____是6S活动的核心。

三、判断题

1. 发动机温度较高时，拆卸散热器盖是非常危险的，因为冷却液会喷射而出。（　）
2. 发动机冷却液接触车身表面时，不会改变其颜色。（　）

四、简答题

1. 车间的危险物品有哪些？
2. 如何在汽车维修车间中保证个人安全？
3. 安全处理和存放汽油所必需的措施有哪些？
4. 车间6S管理包括哪些方面的内容？
5. 如何计算压缩比？
6. 写出功率扭矩的转化公式。
7. 说出四行程发动机四个行程的名称。
8. 简述转矩和功率定义。
9. 列出完全燃烧所要具备的四个条件。
10. 解释文氏管如何降低流体压强。
11. 什么是大气压？
12. 简述能量的六种形式。
13. 简述能量转换的四种形式。

项目二　发动机总体构造

学习目标

1. 识别发动机型号；
2. 描述发动机总体构造；
3. 描述发动机缸体端面形式；
4. 识别发动机常用的螺栓连接件。

2.1　发动机型号

发动机型号是发动机生产企业根据有关规定、企业或行业惯例以及发动机的属性，为某一批生产的发动机编制的识别代码，用以表示发动机的生产企业、规格、性能、特征、工艺、用途和产品批次等相关信息。

通过识别实车的发动机型号，可以找出对应维修手册，进行规范维修。

2.1.1　发动机型号的标识位置

发动机型号标识可以刻印在发动机机体上（图2-1），或刻印在整车铭牌上（图2-2），或刻印在发动机装饰盖上（图2-3）。

图2-1　刻印在发动机机体上

图2-2　刻印在副驾驶员侧B柱内侧

图2-3　刻印在发动机隔音盖板上

下面以宝马发动机为例说明发动机型号含义，解读图2-1中发动机型号01937719N55B30A各代码表示的意思：

01937719——具体发动机序列号。

N——发动机开发人，BMW集团。

5——发动机类型，R6。
5——标准型发动机方案更改、涡轮增压、电子气门(Valvetronic)和直接喷射。
B——燃油和安装位置，纵向安装汽油发动机。
30——排量(1/10 升)，3 升。
A——型式认证事宜，标准。

2.1.2 国产发动机型号的含义

为了便于发动机的生产管理和使用，国家标准(GB/T 725—2008)《内燃机产品名称和型号编制规则》对发动机的名称和型号做了统一规定。

①首部：包括产品系列符号、换代符号和地方、企业代号，有制造厂根据需要自选相应的字母表示，但须经行业标准的标准化归口单位核准、备案。

②中部：由缸数符号、气缸布置形式符号、冲程符号和缸径符号组成。

③后部：由结构特征符号和用途特征符号组成。

④尾部：区分符号。同一系列产品因改进等原因需要区分时，由制造厂选择适当的符号表示，后部与尾部可用"-"分隔。

具体的发动机型号的排列顺序及符号所代表的意义如图2-4所示。

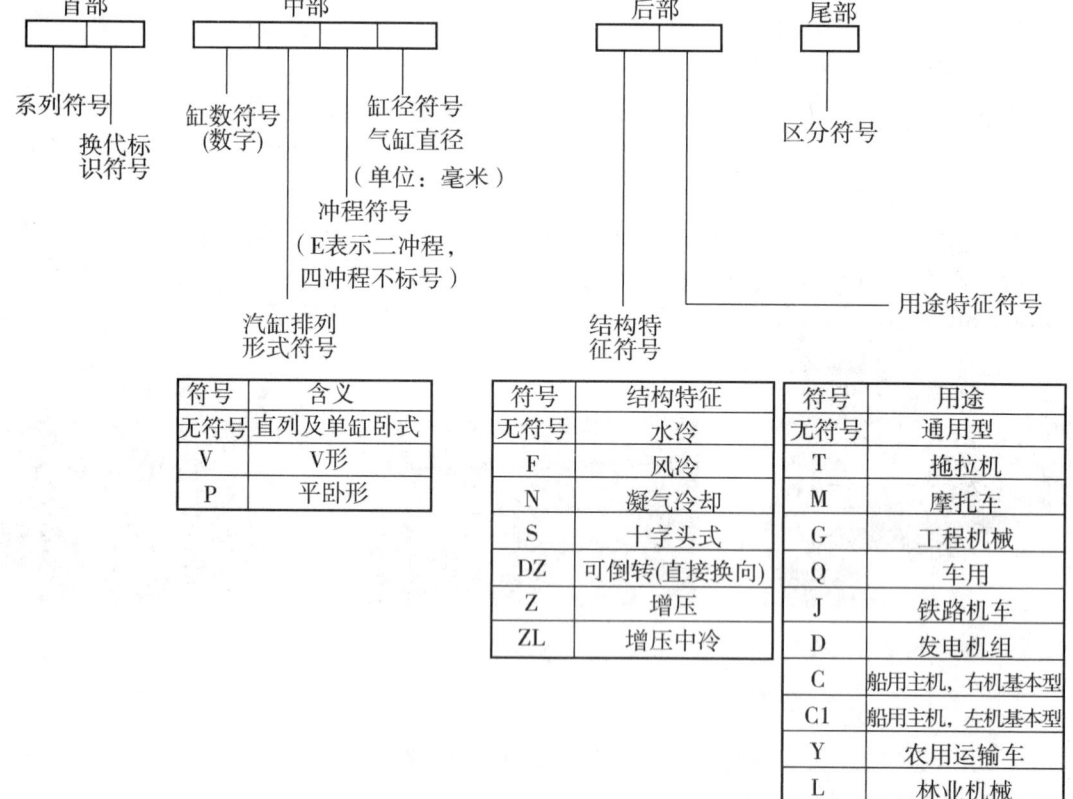

图2-4 国产发动机型号详解

汽油发动机和柴油发动机型号示例如下。

1）汽油机

1E65F：单缸，二行程，缸径65mm，风冷通用型。

4100Q：四缸，四行程，缸径100mm，水冷车用。

4100Q-4：四缸，四行程，缸径100mm，水冷车用，第四种变型产品。

CA6102：六缸，四行程，缸径102mm，水冷通用型。CA表示系列符号。

8V100：八缸，四行程，缸径100mm，V形，水冷通用型。

2）柴油机

195：单缸，四行程，缸径95mm，水冷通用型。

165F：单缸，四行程，缸径65mm，风冷通用型。

495Q：四缸，四行程，缸径95mm，水冷车用。

X4105：四缸，四行程，缸径105mm，水冷通用型。X表示系列符号。

2.2 技术信息资料

技术信息资料有助于维修人员按照专业化要求进行车辆维修。一般车辆包含的技术信息资料有维修手册、位置图、功能图、装配图等。

1. 维修手册

维修手册可以为维修技师提供全面的车型及配置信息，维修注意事项和准备事项，科学的故障诊断流程、步骤与方法，完整的维修数据。对于维修技师而言，维修手册等同于工程作业书，可以指导维修技师按标准完成维修作业。

维修手册有两种形式：纸质/电子维修手册（图2-5）和网络版维修手册（图2-6）。前者是由厂家编制的纸质或电子形式的维修手册，可移动携带，方便随时查阅。后者需由厂家提供的专用设备连接到服务器或车辆上进行数据的查阅或读取。

图2-5 纸质维修手册

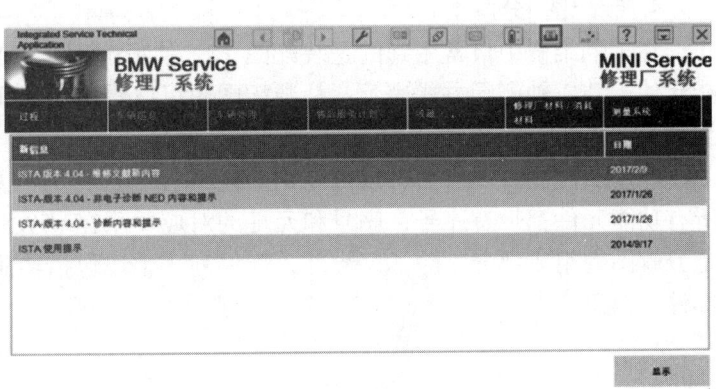

图2-6 网络版维修手册

2. 位置图

位置图用于表示不同系统在车辆内的安装位置。例如图2-7标明了柴油喷射装置的功能单元的具体位置。

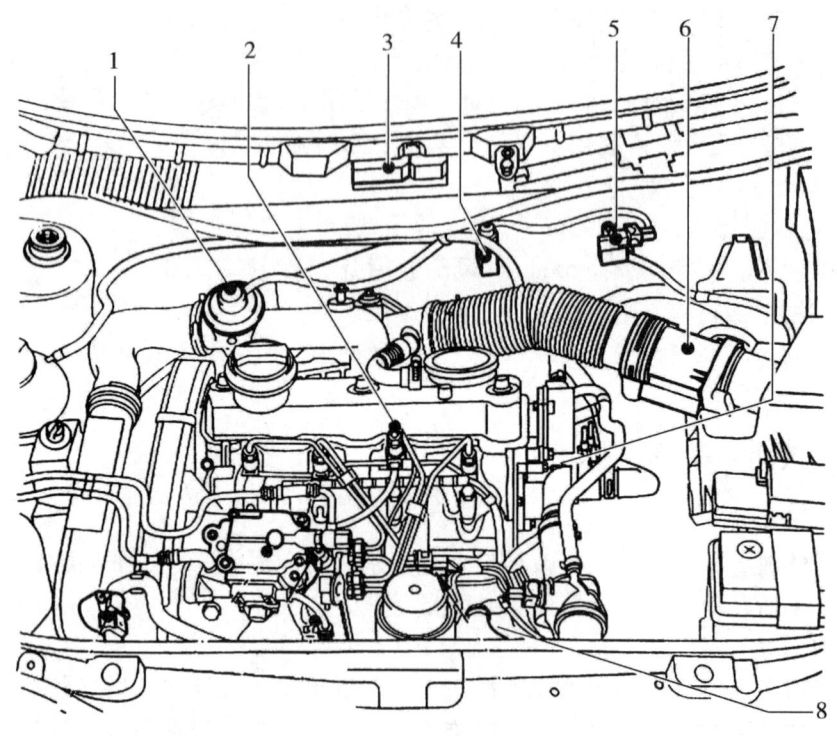

图2-7 柴油喷射装置位置图

1—废气再循环；2—带喷嘴针行程传感器喷嘴；3—柴油喷射装置控制单元，车辆高度传感器集成在该单元内；4—废气再循环阀；5—增压压力限制电磁阀；6—空气流量计；7—冷却液温度传感器；8—发动机转速传感器

3. 功能图

功能图用于表示不同功能单元之间相互作用的关系。例如图2-8即为一个汽油发动机的机油回路。

4. 装配图（分解图）

在车辆维修中最常用到的是装配图，也称为分解图。在装配图中，功能单元分解为功能元件，并以轴侧图方式表示。从装配图中可以看出功能元件的形状，图中功能元件通过细点画线连接。如图2-9所示。

利用装配图，一方面可以判断出分隔和接合面，另一方面可以看出拆卸和安装顺序。所有功能元件都带有序号，序号和元件的对应关系在一个配件列表中列出。配件列表通常是分解图的组成部分。除了序号外，配件列表中还包括功能部件的订货号码、配件或危险部件的信息。

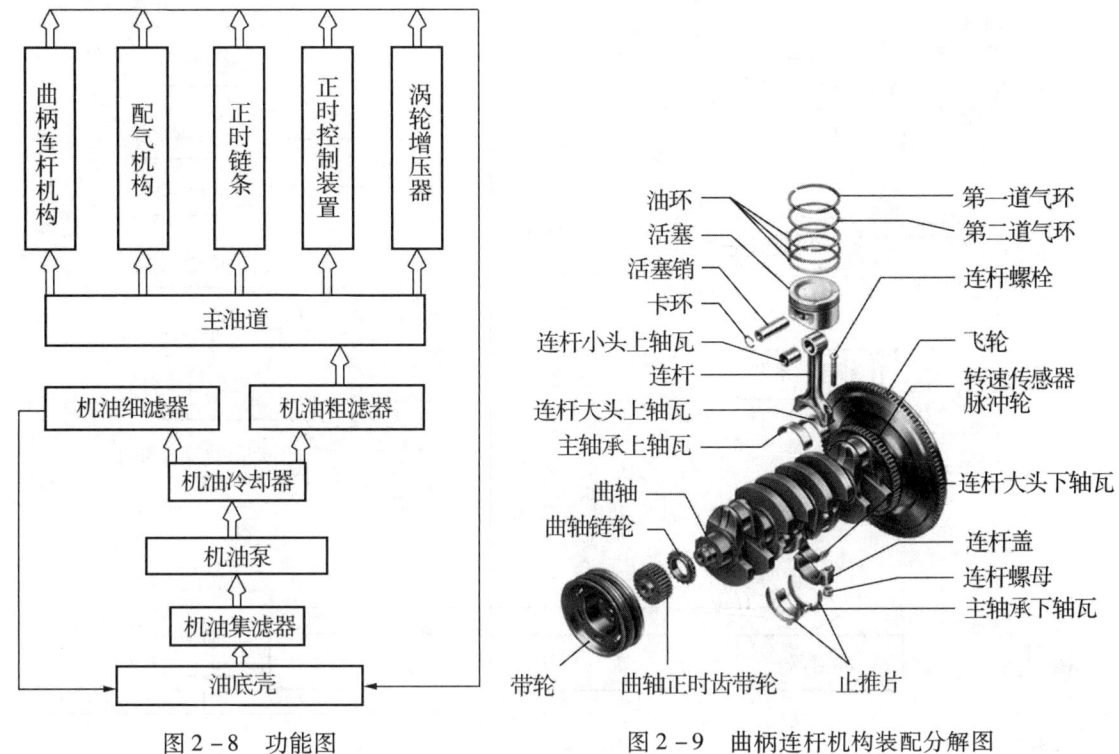

图 2-8 功能图　　　图 2-9 曲柄连杆机构装配分解图

2.3 发动机的基本构造

发动机是由多个机构和系统组成的，这些机构和系统的效率会影响整台发动机的工作。现代汽车发动机的结构形式很多，但其基本结构都是相似的。现代发动机中，比较常见的是汽油机和柴油机，这两种发动机在结构上有不同的特点。

2.3.1 汽油机的基本构造

汽油发动机简称汽油机，主要由"两大机构、五大系统"组成，如图 2-10a 所示。"两大机构"指曲柄连杆机构和配气机构，"五大系统"指燃料供给系统、冷却系统、润滑系统、起动系统和点火系统。汽油机的工作流程如图 2-10b 所示。

1. 两大机构

1）曲柄连杆机构

曲柄连杆机构是发动机实现热能与机械能相互转换的核心机构。其功用是将燃料燃烧所放出的热能转换为机械能，推动活塞、连杆等部件上下运动并转换为曲轴等零部件的旋转运动，进而驱动汽车行驶。

2）配气机构

配气机构的功用是根据发动机的工作需要，适时地打开进气通道或排气通道，使新鲜可燃混合气及时进入气缸，或使已燃烧的废气及时从气缸内排出；发动机不需要进气或排气时，利用气门将进气通道或排气通道关闭，保持气缸密封。

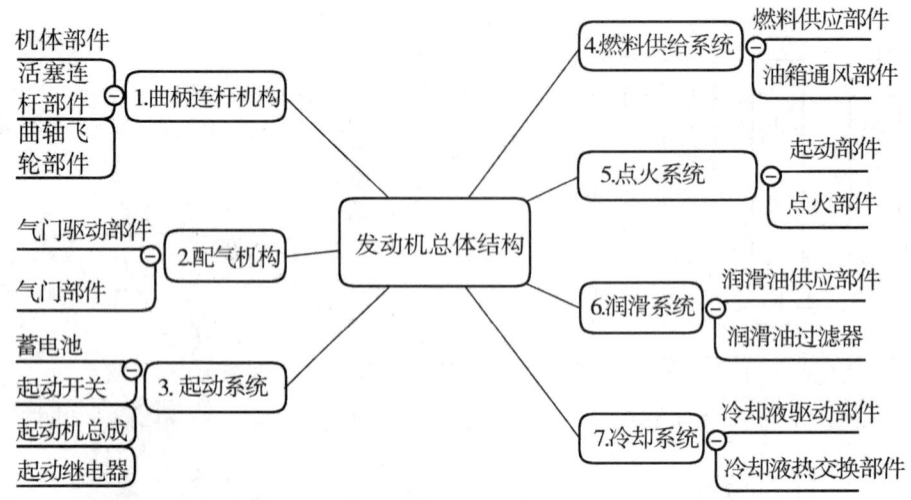

(a) 汽油发动机的基本构造

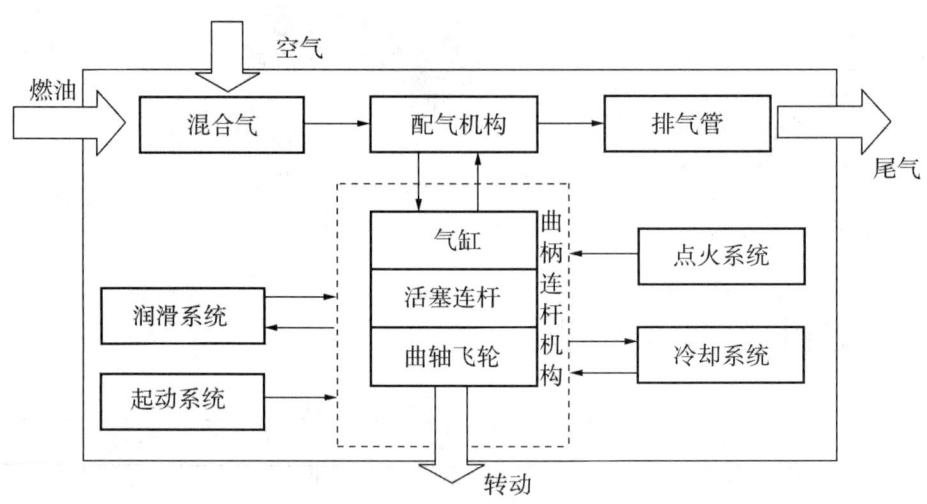

(b) 汽油发动机工作流程示意图

图2-10 汽油发动机的基本构造及工作流程示意图

2. 五大系统

1) 燃料供给系统

电控燃油喷射式燃料供给系统的功用是根据发动机工况(工作状况),将各种浓度的空气燃油混合气通过配气机构送入气缸,以满足各种工况的需求,并在配气机构排气门开启后,将已燃气体通过处理经由排气管导出,在过程中降低发动机产生的噪声。

2) 点火系统

点火系统的功用是根据发动机的工作需要,在适当的时刻为火花塞提供高电压脉冲,高电压脉冲作用在火花塞电极间,能够击穿放电产生电弧,所产生的热量点燃气缸内的混合气。

3) 冷却系统

冷却系统的功用是帮助发动机散热,以保证发动机在最合适的温度下工作,防止发动机因为过热而损坏。

4）润滑系统

润滑系统的功用是向做相对运动的零件表面输送清洁的润滑油，以减小摩擦和磨损，并对摩擦表面进行清洗和冷却，起到润滑、冷却、洗涤、密封、防锈防腐和消除冲击负荷的作用。

5）起动系统

起动系统的功用是使发动机由静止状态进入到正常工作状态。

2.3.2 柴油机的基本构造

无论是结构简单还是复杂的柴油机，都是由两大机构和四大系统组成的，与汽油机的两大机构、五大系统之四对应。柴油机工作原理与汽油机相同，只是少了点火系统。

1. 两大机构

（1）曲柄连杆机构，包括机体组、活塞连杆组、曲轴飞轮组。

（2）配气机构，包括气门组、气门传动组。

2. 四大系统

（1）润滑系统，包括油底壳、集滤器、机油泵、机油滤清器、机油管道、机油压力传感器等零部件。

（2）燃料供给系统，包括燃油供给、进排气、电子控制系统。

（3）冷却系统，包括水泵、风扇、散热器、节温器、冷却液管路等零部件。

（4）起动系统，包括起动电机、电磁控制器、传动机构。

2.3.3 汽油机与柴油机的差异

汽油机与柴油机的差异见表2-1。

表2-1 汽油机与柴油机的差异

点燃方式	压缩比	燃烧压力
柴油发动机需要吸入高压缩比的纯空气，高压燃油直接喷入燃烧室内压缩后的高温空气中，燃油混合气在气缸内形成，根据燃烧室内的温度和压力情况自行点燃。因此，柴油发动机没有点火系统，而汽油机有点火系统	柴油机的压缩比远高于汽油机，柴油机的压缩比通常为15~22，汽油机的压缩比通常为6~12	柴油发动机的燃烧过程慢于汽油发动机，燃烧室内的压力明显高于汽油发动机。柴油发动机的燃烧速度可与活塞向下移动的速度保持同步。做功行程期间燃烧室内的压力基本上保持恒定

2.4 发动机的螺栓连接件

2.4.1 常用的螺栓连接件

螺栓连接件为机械零件，是与螺母配用的圆柱形带螺纹的紧固件，由头部和螺杆（带有外螺纹的圆柱体）两部分组成，与螺母配合后可用于紧固连接两个带有通孔的零件，这种将零件连接起来的形式称螺栓连接。如把螺母从螺栓上旋下，即可以使这两个零件分开，故螺栓连接是属于可拆卸连接。常见的螺栓有以下几种(表2-2)。

表2-2 发动机常用的螺栓

螺栓	六角螺栓	圆柱头内六角螺栓	定位配合螺栓
图示	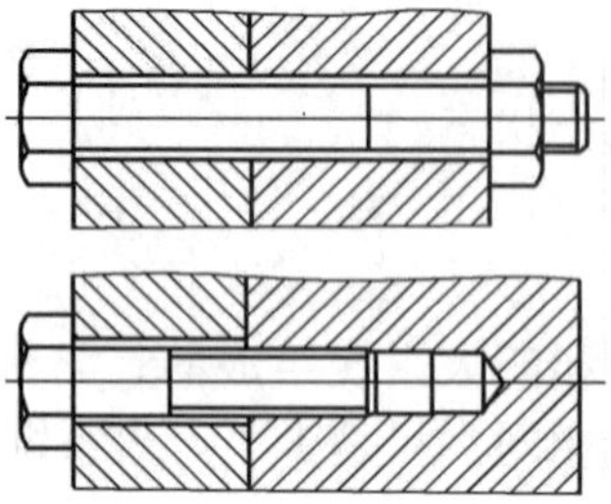	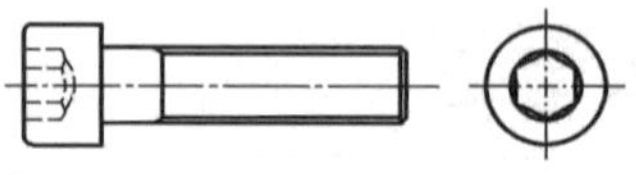	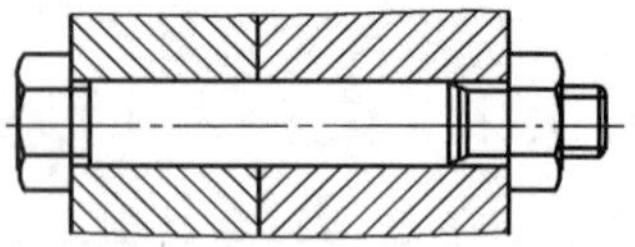
特点	带有通孔时利用螺母连接的贯穿螺栓。在工件上切削出螺母螺纹，不使用螺母的单个螺栓 螺栓连接件在共件接合面之间产生较大的摩擦力，从而阻止两个共件移动。 因为工件孔直径略大于螺栓杆直径，所以螺栓因存在间隙而不会承受剪切负荷，因此也无法确保部件之间精确定位	螺栓的圆柱头可以沉入工件内。利用角度扳手可以将拧紧后的螺栓再次拧紧到规定的角度，但不能使用环形扳手	带有磨削加工的螺栓杆，其外径略大于螺纹直径。以无间隙方式压入精加工(铰孔)的孔中 精确确定共件彼此之间的位置。可以通过接合面传递较大的摩擦力。可以承受剪切负荷

螺栓	双头螺栓	应力螺栓	带槽螺钉和十字槽螺钉
图示	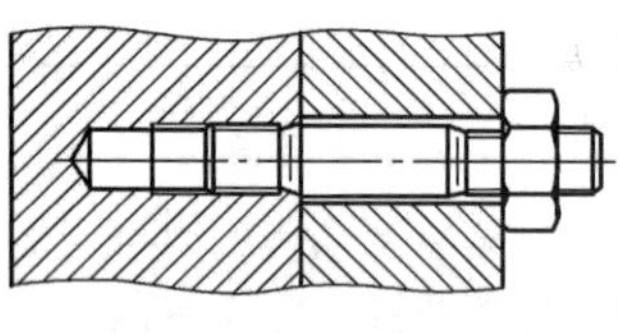	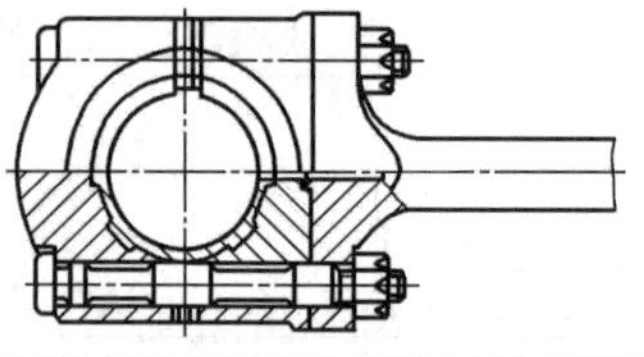	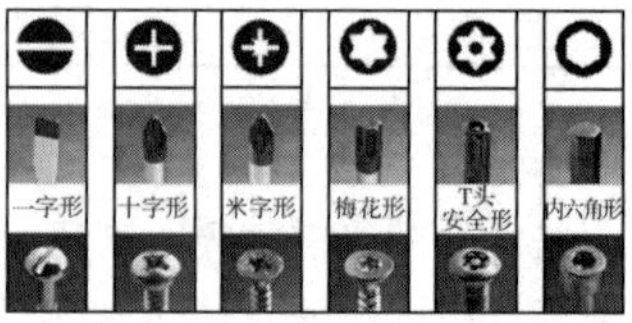
特点	适用于在没有为螺栓头留出安装空间的部位处，螺栓连接件必须经常松开时，及共件内螺纹可能损坏时。 双头螺栓用一个双头螺栓安装工具拧入，通常情况下不再拧出	适用于承受脉动和交变应力的部件(例如连杆轴承或气缸盖)。除了螺栓应靠在孔壁上的部位，应力螺栓的螺栓杆直径减小到螺纹内径的90%。杆表面光滑，以圆角形式过渡到螺纹。将应力螺栓用扭矩扳手拧到规定的扭矩并预紧到预紧力大于运行时出现拉力，因此应力螺栓不需要进行螺栓防松处理	作为带槽或带十字槽的圆柱头螺钉、埋头螺钉、半圆头圆柱头螺钉螺栓和半埋头螺钉使用

常见的螺母有以下几种,包括六角螺母、带凸缘的六角螺母、车轮螺母、自锁螺母、螺帽等(图2-11)。

六角螺母　　带凸缘的六角螺母　　车轮螺母　　自锁螺母　　螺帽

图2-11　常见螺母

2.4.2　螺栓螺母的材料和选用

车辆中使用非合金钢和合金钢制成的螺栓和螺母。高强度螺栓带有制造商标志和强度等级标志。螺栓螺母的选用要参考强度等级标志。

强度等级由两个数字和位于其中间的一个点组成。利用这些数字可以确定最小抗拉强度 R_m 和最小屈服极限 R_e。

一般的螺栓是用"X.Y"表示强度的,$X×100=$螺栓的抗拉强度,$X×100×(Y/10)=$螺栓的屈服强度(因为按标识规定:屈服强度/抗拉强度$=Y/10$,即$0.Y$为屈强比)。如一个螺栓的强度等级为4.8级,则此螺栓的抗拉强度为400MPa;屈服强度为:$400×8/10=320(MPa)$。

螺母只标出强度参数。螺母可承受的负荷与相同等级的螺栓相同。

提示:螺栓和螺母的材料和强度等级选用一定要参考该连接件的安装扭矩要求。

2.4.3　螺栓防松的方式

螺栓防松用于防止螺栓连接件自行松开。螺栓防松有以下几种方式:

(1)形状附着防松(图2-12):用止动件直接限制螺纹副的相对转动。

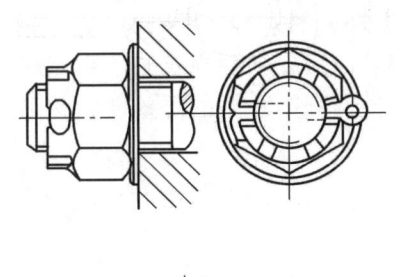

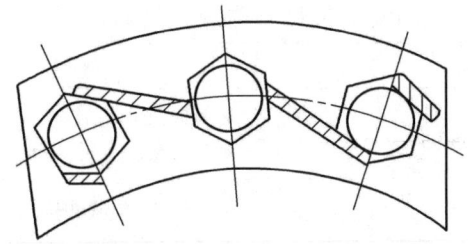

图2-12　形状附着防松

（2）力附着防松（图2-13）：是应用最广的一种防松方式。这种方式在螺纹副之间产生一个不随外力变化的正压力，从而产生可以阻止螺纹副相对转动的摩擦力。

图2-13 力附着防松

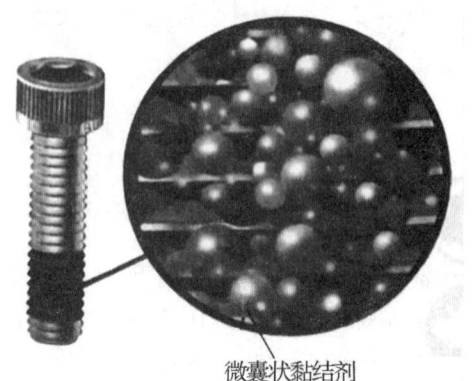

图2-14 材料附着防松

（3）材料附着防松（图2-14）：拧入时微囊状黏结剂中细小的微囊破裂，黏结剂与硬化剂混合在一起并使用螺纹湿润。

2.4.4 粗牙螺纹与细牙螺纹

1. 粗牙螺纹

不需要标注螺距，如M8、M12-6H、M16-7H等，主要做连结螺纹使用。与细牙螺纹比，因螺距大，螺纹升角也大，因此自锁性差，牙型深，对本体件的强度降低大，一般多与弹簧垫圈配合使用。优点是拆装方便，与之配套的标准件齐全，容易互换。

2. 细牙螺纹

必须标注螺距（如M10×1.25），以示与粗牙螺纹的区别，特点和粗牙正好相反，是为了补充粗牙螺纹满足不了的特殊使用要求而规定的。细牙螺纹也有螺距系列，主要用在液压系统的公制管件、机械传动件、强度不足的薄壁件、受空间限制的机内件及自锁性要求较高的轴上等。

请根据下表进行训练，巩固发动机总体构造相关知识。

序号	项 目	目 的
1	发动机技术信息的查找	●掌握发动机技术信息查找的方法； ●了解发动机型号的含义
2	发动机常用螺栓连接件的认识	●掌握各类不同螺栓连接的特点； ●了解螺栓防松的方式； ●认识螺栓强度等级

项目小结

1. 发动机型号：通过识别实车的发动机型号，可以找出对应维修手册，进行规范维修。

2. 技术信息资料：技术信息资料有助于按照专业化要求进行车辆维修。一般车辆包含的技术信息资料有维修手册、位置图、功能图、装配图。

3. 发动机的基本构造：汽油发动机简称汽油机，主要由"两大机构、五大系统"组成。"两大机构"指曲柄连杆机构和配气机构；"五大系统"指燃料供给系统、冷却系统、润滑系统、点火系统和起动系统。

4. 发动机常用的螺栓连接件：由头部和螺杆（带有外螺纹的圆柱体）两部分组成的一类紧固件，需与螺母配合，用于紧固连接两个带有通孔的零件。

复习与思考

一、填空题

1. 汽油发动机简称汽油机，主要由"_____机构、_____系统"组成。
2. "两大机构"指_____和_____。
3. "五大系统"指燃料_____、_____、_____、_____和_____。
4. 发动机型号的标识位置：_____、_____、_____。
5. 一般车辆包含的技术信息资料有：_____、_____、_____、_____。
6. 柴油机的压缩比要远高于汽油机，柴油机的压缩比通常为_____，汽油机的压缩比通常为_____。
7. 发动机型号：通过识别实车的发动机型号，找出对应_____，进行规范维修。
8. 细牙螺纹有_____功能。
9. 车辆中使用_____和_____制成的螺栓和螺母。
10. 柴油发动机没有_____。

二、简答题

1. 维修手册有哪些作用？
2. 螺栓的防松方式有哪些？

项目三　曲柄连杆机构

学习目标

1. 了解气缸盖的结构和作用；
2. 了解曲轴箱的结构和作用；
3. 了解活塞的结构特点；
4. 能进行活塞环的更换；
5. 能进行曲轴间隙的测量和更换轴瓦；
6. 了解活塞偏置的作用。

曲柄连杆机构的功用是：为发动机提供燃烧场所，把燃料燃烧后气体作用在活塞顶上的膨胀压力转变为曲轴旋转的转矩，以向工作机械输出机械能；即将气体的压力变为曲轴的转矩，将活塞的往复运动变为曲轴的旋转运动。

典型的发动机曲柄连杆机构是实现从往复运动转换至旋转运动的结构主体，包括三大部件系统：机体组、活塞连杆组和曲轴飞轮组，如图3-1所示。

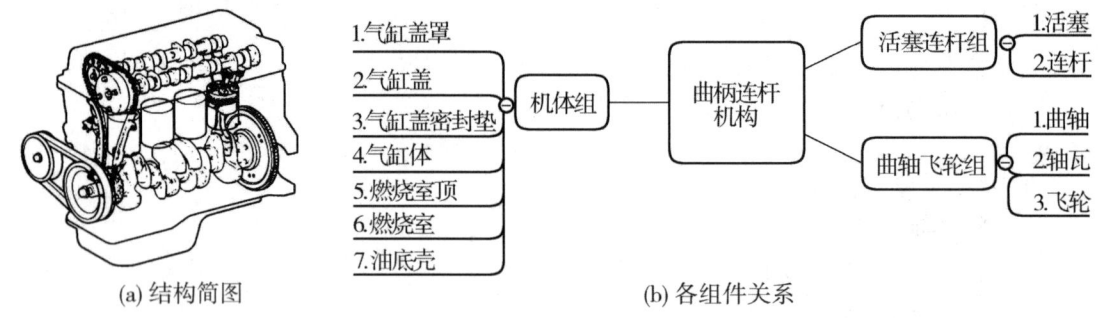

图3-1　曲柄连杆机构

3.1　机体组

机体组由气缸盖罩、气缸体、气缸盖、油底壳等部分构成。

3.1.1　气缸盖罩

气缸盖罩(图3-2)封闭了气缸盖上部的空间，同时在外观上构成发动机壳体的顶部。气缸盖罩执行以下任务：

①使气缸盖顶端与外部隔离；
②隔音；
③固定曲轴箱通风系统；
④固定安装件。

为了达到较好的减震效果，气缸盖罩与气缸盖以非刚性方式连接。使用螺栓连接时，通过弹性密封垫和去耦元件达到上述目的。气缸盖罩可由铝合金、塑料或镁合金制成，铝合金的强度特性非常好，能够确保较好的密封效果。

图 3-2　气缸盖罩

相对于铝合金而言，生产气缸盖罩时使用塑料材料可减轻重量。此外，塑料材料还具有突出的隔音特性而且能够制成复杂的几何形状。

镁合金气缸盖罩的重量更轻，但是镁合金气缸盖罩的加工成本较高。

3.1.2　气缸盖密封垫

气缸盖密封垫（图 3-3）位于曲轴箱与气缸盖之间。需要承受极大的热负荷和机械负荷。确保密封垫正常工作对于发动机运行非常重要。

气缸盖密封垫必须能够使空气、燃油、发动机机油、冷却液四种介质彼此隔离。

气缸盖密封垫通常分为软材料密封垫和金属材料密封垫。

有正反面的气缸盖密封垫在安装时应把光滑的一面朝向气缸体；印有批次号的气缸盖密封垫，应使印有批次号的一面朝上。

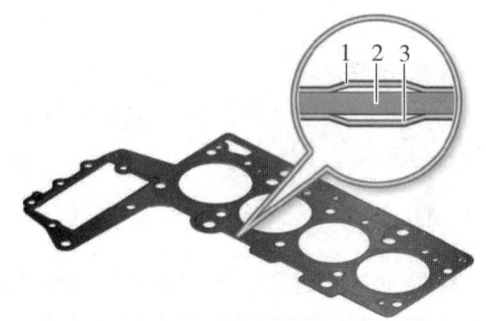

图 3-3　气缸盖密封垫
1—弹簧钢层；2—中间层；3—弹簧钢层

1. 软材料密封垫

密封垫中，支撑板两侧带有软材料层。软材料层上通常覆有一层塑料涂层，用于增强气缸盖密封垫承受负荷的能力。气缸盖密封垫上的燃烧室开口带有金属边，可承受相应负荷。通常用一层橡胶涂层加固冷却液和机油通道。

2. 金属密封垫

金属密封垫通常应用于高负荷发动机，这种密封垫主要由多层钢板垫片制成。金属密封垫的密封效果基本由弹簧钢层内的集成式凸起和填充层决定，在液体通道处可以通过增加弹性橡胶层增强密封效果。

3.1.3　气缸盖

气缸盖（图 3-4）是一个非常复杂的部件，有多项功能，发动机正时控制几乎都在气缸盖内进行。气缸盖的任务是：
①构成燃烧室顶；
②固定气门机构；

③固定换气通道；
④吸收燃烧产生的作用力；
⑤固定冷却液和润滑油输送通道以及曲轴箱；
⑥固定通风通道；
⑦固定安装件。

气缸盖形状在很大程度上取决于所包含的部件：
①气门的数量和位置；
②凸轮轴的位置和数量；
③火花塞、预热塞或喷射阀的位置；
④换气通道的形状。

图 3-4　气缸盖

此外，人们通常根据以下标准对气缸盖进行分类：
①部件数量：1、2 或更多；
②气门数量：2、3、4、5；
③冷却方式：纵流、横流。

组成气缸盖的部件较多，但是计算部件数量时只需包括较大部件，例如用螺栓固定的凸轮轴轴承座。

3.1.4　燃烧室顶

燃烧室是由活塞、气缸盖和气缸壁围成的空间。气缸盖作为气缸的顶部构成了燃烧室顶，它与活塞一起决定了燃烧室的形状。

四气门气缸盖有三种不同的燃烧室顶类型（图 3-5 至图 3-7 是通过气门轴线的截面图。虽然火花塞实际不在该平面内，但仍在图中标明了火花塞的位置以便理解）。

如图 3-5 所示，完全通过活塞构成燃烧室时，整个燃烧室都位于活塞内；如图 3-6 所示，通过活塞与气缸盖构成燃烧室时，燃烧室分布在活塞和气缸盖内；图 3-7 中的布置方式非常有利，因为油气混合气可以非常有效地环绕火花塞流动。此外，相对于燃烧室体积而言，燃烧室表面积较小，因此热力学损耗较少。气门倾斜角度最大可达 25°。

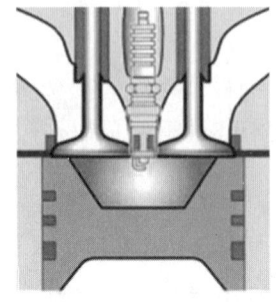 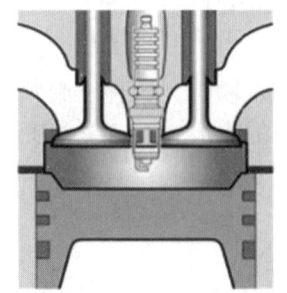 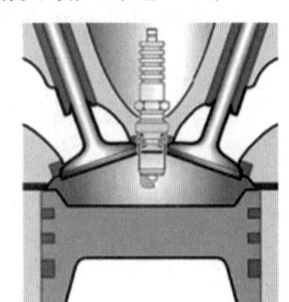

图 3-5　完全通过活塞构成燃烧室　　图 3-6　通过活塞与气缸盖构成燃烧室　　图 3-7　气门倾斜的燃烧室

3.1.5 燃烧室

1. 汽油机燃烧室

汽油机燃烧室如图 3-8 所示，有半球形、楔形和盆形三种。

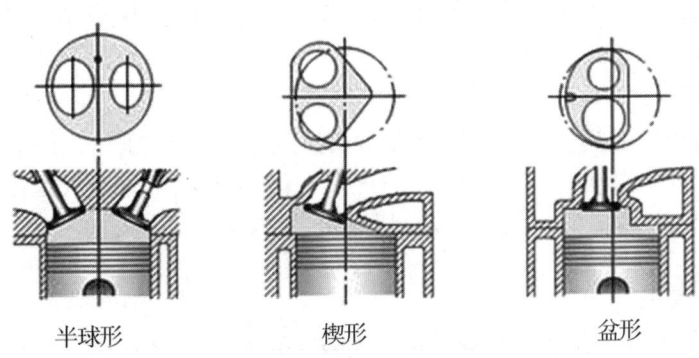

图 3-8　汽油机燃烧室

1）半球形燃烧室

半球形燃烧室结构紧凑，火花塞布置在燃烧室中央，火焰行程短，故燃烧速率高，散热少，热效率高。这种燃烧室结构上允许气门双行排列，进气口直径较大，故充气效率较高，虽然会使配气机构变得较复杂，但有利于排气净化，在轿车发动机上被广泛地应用。

2）楔形燃烧室

楔形燃烧室结构简单、紧凑，散热面积小，热损失也小，能保证混合气在压缩行程中形成良好的涡流运动，有利于提高混合气的混合质量，进气阻力小，提高了充气效率。气门排成一列，使配气机构简单，但火花塞置于楔形燃烧室高处，火焰传播距离长些。切诺基轿车发动机采用的就是这种形式的燃烧室。

3）盆形燃烧室。

盆形燃烧室气缸盖工艺性好，制造成本低，但因气门直径易受限制，进、排气效果比半球形燃烧室差。

2. 柴油机燃烧室

柴油机直喷式燃烧室的形式如图 3-9 所示，有 W 形、球形、U 形三种。

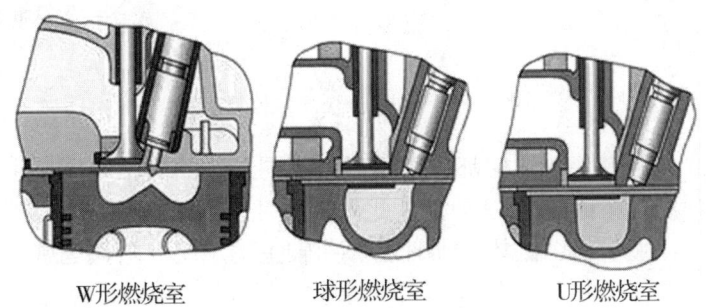

W形燃烧室　　　球形燃烧室　　　U形燃烧室

图 3-9　柴油机直喷式燃烧室

1) W 形燃烧室

结构简单，热损耗小，容易启动，比较省油，缺点是柴油机工作粗暴，对供油装置的精度要求高。

2) 球形燃烧室

喷入的柴油在球形内壁形成薄而均匀的油膜，工作柔和，噪声小，对柴油适应性强且比较省油。

3) U 形燃烧室

介于球形燃烧室（油膜燃烧）和 W 形燃烧室（空间燃烧）之间的一种复合式燃烧系统，具有 W 形燃烧室容易启动、低速性能好的优点，但 U 形燃烧室对气道流动性和供油规律十分敏感，限制了它在高速柴油机或强化机型上的应用。

3.1.6 气缸体

气缸体（图 3-10）可以说是所有发动机的核心组件，在结构上，气缸体与曲轴箱上部合为一体，上部为缸体，下部为曲轴箱，所以也可称为曲轴箱体。所有气缸都组装在曲轴箱内，曲轴箱采用双层钢板结构，以便安装冷却液套。曲轴箱内有很多用于不同系统的开孔和通道，例如供油系统。气缸体的任务是：

① 构成燃烧室；
② 固定曲轴传动机构；
③ 吸收燃烧产生的作用力；
④ 固定冷却液和润滑油输送通道以及曲轴箱通风通道；
⑤ 固定安装件；
⑥ 使曲轴空间与外界隔离密封。

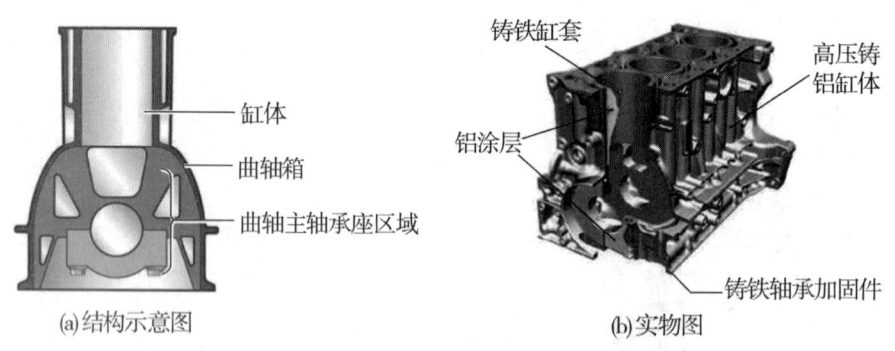

图 3-10 曲轴箱（气缸体）结构

现代发动机的曲轴箱基本结构都非常相似。不同形式的曲轴箱区别主要在于发动机结构形式，例如直列发动机或 V 形发动机。此外，曲轴箱的结构形式还与不同组成区域的结构有关，这些组成区域包括：缸体、曲轴箱、曲轴主轴承座、端盖区域。

1. 端盖结构

根据水道和油道的联通形式，端盖有以下两种：

(1) 如果盖板基本上处于封闭状态即表面上只有开孔和通道，则称为封闭式端盖结构（图 3-11）。

图 3-11 封闭式端盖结构

图 3-12 敞开式端盖结构

（2）端盖采用敞开式端盖结构（图 3-12）时，环绕在气缸周围的部分是向上敞开的，因此水套向上延伸至气缸盖内。

2. 气缸套

气缸构成了燃烧室的侧壁，不仅要承受燃烧压力和燃烧温度，还负责引导活塞移动。因此，气缸套的材料需更高的强度，不再使用与曲轴箱其他部分相同的材料，而是采用镶嵌、铸造、涂层或电弧复合材料等方式实现气缸套材料的加强。

根据和水套的连接关系，有干式气缸套（图 3-13）和湿式气缸套（图 3-14）两种类型。

干式气缸套：气缸套不直接与水接触，干式气缸套壁较薄，为 1～3mm。

湿式气缸套：气缸套直接与水接触。湿式气缸套壁较厚，达 5～9mm。缸套装入机体后，其凸缘顶面应高于机体顶面 0.06～0.15mm，使气缸盖能压紧在气缸套上。

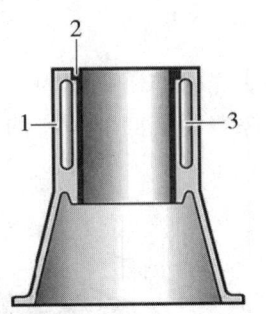
图 3-13 干式气缸套
1—缸体；2—缸套；3—水套

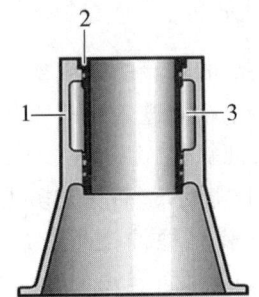
图 3-14 湿式气缸套
1—缸体；2—缸套；3—水套

3. 主轴承座

主轴承座区域是曲轴箱的下部内部区域。轴承座本身是曲轴箱的组成部分，用于固定曲轴。

根据油底壳的布置位置和分界面的不同，曲轴箱有图 3-15、图 3-16、图 3-17 中所示的三种不同的设计结构。

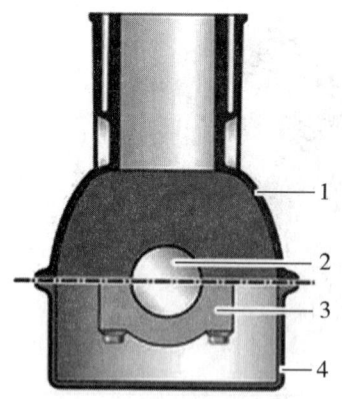 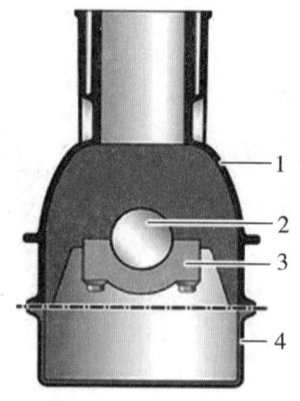 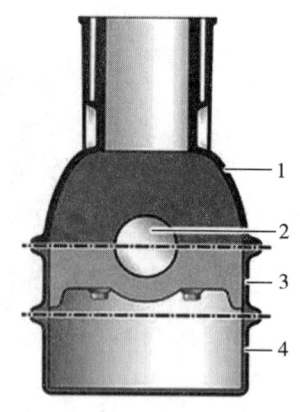

图 3-15　曲轴箱的分界面在曲轴中心上
1—曲轴箱；2—用于曲轴的开孔；
3—轴承盖；4—油底壳

图 3-16　曲轴的侧壁向下延伸
1—曲轴箱；2—用于曲轴的开孔；
3—轴承盖；4—油底壳

图 3-17　分为上下部件的曲轴箱
1—曲轴箱（上部件）；2—用于曲轴的开孔；
3—曲轴箱（下部件）；4—油底壳

其中，图 3-17 结构形式比较特殊。这种曲轴箱由上下两个部件组成，下部件同时还是曲轴轴承的轴承盖。

注意：轴承盖必须始终安装在相同的轴承座上。轴承盖不得混淆，否则会造成发动机损坏。在发动机没有运行的情况下，即使只是拧紧螺栓也可能造成轴承损坏。

轴承盖有各自的编号和方向标记。与 1 号气缸一样，1 号轴承盖位于动力输出端相对侧。

拆卸轴承盖时，必须始终按照安装在发动机上的顺序和方向摆放，以确保正确组装。

3.1.7　油底壳

油底壳位于曲轴箱的下半部，又称为下曲轴箱。油底壳的作用是作为贮油槽的外壳封闭曲轴箱，防止杂质进入，并收集和储存由柴油机各摩擦表面流回的润滑油，散去部分热量，防止润滑油氧化。

如图 3-18 所示，油底壳多由薄钢板冲压而成，内部装有稳油挡板，以避免发动机颠簸时造成的油面震荡激溅，有利于润滑油杂质的沉淀；侧面装有油尺，用来检查油量。此外，油底壳底部最低处还装有放油螺塞，有的放油螺塞带有磁性，用于吸附铁屑。

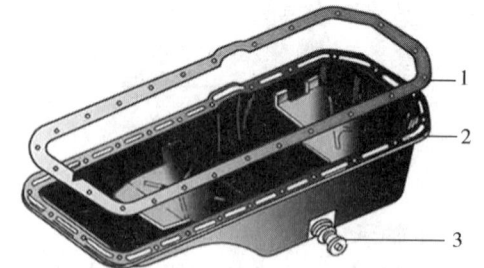

图 3-18　油底壳
1—密封垫；2—稳油挡板；3—放油螺塞

油底壳又分为湿式和干式。大多数车都是湿式油底壳，之所以命名为湿式油底壳，是由于曲轴每旋转一周，发动机的曲轴曲拐和连杆大头都会浸入油底壳的润滑油内一次。

干式油底壳用在很多赛车的引擎中。它没有在油底壳中储存机油，更为准确地说是没有油底壳。

3.2 活塞连杆组

活塞连杆组(图3-19)将活塞的往复运动变为曲轴的旋转运动,同时将作用于活塞上的力转变为曲轴对外输出的转矩,以驱动汽车车轮转动。作为动机的传动件,它把燃烧气体的压力传给曲轴,使曲轴旋转并输出动力。活塞连杆组主要由活塞、活塞环、活塞销、连杆及连杆轴承等组成。活塞是汽油发动机所有传动部件的第一环。

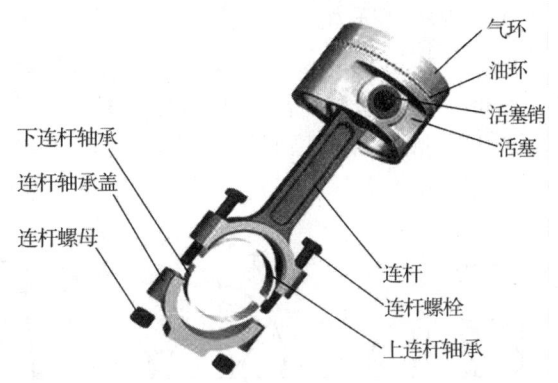

图3-19 活塞连杆组

3.2.1 活塞

活塞(图3-20)的任务是吸收燃烧过程中产生的压力,然后通过活塞销和连杆将其传至曲轴,将燃烧产生的热能转化为机械能。

如图3-21所示,活塞由活塞顶部、活塞头部、活塞裙部三部分组成。活塞顶部指活塞上平面部分,活塞头部指活塞顶部至油环槽下端面之间的部分,活塞裙部是指活塞头部以下的部分。

如图3-22所示,在活塞头部有用来安装气环和油环的气环槽和油环槽。在油环槽底部还加工有回油孔或横向切槽,油环从气缸壁上刮下来的多余机油,经回油孔或横向切槽流回油底壳;横向切槽也起到隔热的作用,纵向切槽具有一定的弹性,可以防止活塞受热膨胀形变时在气缸中卡死。

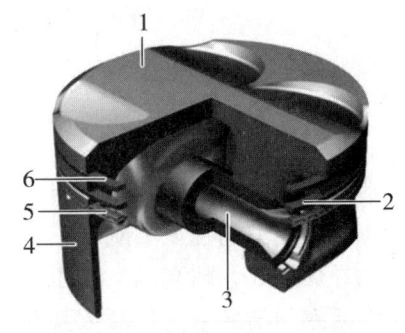

图3-20 发动机的活塞
1—活塞顶(带气门凹坑);2—气环;
3—活塞销;4—活塞裙;5—油环;6—气环

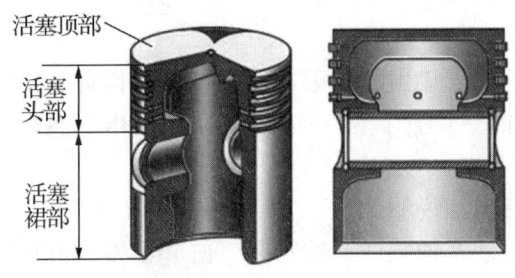

图3-21 活塞的组成

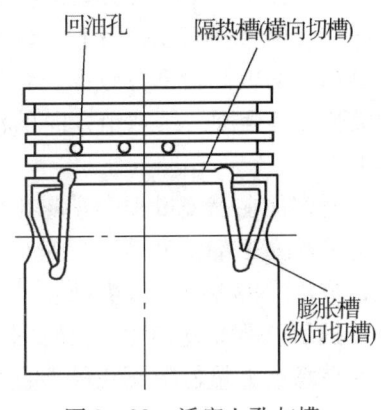

图3-22 活塞上孔与槽

活塞尺寸主要包括直径、总长度和压缩高度，压缩高度是指活塞销轴线与活塞顶上沿之间的距离。活塞在高温、高压、高速、润滑不良的条件下工作。活塞直接与高温气体接触，瞬时温度可达2500K以上，因此受热严重，加上散热条件又很差，所以活塞工作时温度很高，顶部高达600～700K，且温度分布很不均匀；活塞顶部承受气体压力很大，特别是在做功行程所受压力最大，汽油机高达3～5MPa，柴油机高达6～9MPa，对活塞产生较大冲击，并让活塞承受侧压力的作用。活塞在气缸内高速(8～12m/s)往复运动，且速度在不断地变化，惯性作用会使活塞受到很大的附加载荷。活塞在这种恶劣的条件下工作，会产生变形并加速磨损，还会产生附加载荷和热应力，同时受到燃气的化学腐蚀作用。

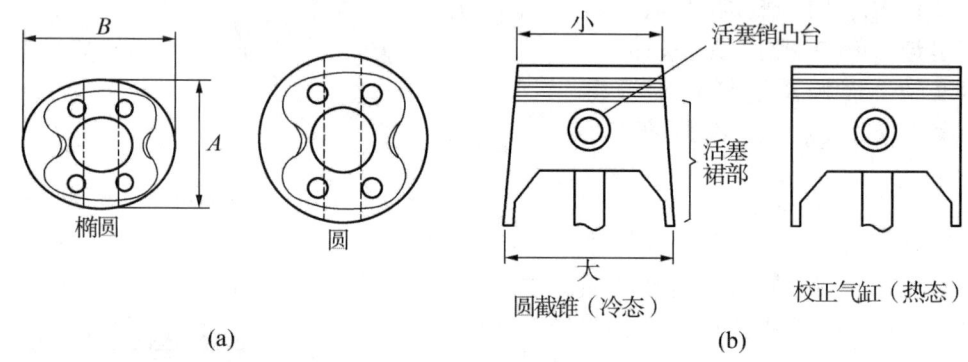

图3-23 活塞形状

活塞的技术要求：
①要有足够的强度、刚度，质量小、重量轻，尽量减小惯性。
②导热性好，耐高温、高压、腐蚀，有充分的散热能力，受热面积小。
③活塞与活塞壁间的摩擦系数应较小。
④温度变化时，尺寸、形状变化要小，和气缸壁间要保持最小的间隙。
⑤热膨胀系数小，比重小，具有较好的减磨性和热强度。

按制造活塞的材料来分，可分为铸铁活塞、钢活塞、铝合金活塞及组合活塞。通常小、中型汽车发动机采用铝合金活塞，铝合金活塞具有质量轻，导热性好的特点。

活塞在燃烧室的下方，为使活塞运动自如，在活塞与气缸壁之间须留有间隙。在燃烧过程中，活塞受高温而膨胀，因此在设计时就要保持适当的间隙。

由于活塞凸台部分较厚，容易受到热膨胀的影响，因此凸台要制成活塞销的垂直方向 B 稍长，呈椭圆，活塞销方向的活塞直径 A 在热膨胀期间增大，形成圆(如图3-23a所示)。

活塞顶在燃烧过程中暴露在高温下，而且不能直接由冷却液或空气冷却。因此，活塞顶部比活塞裙部温度更高。考虑到燃烧过程中的热膨胀，活塞顶部直径要比裙部直径略细，成锥形(如图3-23b所示)。

提示：活塞直径的测量范围在修理手册中有详细说明。

注意：测量位置不在最大直径。修理手册中活塞油膜的标准不是气缸和活塞之间的实际间隙。

1. 活塞顶

活塞顶构成燃烧室的下部，对燃烧室的形状具有决定性作用，也决定了燃烧室内的混合气流动特性，尤其是压缩比。活塞顶上有向前的标记，拆装时必须按照要求安装。在汽油发动机上可以采用平顶、凸顶或凹顶活塞。柴油机活塞顶部常常有各种各样的凹坑，其具体形状、位置和大小都必须与柴油机的混合气形成与燃烧的要求相适应。

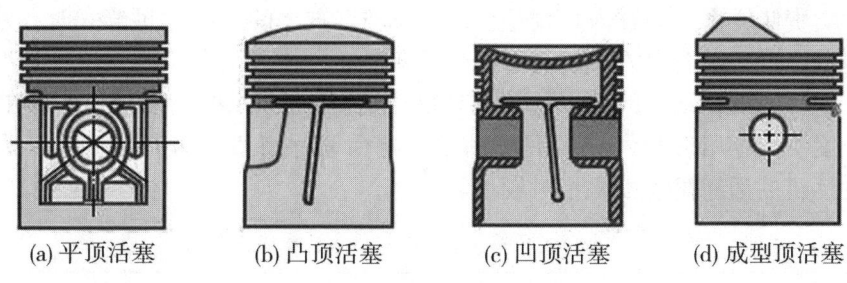

(a) 平顶活塞　　(b) 凸顶活塞　　(c) 凹顶活塞　　(d) 成型顶活塞

图 3-24　活塞顶的形状

平顶活塞(图 3-24a)顶部是一个平面，结构简单，制造容易，受热面积小，顶部应力分布较为均匀，一般用在汽油机上，柴油机很少采用。

凸顶活塞(图 3-24b)顶部凸起呈球顶形，顶部强度高，起导向作用，有利于改善换气过程，二行程汽油机常采用凸顶活塞。

凹顶活塞(图 3-24c)顶部呈凹陷形，凹坑的形状和位置必须有利于可燃混合气的燃烧，有双涡流凹坑、球形凹坑、U 形凹坑等等。

成型顶活塞(图 3-24d)是指活塞顶部的一半是凸起，另一半是凹下去的。这种活塞一般适用于对燃烧室有特殊要求的柴油机，特殊的顶部形状可满足燃烧过程中的不同要求。

2. 活塞裙

活塞裙部是现代活塞变化最明显的部分，活塞裙部在活塞上下直线运动中起导向作用，同时承载活塞侧压力。图 3-25、图 3-26、图 3-27 分别为三种不同类型的活塞裙在旋转 90°后的剖面图。活塞销座位于活塞裙部，活塞销是活塞内的支撑部位，它是活塞内承受最大负荷的部分之一。

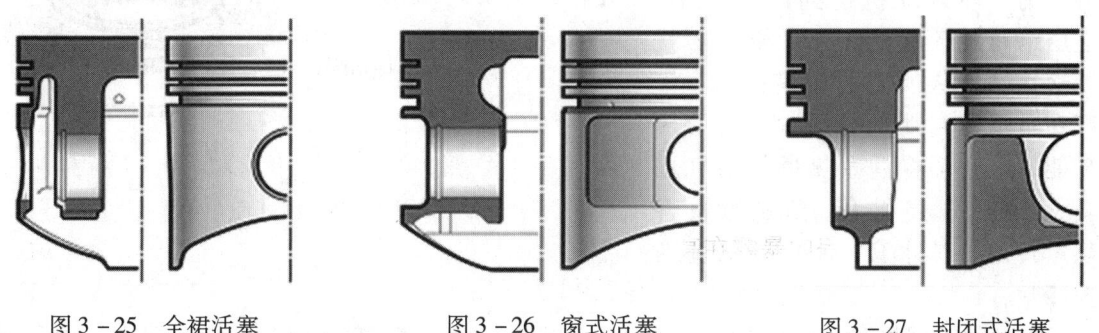

图 3-25　全裙活塞　　　　图 3-26　窗式活塞　　　　图 3-27　封闭式活塞

全裙活塞的裙部为一薄壁圆筒，若圆筒完整，称为全裙式活塞。特点是承力好，质量大，适用低速大负荷发动机。

窗式活塞将全裙活塞不承受侧向力一侧的裙部去除部分，减轻活塞质量，适用中速发动机。

封闭式活塞将非承压面的裙部全部去掉。特点是质量轻，比全裙式活塞轻10%～20%，适应高速发动机减小往复惯性力的需要；裙部弹性好，可以减小活塞与气缸的配合间隙；能够避免与曲轴平衡重发生运动干涉。

活塞裙负责使活塞在气缸内直线运行，只有与气缸之间的间隙足够大时，才能完成上述任务。但是这个间隙会因连杆偏移而引起活塞摆动，造成活塞换侧，这种情况称为活塞二次移动。这种二次移动不但会影响活塞环的密封性和耗油量，而且还会影响活塞噪声。活塞裙的长度、活塞裙形状和装配间隙都是影响活塞保持直线运行的因素。为了减轻质量，汽油发动机的活塞裙表面积相对较小。

3.2.2 活塞环

活塞环是金属密封环，负责执行以下任务：
①密封燃烧室，使之与曲轴箱隔开；
②从活塞向气缸壁导热；
③调节气缸套的油膜。

为实现以上动能，活塞环必须紧靠气缸壁和活塞环形槽的侧沿。活塞环的径向弹簧力可以使活塞环靠在气缸壁上，而刮油环通常由一个附加弹簧进一步支撑。

活塞是否能可靠运行首先取决于活塞、活塞环和气缸壁表面的质量以及这些部件的材料组合情况。

根据具体功能，活塞环分为气环和油环(图3-28)，活塞环在自然状态下是一个开口的椭圆形。

气环用于尽可能确保没有燃烧气体从燃烧室经过气缸壁与活塞之间的间隙进入曲轴箱内。只有这样，燃烧室内在燃烧过程中才能产生足够压力，使发动机达到设计功率。在压缩行程阶段，如果没有气环就无法达到点火所需的压缩程度。气环在实现密封功能的同时也有导热功能，活塞环将活塞热量传给气缸套、气缸壁，气缸套、气缸壁再将热量传给缸体水套，从而让活塞迅速冷却。

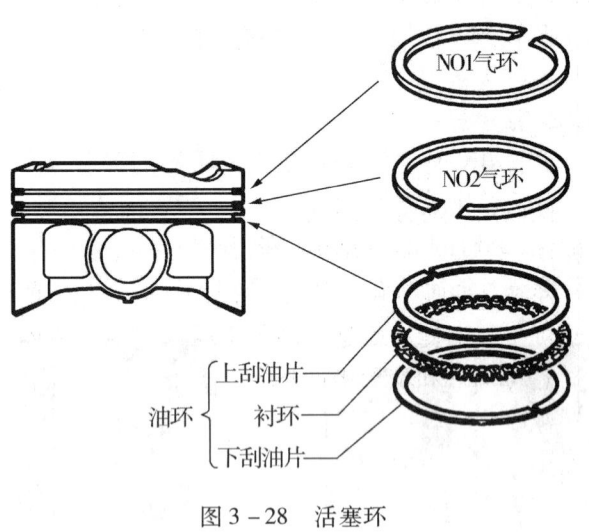

图3-28 活塞环

油环的功用是布油和刮油，通过调节气缸壁上的油膜，确保气缸壁润滑可靠。油环可以将气缸壁上多余的润滑油刮除，并确保这些机油不会燃烧，因此，油环也决定了发动机的机油消耗量。油环有整体式和组合式的。

当气环和油环损坏时，发动机会出现：①动力不足；②油耗增加；③机油变质快；④

发动机冒蓝烟;⑤缸筒和活塞磨损快。

1．活塞环的类型

活塞环的类型较多,常见的类型(图3-29)如下。

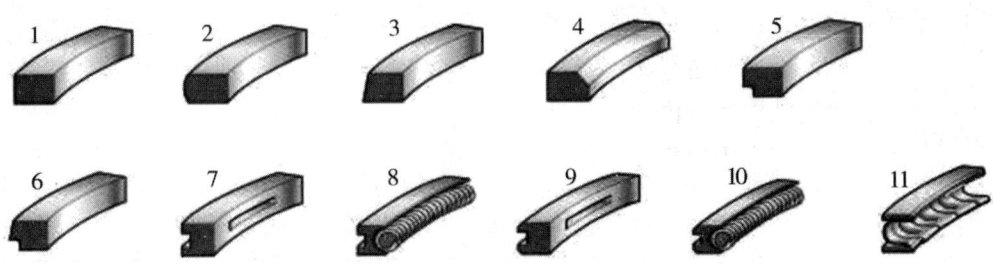

图3-29　各种类型活塞环

1—矩形环;2—桶面环;3—锥面环;4—内倒角矩形(扭曲)环;5—鼻形环;6—鼻形锥面环;7—开槽油环;
8—带有管状弹簧的开槽油环;9—双倒角环;10—带有管状弹簧的双倒角环;11—VF系统

1)矩形环

形状简单,加工方便,与气缸壁接触面积大,有利于活塞散热;但磨合性差,而且在与活塞一起做往复运动时,在环槽内上下窜动,把气缸壁上的机油不断地挤入燃烧室中,产生"泵油作用",使机油消耗量增加,活塞顶及燃烧室壁面积碳。在普通运行条件下通常使用带有矩形横截面的气环或桶面环。

2)桶面环

外圆面为外凸圆弧形,密封性、磨合性及对气缸壁表面形状的适应性都较好。桶面环在气缸内不论上行或下行均能形成楔形油膜,油膜将环浮起,减轻环与气缸壁的磨损。

3)锥面环

运行表面呈锥形,锥面向上逐渐缩小。这样可以缩短启动时间。锥面环也是气环,但具有刮油环的作用。

4)内倒角矩形(扭曲)环

横截面不对称,因此安装时会使其呈碟形,与气缸壁的运行表面呈锥形。这种气环与锥面环一样,也具有辅助刮油的作用。

注意: 安装内倒角矩形(扭曲)环时不允许颠倒方向,倒角必须朝上,安装错误会导致发动机工作不良,如是外倒角矩形环,则倒角必须朝下。

5)鼻形环和鼻形锥面环

鼻形环和鼻形锥面环既是气环又是刮油环,这些活塞环的底部都有一个小槽口。**鼻形锥面环**的运行表面呈锥形。

注意: 安装鼻形环时不允许颠倒方向,槽口必须朝下,安装错误会导致发动机损坏。

6)开槽油环

通过两个运行表面上较高的表面压力实现其刮油作用。环壁上的开槽有助于刮下的润滑油回流。

7)带有管状弹簧的开槽油环

通过一个圆柱形螺旋弹簧(管状弹簧)提高表面压力和接触面积。位于铸铁或钢制活塞环圆形或V形固定槽内的弹簧可以使整个环壁均匀受力,因此这种活塞环结构灵活性较大。

8)双倒角环

与开槽油环相似。两个运行表面的倒角可以进一步提高表面压力,从而达到更好的刮油效果。双倒角环也可以采用带有管状弹簧的结构。

9)带有管状弹簧的双倒角环

兼具管状弹簧的开槽油环及双倒角环效果。

10)VF系统

是一个三件式钢带刮油环,由两个钢片和一个钢制隔离弹簧构成。这种结构特别适用于较薄的活塞环。两个钢片彼此独立径向移动有助于提高刮油效果。

由于第一道气环工作环境最恶劣,第一道气环一般采用镀铬环,并用气环和油环表面的PVC涂层增强气环的耐磨损程度。

2. 活塞环的间隙

发动机工作时,因热传导和金属材料的特性,活塞和活塞环都会发生膨胀,为了让膨胀起到密封的作用,活塞环在气缸内应存在开口间隙,并与环槽间存在侧隙和背隙,如图3-30和图3-31所示。

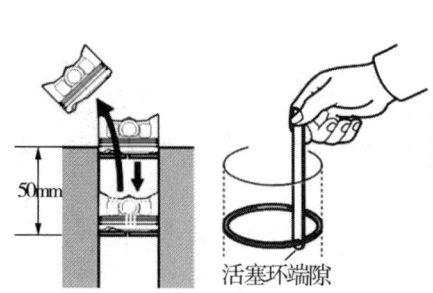

图3-30 活塞环的开口间隙

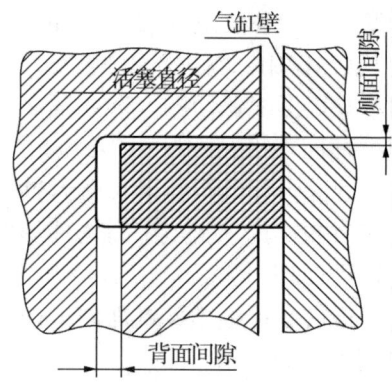

图3-31 活塞环的侧隙与背隙

开口间隙又称端隙,是活塞环装入气缸后开口处的间隙,第一道气环因工作温度高,其开口间隙略大于第二道气环,一般在0.25~0.5mm之间。

侧隙又称边隙,是环高方向与环槽之间的间隙,第一道气环因工作温度高,其侧隙略大于第二道气环,一般在0.04~0.10mm之间。

背隙是活塞环装入气缸后,活塞环背面与环槽底部间的间隙,一般为0.5~1mm之间。

油环的背隙较大,目的是增大存油间隙,利于减压泄油。

在安装气环时,各个气环的切口应该相互交错,构成迷宫式封气装置,从而对气缸中的高压燃气进行有效密封,如图3-32所示。

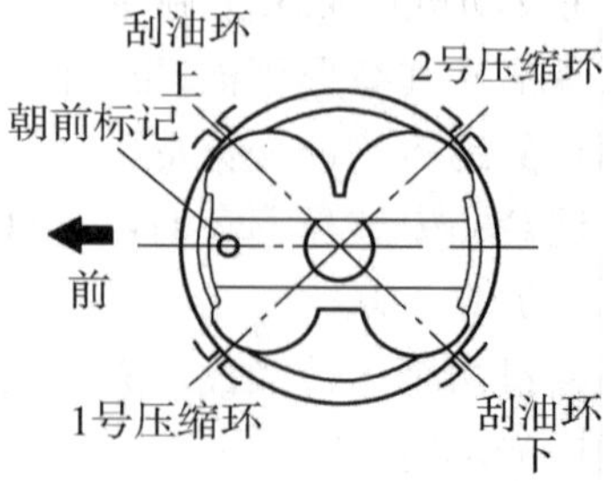

图3-32 活塞环的开口安装位置

3. 活塞环的密封原理

活塞环在自由状态下是椭圆形,其外廓尺寸比气缸直径大。当活塞环装入气缸后,在其自身的弹力作用下，环的外圆面与气缸壁贴紧形成第一密封面，这样气缸内的高压气体就几乎不可能通过第一密封面泄漏。如图3-33所示，这时高压气体可能通过活塞顶部与气缸壁之间的间隙进入活塞环的侧隙和径向间隙中。进入侧隙中的高压气体使环的下侧面与环槽的下侧面贴紧形成第二密封面，又使高压气体不能通

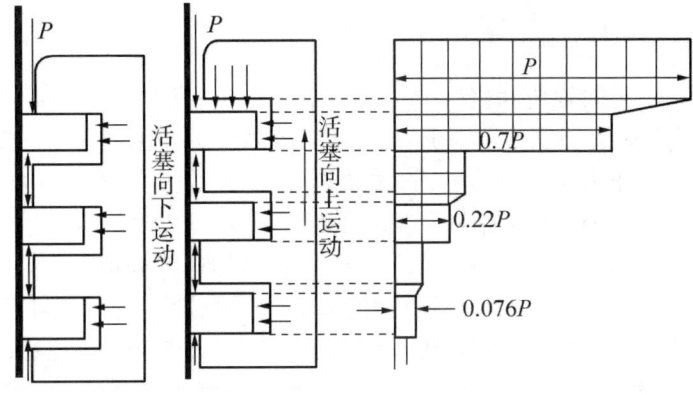

图3-33 活塞环的密封原理

过第二密封面泄漏。进入径向间隙中的高压气体使环的外圆面与气缸壁进一步贴紧。这时漏气的唯一通道就是活塞环的开口端隙，如果几道活塞环的开口相互错开，就形成了迷宫式漏气通道。由于侧隙、径向间隙和端隙都很小，气体在通道内的流动阻力很大，气体压力 P 迅速下降，最后漏入曲轴箱内的气体就很少了，一般仅为进气量的0.2%～1.0%。

3.2.3 活塞销

活塞销的功用是连接活塞与连杆小头，将活塞承受的气体作用力传给连杆。

活塞销在高温下承受很大的周期冲击载荷，润滑条件较差（一般靠飞溅润滑），因而要求有足够的刚度和强度，表面耐磨，质量尽可能小。为此，活塞销通常制成空心圆柱体。

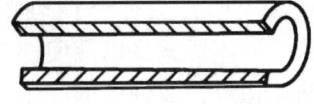

(a) 圆柱形

活塞销一般用低碳钢制造，先经过表面渗碳处理，以提高表面硬度，并保证心部具有一定的冲击韧性；然后进行精磨和抛光。

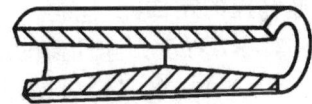

(b) 两段截锥形

活塞销的内孔形状有圆柱形、两段截锥形及两段截锥与一段圆柱的组合等，如图3-34所示。

活塞销的连接方式有全浮式和半浮式两种。

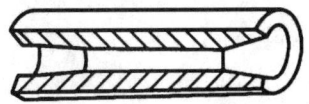

(c) 两段截锥与一段圆柱的组合

图3-34 活塞销

1. 全浮式

在发动机正常工作温度下，活塞销能在连杆衬套和活塞销座孔中自由转动，增大了实际接触面积，减小了磨损并使磨损均匀，因而被广泛采用，全浮式活塞销必须配合弹性挡圈使用，如图3-35a所示。

2. 半浮式

半浮式就是销与座孔或连杆小头两处，一处固定，一处浮动。其中大多数半浮式活塞销采用活塞与连杆小头的固定方式，如图3-35b所示。

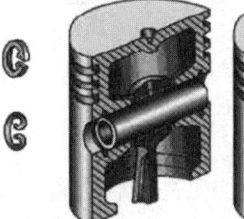 

(a) 全浮式　(b) 半浮式

图3-35 活塞销连接方式

3.2.4 连杆

在曲轴传动机构中，连杆用于连接活塞和曲轴。活塞的直线运动通过连杆转化为曲轴的转动。此外，连杆还要将燃烧压力产生的作用力由活塞传至曲轴上。

作为一个加速度很大的部件，连杆的重量直接影响发动机的工作效率和运行平稳性。因此，为了尽可能获得最佳的发动机运行特性，需要优化连杆重量。连杆杆身的断面一般为抗压能力好的"工"字形，连杆杆身通常有向前标记。

燃烧室内的气体压力和移动质量的惯性（包括其自身的）使连杆承受一个交变式拉压负荷。尤其在高转速汽油发动机上，拉力对连杆有决定性影响。此外，连杆侧向偏移产生的离心力也会造成弯曲。

连杆由大端、小端和杆身组成。连杆小端通过活塞销与活塞连接；大端与曲轴连接。由于在曲轴转动一圈期间，连杆侧向偏移，因此，必须将连杆以可转动方式固定在活塞上。这可以通过一个滑动轴承来实现，也就是将一个轴套压入小连杆头内，如图3-36所示。连杆该端上的一个开孔为轴承提供机油。

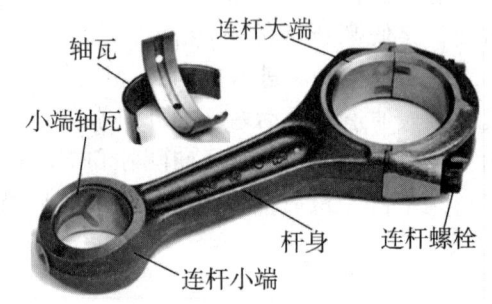

图3-36 连杆

分体式大连杆头位于曲轴侧。大连杆头必须采用分体形式，以便使连杆支撑在曲轴上，其功能通过滑动轴承来保证。滑动轴承由两个轴瓦构成，曲轴内的一个油孔为轴承提供发动机油。装配时，连杆轴瓦上下的记号不能对错，瓦口的方向不能对反，连接螺栓需达到相应扭力。

1. 连杆盖的定位

如图3-37所示，连杆盖的定位类型有止口定位、螺杆定位、齿形定位、定位销定位共四种，图3-37e的平切口连杆盖定位也是螺杆定位。

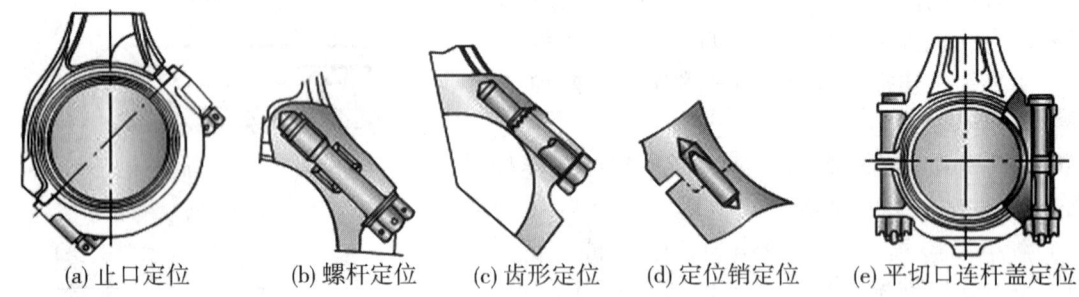

(a) 止口定位　(b) 螺杆定位　(c) 齿形定位　(d) 定位销定位　(e) 平切口连杆盖定位

图3-37 连杆盖的定位

2. 断裂加工

无法精确地加工并组合零件分离后的表面是人们一直以来难以克服的问题，直到断裂这种工艺方法的发明，使得精确吻合及螺栓拧紧两个断裂面成为可能。

采用断裂加工式连杆时，以断裂方式将大连杆头分开，即用拉刀或通过激光在预定断裂部位处加工出断裂槽。随后在一个两件式断裂芯棒上拉紧连杆头，并通过敲入楔子使其断开。再用压缩空气吹除接合面上的所有残余物。

断裂加工需要使用在变形不大的情况下就能断裂的材料（变形小于 30 μm）。

对连杆盖进行断裂加工时，不论是钢制连杆还是烧结连杆，其断裂表面都很精细。将连杆盖安装在连杆上时，这种表面结构可确保连杆盖定位准确。

断裂加工的优点是无需进一步加工接合面，连杆头的两个部分就能够准确地安装在一起，不需要使用定位套或定位螺栓。

注意：如果安装连杆盖时方向颠倒或将其装在另一个连杆上，就会破坏这两个部件的断裂结构，连杆盖也无法准确定位。在这种情况下必须用全套新部件替换整套连杆。

3. 螺栓连接

由于发动机转速很快，连杆螺栓连接件要承受快速交变负荷。而连杆及其螺栓属于发动机的运动部件，必须尽可能减轻这些部件的质量。此外，有限的安装空间要求螺栓连接件必须结构紧凑，连杆螺栓连接件需要能够承受很高的负荷，因此连杆螺栓不能用其他螺栓代替，必须按规定扭矩拧紧。

3.3 曲轴飞轮组

曲轴飞轮组主要由曲轴、飞轮以及其他不同作用的零件和附件组成，其零件和附件的种类和数量取决于发动机的结构和性能要求（图 3-38）。

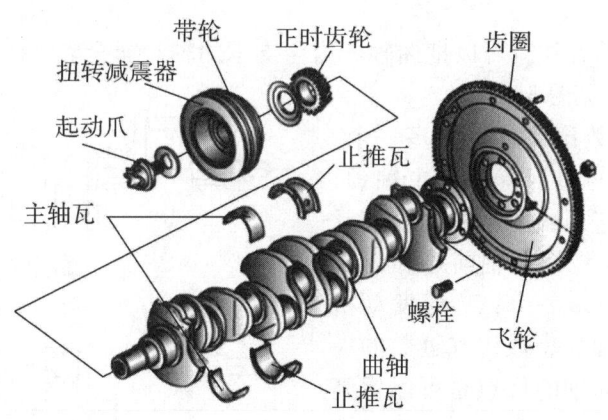

图 3-38 曲轴飞轮组

3.3.1 曲轴

曲轴将活塞的直线运动转化为转动。活塞承受的作用力通过连杆施加到曲轴上并转化为扭矩。曲轴支撑在主轴承上。

此外，曲轴还要执行以下任务：

①通过皮带传动机构驱动附属总成；
②驱动气门机构；

③驱动机油泵(在大多数情况下);

④驱动平衡轴(在某些情况下)。

曲轴由一个单一部件构成,但可以分为多个不同的部分(见图3-39)。主轴承轴颈位于曲轴箱内的轴承内,主轴承从前向后编号。

有的曲轴后端加工有回油螺纹,回油螺纹的旋向应与曲轴旋转方向相反。

曲轴内有几个油孔,这些油孔为连杆轴承提供机油。油孔从主轴轴颈通向连杆轴轴颈,并通过主轴承座与发动机机油回路连接在一起。

平衡块用于平衡围绕曲轴轴线的惯性,从而使发动机平稳运行。在大多数曲轴上,两个平衡块对称地安装在连杆轴承轴颈的左右两侧,有的平衡块上有不规则的钻孔,就是为了达到动平衡而在不同位置减轻重量。

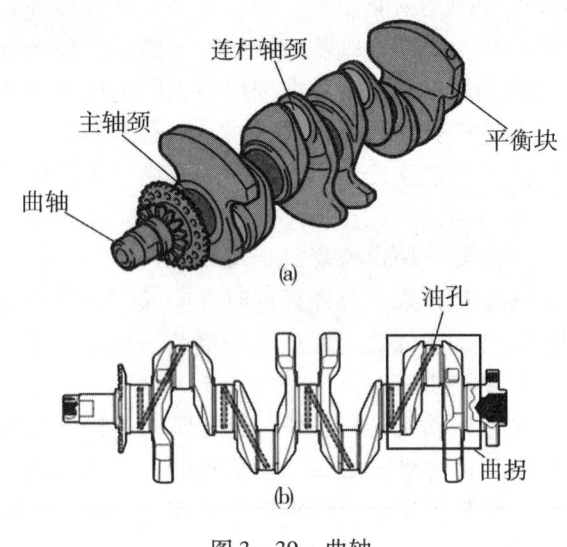

图3-39 曲轴

一个连杆轴颈加两侧的主轴颈组成一个曲拐,如图3-39b所示。

为了减轻重量,中间主轴承区域内的曲轴部分可采用中空结构。

有些中小型发动机的曲轴前端还装有起动爪,以便必要时用人力转动曲轴。

1. 曲轴支承

按照曲轴的支承方式,可以把曲轴分为全支承曲轴和非全支承曲轴两种。

1) 全支承曲轴(见图3-40a)

曲轴的主轴颈数比气缸数目多一个,即每一个连杆轴颈两边都有一个主轴颈,称为全支承曲轴。直列式发动机的全支承曲轴的主轴颈总数(包括曲轴前端和后端的主轴颈)比气缸数多一个;V形发动机的全支承曲轴的主轴颈总数比气缸数的一半多一个。全支承曲轴的优点是可以提高曲轴的刚度,并且可以减轻主轴承的载荷;其缺点是曲轴主轴承数多,机体尺寸较长。柴油机多采用全支承曲轴。

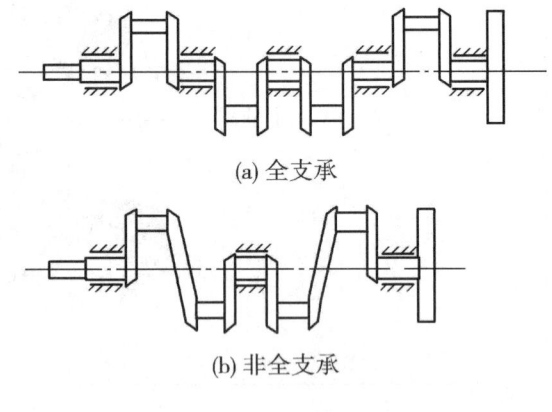

图3-40 曲轴支承

2) 非全支承曲轴(见图3-40b)

曲轴的主轴颈数等于或少于气缸数目,即在某些相邻的两个曲拐之间没有主轴颈的曲轴连接,则称为非全支承曲轴。非全支承曲轴的优点是曲轴主轴承数少,机体尺寸较短;缺点是曲轴刚度差,主轴承的载荷大,多用在小负载的发动机上。

2. 曲拐的分布

曲拐分布的一般规律为:

(1)各缸的做功间隔要尽量均衡,使发动机运转平稳。
(2)连续做功的两缸距离尽量远,最好是在发动机的前半部和后半部交替进行。
比如四缸机(如图3-41所示)的做功顺序可以为1—3—4—2或1—2—4—3;六缸机(如图3-42所示)的做功顺序为1—5—3—6—2—4。

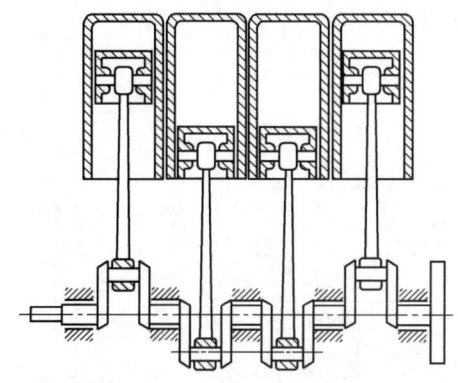

图3-41 四缸曲拐的分布

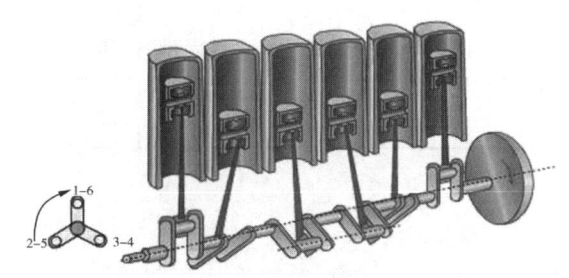

图3-42 直列六缸曲拐的分布

(3)V形发动机的左右气缸尽量交替做功。如图3-43所示,做功的顺序为:R_1—L_3—R_3—L_2—R_2—L_1。

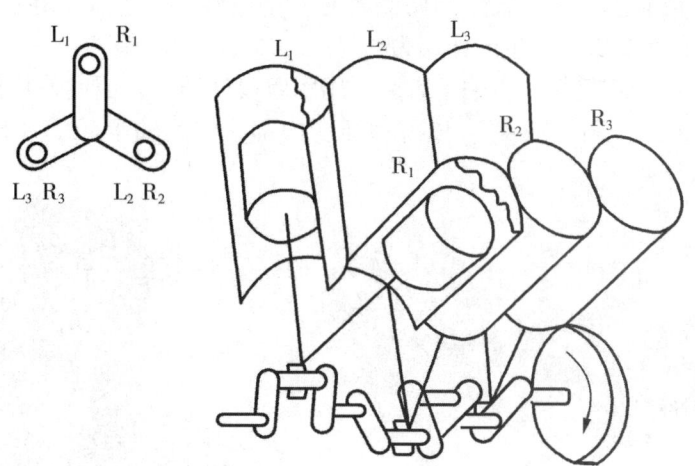

图3-43 V形六缸曲拐的分布

(4)曲拐的布置应尽可能对称、均匀,以使发动机工作平衡性良好。
表3-1与表3-2分别列出了四缸四行程发动机和直列六缸四行程发动机的工作循环情况。

表 3-1 四缸四行程发动机的工作循环
（做功顺序 1—3—4—2，各缸做功间隔 180°）

曲轴转角(°)	1缸	2缸	3缸	4缸
0～180	功	排	压	进
180～270	排	进	功	压
270～540	进	压	排	功
540～720	压	功	进	排

表 3-2 直列六缸四行程发动机的工作循环
（做功顺序 1—5—3—6—2—4，各缸做功间隔 120°）

曲轴转角(°)		1缸	2缸	3缸	4缸	5缸	6缸
0～180	60	功	排	—		压	进
	120	功	排			压	进
	180			压	排		—
180～360	240		进			功	
	300	排					压
	360			功	进		
360～540	420		压			排	
	480	进					功
	540			排	压		
540～720	600		功			进	
	660	压					排
	720			进	功		

3.3.2 曲轴轴承

1. 曲轴主轴承

在发动机的曲轴上，连杆轴颈的两侧各有一个主轴颈。主轴承在曲轴箱内支撑曲轴，承受负荷（承受由燃烧压力产生的作用力）。

为确保发动机可靠运行，主轴承需要采用耐磨设计结构，因此使用滑动面由特殊轴承材料制成的轴承（瓦）（图 3-44）。该滑动面在内部，因此轴承（瓦）不随曲轴旋转而是固定在曲轴箱内。

图 3-44 曲轴轴承
1—带有凹槽和油孔的上部轴瓦；
2—带有凹槽和油孔的止推轴承；3—没有凹槽的下部轴瓦

图 3-45 铝基轴瓦

汽车曲轴轴瓦通常采用钢背＋减磨合金的结构，常用的减磨合金有巴氏合金、铜基合金、铝基合金三大类。巴氏合金分为锡基与铅基两类，巴氏合金疲劳强度低，许用比压及工作温度较低，一般用于强化程度较低的汽油机；铜基合金分为铅青铜和铜铅合金两类；铝基合金分为高锡合金和低锡合金两类，铝基合金（图 3-45）目前在内燃机曲轴轴瓦中应用最广泛。

2. 曲轴止推轴承

如图3-46所示，止推轴承通常也称为导向轴承或推力轴承，用于沿纵向方向固定曲轴，承载曲轴轴向作用力[斜齿啮合齿轮（机油泵驱动）、离合器或车辆加速等会产生纵向的作用力]。

一个曲轴只有一个止推轴承，止推轴承为曲轴提供止推面并支撑在曲轴箱内的主轴承座上。止推轴承的形式为带肩轴承或带有止推垫圈的复合轴承。带肩轴承采用一体式的轴瓦结构，其平面垂直于曲轴轴线。复合轴承由多个部件构成，轴瓦两侧各装有一个止推垫片。

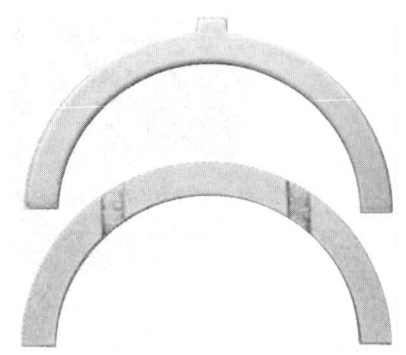

图3-46 曲轴止推轴承

复合式止推轴承的接触更均匀，因为止推垫圈可以在一定程度内移动，从而减小磨损。

注意：止推轴承失灵通常是由过热造成的，需用发动机油沾湿。

止推轴承磨损后，会在扭转减震器区域产生噪声，还可能造成曲轴转速传感器有故障，在自动变速箱车辆上表现为换挡过硬。

3.3.3 飞轮

飞轮的功用有：①将做功冲程的部分能量储存起来，以便在其他冲程带动曲柄连杆机构工作；②提高曲轴运转的均匀性，克服发动机短时的超负荷；③将发动机的动力传给离合器。

飞轮装在曲轴的后端轴上，是一个转动惯量很大的圆盘，在它的外缘上压有一个起动用的齿圈，在发动机起动时会与起动机齿轮啮合，带动曲轴旋转。为了在保证有足够转动惯量的前提下，尽可能减小飞轮质量，应使飞轮的大部分质量都集中在轮缘上，因而轮缘通常做得宽而厚，如图3-47所示。

图3-47 飞轮

飞轮边缘一侧有指示气缸活塞位于上止点的标志，用以作为调整和检查点火正时或供油正时和气门间隙的依据。

飞轮与曲轴一起高速旋转，出厂时已做动平衡处理，为了达到动平衡，飞轮上有不规则的钻孔，可以在不同位置减轻重量。

3.3.4 曲轴皮带轮

曲轴皮带轮安装在曲轴的前端轴上，其作用是作为其他发动机附件的动力来源，可以依靠传动皮带带动发电机、水泵、助力泵、压缩机等运转。

为了减少动力传递过程的冲击，曲轴皮带轮内部通常装有扭转减震器，减少发动机起动、负荷变化时的冲击，实现平稳过渡；曲轴皮带轮外缘上有点火正时（汽油机）或供油正时（柴油机）标记（见图3-48圈出位置），是检查发动机安装是否正确，运行时是否正时的重要依据。

图 3-48 曲轴皮带轮

3.4 活塞销偏置和曲轴偏置

3.4.1 活塞销偏置

活塞销座孔轴线通常向活塞中心线左侧（从发动机前方看）偏移 1～2mm，这种偏移称为活塞销偏置。其目的是为了防止活塞在受气体压力较大的压缩上止点换向时，撞击气缸壁而产生"敲缸"。相较于传统曲轴传动机构，活塞销偏置明显在活塞换侧过程更加安静。在介绍活塞销偏置的原理之前，先介绍传统无活塞销偏置的活塞运动。

1. 无活塞销偏置的活塞运动

如图 3-49 所示，在压缩行程时，活塞在连杆的推动下上移，此时活塞的右侧紧贴气缸壁且受到的压力最大，活塞的这一侧称为背压侧 B。在做功行程时，活塞下移，此时活塞左侧紧贴气缸壁且受到的压力最大，由于做功行程中气缸内的压力相比压缩行程中更大，所以也将活塞的左侧称为压力侧 A。

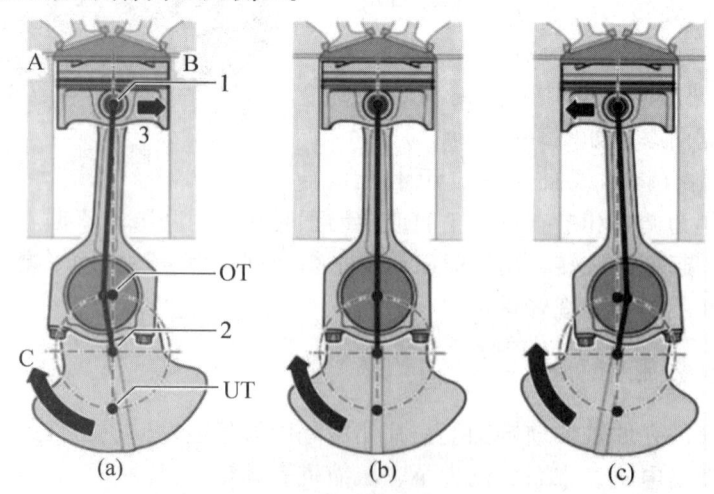

图 3-49 传统曲轴传动机构
A—压力侧；B—背压侧；C—发动机旋转方向；
1—活塞销；2—曲轴旋转点；3—压紧力；OT—曲轴上止点；UT—曲轴下止点

传统曲轴传动机构的活塞销孔、连杆和曲轴旋转点在活塞到达上止点(TDC)时位于一条直线上(见图3-49b),这种布置方式使活塞在向上移动过程中压向背压侧B(见图3-49a),到达TDC位置时处于作用力均衡状态,背压侧压力减小,而随着曲轴旋转离开TDC,活塞倾斜至压力侧A(见图3-49c)。由于在TDC处已产生较高压力,换侧时会发出较大噪声,因此会听到活塞敲击声。

2. 有活塞销偏置的活塞运动

活塞销既可以朝压力侧(正)方向偏移,也可以朝背压侧(负)方向偏置。压力侧活塞销偏置又称为噪声偏置,背压侧活塞销偏置又称为热偏置,处于该位置时可改善活塞环密封效果。

在有活塞偏置的活塞运动中,活塞在向上移动过程中也靠在背压侧上(见图3-50a),通过活塞销偏置可在即将到达TDC时便使活塞到达自然位置。此时气缸中线以及大连杆头和小连杆头中线相互平行(见图3-50b)。因此在到达TDC前,活塞便已从背压侧换至压力侧。这样的提前换侧过程相对于传统曲轴传动机构而言明显更加安静。

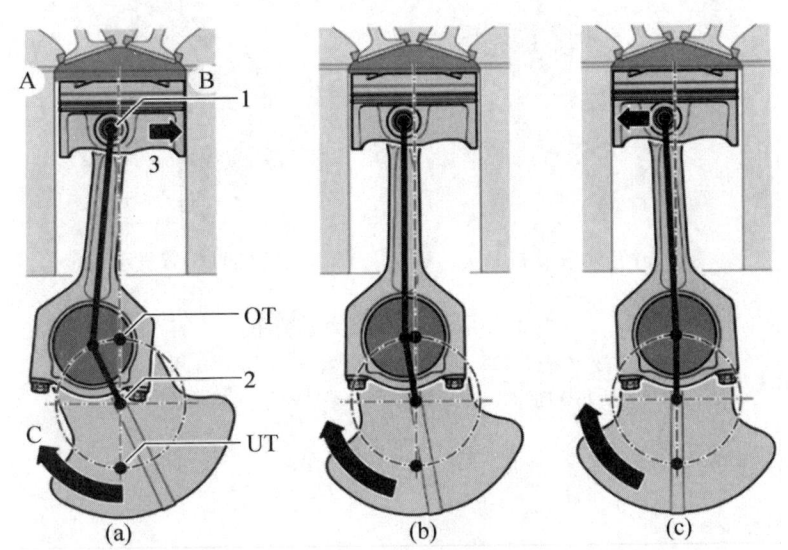

图3-50 活塞销偏置机构
A—压力侧;B—背压侧;C—发动机旋转方向;
1—活塞销;2—曲轴旋转点;3—压紧力;OT—曲轴上止点;UT—曲轴下止点

在传统发动机上偏置的距离为0.3~0.8 mm,肉眼几乎看不出来,因此活塞顶部带有方向标记。

提示:错误安装可能会导致类似于活塞损坏时所发出的巨大噪声。

活塞销负偏置与活塞销正偏置一样,都可以对换侧性能产生影响,根据换侧时的作用力分配情况,活塞销负偏置时的换侧时机延迟且更安静。

3.4.2 曲轴偏置

曲轴偏置是指曲轴轴线与气缸中心面偏置一定距离。曲轴正偏置是指朝压力侧偏移,曲轴负偏置是指朝背压侧偏移。

在进行曲轴偏置的时候,可以朝两个方向设置,目前一般都是朝正偏置方向进行曲轴偏置。

活塞销正偏置是提前进行活塞的换侧,曲轴正偏置恰恰相反,是延迟了换侧。与没有曲轴偏置的发动机(图3-51a)不同,在曲轴偏置发动机(图3-51b)上,连杆在做功行程中处于接近垂直的状态。曲轴偏置可明显减小活塞在气缸壁上的压紧力和摩擦,从而提高效率。

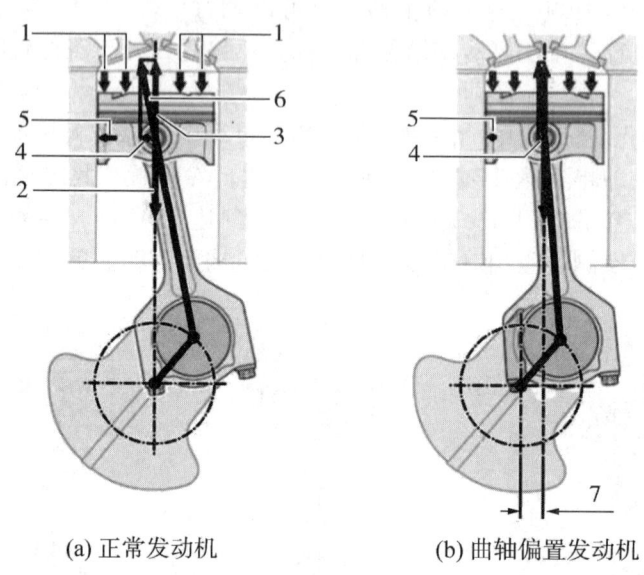

(a) 正常发动机　　　　(b) 曲轴偏置发动机

图3-51　曲轴作用力系统图
1—燃烧产生的压力；2—活塞垂直力；3—活塞反作用力；
4—活塞横向力；5—压紧力；6—合力；7—曲轴偏置

项目实操

请根据下表进行曲柄连杆机构的检修训练。

序号	项目	子项目	目　的
1	气缸磨损的检测	(1)气缸圆度、圆柱度的测量计算	• 掌握量缸表的使用 • 掌握千分尺的使用 • 掌握游标卡尺的使用
		(2)气缸直径的计算	• 掌握修理尺寸的确定方法
2	气缸盖平面度的检测	(1)气缸盖翘曲变形的检测	• 掌握刀口尺的使用 • 掌握厚薄规的使用
		(2)对检测的结果进行分析	• 找出变形原因,判断是否需要更换气缸盖

续上表

序号	项目	子项目	目 的
3	曲轴磨损与变形的检测	(1)曲轴轴向间隙测量	• 掌握百分表和磁性表座的使用 • 了解止推轴承的检查
		(2)曲轴磨损检测	• 掌握千分尺的使用
		(3)曲轴弯曲变形的检测	• 掌握平板、磁性表座、百分表、V形支座的使用
		(4)曲轴扭曲变形的检测	• 掌握平板、磁性表座、高度尺、V形支座的使用
		(5)检查曲轴油膜间隙	• 掌握塑料间隙规的使用
4	活塞及活塞环三隙的检测	(1)检测活塞环三隙	• 掌握厚薄规的使用 • 掌握是否更换的测量判断方法
		(2)检测活塞	• 掌握千分尺的使用 • 掌握是否更换的测量判断方法

实操1 气缸磨损的检测

衡量气缸磨损的主要指标是圆度和圆柱度,气缸磨损后圆柱度误差达到0.175～0.250mm、圆度误差达到0.050～0.063mm(以其中磨损最大的一个气缸为准),气缸磨损尺寸与标准尺寸的差值,是判断汽车发动机是否需要进行大修的主要依据之一。

气缸磨损的影响包括:①动力性下降;②燃油经济性下降;③润滑油消耗增大;④发动机排放超标。

气缸磨损的规律包括:①沿气缸轴线方向磨成上大下小的锥形,磨损最大的部位是当活塞在上止点位置时第一道活塞环相对应的缸壁(图3-52a);②气缸沿圆周方向磨损也不均匀,形成不规则的椭圆形,椭圆长轴通常接近于活塞销垂直方向,短轴接近于活塞销方向(图3-52b)。

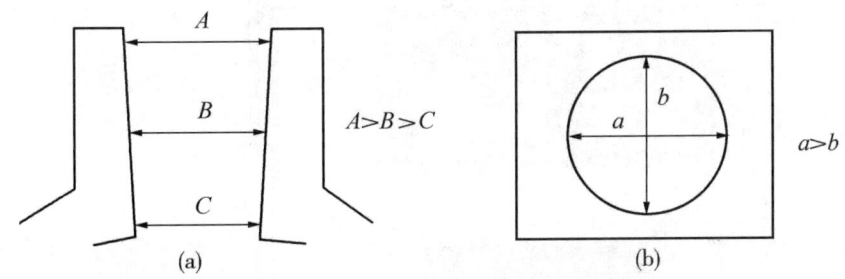

图3-52 气缸磨损的规律

1. 气缸磨损检测的预处理

1)清洁气缸

①用木方垫将气缸体垫起,让气缸体的上平面朝上。

②用铲刀铲除气缸体上气缸垫等残余粘连物。
③用细砂纸打磨铲刀无法去除的残余粘连物。
④用细砂纸轻轻打磨每个气缸上沿处的积碳。
⑤将气缸放入清洗盆中，用煤油清洗气缸体。
⑥用压缩空气吹净气缸体上平面和气缸内的煤油。

2）清洁量具

①用棉纱或抹布清洁游标卡尺（图3-53a）；
②用棉纱或抹布清洁外径千分尺（图3-53b）；
③用棉纱或抹布清洁量缸表（图3-53c）。

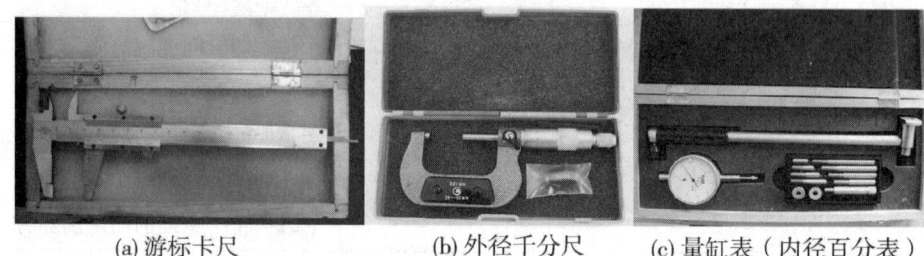

(a) 游标卡尺　　(b) 外径千分尺　　(c) 量缸表（内径百分表）

图3-53　所用量具

2. 气缸磨损的测量及计算

1）装量缸表（内径百分表）及调整

①如图3-54所示，先把百分表1大指针调0，然后把百分表1装在表杆2的上端，并使表盘朝向测量杆的活动点，以便观察，使表盘的大指针有0.2～0.3mm的压缩量，接着把大指针调为0。

②如图3-54所示，从成套的可调测量杆盒3中选出合适的测量杆4和锁片5装在表杆2的下端。

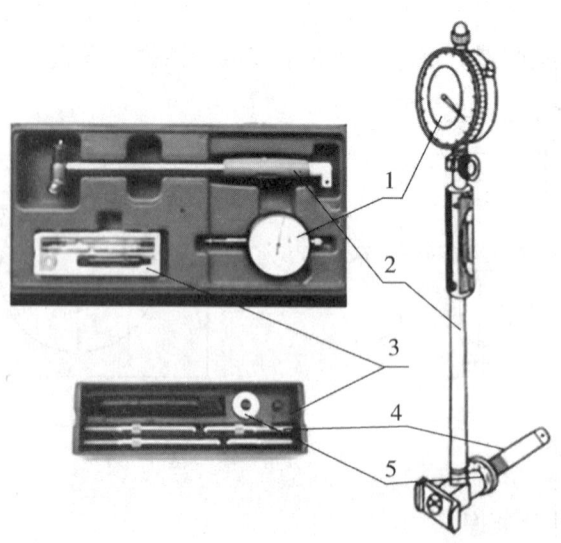

图3-54　装量缸表

1—百分表；2—表杆；3—可调测量杆盒；4—测量杆；5—锁片

③如图3-55所示,用游标卡尺测量任意一个气缸上沿处的尺寸,再将测得的数据与相关资料中气缸的缸径数据对比,表中哪一级数据小于并接近测得数据,则确定此气缸直径为哪一级;这也是选用测量杆长短的依据之一。

④将台钳的钳口用抹布或较薄的橡胶垫好,再把外径千分尺夹在上面。

⑤清洁外径千分尺盒内的标准检测棒两端及外径千分尺两侧量面,然后旋转外径千分尺的棘轮,使两侧量面夹住标准检测棒,直到轮

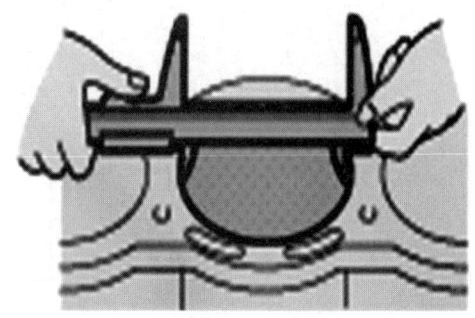

图3-55 用游标卡尺估测缸径大小

盘发出2~3下"咔咔"声,此时活动套筒前端应与固定套筒的零线对齐,同时活动套筒的零线应与固定套筒的基线对齐,否则该外径千分尺应调整后才能用于测量。

⑥外径千分尺调整后,旋转棘轮,使外径千分尺的读数为第③步中所确定的气缸直径等级尺寸,锁紧活动套筒锁。

⑦将组装好的量缸表(内径百分表)放入外径千分尺两侧量面之间,并保持测量头的轴线与外径千分尺测轴的轴线平行,调整测量头的长度,让百分表的短针再压缩0.5~1.0mm(图3-56),然后用锁片锁紧,再转动百分表上的活动盘,直到长针指向活动盘的零线为止,慢慢从外径千分尺上取下内径百分表(图3-57)。

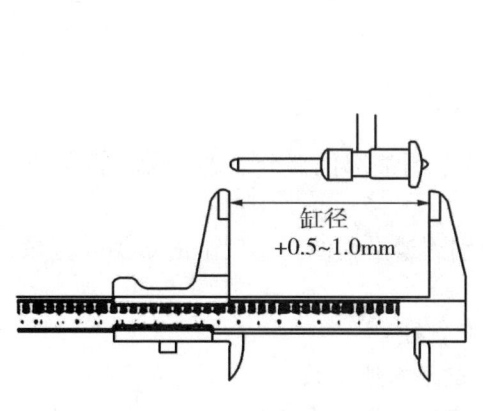

图3-56 调整测量杆尺寸

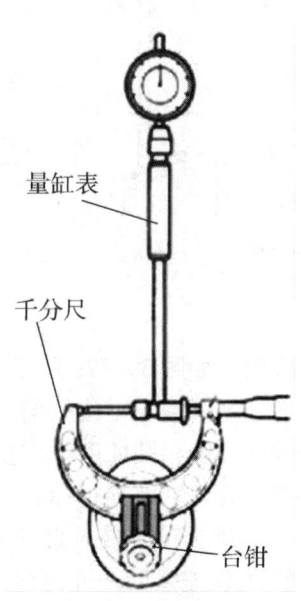

图3-57 校准

2)测量及计算分析

①如图3-58所示,取上、中、下三个截面进行测量:上测量截面位置一般定在活塞在上止点时,第一道活塞环气缸壁处、约距气缸上端10mm的位置。下测量截面位置一般取在气缸套下端以上10mm左右处,该部位磨损最小。

②如图3-58所示,在气缸的前后和左右两个方向进行测量。

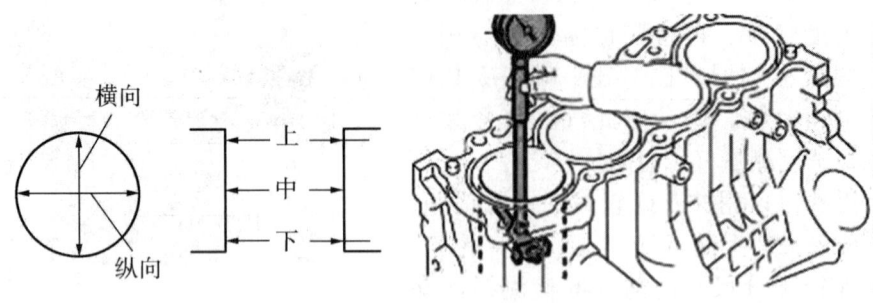

图 3-58 测量位置及测量点

③如图 3-59a 和图 3-59b 所示，测量时，要使量缸表的活动测杆同气缸轴线保持垂直，才能测量准确。当前后摆动量缸表表针指示到最大值时，即表示活动测杆已垂直于气缸轴线。

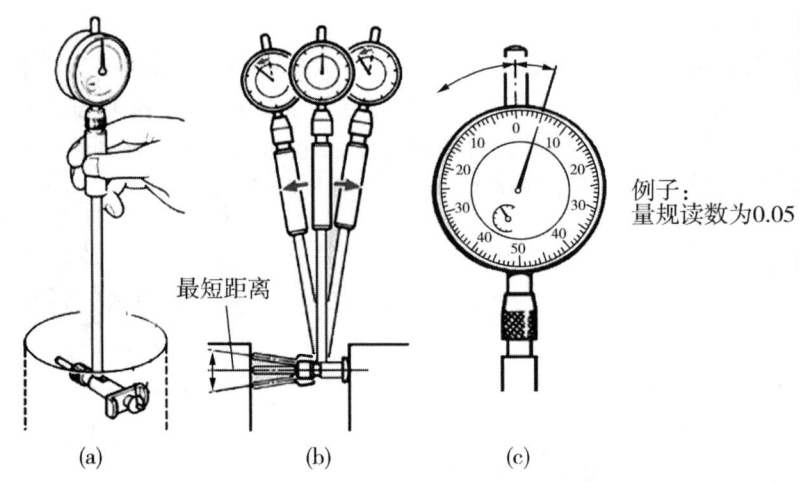

图 3-59 测量及读数方法

④读数。如图 3-59c 所示，读取并记录各个测量部位百分表的读数，读数方法是百分表大指针的读数与零位的偏差量。

⑤计算圆度和圆柱度。重复以上步骤，分别测量出其他三个气缸的数据并记录，利用表中数据计算气缸磨损指标：

a. 最大磨损量 = 最大直径 - 原始直径（标准直径）；

b. 圆度误差 = 同一部位两个方向直径之差的最大值 ÷ 2；

c. 圆柱度误差 = 上、中、下三个部位直径之差的最大值 ÷ 2。

将以上计算结果填入表 3-3 中相应的格内。

如果气缸的最大磨损量、圆度误差、圆柱度误差任意一项指标超过允许极限，均应修理或更换气缸体（套）。

表3-3 气缸圆度、圆柱度检测表

班级：_____ 姓名：_____ 学号：_____ 年___月___日

外径千分尺零位误差： 外径千分尺读数：

项目 缸号	截 面			圆度误差				圆柱度误差
	上	中	下	上	中	下	该缸误差	
1缸								
2缸								
3缸								
4缸								
检 验 结 果								
	气缸检验结论： □需修复 □不需修复							

修复后气缸直径尺寸：

注：①气缸圆度误差标准：≤0.05mm（汽油机）、≤0.063mm（柴油机）；
②圆柱度误差标准：≤0.175mm（汽油机）、≤0.25mm（柴油机）。

实操2 气缸盖平面度的检测

车辆出现发动机难以起动、怠速不稳和加速无力的症状时，且相邻两缸的气缸压力经检测都较低，就需要对气缸盖的平面度进行检测，确认故障是否由气缸盖的变形引起。

气缸盖变形是指气缸盖与气缸体的结合平面（下平面）的平面度误差超限。气缸盖变形会使结合平面不能平顺结合，导致气缸密封不严、漏气、漏油，冲坏气缸垫，使发动机无法正常工作。

气缸盖变形的原因包括：

(1) 气缸工作时受热不均匀；
(2) 长时间在高温、高压的环境下工作；
(3) 装配气缸盖时螺栓拧紧力不均匀；
(4) 螺纹孔有堵塞现象，螺栓不贯穿，螺纹孔出现虚假拧紧；
(5) 高温下拆卸气缸盖时，受到外力撞击。

气缸盖变形时，一般两边高中间低。

1. 气缸盖的拆装顺序

如图3-60、图3-61所示，按图中从1到9的顺序拆装气缸盖。

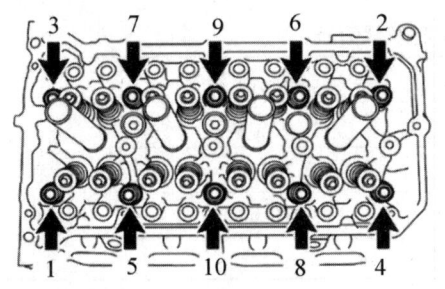 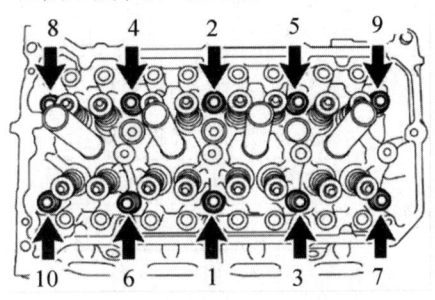

图3-60 气缸盖的拆卸顺序　　　图3-61 气缸盖的安装顺序

气缸盖、气缸体连接螺栓必须按规定力矩分几次拧紧,并用防松胶或其他锁紧装置紧固。对于铝合金气缸盖,为了保证它的密封性能,在装配时,必须在冷态状态下拧紧,因为铝膨胀系数大,温度较高时可以保证密封的可靠性;铸铁气缸盖除了在冷态下拧紧外,还要在热态下按规定扭矩拧紧。

2. 气缸盖的检测

1)检测工具

检测气缸盖的主要检测工具为刀口尺和厚薄规,如图3-62所示。

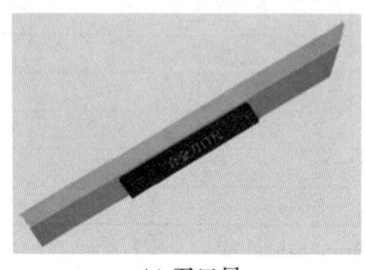
(a) 刀口尺

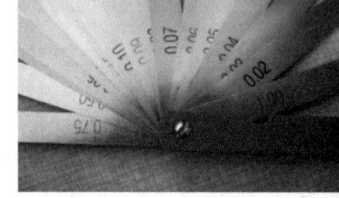
(b) 厚薄规

图3-62 检测工具

2)测量方法

① 测量前,应用干净毛巾清洁量具;
② 测量时,刀口直尺应倾斜,与气缸体成一定的角度;
③ 测量气缸盖对称线,要求每条线测5个点(图3-63),记录所测值。

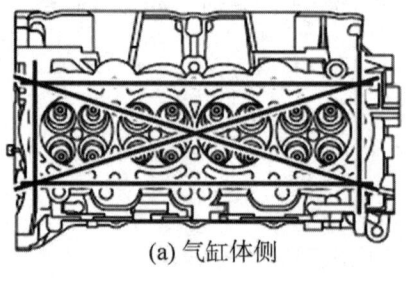
(a) 气缸体侧

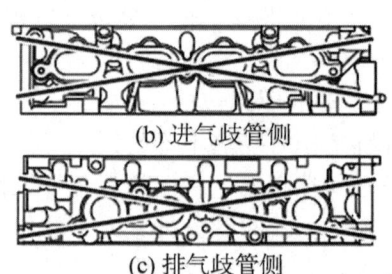
(b) 进气歧管侧

(c) 排气歧管侧

图3-63 测量的位置

3)结果分析

查找维修手册,将测量值与表3-4中数据进行比较,如果翘曲度大于最大值,则应更换气缸盖。

表3-4 气缸盖变形限值表

测量部位	最大值
气缸体侧	0.05 mm
进气歧管侧	0.10 mm
排气歧管侧	0.10 mm

实操3　曲轴磨损与变形的检测

1. 实训量具、工具、设备

检测所用设备有：外径千分尺、磁性表座、百分表、曲轴、V形块、检验平台等，所用量具见图3-64所示。

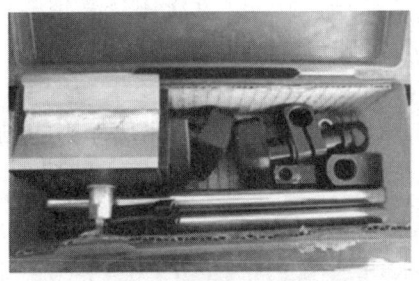
磁性表座

百分表

V形块一对

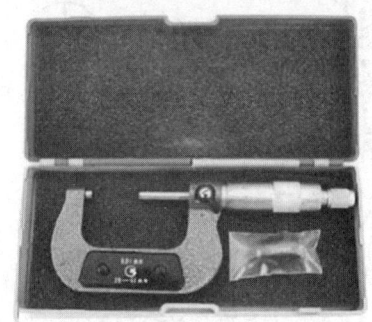
千分尺

图3-64　所用量具

2. 技术标准及要求（丰田1ZR-FE发动机）

（1）曲轴弯曲变形：径向圆跳动误差一般不应超过0.04~0.06mm；

（2）曲轴轴颈：圆度和圆柱度误差一般不超过0.01~0.0125mm；

（3）曲轴轴向间隙：间隙值为0.04~0.14mm；最大的轴向间隙0.18mm。如果轴向间隙大于最大值则成对更换止推片。

3. 注意事项

（1）往检验平台上放置量具、零件时要轻拿轻放，以免损坏平台，影响测量数据的准确性；

（2）检验平台使用完以后，应涂抹防护油；

（3）曲轴不能随意放置，应放在专用支架上。

4. 操作步骤

1）曲轴轴向间隙的检测

如图3-65所示，安装曲轴并按规定扭矩拧紧曲轴螺栓，用一字螺丝刀前后撬动曲轴，读取百分表的最大、最小值，两者之差就是曲轴轴向间隙。

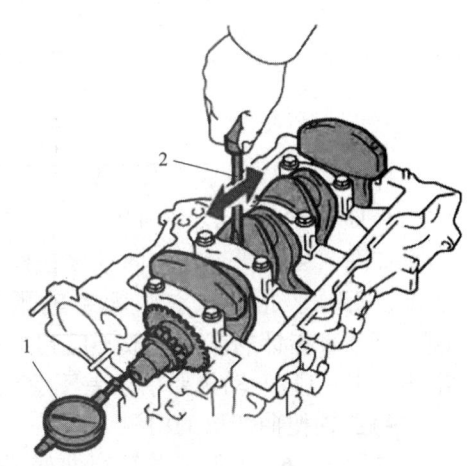

图3-65　曲轴轴向间隙的检测
1—百分表；2——字螺丝刀

2）曲轴磨损的检测

用外径千分尺或游标卡尺测量主轴颈及连杆轴颈的磨损量，从而计算圆度及圆柱度误差，判别曲轴是否需要大修。具体方法如下：

（1）根据曲轴轴颈选用适当量程的外径千分尺。

（2）依据磨损规律用外径千分尺在曲轴主轴颈及连杆轴颈分别测量磨损量，并计算圆度、圆柱度误差。先在轴颈油孔的两侧测量，然后旋转90°再次测量。每一轴颈选取两个截面，两个截面应大约将轴颈分为三等份，如图3-66所示，测量4个值进行计算（计算方法与气缸测量相同）。

圆度和圆柱度极限值为0.02 mm。丰田1ZR-FE发动机标准尺寸为主轴颈47.988～48.000mm；连杆轴颈43.988～44.000 mm，标准曲轴主轴颈的直径如表3-5所示，标准直径标记位置如图3-67所示。

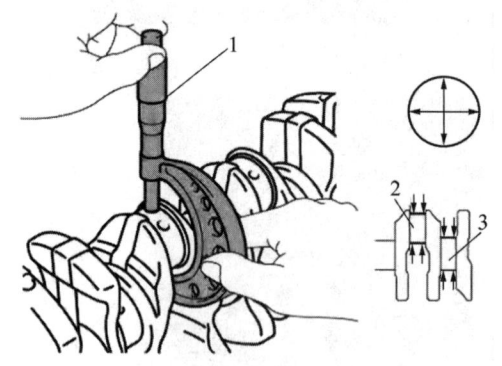

图3-66 曲轴磨损的检测
1—千分尺；2—连杆轴颈；3—主轴颈

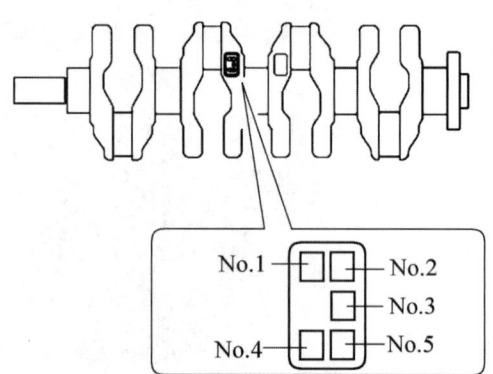

图3-67 标准曲轴直径

表3-5 丰田1ZR-FE发动机标准曲轴主轴颈的直径

标记	规定状态
0	47.999～48.000mm
1	47.997～47.998mm
2	47.995～47.996mm
3	47.993～48.994mm
4	47.991～48.992mm
5	47.988～48.990mm

3）曲轴弯曲变形的检测

如图3-68所示，将曲轴放在检测平板上的V形块上，百分表指针抵在中间主轴颈上，转动曲轴一圈，百分表指针的摆差一般不应超过0.04～0.06mm。丰田1ZR-FE发动机要求摆差不应超过0.03mm。

4）曲轴扭曲变形的检测

如图3-69所示，曲轴扭曲变形的检测方法是将连杆轴颈转到水平位置上，用百分表分别确定同一方位上两个轴颈的高度差（比如1、4缸连杆轴颈），这

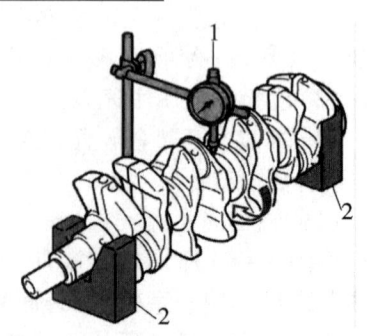

图3-68 曲轴弯曲变形的检测
1—百分表；2—V形块

个高度差即为扭曲变形量。将上述检测结果记录到表3-6中。

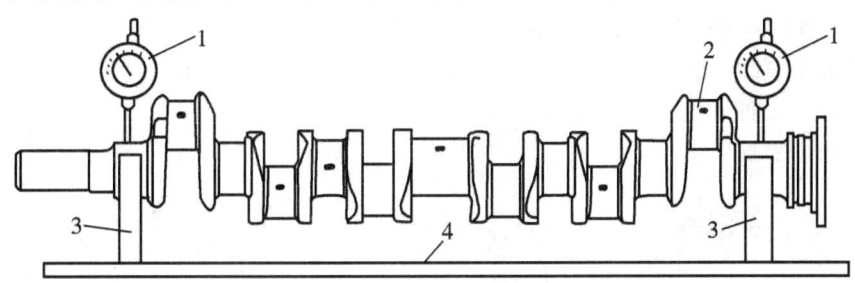

图3-69 曲轴扭曲变形的检测
1—百分表；2—曲轴主轴颈；3—V形块；4—平板

表3-6 曲轴检测表

操 作 过 程 记 录						
检验量具	记录情况：					
检测						
测量名称	标准值				测量值	
①曲轴轴向间隙							
检测结果分析：						
②曲轴弯曲变形							
检测结果分析：						
③曲轴扭曲变形							
检测结果分析：						
④曲轴圆度与圆柱度值						
第 道轴颈	位置1纵向测量值	位置1横向测量值	位置2纵向测量值	位置2横向测量值	圆度值	圆柱度值	标准值
检测结果分析：						
总体结论：						

5）检查曲轴油膜间隙

（1）检查曲轴轴颈和轴承是否有点蚀和划痕；

（2）安装曲轴轴承；

（3）将曲轴放到气缸体上；

（4）将塑料间隙规摆放在各轴颈上（如图3-70所示）；

（5）检查朝前标记和数字，并将轴承盖安装到气缸体上（提示：各主轴承盖上都有一个指明安装位置的数字）；

（6）安装主轴承盖（注意：不要转动曲轴）；

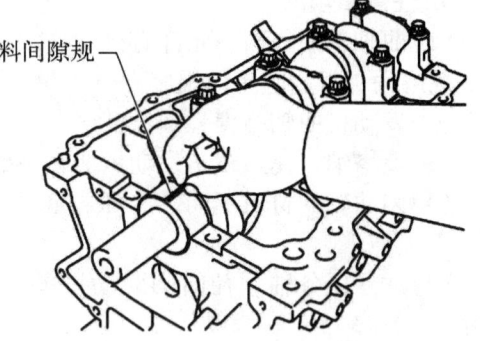

图3-70 放塑料间隙规

(7) 拆下主轴承盖；

(8) 测量塑料间隙规最宽处（如图 3-71 所示）。

标准油膜间隙为 0.016～0.039mm，最大油膜间隙 0.050mm。如油膜间隙大于最大值，则更换轴承，如有必要，更换曲轴。

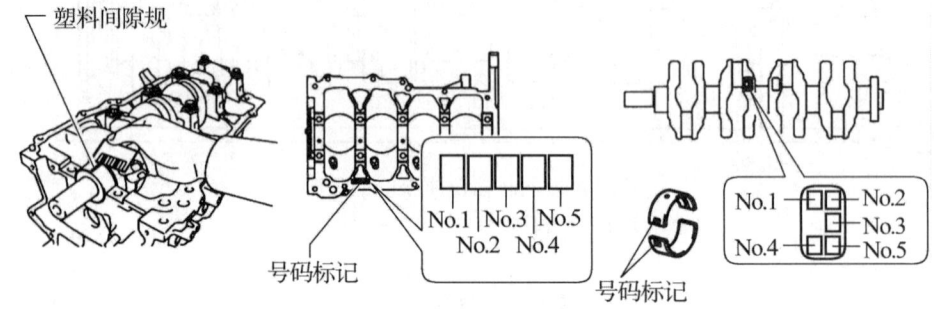

图 3-71　检查各轴承孔、曲轴、轴承标准直径

丰田 1ZR-FE 发动机标准直径要求如表 3-7 所示。

表 3-7　丰田 1ZR-FE 发动机标准直径

标准气缸体轴颈孔径		标准曲轴轴颈直径		标准轴承中心壁厚	
标记	规定状态	标记	规定状态	标记	规定状态
0	52.000～52.003mm	0	47.999～48.000mm	1	1.994～1.997mm
1	52.003～52.005 mm	1	47.997～47.998mm	2	1.998～2.000mm
2	52.005～52.007 mm	2	47.995～47.996mm	3	2.001～2.003mm
3	52.007～52.010 mm	3	47.993～47.994mm	4	2.004～2.006mm
4	52.010～52.012 mm	4	47.991～47.992mm		
5	52.012～52.014 mm	5	47.988～47.990mm		
6	52.014～52.016 mm				

5. 整理现场

(1) 将各个量具清洁后放入相应的量具盒内。

(2) 将其他工具清洁后放回工具车里。

(3) 清洁工作台，清扫地面。

(4) 将抹布或棉纱等垃圾放入清洁箱中。

6. 注意事项

(1) 曲轴轴颈表面不允许有横向裂纹。横向裂纹的深度如在轴颈修理尺寸以内，可通过磨削磨去，否则应予以报废。

(2) 发动机曲轴圆度、圆柱度误差大于 0.025mm 时，应按修理尺寸磨修。

(3) 桑塔纳、捷达轿车发动机曲轴轴颈修理分为三级修理尺寸，每 0.25mm 为一级。

(4) 因曲轴的材质不同，冷压校正时操作要求不同，注意防止曲轴折断或出现新的裂纹。

(5) 注意区分轴颈径向圆跳动误差、曲轴轴线的直线度误差及弯曲度等指标之间的关系。

(6) 测量曲轴轴颈尺寸及圆度、圆柱度误差时，测量位置应与油孔错开。

实操4　活塞及活塞环三隙的检测

1. 认识活塞及活塞环

活塞及活塞环的结构如图3-72所示。

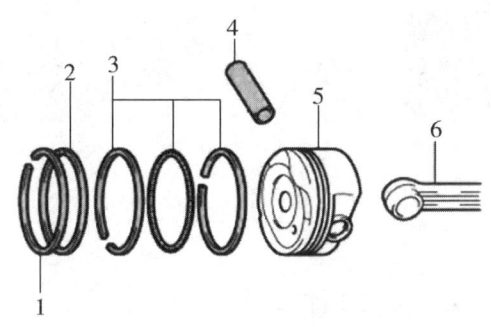

图3-72　活塞及活塞环
1—气环；2—气环；3—组合式油环；4—活塞销；5—活塞；6—连杆

活塞环的作用包括：

(1) 气密功能（如图3-73所示），气环处于活塞与气缸之间主要起密封作用；

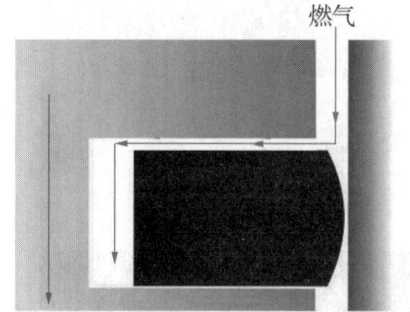 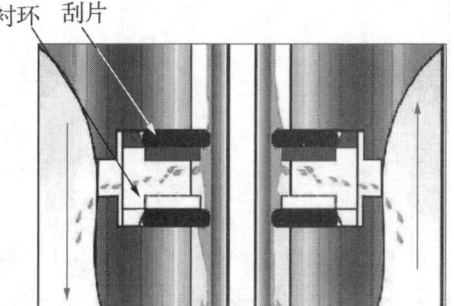

图3-73　活塞环气密功能

(2) 导热功能（如图3-74所示），活塞环将活塞热量传给气缸套、气缸壁，气缸套、气缸壁再将热量传给缸体水套，活塞得到迅速冷却；

(3) 支撑功能（如图3-75所示），活塞与气缸之间有间隙，发动机工作过程中，活塞承受很大的压力，活塞的上下往复运动靠活塞环的支撑。

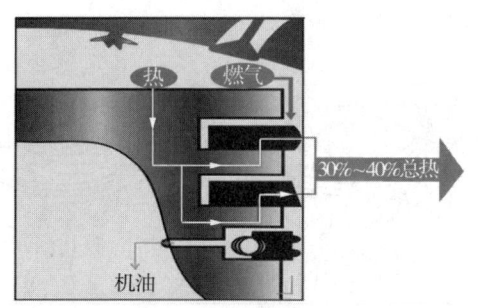 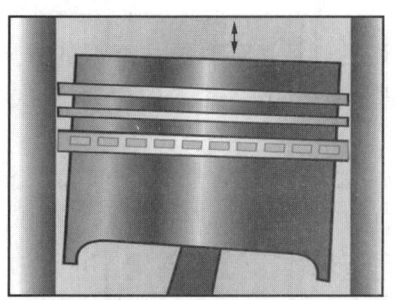

图3-74　活塞环导热功能　　　　图3-75　活塞环支撑功能

2. 工具准备

检测活塞环时，需要准备的工具如图3-76所示。

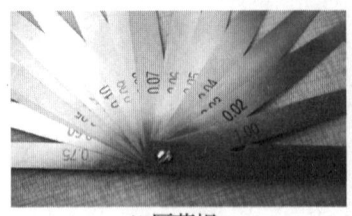
(a) 厚薄规

(b) 活塞环拆装钳

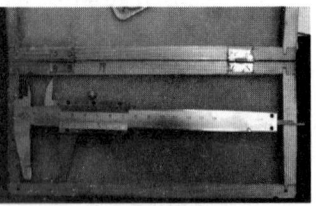
(c) 游标卡尺

图3-76 检测活塞环的工具准备

3. 拆卸活塞环

（1）取下一只活塞，用抹布擦拭干净；

（2）如图3-77所示，用活塞环钳依次拆下两道气环；使用活塞环拆装钳拆装活塞环时，活塞环拆装钳有爪子的部分朝上，用力必须均匀；

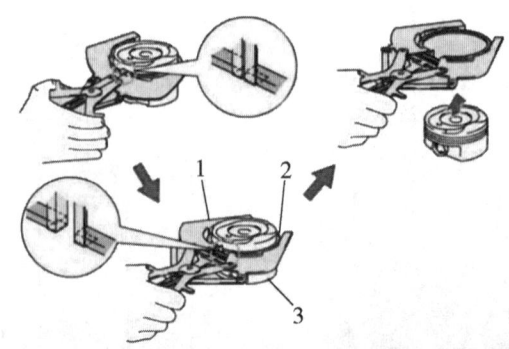

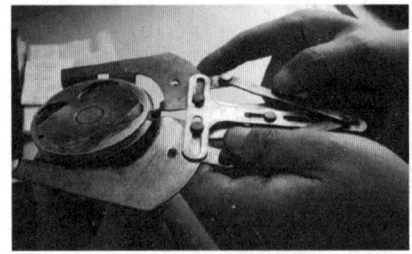
(a) 对准活塞环开口

(b) 拆下活塞环

图3-77 拆卸活塞环（气环）
1—活塞环拆装钳；2—活塞环；3—活塞

（3）拆卸活塞环时要注意环的方向，若无记号要标记，拆下的气环依次摆放好；

（4）如图3-78所示，拆卸油环：油环可以用手先拆去上刮油环，再拆下刮油环，最后取下油环衬簧，并将油环依次摆放好。

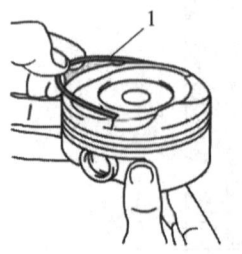
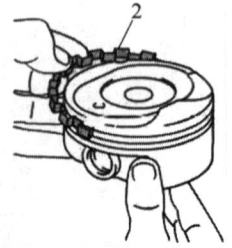

图3-78 拆卸活塞环（油环）
1—刮油环；2—衬簧

注意：①使用专用工具进行拆装；②不要用力过度，以免折断活塞环。

4. 检测活塞环三隙

1）检测活塞环端隙（开口间隙）

注意图3-79中尺寸A的确定：A=50mm。

①如图3-79所示操作，将活塞环平稳放进气缸内；

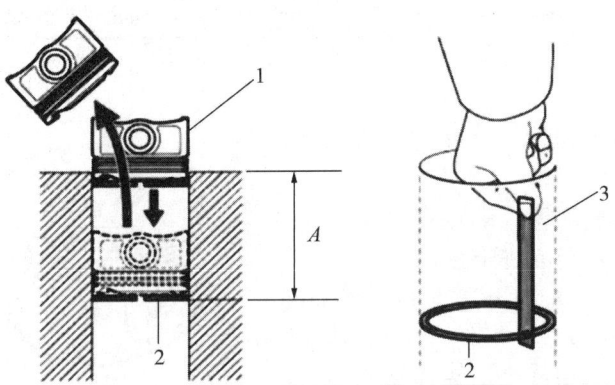

图3-79 检测活塞环端隙
1—活塞；2—活塞环；3—厚薄规

②用活塞顶部将活塞环推至离缸体上平面50mm位置；

③用厚薄规测量活塞环端隙；

④记录测量结果，将结果填入表3-10，并与标准值（表3-8）作比较，得出维修结论。

表3-8 丰田1ZR-FE发动机活塞环标准、最大端隙

项目	规定状态1（标准端隙）	规定状态2（最大端隙）
1号环	0.2～0.3mm	0.5mm
2号环	0.3～0.5mm	0.7mm
油环	0.1～0.4mm	0.7mm

2）检测活塞环侧隙

①如图3-80所示操作，将相应的活塞环平稳装进活塞环槽；

②用厚薄规测量活塞环侧隙；

③记录测量结果，将结果填入表3-10，并与标准值（表3-9）作比较，得出维修结论。

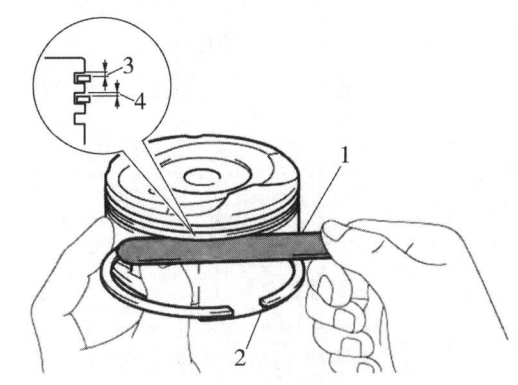

图3-80 检测活塞环侧隙
1—厚薄规；2—活塞环；3—1号环侧隙；4—2号侧隙

表3-9 丰田1ZR-FE发动机活塞环标准侧隙

项目	规定状态
1号环	0.02～0.07mm
2号环	0.02～0.06mm
油环	0.02～0.065mm

3) 检测活塞环背隙

如图3-81所示，背隙为活塞环(气环)的宽度与活塞环槽的深度的差值。

①用游标卡尺测量活塞环的宽度；
②用游标卡尺测量活塞环槽的深度；
③用活塞环槽的深度减去活塞环(气环)的宽度，得出活塞环背隙；
④记录测量结果，与标准值作比较，得出维修结论。

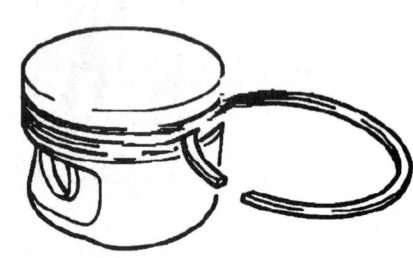

图3-81 检测活塞环背隙

4) 数据分析(查阅维修手册)

表3-10 活塞环"三隙"检查表

检测活塞环"三隙"	检测结果			
	活塞号：	端隙	侧隙	背隙
	第一道气环			
	第二道气环			
	油环			

维修结论：

1. 查维修手册，该发动机活塞环的标准值为端隙_____、侧隙_____、背隙_____。
2. 根据测量结果，提出维修方案。

5. 检测活塞

(1) 如图3-82a所示，用衬垫刮刀去除活塞顶部的积碳。
(2) 如图3-82b所示，用环槽清洁工具或折断的活塞环清洁活塞环槽。

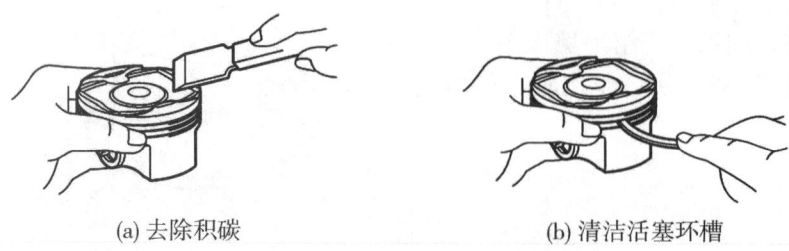

(a) 去除积碳　　　　(b) 清洁活塞环槽

图3-82 清洁活塞及活塞槽

(3)如图3-83a所示，用刷子和溶剂彻底清洁活塞。注意不能用钢丝刷。

(4)如图3-83b所示，在距离活塞顶部12.6mm处，用千分尺测量与活塞销成直角的活塞的直径，标准直径在80.461～80.471mm，如果直径不在这个范围内，则更换活塞。

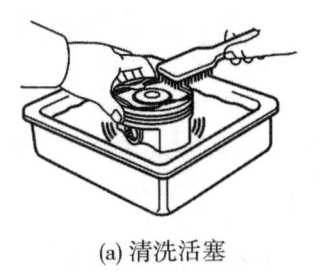 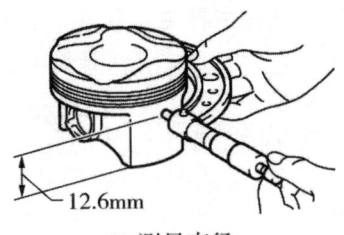

(a) 清洗活塞　　　　　　　　　(b) 测量直径

图3-83　活塞的清洗及测量

(5)检查活塞油膜间隙。

用气缸缸径测量值减去活塞直径测量值。标准油膜间隙：0.029～0.052mm，最大油膜间隙0.09mm，如果油膜间隙大于最大值，则更换所有活塞。如有必要，更换缸体。

项目小结

曲柄连杆机构是发动机的主要运动机构，其功用是将活塞的往复运动转变为曲轴的旋转运动，同时将作用于活塞上的力转变为曲轴对外输出的转矩，以驱动汽车车轮转动。曲柄连杆机构由活塞组、连杆组和曲轴、飞轮组等零部件组成。

1. 功用

曲柄连杆机构的作用是提供燃烧场所，把燃料燃烧后产生的气体作用在活塞顶上的膨胀压力转变为曲轴旋转的转矩，不断输出动力。具体功用如下：

①将气体的压力变为曲轴的转矩；

②将活塞的往复运动变为曲轴的旋转运动；

③把燃烧作用在活塞顶上的力转变为曲轴的转矩，以向工作机械输出机械能。

2. 组成

曲柄连杆机构由机体组、活塞连杆组、曲轴飞轮组三部分组成。

①机体组：气缸体、气缸垫、气缸盖、曲轴箱、气缸套及油底壳；

②活塞连杆组：活塞、活塞环、活塞销、连杆；

③曲轴飞轮组：曲轴、飞轮、扭转减震器、平衡轴。

3. 活塞销偏置和曲轴偏置

活塞销偏置可以使活塞换侧过程更安静，曲轴偏置可减小活塞在气缸壁上的压紧力和摩擦，提高效率。

4. 曲柄连杆机构的检修，主要包括：

①气缸磨损的检测；

②气缸盖平面度的检测；

③曲轴磨损与变形的检测；

④活塞及活塞环三隙的检测。

一、填空题

1. 曲柄连杆机构主要由机体组、活塞连杆组、曲轴飞轮组成。活塞连杆组由_____、_____、_____、_____等组成。
2. 活塞环包括_____、_____两种。
3. 在安装气环时,各个气环的切口应该_____,构成迷宫式封气装置,以对气缸中的高压燃气进行有效密封。
4. 油环分为_____和组合油环两种,组合油环一般由_____和_____组成。
5. 在安装扭曲环时,应将其内圈切槽向_____,外圈切槽向____,不能装反。
6. 活塞销与活塞销座孔及连杆小头衬套孔的配合,一般都采用_____配合。
7. 连杆由_____、_____和_____三部分组成。
8. 曲轴的曲拐数取决于发动机的_____和_____。
9. 曲轴按支承型式的不同分为_____和_____;按加工方法的不同分为_____和_____。
10. 曲轴前端装有驱动配气凸轮轴的_____,驱动风扇和水泵的_____,止推片等,有些中小型发动机的曲轴前端还装有_____,以便必要时用人力转动曲轴。
11. 飞轮边缘一侧有指示气缸活塞位于上止点的标志,用以作为调整和检查_____和_____的依据。
12. 将气缸盖用螺栓固定在气缸体上,拧紧螺栓时,应采取由_____的顺序分几次拧紧。
13. 对于铝合金气缸盖,为了保证它的密封性能,在装配时,必须在_____状态下拧紧。因为铝膨胀系数大,温度较高时可以保证密封的可靠性。铸铁气缸盖可以_____下拧紧。
14. 一般柴油机活塞顶部多采用_____,汽油机活塞顶部多采用_____。

二、选择题

1. 为了保证活塞能正常工作,冷态下常将其沿径向做成( )的椭圆形。
A. 长轴在活塞销方向; B. 长轴垂直于活塞销方向;
C. A、B均可; D. A、B均不可
2. 直列式发动机的全支承曲轴的主轴径数等于( )。
A. 气缸数 B. 气缸数加1 C. 气缸数减1 D. 气缸数加2
3. 按1—2—4—3顺序工作的发动机,当一缸压缩到上止点时,二缸活塞处于( )行程下止点位置。
A. 进气 B. 压缩 C. 做功 D. 排气
4. 四行程六缸发动机曲轴各曲拐之间的夹角是( )。
A. 60° B. 90° C. 120° D. 180°
5. 下列说法正确的是( )。
A. 活塞顶的记号用来表示发动机功率
B. 活塞顶的记号用来表示发动机转速
C. 活塞顶的记号可以用来表示活塞及活塞销的安装和选配要求

D. 活塞顶的记号用来表示连杆螺钉拧紧力矩
6. 下列说法正确的是( )。
A. 活塞裙部对活塞在气缸内的往复运动可以起导向作用
B. 活塞裙部在做功时起密封作用
C. 活塞裙部在做功时起承受气体侧压力作用
D. 活塞裙部安装有2~3道活塞环
7. 下列说法正确的是( )。
A. 干式气缸套外壁直接与冷却液接触
B. 干式气缸套壁厚比湿式气缸套薄
C. 干式气缸套安装后比湿式气缸套的强度和刚度要好
D. 干式气缸套比湿式气缸套散热好
8. 活塞气环主要作用是( )；油环主要作用是( )。
A. 密封　　　　B. 布油　　　　C. 导热　　　　D. 刮油
9. 活塞气环开有切口，具有弹性，在自由状态下其外径与气缸直径( )。
A. 相等　　　　B. 小于气缸直径　　　　C. 大于气缸直径　　　　D. 不能确定
10. 六缸四冲程直列发动机的点火间隔角是( )
A. 180°　　　　B. 360°　　　　C. 90°　　　　D. 120°
11. 下列说法正确的是( )。
A. 一根曲轴的曲柄数目等于气缸数　　　B. 一根曲轴的连杆轴颈数目等于气缸数
C. 一根曲轴的主轴颈数目等于拟制数　　D. 曲轴的内部开有机油道
12. 下列说法正确的是( )。
A. 飞轮的主要功用是用来贮存做功行程的能量，增加发动机功率
B. 飞轮的主要功用是用来贮存做功行程的能量，用于克服进气、压缩和排气行程的阻力和其他阻力，使曲轴均匀地旋转
C. 飞轮轮缘上的记号是供发动机安装和维修时用
D. 飞轮紧固螺钉承受作用力大，应以最大力矩拧紧

三、判断题

1. 当缸套装入气缸体时，干式缸套齐平，湿式缸套高于气缸体。( )
2. 有正反面的气缸垫在安装时应把光滑的一面朝向气缸体。( )
3. 为了使铝合金活塞在工作状态下接近一个圆柱形，冷态下必须把它做成上小下大的锥体。( )
4. 活塞环在自然状态下是一个开口的椭圆形。( )
5. 连接螺栓必须按规定力矩分几次拧紧，并用防松胶或其他锁紧装置紧固。( )
6. 曲轴后端回油螺纹的旋向应与曲轴旋转方向相反。( )
7. 按1—5—3—6—2—4顺序工作的发动机，当一缸压缩到上止点时，五缸处于进气行程。( )

四、名词解释题

1. 全浮式活塞销
2. 活塞销偏置
3. 曲轴偏置

项目四　配气机构

学习目标

1. 描述配气机构的作用；
2. 描述气门驱动组的结构和作用；
3. 描述气门组的结构和作用；
4. 进行气门间隙的测量；
5. 理解配气相位图和正时曲线图；
6. 描述可变配气正时系统的结构和工作原理。

4.1　概述

发动机配气机构的基本组成可分为气门驱动组和气门组两个部分（图4-1）。配气机构的功用是根据发动机的工作需要，由曲轴通过气门传动机构驱动，适时地打开进气通道或排气通道，使新鲜可燃混合气及时地进入气缸，或使已燃烧的废气及时地从气缸内排出；而在发动机不需要进气或排气时，则利用气门将进气通道或排气通道关闭，保持气缸密封。

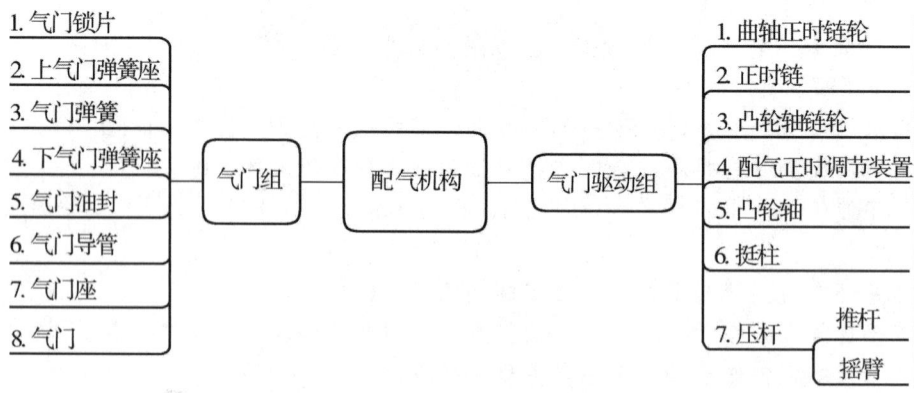

图4-1　配气机构部件构成图

配气机构的驱动流程如图4-2所示。

项目四 配气机构

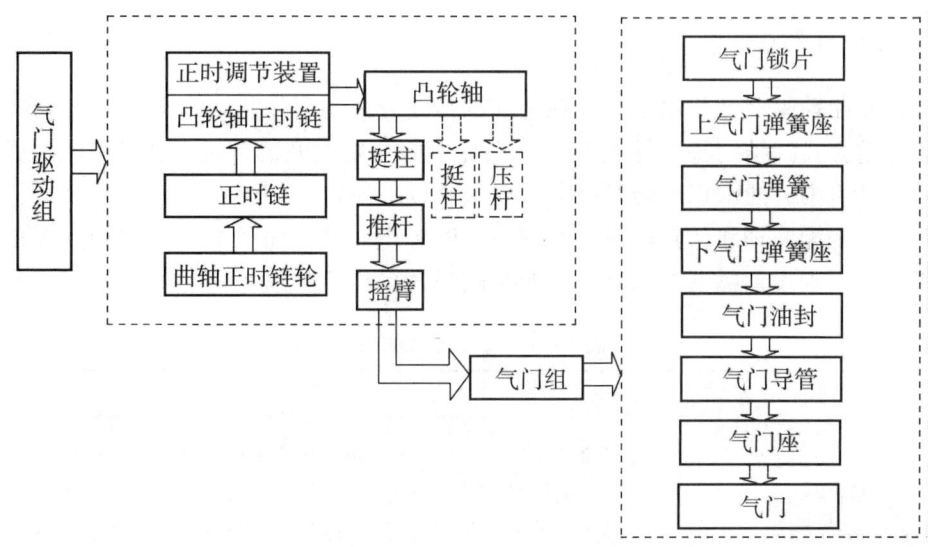

图 4-2 配气机构驱动流程图

配气机构结构示意图如图 4-3 所示。

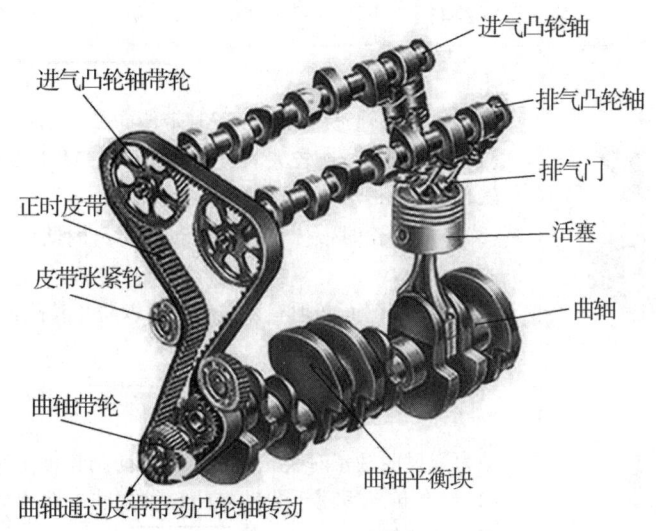

图 4-3 配气机构结构示意图（皮带传动）

4.2 气门驱动组

气门驱动组根据发动机的工作需要，将曲轴的动力以一定传动比传递给凸轮轴等驱动机构，并适时地打开或关闭气门。

图 4-4 气门驱动组

4.2.1 动力传动装置

凸轮轴靠曲轴驱动,凸轮轴与曲轴之间的传动方式有齿轮传动、皮带传动和链条传动三种,各传动方式的结构特点见表4-1,凸轮轴与曲轴之间的传动比为2:1,也就是说,在四冲程发动机中,曲轴每旋转两圈,凸轮轴转动一圈。

注意:在装配曲轴和凸轮轴时,必须将正时标记对准,保证配气正时和点火正时或供油正时正确,否则发动机不能起动,甚至会造成发动机严重损坏。

表4-1 传动方式的比较

传动方式	特 点
1. 齿轮传动	动力通过曲轴正时带轮、中间齿轮传向凸轮轴正时齿轮。 (1)传动效率和速度的适用范围广,结构紧凑; (2)为减小传动噪声,正时齿轮一般采用斜齿轮且用不同的材料制成; (3)制造成本和安装精度高; (4)不适用于轴间距离大的传动; (5)适用于下置式凸轮轴。
2. 皮带传动	动力通过曲轴正时带轮、正时带传向凸轮轴正时带轮。 (1)正时带能传递较大的力矩且能阻止带齿跳跃; (2)正时带传动声音比链条传动小; (3)不必对正时带传动装置进行润滑,因此可以将其布置在发动机机体外; (4)正时带侧面必须有导向装置,以防止其跑偏。
3. 链条传动	动力通过曲轴正时链轮、正时链传向凸轮轴正时链轮。 (1)链条传动适用于曲轴与凸轮轴之间的距离较大时,以及同时驱动两个凸轮轴时; (2)为了减少链条噪声,链条导向必须在塑料轨道中。链条通过链条张紧器(弹簧机械式或液压式)张紧; (3)链条传动准确、可靠性好、使用寿命长; (4)链条不适用于很高的转速。长时间运行后链条长度发生变化,会导致配气相位改变。

4.2.2 凸轮轴

凸轮轴的功用是:①将气门在正确的时刻打开或关闭;②按照正确的数值升起;③在

一定时间内保持打开。

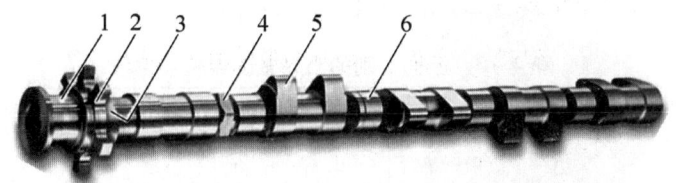

图 4-5 凸轮轴
1—轴颈和用于轴向导的止推面；2—凸轮轴传感器和参考基准；
3—用于安装专用工具的双平面；4—扳手宽度面；5—凸轮；6—轴颈

1. 凸轮

凸轮的作用是使气门尽快开闭，开度尽量大，且开启和关闭尽可能无冲击。凸轮的设计有表 4-2 所示四种形式。在凸轮轴设计中，应根据发动机性能的要求来设计最适宜的凸轮顶，凸轮轴上凸轮的轮廓的形状决定气门的运动规律及开闭时间，凸轮的升程决定气门最大开度。

表 4-2 凸轮设计的四种形式

凸轮	凸轮顶高度高	凸轮顶高度低	凸轮顶宽度大	凸轮顶宽度窄
结构形式	高	低	宽	窄
特点	凸轮顶高度高时，气门升程变大	凸轮顶高度低时，气门升程变小	凸轮顶宽度大时，气门开启快，关闭慢，因而气门开启时间长	凸轮顶宽度窄时，气门开启慢，关闭快，因而气门开启时间短

凸轮运动过程如图 4-6 所示，气门升程即凸轮行程，其曲线表示气门通过凸轮轴从开启到关闭的气门升起高度。

开始阶段，开启速度逐渐增大，气门完全打开时最大，关闭过程开始前降低至零。

开启和关闭时出现很高的加速力。这些力在凸轮与摇臂、挺柱、压杆之间产生一种很高的表面压力，因此出现摩擦力导致磨损。

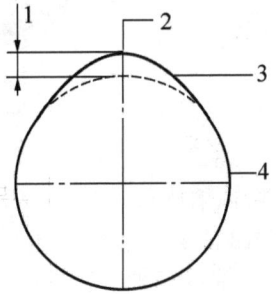

图 4-6 凸轮运动过程
1—凸轮行程；2—凸轮顶层；3—凸轮工作面；4—基圆

2. 凸轮轴的位置

表4-3为不同类别的凸轮轴的结构及位置介绍。

表4-3 不同类别的凸轮轴的结构及位置

类别	结构示意图	结构布置	特点
1. 顶置气门 OHV(over head valve)	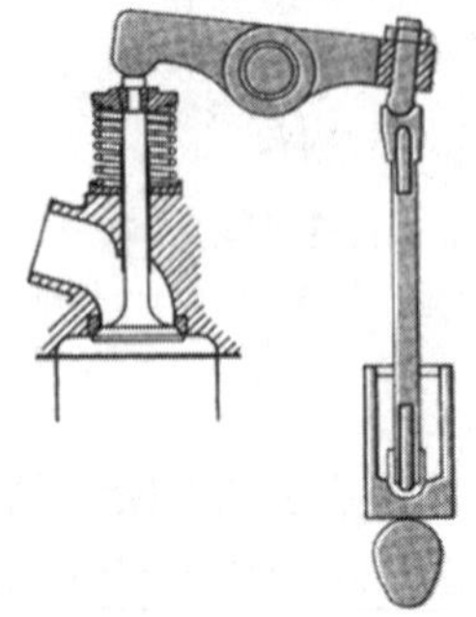	(1)顶置气门； (2)凸轮轴位于曲轴箱内； (3)气门由凸轮轴、挺柱、推杆和摇臂驱动	(1)惯性力大，因为运动部件的质量大； (2)转速受限
2. 顶置凸轮轴 OHC(over head camshaft)	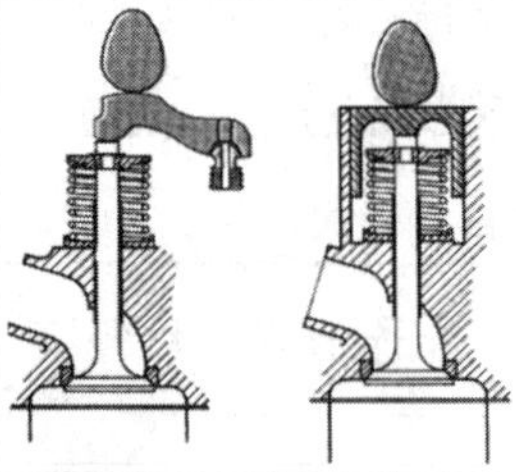	(1)顶置凸轮轴； (2)凸轮轴位于气门之上； (3)气门由凸轮轴、桶状挺柱或者压杆驱动	(1)可以使用液压挺柱； (2)惯性力小； (3)可以采用有利的燃烧室形状
3. 中置凸轮轴 CIH(Cam-In-Heod)	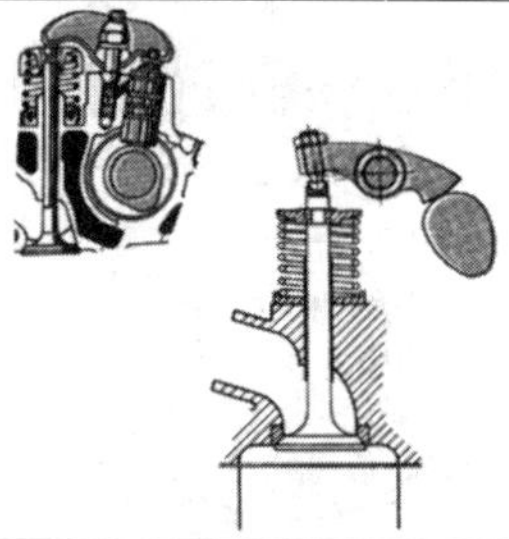	(1)中置凸轮轴； (2)凸轮轴位于气缸盖内； (3)气门由凸轮轴、挺柱和摇臂或只由摇臂驱动	(1)惯性力较小； (2)可以使用液压挺柱
4. 双顶置凸轮轴 DOHC(double over head camshaft)	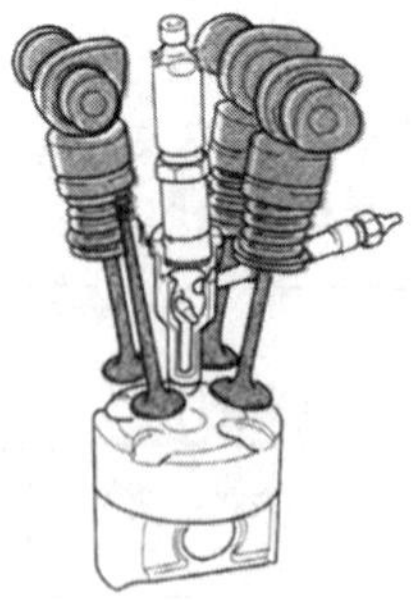	(1)双顶置凸轮轴； (2)两个凸轮轴位于气门之上。气门由凸轮轴和桶状挺柱驱动； 采用两个顶置凸轮轴时，每个气缸可配置四个或五个气门	(1)凸轮轴直接驱动摇臂，省去了推杆，使往复运动质量大大减小； (2)适用于高速发动机； (3)正时传动机构复杂，为拆装缸盖造成一定困难

3. 凸轮轴轴承盖

凸轮轴由轴承和轴承盖固定在气缸盖上，固定方式有整体式(图4-7)和分体式(图4-8)两种。轴承和轴承盖拆卸后必须安装在原来的位置，因为凸轮轴轴承与凸轮轴已经彼此磨合。

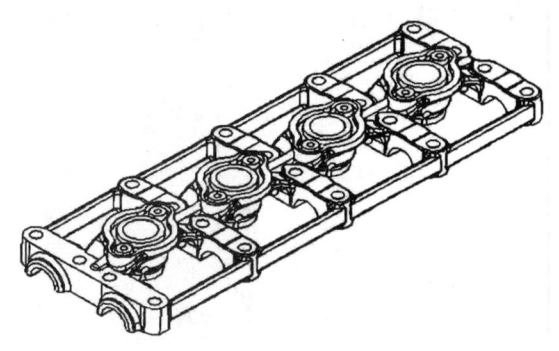 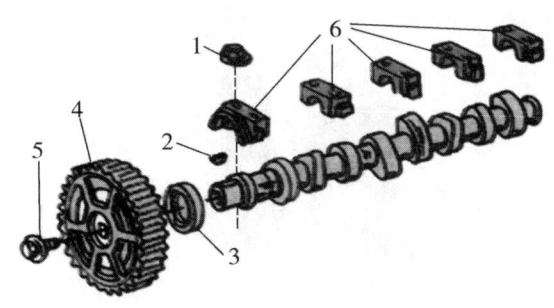

图 4-7　整体轴承盖　　　　　　　　图 4-8　分体式轴承盖

1—连接螺母；2—半圆键；3—油封；4—正时皮带轮；
5—正时皮带轮固定螺栓；6—轴承盖

4.2.3　气门的驱动装置

气门开启运动由摇臂、挺柱或压杆完成，气门关闭运动由气门弹簧完成。气门弹簧负责上述驱动元件之间的动力传递，气门的驱动有如图 4-9、图 4-10、图 4-11 所示的三种方式。

① 挺柱驱动式：凸轮轴通过桶状挺柱驱动气门。
② 摇臂驱动式：凸轮轴通过挺柱、推杆和摇臂驱动气门。
③ 压杆驱动式：凸轮轴通过压杆驱动气门。

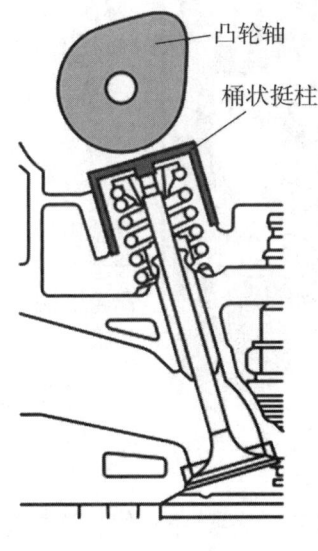 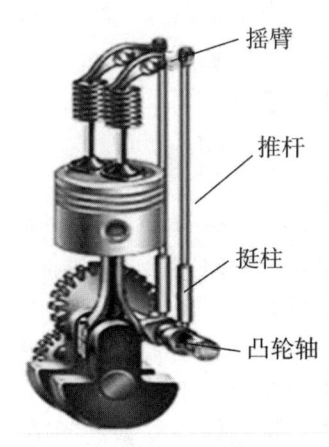 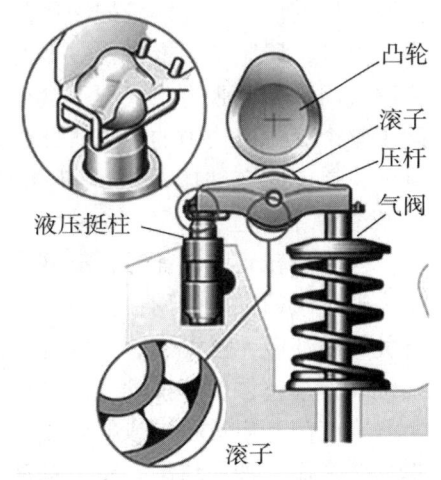

图 4-9　挺柱驱动式　　　　图 4-10　摇臂驱动式　　　　图 4-11　压杆驱动式

1. 挺柱

1）机械挺柱

包括杯式挺柱（图 4-12）和筒状挺柱（图 4-13），杯式挺柱便于杯内收集的机油流出并对挺柱底面及凸轮加以润滑；筒状挺柱常用于顶置式凸轮轴上，罩在气门弹簧上，挺柱厚度小，接触面积大，驱动平稳，现代轿车多采用的挺柱为筒状。

图 4-12 杯状挺柱

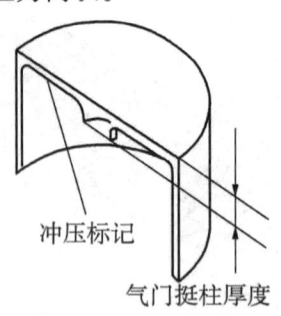

图 4-13 筒状挺柱

使用机械挺柱时，气门间隙需要设置调节装置，用于气门间隙的调节。

采用机械气门间隙调节装置时，在气门关闭状态下，气门杆与气门驱动装置之间要预留间隙，这样才能确保所需的气门密封效果。由于气门间隙随发动机温度升高而变小，因此必须将该间隙调节到足够大的程度。但气门间隙过大会产生噪声以及造成磨损加剧的冲击负荷。为了解决这一矛盾，许多高速发动机都采用液压挺柱来消除气门间隙。

2）液压挺柱

包括液压式杯状挺柱（图 4-14），液压式筒状挺柱（图 4-15）和液压式间隙补偿器（图 4-16）。

①液压式杯状挺柱：如图 4-14 所示，在液压式杯状挺柱中，当气门关闭时，机油经挺柱体和柱塞的孔道进入柱塞腔，推开单向阀进入挺杆体腔，柱塞便在挺杆体腔的油压及回位弹簧的作用下上升，压紧气门推杆。柱塞的上升力不足以克服气门弹簧的张力，气门不会被打开，仅是消除了整个气门机构中的间隙。此时挺杆体腔已充满油，单向阀在油压及蝶形弹簧的作用下关闭，切断油路。

当凸轮转到工作面时，挺杆上升，气门弹簧张力通过气门推杆作用在柱塞上，但此时单向阀已关闭使油液无法溢出，而因为油液具有不可压缩性，挺柱整体上移推动气门开启。

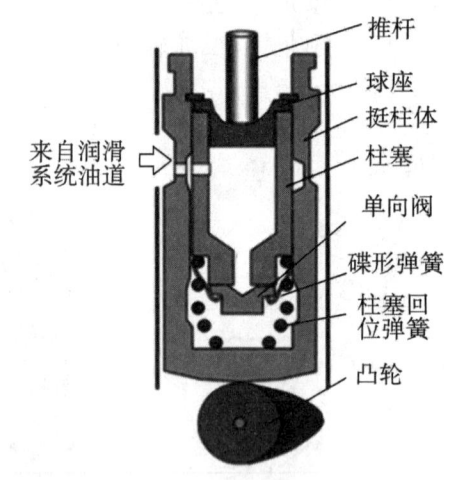

图 4-14 液压式杯挺柱

在气门开启过程中或气门受热膨胀时，由于挺柱体高压腔油压增高，少许油液通过挺柱体与柱塞的间隙处泄漏，使挺杆工作长度"缩短"。此时挺柱体高压腔内的油压随之下降，低压腔的机油再次推开单向阀注入高压腔内，补充油液，重复循环以上过程。

②液压式筒状挺柱：如图 4-15 所示，在液压式筒状挺柱中，当气门关闭时，机油经挺柱体的孔道进入低压油腔，由键形槽引入柱塞上方的低压油腔。低压油腔的压力油推开球阀而进入高压油腔，使两腔连通充满机油。此时挺柱顶面和凸轮紧贴，消除气门机构中的间隙。

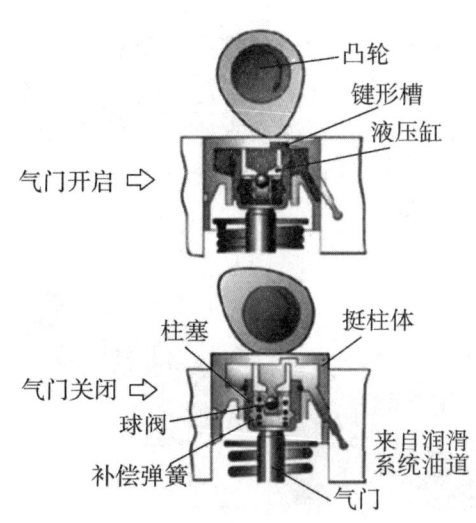 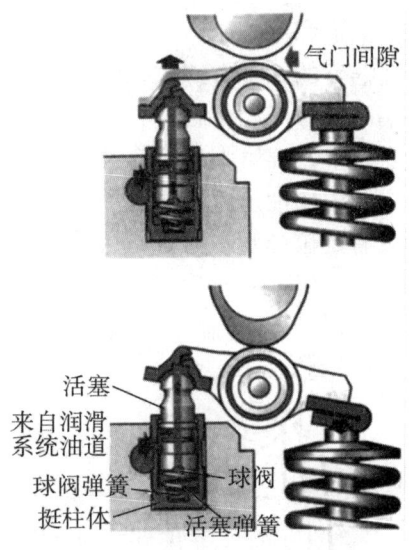

图 4-15 液压式筒状挺柱　　　　　图 4-16 液压式间隙补偿器

当凸轮转动、挺柱体和柱塞向下移动时,高压油腔中的机油被压缩,油压升高,加上补偿弹簧的作用,球阀关闭了高压油腔,由于机油的不可压缩性,整个挺柱下移,推动气门打开。

在气门开启过程中或气门受热膨胀时,柱塞和液压缸做轴向相对运动,高压油腔中的油液可经过液压缸与柱塞间的间隙挤入低压油腔,高压腔压力下降,因此球阀再次开启,用来补偿高压腔内机油,消除凸轮和挺柱的间隙。

③液压式间隙补偿器:如图 4-16 所示,在液压式间隙补偿器中,当气门关闭时,机油经挺柱体的孔道进入活塞内部,活塞推动球阀打开,使上下油腔连通,机油流入下部油腔。活塞弹簧推动活塞上行,直至使压杆的滚轮靠在凸轮上,消除了气门机构中的间隙。上部和下部油腔之间的压力平衡时,阀门关闭。

当凸轮通过压杆开启气门时,对活塞施加作用力。高压油腔中的机油被压缩,油压升高,加上球阀弹簧的作用,球阀关闭了高压油腔,由于机油的不可压缩性,整个挺柱表现为一个整体。

在气门开启过程中或气门受热膨胀时,少量机油从活塞与挺柱体之间向上溢出,高压腔压力下降。因此球阀再次开启,用来补偿高压腔内机油,消除凸轮和压杆之间的间隙。

使用液压挺柱时可以不预留气门间隙。出现气门间隙时,液压结构将自动补偿工作间隙和因构件磨损所造成的长度变化。

如果出现气门间隙增大,则偏向于液压挺柱内部油液泄漏。

2. 摇臂与摇臂轴

摇臂与摇臂轴的结构如图 4-17a 所示,凸轮轴位于摇臂下方的一端,摇臂的作用是将凸轮轴传递的力作用于气门端面,推动气门打开。摇臂实际上是一个双臂杠杆,用来将推杆传来的力改变方向,作用到气门杆端以推开气门。摇臂的两边臂长的比值(称为摇臂比)为 1.2~1.8,其中长臂是推动气门的一端。端头的工作表面一般制成圆柱形,当摇臂摆动时,可沿气门杆端面滚滑,从而使二者之间的力尽可能沿气门轴线作用。摇臂内还钻有润滑油道和油孔。

在摇臂的短臂端螺纹孔中，需要旋入用以调节气门间隙的调整螺钉，螺钉的球头与推杆顶端的凹球座相接触，如图 4-17b 所示。摇臂通过衬套空套在摇臂轴上，而后者又支承在支座上，摇臂上还钻有油孔。摇臂轴为空心管状结构，机油从支座的油道经摇臂轴内腔和摇臂中的油道流向摇臂两端进行润滑。为了防止摇臂的窜动，在摇臂轴上每两摇臂之间都装有定位弹簧。摇臂是用 45 号钢冲压而成。

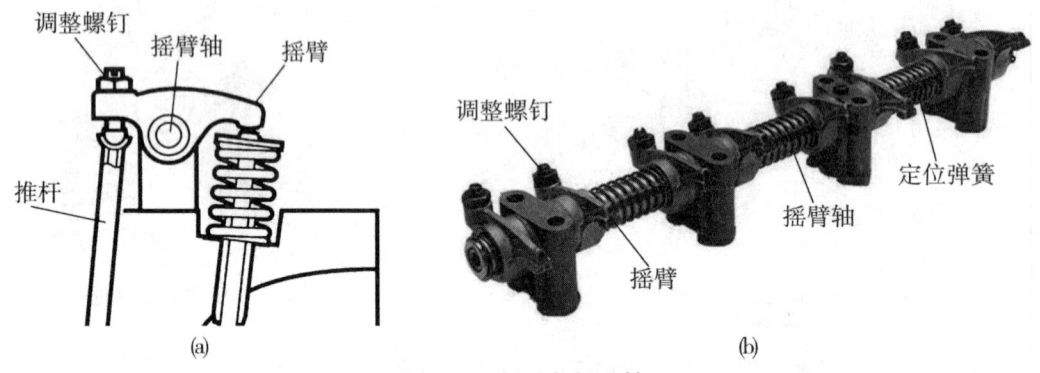

图 4-17　摇臂与摇臂轴

推杆的形状如图 4-18 所示，推杆的作用是将从凸轮经过挺柱传来的推力传给摇臂，它是气门机构中最易弯曲的零件。推杆对强度要求很高，在动载荷大的发动机中，推杆应尽量地做得短些。对于缸体与缸盖部是铝合金制造的发动机，其推杆最好用硬铝制造。推杆可以是实心或空心的。钢制实心推杆一般是与球形支座锻成一个整体，然后进行热处理。

图 4-18　推杆

3. 压杆

凸轮轴压杆（图 4-19）位于下方，它的作用是将凸轮轴传递的力作用于气门端面，推动并打开气门。

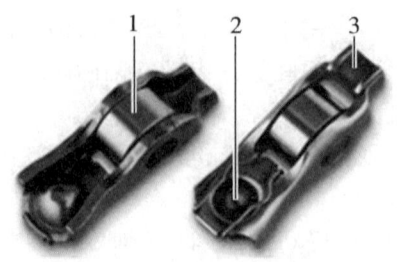

图 4-19　压杆

1—用于随凸轮移动的滚针轴承滚子；2—用于支撑液压间隙补偿器的半球；3—压在气门上的操作面

4.3 气门组

气门组开启可以使新鲜可燃混合气及时地进入气缸,或使已燃烧的废气及时地从气缸内排出;关闭时保持气缸密封。如图4-20所示,气门组由气门锁片、气门油封、气门弹簧座、气门弹簧、导管等部件组成。

气门的工作条件非常恶劣。首先,气门直接与高温燃气接触,受热严重而散热困难,因此气门温度很高。其次,气门承受气体压力和气门弹簧力的作用,配气机构运动件的惯性还会使气门落座时受到冲击。再次,气门在润滑条件很差的情况下以极高的速度启闭并在气门导管内做高速往复运动。此外,由于与高温燃气中有腐蚀性的气体接触,气门容易受到腐蚀。

气门由气门驱动组的摇臂或挺柱、压杆打开;由气门弹簧回位而关闭。

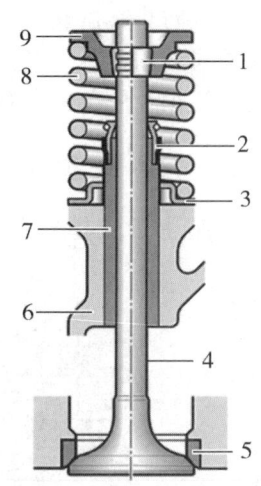

图4-20 气门组结构示意图
1—气门锁片;2—气门油封;3—下气门弹簧座;
4—气门;5—气门座;6—气缸盖;
7—气门导管;8—气门弹簧;9—上气门弹簧座

4.3.1 气门锁片

气门锁片负责连接气门弹簧座和气门。连接方式分为非夹紧式(如图4-21所示)和夹紧式(如图4-22所示)。

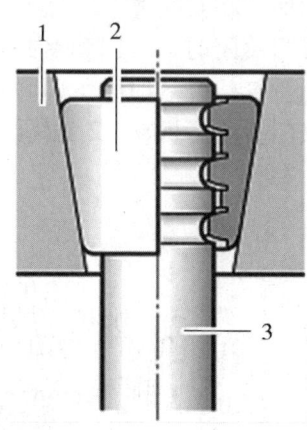

图4-21 非夹紧式锁片
1—气门弹簧座;2—非夹紧式气门锁片;3—气门杆

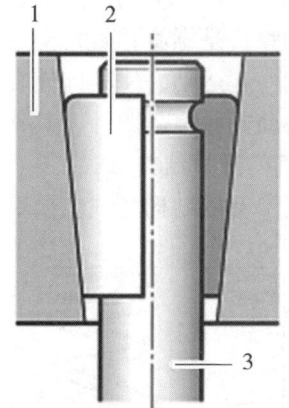

图4-22 夹紧式锁片
1—气门弹簧座;2—夹紧式气门锁片;3—气门杆

1)非夹紧式

采用非夹紧式连接时,处于安装状态下的两部分气门锁片相互支撑。这样可使气门锁片与气门杆之间留有允许气门旋转的间隙,这种旋转有助于气门运行和气门座清洁。轴向作用力通过三个卡在气门杆凹槽内的气门锁片凸缘传递,因此气门锁片需进行淬火硬化处理。

2)夹紧式

采用夹紧式连接时,安装后两部分气门锁片之间留有一定的间隙,因此气门夹紧在气门锁片之间,以防止其旋转。

这种夹紧式气门锁片尤其适用于转速很高的发动机。

夹紧式气门锁片的另一个优点是重量较轻。

4.3.2 气门弹簧座

气门弹簧座用于支撑气门弹簧,包括上气门弹簧座与下气门弹簧座,其结构如图4-23所示。

图4-23 气门弹簧座

4.3.3 气门弹簧

气门弹簧的功用是保证气门关闭时能紧密地与气门座或气门座圈贴合,并克服在气门开启时配气机构产生的惯性力,使传动件始终受凸轮控制而不相互脱离。

气门弹簧是螺旋弹簧,向气门关闭方向施加张力。气门关闭时,气门弹簧必须确保气门随凸轮一起运动,使其即使在最高转速时也能及时关闭。气门开启时,气门弹簧必须防止气门与凸轮脱离。此外,其作用力也要足够大,以防气门关闭后振动(又称气门跳动)。

1. 气门弹簧结构形式

气门弹簧的结构形式主要有5种(图4-24)。

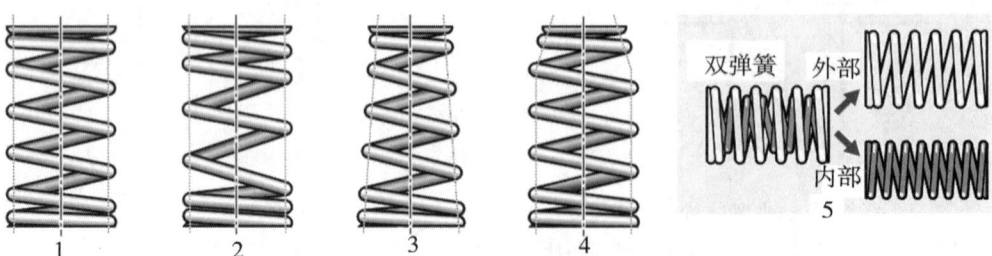

图4-24 不同结构的气门弹簧

1—圆柱形、对称式不等节距气门弹簧;2—圆柱形、非对称式不等节距气门弹簧;
3—锥形气门弹簧;4—半锥形气门弹簧;5—双螺旋弹簧

1) 圆柱形、对称式不等节距气门弹簧

弹簧螺旋直径保持不变，节距在弹簧两端对称。对称式不等节距弹簧两端节距小于中间节距。

在弹簧压缩过程中，簧圈部分接触可使弹簧特性曲线产生阶跃性变化（弹簧压缩程度越大，弹簧力越大）。

2) 圆柱形、非对称式不等节距气门弹簧

弹簧螺旋直径保持不变，在弹簧的两端，可采用不等节距簧圈。

为确保弹簧移动质量较小，使用非对称不等节距弹簧，其较宽节距在上方。

3) 锥形气门弹簧

锥形弹簧具有移动质量较小且可以使用小气门头的优点，由于气门头较小，又可以减小移动质量。

锥形气门弹簧的最小高度（弹簧完全压缩时的高度）稍小。但是，锥形弹簧的阶跃性变化通常比圆柱形弹簧小。

4) 半锥形气门弹簧

半锥形弹簧由一个圆柱形部分和一个锥形部分组成，锥形部分与上部弹簧座圈接合。因安装了带密封件的气门导管而无法使用纯锥形弹簧时，通常采用这种结构形式。这样可以通过采用小气门头来减小移动质量，所需的阶跃性变化通过圆柱形部分来调节。

5) 双螺旋弹簧

为防止发动机高速运转时气门弹簧共振，排气门会采用双螺旋弹簧。安装双螺旋弹簧时，内外弹簧的螺旋方向应相反。

气门弹簧若为等螺距圆柱形螺旋弹簧，当气门弹簧的工作频率与其固有的振动频率相等或为整数倍时，气门弹簧就会发生共振。共振将使配气定时遭到破坏，使气门发生反跳和冲击，甚至使弹簧折断。为防止共振的发生，可采取下列结构措施：

①采用双气门弹簧。在柴油机和高性能汽油机上广泛采用，即在每个气门安装两个直径不同且旋向相反的内、外弹簧。由于两个弹簧的固有频率不同，当一个弹簧发生共振时，另一个弹簧能起到阻尼减振作用。采用双气门弹簧可以减小气门弹簧的高度，而且当一个弹簧折断时，另一个弹簧仍可维持气门工作。此外，由于弹簧旋向相反，可以防止折断的弹簧圈卡入另一个弹簧圈内使其不能工作或损坏。

②采用变螺距气门弹簧。某些高性能汽油机采用变螺距单气门弹簧，变螺距弹簧的固有频率不是定值，从而可以避开共振。

③采用锥形气门弹簧。锥形气门弹簧的刚度和固有振动频率沿弹簧轴线方向是变化的，因此可以消除发生共振的可能性。

2. 气门弹簧钢丝的横截面

如图 4-25 所示，钢丝横截面通常为圆形和椭圆形。椭圆形钢丝可降低安装高度，也有利于增强弹簧承受负荷的能力。

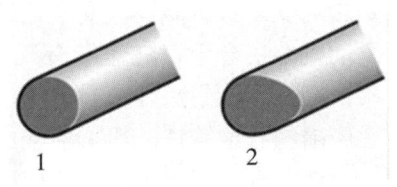

图 4-25 气门弹簧钢丝的横截面
1—圆形；2—椭圆

4.3.4 气门油封

气门导管与气门杆的接触面是由发动机油润滑的。为防止过多的机油进入燃烧室,需要在气门导管衬套的最上端安装胶油封(如图 4-26 所示)。由于气门油封在高温下与汽油和机油接触,故采用耐热和耐油的氟橡胶加工而成。

图 4-26 气门油封

提示:如果气门油封破损或硬化,机油就会进入燃烧室内燃烧,增加机油消耗。

4.3.5 气门导管

气门导管用于确保气门位于气门座的中心,并通过气门杆将气门头处的热量传至气缸盖。为此需要在导向孔与气门杆之间留有最佳间隙量。当间隙过小时,气门容易卡住。当间隙过大时,会影响散热效果。

气门导管以压配合方式安装在气缸盖内(如图 4-27 所示)。气门导管不得伸入排气通道内,否则会因温度较高而导致导管变宽,造成燃烧残余物进入气门导管内。

为确保气门正常工作,气门导管与座圈之间的中心偏移量必须保持在公差范围内。中心偏移过大会使气门头弯向气门杆,造成部件损坏,还可能会导致泄漏,影响热传递效果和增加耗油量。

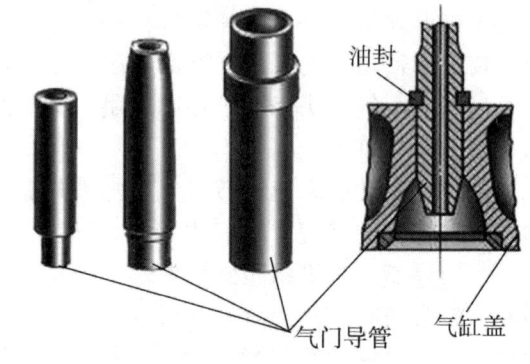

图 4-27 气门导管

提示:气门杆在气门导管衬套中的运动不平衡或发涩,称作"气门杆发涩",这种现象通常由气门杆与气门导管之间的间隙太小或润滑不足导致。

4.3.6 气门座

气缸盖上与气门锥面相贴合的部位叫气门座(图 4-28),气门座通常采用镶嵌式,以一定的过盈压入气缸盖上的座孔中。气门座的工作温度很高,又要承受频率极高的冲击载荷,是影响发动机可靠性、安全性的关键零部件之一。

发动机的铝合金气缸盖带有气门座圈。铝及铝合金不符合制造气门座的材料特性要求。气门座位于气门头外缘时,气门承受的机械负荷非常高。因此,气门座通常采用耐高温、耐磨损的合金铸铁、粉末冶金或奥氏体不锈钢制成。有一些铸铁气缸盖也会不镶气门座圈,直接在气缸盖上加工出气门座,以提高散热效果。

目前,激光技术常被用于在气缸盖上直接焊成耐磨合金气门座层,在某些发动机上与气缸盖成为一体。但这种用激光焊接的气门座是不能更换的。

气门座锥角是指气门座与一个垂直于气门杆的(理论)平面之间的夹角,气门的密封效果、散热能力和磨损情况取决于气门座锥角。

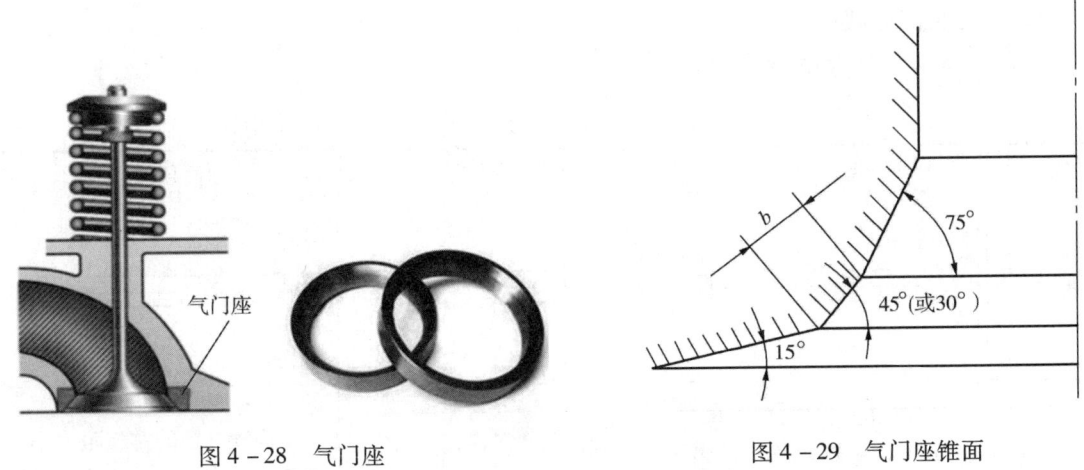

图4-28 气门座

图4-29 气门座锥面

气门座的锥面包括三部分，如图4-29所示，45°(或30°)锥面是与气门工作面配合的，其宽度 b 称为气门座接触面，为1.0~1.4mm。15°锥面和75°锥面是用来修正工作面位置和宽度的。

气门头部和气门座接触面宽度没有统一标准，气门座接触面越宽，冷却效果越明显，但容易产生积碳，降低气密性。气门座接触面越窄，冷却效果越差，但积碳产生的可能性小。承受较小负荷的进气门座接触面比承受高负荷的排气门座接触面窄。

4.3.7 气门

气门由气门头和气门杆组成（图4-30）。

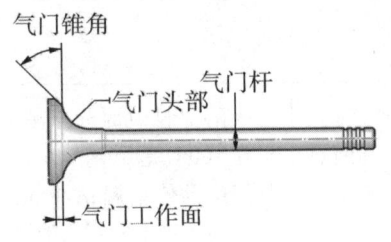

图4-30 气门

气门杆在气门导管内对气门起导向作用。为避免气门杆磨损，气门杆采用镀铬表面。

气门头带有气门锥角和气门工作面，承受由燃烧压力产生的作用力。当气门关闭时，气门工作面与气门座工作面接触密封气缸，同时将热从气门传递到气缸盖。

进气门一般用中碳合金钢制造，如铬钢、铬钼钢和镍铬钢等。排气门则采用耐热合金钢制造，如硅铬钢、硅铬钼钢、硅铬锰钢等。

提示：气门分为进气门和排气门。为增加进气量，通常进气门直径大于排气门直径。

1. 气门头部形状

气门头部的形状有以下几种类型(表4-4)。

表4-4 气门头部形状类型

类型	平顶气门	喇叭顶气门	球面顶气门
形状	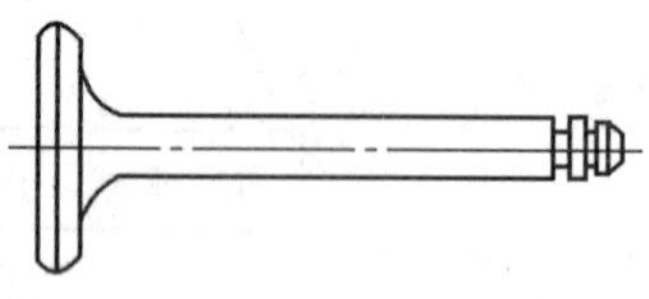	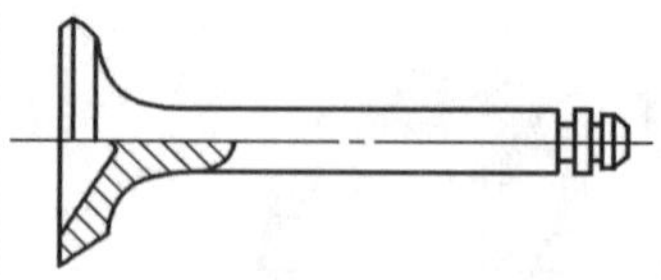	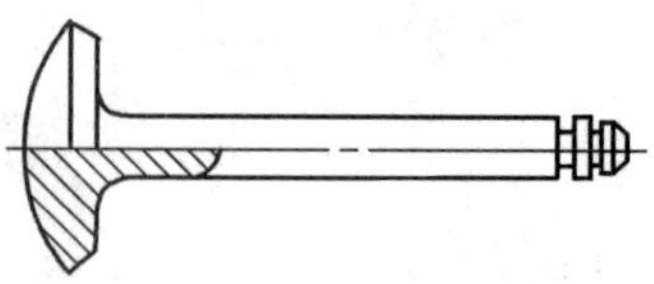
特点	平顶结构的气门结构简单、制造方便、受热面积小,多数发动机的进气门和排气门均采用此形状的气门	喇叭顶气门的进气阻力小,质量轻,适合作进气门	球面顶气门的排气阻力小,耐高温能力强,适合作排气门

2. 气门类型

(1)按气门所用的材料和形状可分为单金属气门、双金属气门和中空气门三种(表4-5)。

表4-5 气门类型(按材料和形状分)

类型	单金属气门	双金属气门	中空气门
图示	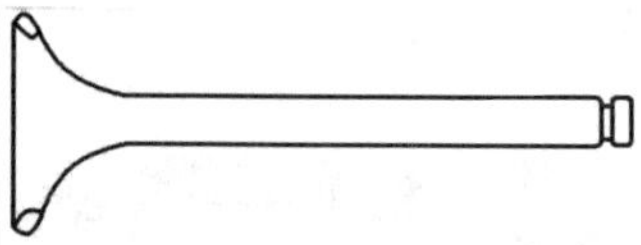	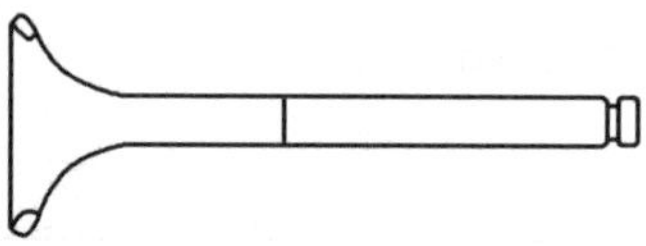	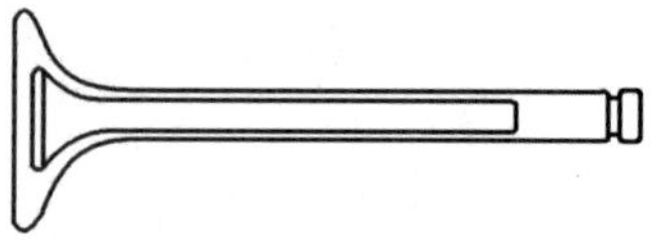
特点	进气门通常采用铬硅钢单金属气门。气门座和气门端部的镀层和高硬度可以延长这种气门的使用寿命	排气门采用双金属气门。气门头部分有铬锰钢(高耐热性)制成,气门杆部分有铬硅钢(滑动性能好)制成	气门空腔中部分充填有大约在100℃是熔化的金属钠。气门运动使金属钠在气门杆内甩动并带走气门头的热量

提示:未按规定处理充钠排气门时有爆炸危险。废弃处理时必须事先取出钠填充物,然后才能熔化气门或进行再处理。取出钠填充物时必须格外小心,因为钠与水发生反应会产生爆炸物质。所产生的氢气可能会造成火灾。

(2)按气门数量配气机构分类:分为二气门式、三气门式、四气门式和五气门式。近几年来趋向于采用多气门方案,从传统的二气门,到三气门、四气门、五气门,其原因是气门的横截面积增大,可以改善换气情况并提高燃烧室的容积效率。但依据目前的技术水平,四气门气缸盖是能够满足所有要求的最佳折中方案。

不同气门数量的气门类型特点见表4-6。

表4-6 气门类型(按气门数量配汽机构分)

类型	双气门结构	四气门结构	五气门结构
图示	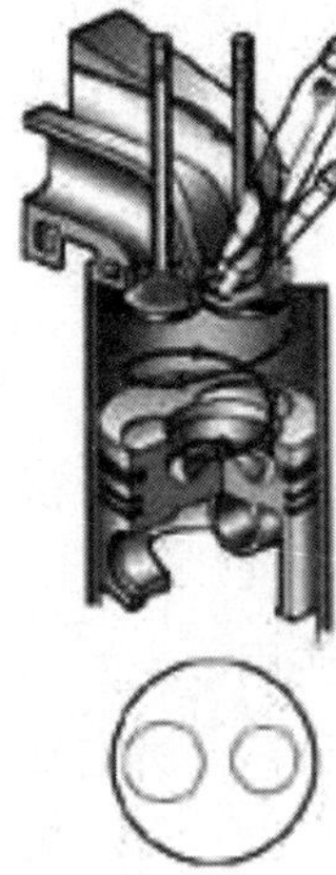	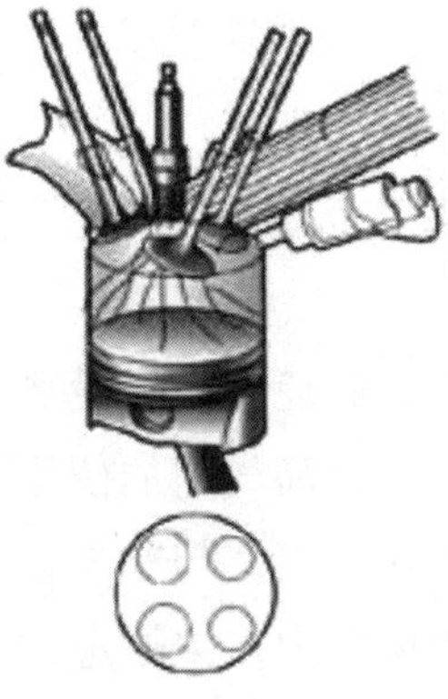	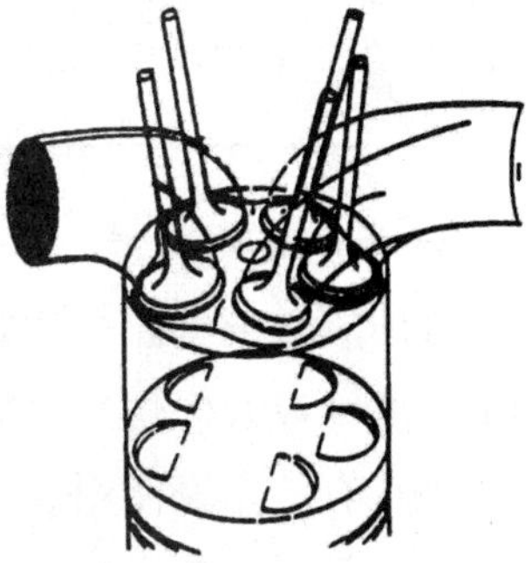
特点	结构简单,故障点少,低速扭矩大,但高转时进排气效率低,影响功率输出	气门开启面积增大,充气效率提高,产生更大的额定功率。另外,两个进气门改善了混合气形成,降低了CO和HC的排放量,由于燃烧持续期缩短,减少了NO_x的形成。但在低速时因为进气流速低,不如二气门发动机	气门的个数确定与缸径有关。气门数多于五个后,会使气门驱动机构复杂化,而对于性能的提高已不大明显,所以极少有五气门以上的发动机

（3）根据气门安装位置不同可分为气门顶置式配气机构和气门侧置式配气机构(表4-7)。目前多使用气门顶置式。

表4-7 按气门安装位置划分的气门类型

类型	气门顶置式	气门侧置式
图示	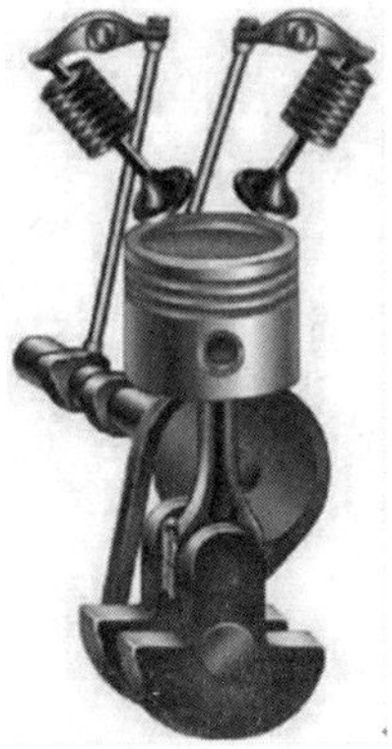	

续表 4-7

类型	气门顶置式	气门侧置式
特点	气道转弯少，进气阻力小，充气系数大，燃烧室紧凑，热损失少，可获得较高的压缩比，动力性和经济性指标均较高	零件少，结构简单，但充气系数低，气道转弯处多，进气阻力大，燃烧室不紧凑，热损失大，压缩比提高受限制，动力性和燃料经济性较低

3. 气门旋转装置

气门旋转装置能通过转动气门避免气门头受热不均匀，避免炽热部位扭曲变形、泄漏和高温腐蚀以及燃烧残留物脱落，提高气门的使用寿命。

现在有些车辆使用非主动旋转气门，与非夹紧式锁片配合使用。当发动机到达一定转速时，气门弹簧在压缩过程中的切向力占主导地位，气门开始往一个方向旋转，旋转方向是弹簧螺旋的方向。在弹簧回位时候，旋转方向相反。

4.4 气门间隙

4.4.1 机械式气门间隙装置

发动机在冷机状态进行装配时（非液压挺柱的配气机构），在气门关闭状态下，气门杆与气门驱动组装置之间存在的间隙，称为气门间隙。

发动机配气机构的所有部件在运行中随着温度升高都会膨胀，气门间隙的功用是补偿部件受热后的膨胀量。

气门间隙会影响发动机正时时间，从而影响发动机功率、行驶性能、耗油量和废气排放量。

1. 机械式气门间隙装置及调节

气门杆与摇臂之间的间隙，可通过调整摇臂上的调整螺钉进行调节（图 4-31）。

凸轮与筒状挺柱之间的间隙，可通过调整凸轮与桶状挺柱之间的调整垫片进行调节（图 4-32）。

凸轮与压杆之间的间隙，可通过调整压杆座上的调整螺钉进行调节（图 4-33）。

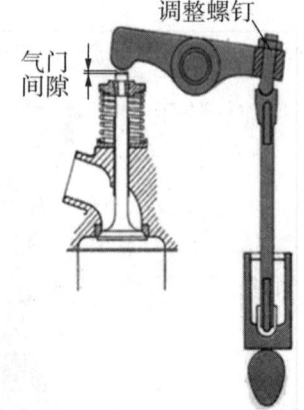

图 4-31 气门杆与摇臂之间的间隙

项目四　配气机构

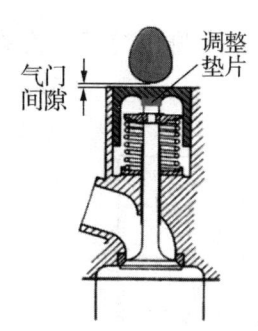

图 4-32　凸轮与筒状挺柱之间的间隙

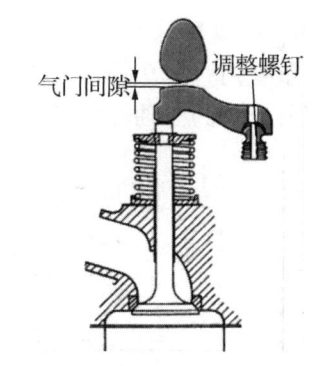

图 4-33　凸轮与压杆之间的间隙

2. 气门间隙的变化因素与大小的影响

1）气门间隙过小

由于气门间隙随发动机温度变化而变化，温度越高，气门间隙越小。因此必须将该间隙调节到足够大的程度。如气门间隙过小，会有如下的影响：

①延长正时时间，即气门提前开启、延迟关闭；

②气门未正常关闭时，造成泄漏，使气门面至气缸盖的热量传递中断；

③排气门过热，甚至烧毁；

④汽油发动机提前点火及活塞损坏。

2）气门间隙过大

由于配气机构部件的机械磨损，气门间隙越来越大。如气门间隙过大，会有如下的影响：

①缩短正时时间，即气门延迟开启、提前关闭；

②气门没有完全打开，充气差，功率损失大；

③产生令人不适的噪声，造成磨损加剧的冲击负荷；

④加剧气门驱动装置的磨损。

4.4.2　液压式气门间隙补偿器

目前，使用液压挺柱时可以不预留气门间隙。出现气门间隙时，液压结构将自动补偿工作间隙和因构件磨损所造成的长度变化（详细工作原理见 4.2.3 气门的驱动装置→液压挺柱）。

4.5　可变配气正时系统

4.5.1　正时曲线图

正时曲线图用于描述在一定曲轴转角下，进、排气门的升程大小。正时曲线图（如图

4-34所示)可以显示进、排气门的正时时刻和进、排气门重叠角。

气门重叠角,是从排气行程结束到进气行程开始,进气门和排气门短暂的同时开启的这段时间所对应的曲轴转角。

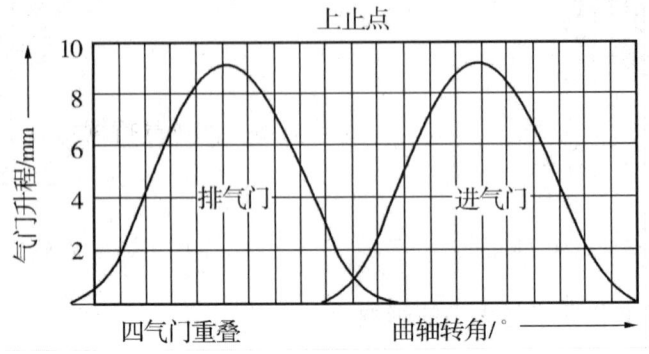

图4-34 固定气门重叠角正时曲线图

配气正时图,是用曲轴转角表示进气门和排气门开启和关闭的时间图,也称"配气相位图"(如图4-35所示)。吸入新鲜汽油空气混合气和排出废气称为换气,通过进气门和排气门开闭控制发动机的换气。

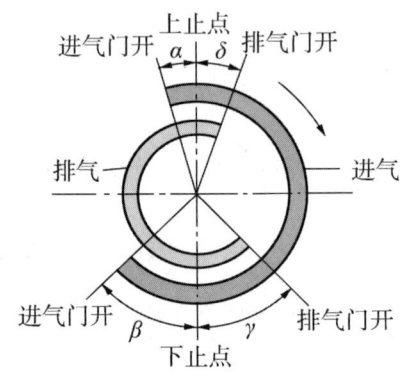

图4-35 配气相位图

1. 进气门的配气相位

1)进气提前角

在排气冲程接近结束、活塞到达上止点之前,进气门会提前开启。从进气门开始开启到上止点所对应的曲轴转角称为进气提前角(或早开角)。进气提前角用 α 表示,α 一般为10°～30°。

进气门早开,可以使活塞到达上止点开始向下运动时,进气门已有一定开度,所以可较快地获得较大的进气通道截面,减少进气阻力。

2)进气迟后角

在进气冲程下止点过后,活塞又上行一段,进气门才关闭。从下止点到进气门关闭所对应的曲轴转角称为进气迟后角(或晚关角)。进气迟后角用 β 表示,β 一般为40°～80°。

进气门迟关,可以:

①利用压力差继续进气:活塞到达下止点时,由于进气阻力的影响,气缸内的压力仍

低于大气压,进气门晚关,利用压力差可继续进气。

②利用进气惯性继续进气:活塞到达下止点时,进气气流还有相当大的惯性,进气门晚关,仍能继续进气。

下止点过后,随着活塞的上行,气缸内压力逐渐增大,进气气流速度也逐渐减小,至流速等于零时,进气门便关闭的 β 角最适宜。若 β 过大,会将进入气缸内的气体重新又压回进气管。

由上可见,进气门开启持续时间内的曲轴转角,即进气持续角为 $\alpha + 180° + \beta$。

2. 排气门的配气相位

1)排气提前角

在做功行程的后期,活塞到达下止点前,排气门便开始开启。从排气门开始开启到下止点所对应的曲轴转角称为排气提前角(或早开角)。排气提前角用 γ 表示,γ 一般为 $40° \sim 80°$。

排气门早开,可以:

①利用气缸内的废气压力提前自由排气:恰当地早开排气门,气缸内还有 $300 \sim 500 \mathrm{kPa}$ 的压力,做功作用已经不大,可利用此压力使气缸内的废气迅速地自由排出。

②减少排气消耗的功率:提前排气,等活塞到达下止点时,气缸内只剩 $110 \sim 120 \mathrm{kPa}$ 的压力,使排气冲程所消耗的功率大为减小。

③高温废气的早排,还可以防止发动机过热。

2)排气迟后角

在活塞越过上止点后,排气门才关闭。从上止点到排气门关闭所对应的曲轴转角称为排气迟后角(或晚关角)。排气迟后角用 δ 表示,一般为 $10° \sim 30°$。

排气门迟关,可以:

①利用缸内外压力差继续排气:活塞到达上止点时,气缸内的压力仍高于大气压,利用缸内外压力差可继续排气。

②利用惯性继续排气:活塞到达上止点时,废气气流有一定的惯性,利用惯性可继续排气。所以排气门适当晚关可使废气排得较干净。

由此可见,气门开启持续时间内的曲轴转角,即排气持续角为 $\gamma + 180° + \delta$。

在配气相位的四个角度中进气提前角的大小对发动机性能影响最大。

正时曲线图和配气相位图展示了发动机的配气正时,其参照值如见表 4-8。

表 4-8 汽油发动机配气正时的参照值

气 门	打 开	关 闭
进气	α:上止点前 $10° \sim 15°$	β:下止点后 $40° \sim 60°$
排气	γ:上止点前 $45° \sim 60°$	δ:下止点后 $5° \sim 20°$

对于典型的气门机构,气缸充气程度取决于转速。只有在某一转速下,发动机才能获得最佳充气并能输出最高转矩和最大牵引力。

气门重叠角越大,越可以改善气缸充气效率,高速性能越好,但会产生怠速不稳。高速时可以通过进气门延迟关闭来改善气缸的充气效率,并提高发动机功率;但是低速时,活塞将部分充气排出气缸,同时增加有害物质排放量,因此使发动机功率变小。

4.5.2 可变配气正时装置

为了改善典型气门机构和固定气门重叠角的缺陷,可以通过调节凸轮轴正时或者改变气门升程,使气门并且适应整个转速范围内不同的转速,改善气缸充气。处于较低和中等转速范围时,可变配气正时装置用于调节进气凸轮轴以提高发动机扭矩和进行内部废气再循环;转速较高时,主要用于改善功率输出(如图 4-36 所示)。

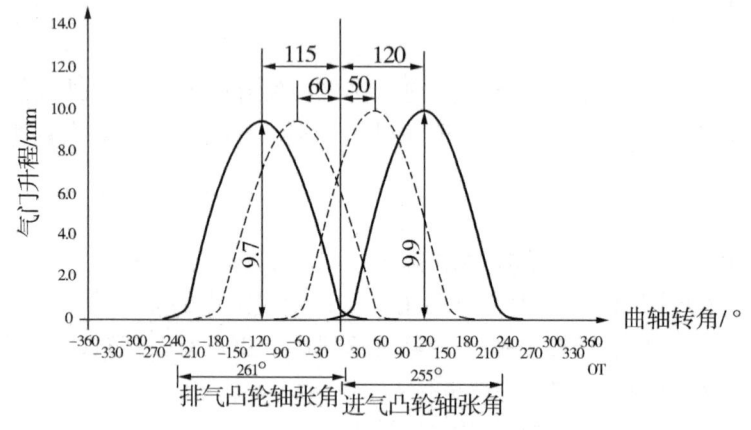

图 4-36 可调气门重叠角正时曲线图

1. 丰田凸轮轴调节装置

凸轮轴调节装置(图 4-37)的功用是根据发动机转速改变凸轮轴和曲轴的传动相对角度,从而改变气门开启和关闭时刻,调节到最佳气门配气相位。

准确和优化的正时时间,会影响到发动机最大功率、最大扭矩、排气质量、耗油量、运行特性等。

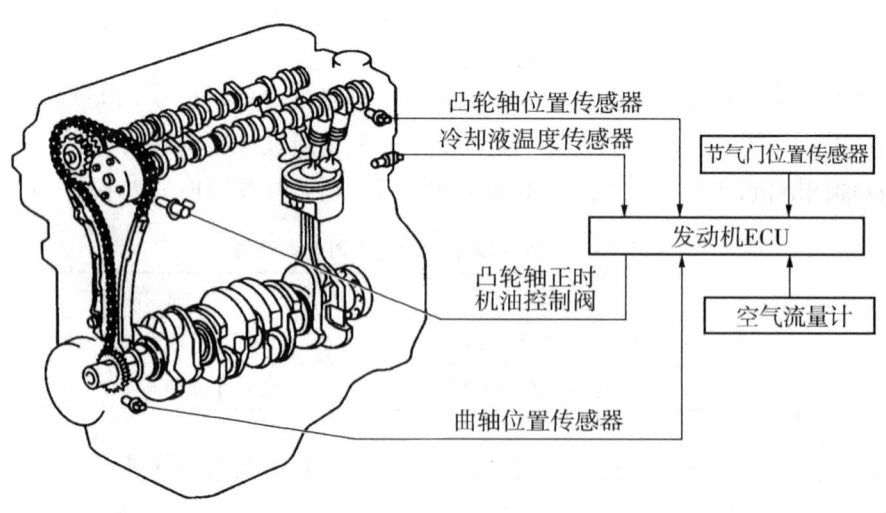

图 4-37 凸轮轴调节装置

为了进行凸轮轴调节，发动机控制模块读取凸轮轴和曲轴位置、发动机转速、发动机负荷和发动机温度，通过控制单元内的特性曲线进行计算，进行凸轮轴的配气相位调节，其控制原理如图4-38所示。

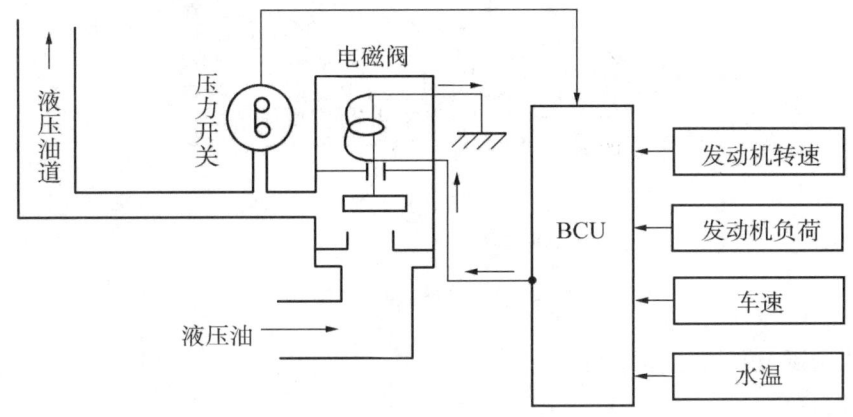

图4-38 凸轮轴调节装置控制原理

凸轮轴调节执行器（丰田VVT-i系统）由依靠油压工作的叶片和与正时链轮（带轮）合为一体的壳体组成，安装在凸轮轴上，如图4-39所示。通过凸轮轴调节执行器可以进行提前与延迟控制，如图4-40所示。

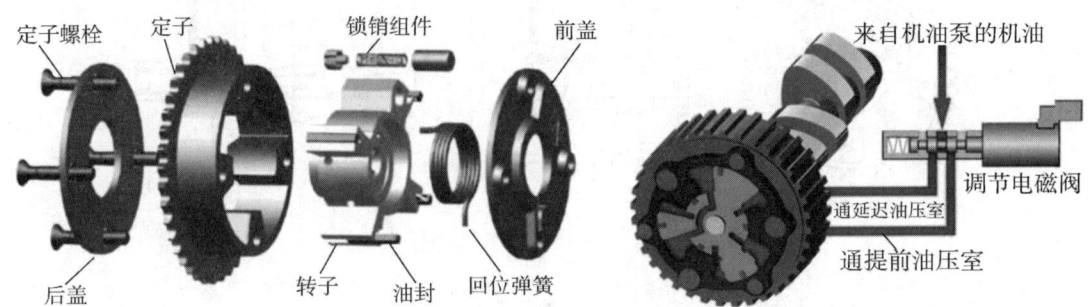

图4-39 凸轮轴调节执行器　　　　图4-40 提前与延迟控制

1）锁销

在凸轮轴调节执行器内部有锁销（图4-41）。

当发动机关闭时，油压降低，叶片在锁销弹簧作用下被锁销固定在后盘上，叶片无法转动并处于最大延迟角位置。

当发动机起动时，锁销被油压顶起，锁定解除。

例：锁销动作条件为，延迟角油压在200kPa以下，提前角油压在60kPa以下时，延迟角最大，锁销锁定。

2）机油控制电磁阀

机油控制电磁阀（图4-42）可以根据ECU的执行信号，通过向凸轮轴调节执行器的提前角油压室及延迟角的油压室提供油压，推动叶片部分旋转，使凸轮轴的相位连续变化。

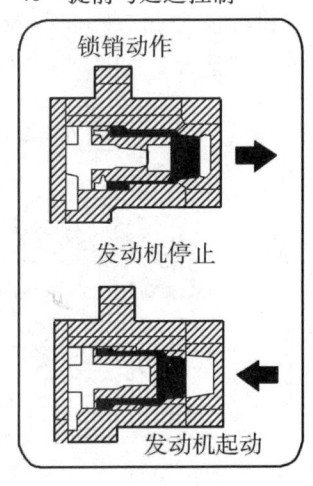

图4-41 锁销

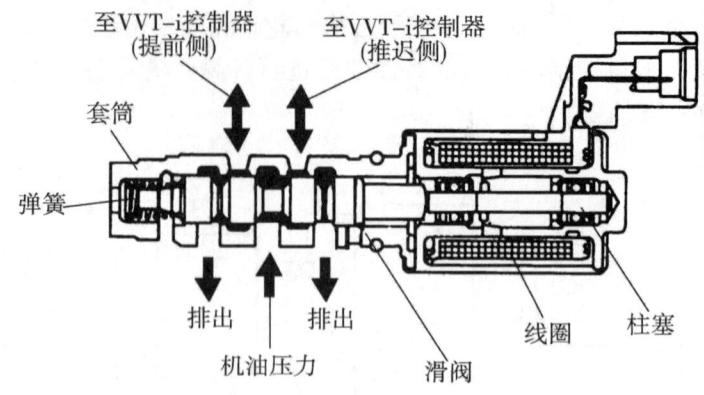

图4-42 机油控制电磁阀

3) 凸轮轴调节装置工作过程

(1) 正时提前。

机油压力调节阀向凸轮轴调节执行器的提前角油压室施加油压,使凸轮轴朝增大提前角的方向运动,如图4-43所示。

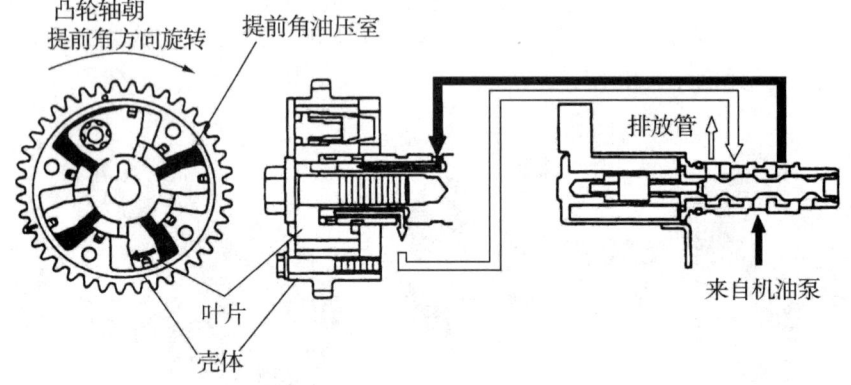

图4-43 正时提前

(2) 正时延迟。

机油压力调节阀向凸轮轴调节执行器的延迟角油压室施加油压,使凸轮轴朝增大延迟角的方向运动,如图4-44所示。

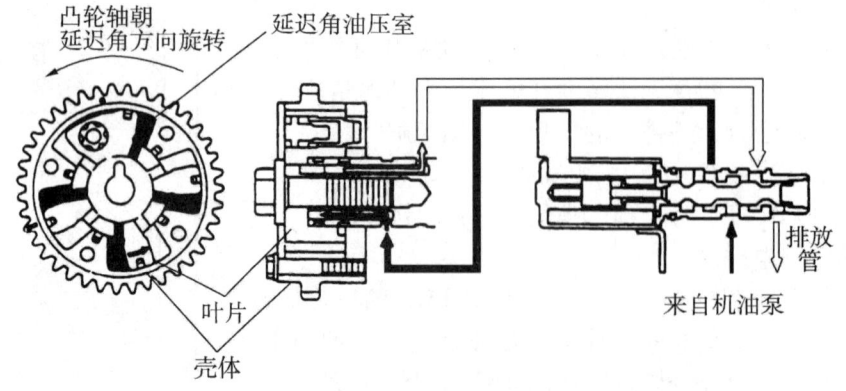

图4-44 正时延时

（3）正时保持。

关闭机油压力调节阀的油道，使凸轮轴调节执行器的叶片不动，保持正时状态不变。

4）配气相位调节

（1）怠速运转时的调节（如图4-45所示）。

将凸轮轴正时调节到：

①进气混合气中气体量减少；

②气门重叠角变小或为零；

③进气门延迟开启，同时延迟关闭；

④排气门在上止点前关闭；

⑤由于剩余气体量小，燃烧时的怠速运转比较稳定。

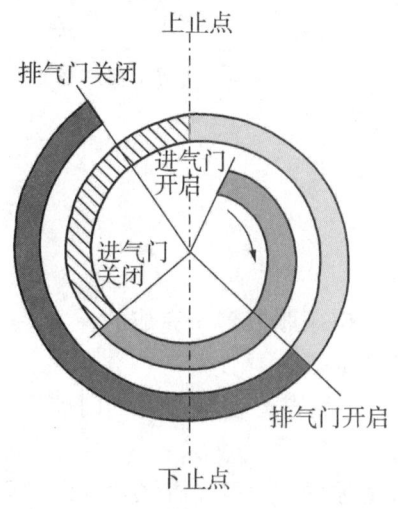

图4-45 怠速运转控制调节

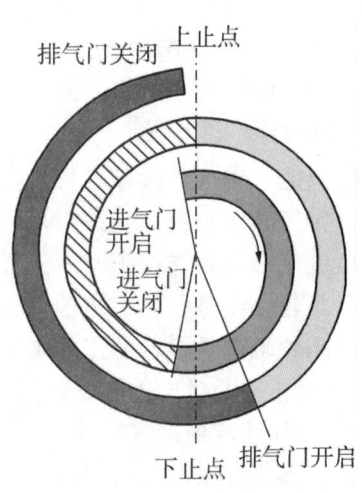

图4-46 扭矩控制调节

（2）扭矩控制的调节（如图4-46所示）。

最大扭矩需要提高气缸充气量，将凸轮轴正时调节到：

①进气门提前开启，同时提前关闭，避免排出新鲜空气；

②排气门在接近上止点前关闭。

（3）功率控制调节（如图4-47所示）。

将凸轮轴正时调节到：

①排气门延迟开启，可使燃烧产生的气体压力长时间作用在活塞上；

②进气门在上止点后开启，在下止点后延迟关闭，可使流入气缸的空气后续充气效果用于提高功率。

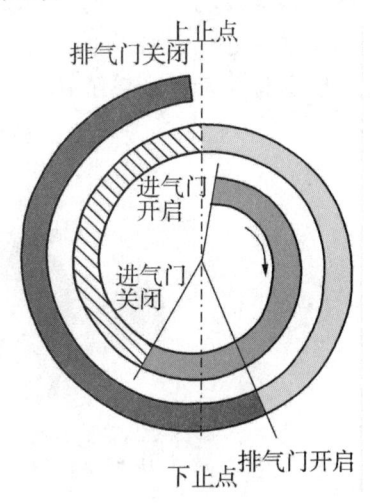

图4-47 功率控制调节

(4)废气再循环调节(如图4-48所示)。
将凸轮轴正时调节到:

①排气门延迟开启,可使燃烧产生的气体压力长时间作用在活塞上;

②进气门在上止点后开启,在下止点后延迟关闭;

③可使流入气缸的空气后续充气效果用于提高功率。

④通过较大气门重叠角,实现内部废气再循环,使燃烧温度降低,减少废气中NO_x的含量。

提示:凸轮轴调节装置可以单独使用,而且在配气相位的调节是连续变化的。

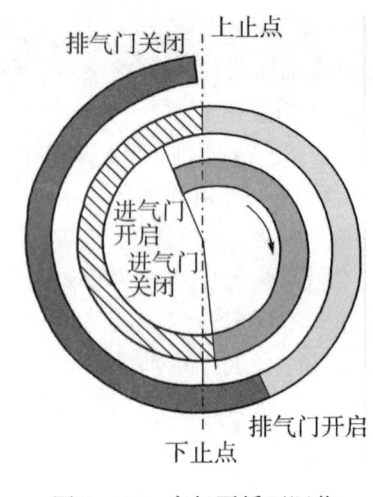

图4-48 废气再循环调节

2. 大众可变配气相位系统

该系统有以下特点:

(1)只能对进气凸轮轴进行调整;

(2)排气凸轮轴被曲轴正时齿带驱动,不能调整;

(3)进气凸轮轴通过正时链条被排气凸轮轴驱动;

(4)凸轮轴调整是通过电控液压活塞将油压作用于链条张紧器来完成的;

(5)凸轮轴调整机构的工作油路与气缸盖上油道相通。

发动机转速低时,进气管内混合物气随活塞运动,活塞运动慢,进气门应提前关闭,以避免混合气回流到进气管。

发动机转速高时,进气管内气流快,活塞在向上运动过程中,混合气可继续涌入气缸,为了增加混合气量,提高气缸的充气效率,进气门延迟关闭。

中低转速度时,提高发动机的扭矩;高转速度时,保持发动机的最大功率,改善发动机排放,减少尾气污染。

电脑会根据发动机负荷情况,发送开闭或占空比信号至凸轮轴以调节电磁阀,由电磁阀控制油压的大小,油压大时,液压缸往上顶,否则缩回。液压缸顶出去时,会拉动链条,正时链条移位带动凸轮轴转角提前或者延后,如图4-49所示。

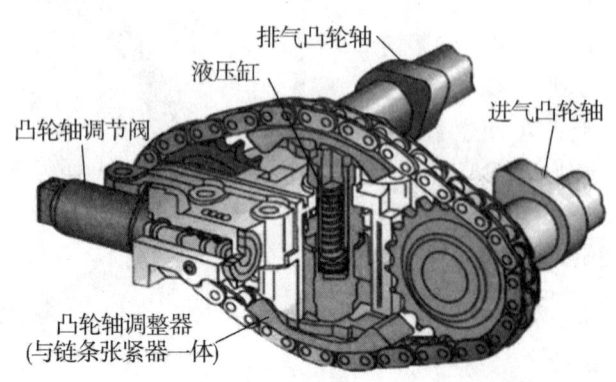

图4-49 大众可变配气相位装置

(1)扭矩调整位置(图4-50):发动机转速达到1300r/min时,调整活塞将油路打开,链条张紧器在油压的作用下,向上顶起,进气门开闭时刻提前;发动机转速达到3600r/min时,调整结束,链条张紧器回到功率调整位置。

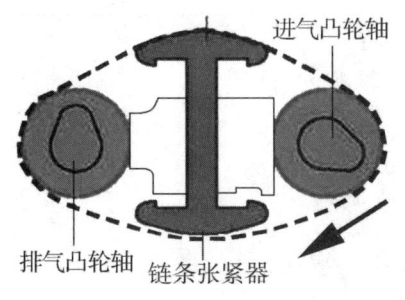

图4-50 扭矩调整位置

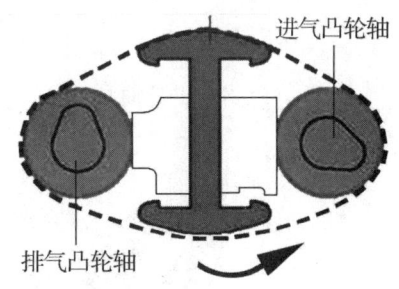

图4-51 功率调整位置

(2)功率调整位置(图4-51):处于相对稳定状态,此时配气相位无变化,这也是该系统的基础(不调整)位置。

3. 宝马气门升程调节装置

在可变气门升程机构中,可以根据发动机的运行条件调节气门升程。以下描述了电机驱动气门升程调节装置。

1)结构

气门升程调节系统的结构如图4-52所示。该系统主要通过电动机进行气门升程的控制,当高速时通过电动机控制机构增大气门开度,获得更多进气量,满足动力的要求;反之亦然。

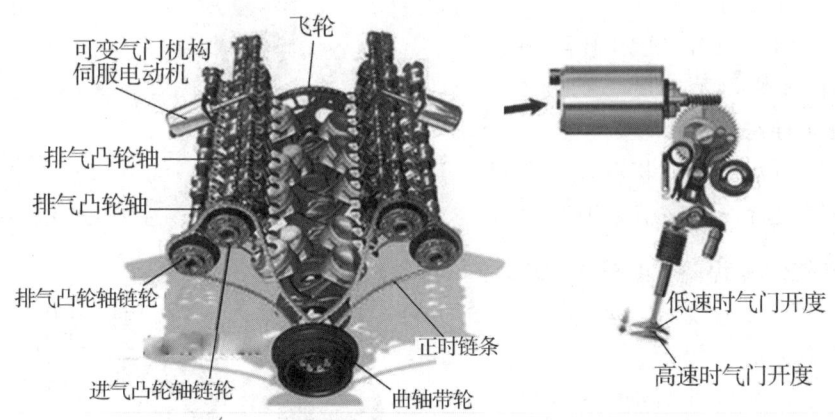

图4-52 气门升程调节系统

可变气门升程承担节气门的任务。如图4-53所示,凸轮轴通过一根中间推杆作用在滚子式气门压杆上。中间推杆下端位于压杆的滚轮上,上端靠在偏心轴的第二个滚轮上。中间推杆最下侧有一条弧形面,这个弧形面的一半和压杆平行,另一半则以一定角度向外延伸。只有这个有角度的一半弧形面作用在压杆滚轮上,通过它可以将压杆向下压,使气门开启。

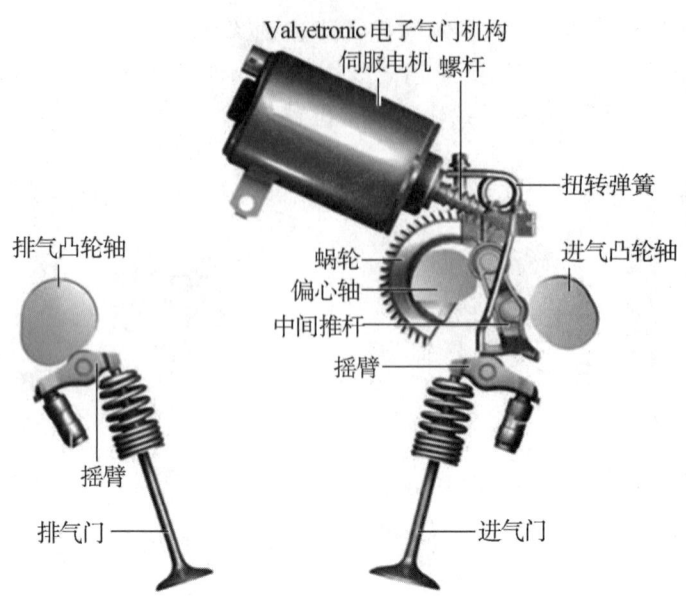

图 4-53 气门升程调节装置

2）工作过程

电动机驱动偏心轴作用在中间推杆的上部滚轮上，向凸轮轴方向按压时，杠杆回转中心改变，中间推杆的最下端弧形面的有效工作轮廓改变，在凸轮轴工作时，气门升程增加。

如图 4-54 所示，气门升程可在 0～9.7mm 内无级调节。最小到最大气门升程的调节时间为 300ms。

提示：气门升程调节装置通常和凸轮轴调节装置组合使用，不单独使用。

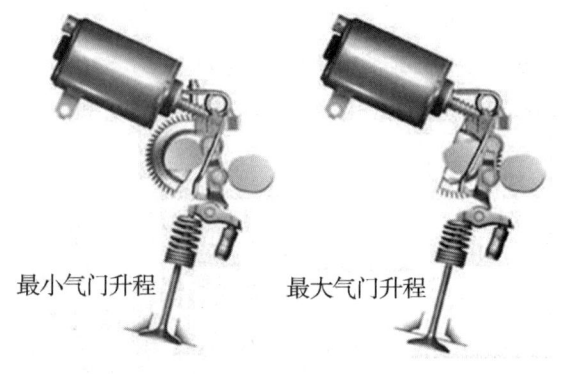

图 4-54 最大升程与最小升程

4. 日产气门升程调节装置 VVEL

日产的 VVEL 系统将凸轮轴上的凸轮全都改为偏心轮设计，摇臂也是套在偏心轮上，并额外增加了摇臂控制机构，如图 4-55 所示。

摇臂通过偏心轮套在控制轴上，可以在直流电动机带动下旋转一定角度。当发动机在高转速或者大负荷时，直流电动机带动螺杆转动，套在螺杆上的螺套向电动机横向移动，与螺套联动的机构会使控制轴逆时针旋转一定角度。由于摇臂套在控制轴的偏心

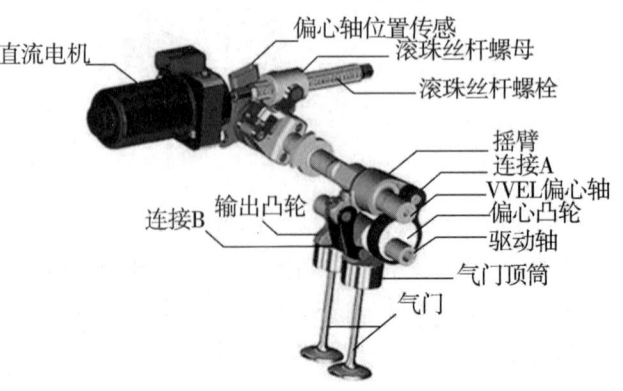

图 4-55 日产 VVEL 系统

轮上，摇臂的旋转中心下移，也就相当于摇臂位置距离气门更近，所以，凸轮轴旋转时气门的开启角度也就更大。

当发动机处于中、低转速或者低负荷时，ECU会下达命令，令电动机驱使螺套朝远离方向做横向移动，联动机构使控制轴顺时针方向旋转，偏心轮圆心上移，摇臂旋转中心随之上移，于是摇臂距离气门的距离变远，凸轮轴旋转时，气门的开启角度也就随之变小。

由于电动机的转动是线性的，它可以控制气门在最大升程和最小升程之间连续变化，因此，这种设计可以让发动机动力输出平滑，不会有突兀感。

5. 奥迪 AVS 可变气门升程系统

奥迪的 AVS 可变气门升程系统在设计理念上与本田的 i-VTEC 有着异曲同工之妙，只是在实施手段上略有不同。

这套系统为每个进气门设计了两组不同角度的凸轮（如图4-56所示），同时在凸轮轴上安装有螺旋沟槽套筒。螺旋沟槽套筒由电磁驱动器加以控制，用以切换两组不同的凸轮，从而改变进气门的升程。

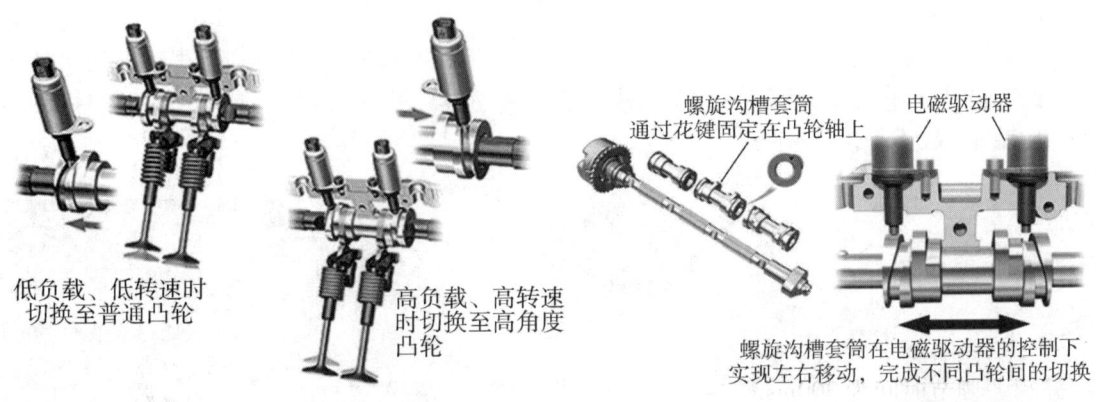

图 4-56 奥迪的 AVS 可变气门升程系统   图 4-57 AVS 系统工作原理

发动机在高负载的情况下，AVS 系统将螺旋沟槽套筒向右推动，使角度较大的凸轮得以推动气门。在此情况下，气门升程可达到 11mm，为燃烧室提供最佳的进气流量和进气流速，实现更加强劲的动力输出。当发动机在低负载时，为了追求发动机的节油性能，AVS 系统则将凸轮推至左侧，以较小的凸轮推动气门，如图 4-57 所示。

6. 同时调整气门配气正时和气门升程调节装置

本田 i-VTEC 系统的结构控制如图 4-58 所示，在 VTEC 系统的基础上，增加了一组进气门凸轮轴正时可变控制机构 VTC（variable timing control，可变正时控制）装置，即 i-VTEC = VTEC + VTC。此时，进气阀门的正时与开启的重叠时间是可变的，由 VTC 控制，VTC 机构的导入使发动机在大范围转速内都能有合适的配气相位，这在很大程度上提高了发动机的性能。

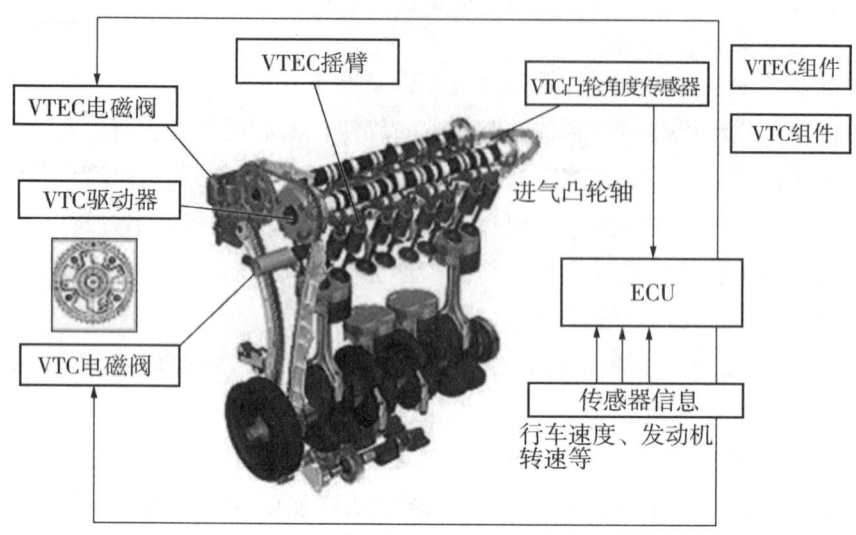

图4-58 本田i-VTEC系统

1) VTEC控制

VTEC工作原理如图4-59所示。用于控制VTEC机构的电磁阀位于发动机正时链盖上,该部件除了电磁阀外还带有两个机油压力传感器,用于监测VTEC机构内的机油压力,如图4-60所示。

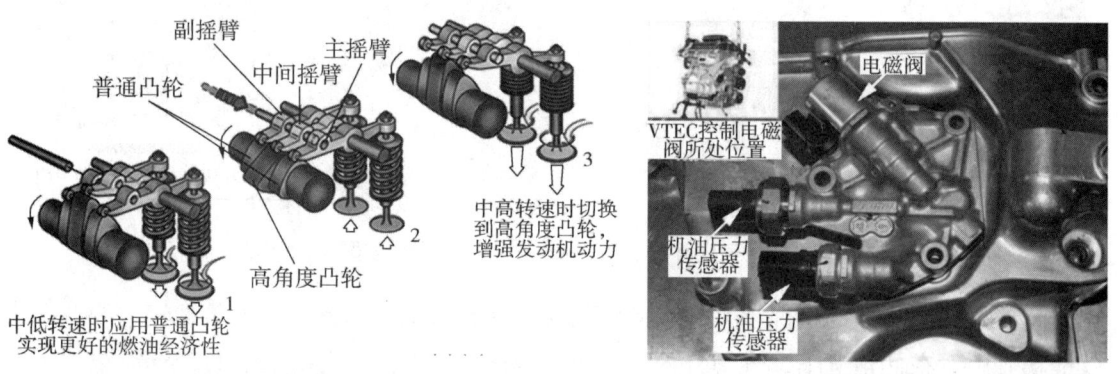

图4-59 VTEC工作原理图
1—中低速;2—中低速与高速之间转换;3—高速

图4-60 电磁阀与机油压力传感器安装位置

发动机中、低速运转时的控制如图4-61所示,控制单元没有发出指令,VTEC电磁阀处于关闭状态,两进气摇臂处于分离状态。

中、低转速时驱动凸轮用小凸轮。

低速凸轮通过驱动主摇臂与辅助摇臂控制两个进气门开闭。高速凸轮同时驱动中间摇臂,但由于三根摇臂分离,所以两边摇臂不受它影响。

发动机高转速时的控制如图4-62所示,通过VTEC电磁阀控制液压油的走向,使得两进气摇臂连成一体,并由开启时间最长、升程最大的进气凸轮来驱动气门,此时两进气门按照大凸轮的轮廓同步进行。

项目四 配气机构

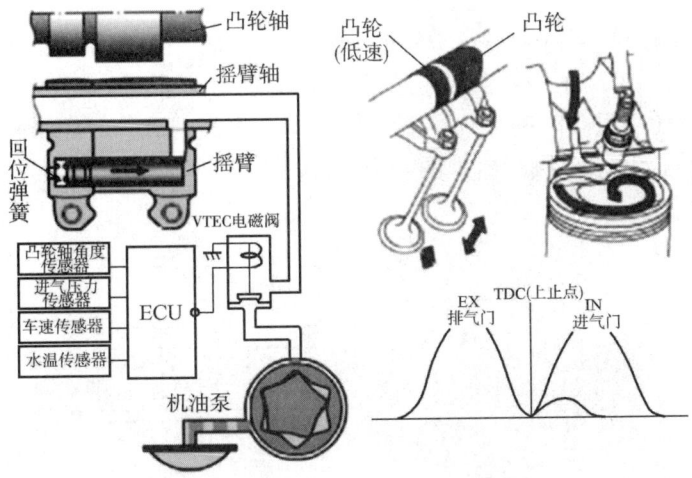

图 4-61 中、低速时的控制

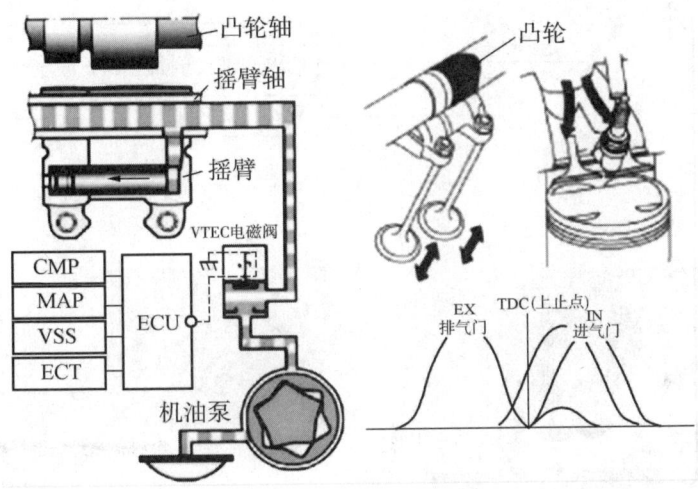

图 4-62 高速时的控制

高速凸轮和低速凸轮同时驱动摇臂，但是由于高速凸轮顶高于低速凸轮顶，整个摇臂组由高速凸轮来驱动，使气门开启时间延长，气门升程增大。

摇臂有三种（图 4-63）：
(1) 主摇臂，由低速凸轮驱动。
(2) 副摇臂，由低速凸轮驱动。
(3) 中间摇臂，由高速凸轮驱动。

图 4-63 凸轮与摇臂实物图

107

2) VTC 控制

典型的 VTC 系统(图 4-64)由 VTC 执行器、VTC 油压控制阀、各种传感器以及 ECU 组成。VTC 调节器、VTC 油压控制阀可根据 ECU 的信号产生动作,使进气凸轮轴的相位连续变化。VTC 令气门重叠时间更加精确,保证进、排气门重叠时间最佳,可将发动机功率提高 20%。VTC 控制系统执行器见图 4-65。

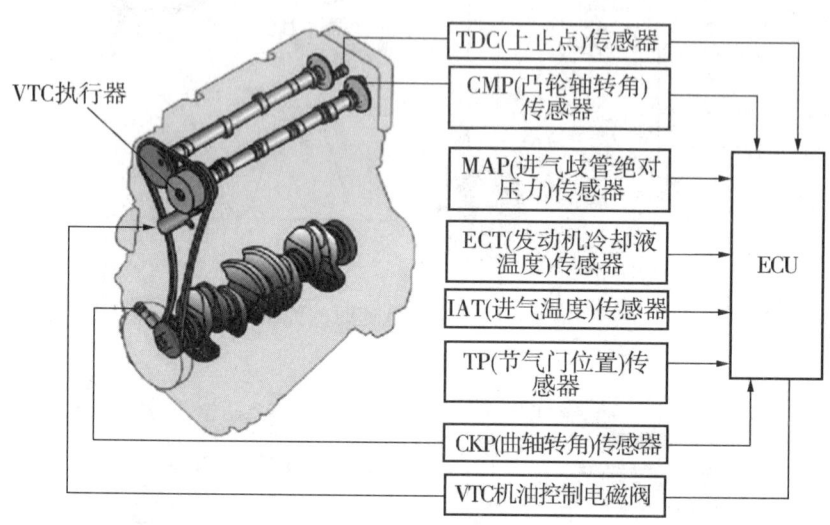

图 4-64 VTC 控制系统

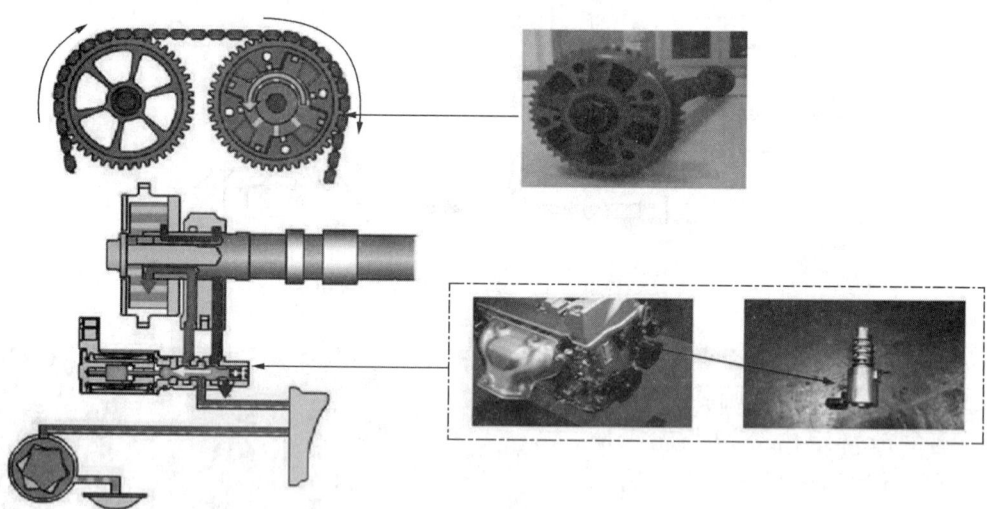

图 4-65 VTC 控制系统执行器

3) VTC 系统控制状况

VTC 机构的导入使气门的配气相位能够"智能化地"适应发动机负荷的改变。VTC 在发动机运转过程中配合 VTEC 系统的作用主要运用在三个方面。

(1) 最佳怠速/稀薄燃烧区域。

在此区域内(图 4-66 中区域①),VTC 系统停止作用,此时气门重叠角最小,VTEC

发挥作用,产生强大的涡流,从而使发动机怠速工作稳定,如图4-66所示。

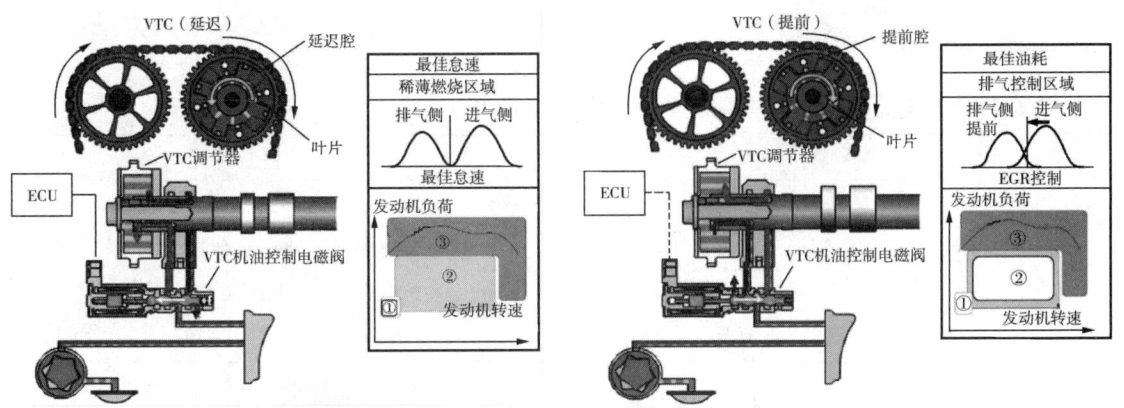

图4-66 最佳怠速控制　　　　　　　图4-67 最佳油耗、排气控制区域

(2)最佳油耗、排气控制区域。

在此区域内(图4-67中区域②),VTEC发挥作用,产生强大的涡流,从而使可燃混合气混合更加均匀,同时VTC的作用使气门重叠角加大,将部分废气重新吸入气缸,起到了EGR的作用,达到最佳油耗和排气控制,如图4-67所示。

(3)最佳扭矩控制区域。

在此区域内(图4-68中区域③),通过VTC的控制,达到最适当的气门重叠角,同时配合VTEC系统的作用,最大限度地提高发动机的输出扭矩。

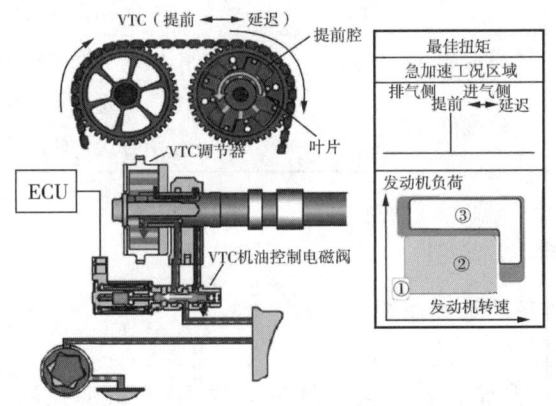

图4-68 最佳扭矩控制区域

此外,i-VTEC发动机采用进气歧管在前、排气歧管在后的布置。排气歧管缩短了长度,即缩短了与三元催化器之间的距离,使三元催化器更快进入适当的工作温度,能有效控制废气排放。由于发动机启动后i-VTEC系统就进入状态,不论在低转速或者高转速下,VTC都在工作,也就消除了原来VTEC系统存在的缺陷。

综上所述,由于i-VTEC系统中VTC机构的导入,发动机的配气相位能够柔性地与发动机的负荷相匹配,在发动机的任何工况下,都能找到最佳的配气相位,以最佳的气门重叠角实现中、低速时低油耗、低排放,实现高速时高功率、大扭矩,就像按照人类大脑的要求那样进行控制,因此被形象地称为"智能化"VTEC。

项目实操

请根据下表进行配气机构零部件的检修实操训练。

序号	项目	子项目	目　　的
1	气门传动组的检测	(1)检查进气凸轮轴正时齿轮的锁止情况	●掌握气压喷枪的使用方法 ●检查VVTi调节工作是否良好
		(2)检查排气凸轮轴正时齿轮的锁止情况	
		(3)检查链条分总成	●掌握游标卡尺的使用方法 ●检查链条磨损情况
		(4)检查进气凸轮轴正时齿轮总成	●检查进气正时齿轮磨损情况
		(5)检查排气凸轮轴正时齿轮总成	●检查排气正时齿轮磨损情况
		(6)检查曲轴正时齿轮	●检查曲轴正时齿轮磨损情况
		(7)检查1号链条张紧器	●检查1号链条张紧器是否工作良好
2	气门组的检修	(1)气门的检测	●掌握千分尺的使用方法 ●检查气门磨损、变形情况
		(2)检测气门弹簧	●掌握游标卡尺、钢角尺的使用方法
		(3)维修气门座	●掌握气门、座圈、铰刀等工具的使用方法，研磨膏、红丹的使用方法

实操1　气门传动组的检测

1. 检查进气凸轮轴正时齿轮总成

(1)检查凸轮轴正时齿轮的锁止情况。

(2)清理和除去1号凸轮轴轴承盖进气侧上的VVT机油孔的油脂后，如图4-69所示，用胶带或同等品将机油孔完全密封，以防空气泄漏。

注意：确保完全密封住机油孔，因为密封不充分导致的空气泄漏会阻碍锁销松开。

(3)如图4-69所示，在密封机油孔的胶带上刺一个孔(程序A)。

(4)向程序A中刺出的孔施加大约150kPa的空气压力，以松开锁销。

注意：①如果空气泄漏，重新用胶带密封；
②施加空气压力时，用抹布或布条盖住油孔口，以防止机油飞溅。

(5)用力将凸轮轴正时齿轮总成朝提前方向(逆时针)转动，如图4-70所示。依靠施加的空气压力，可不用手就能将凸轮轴正时齿轮总成朝提前方向转动。

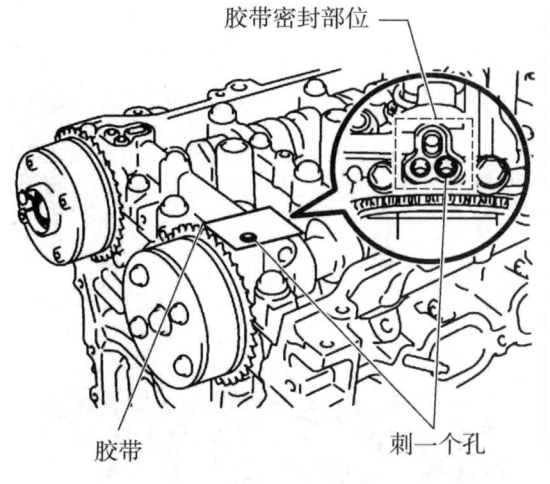
图4-69 在密封机油孔的胶带上刺一个孔

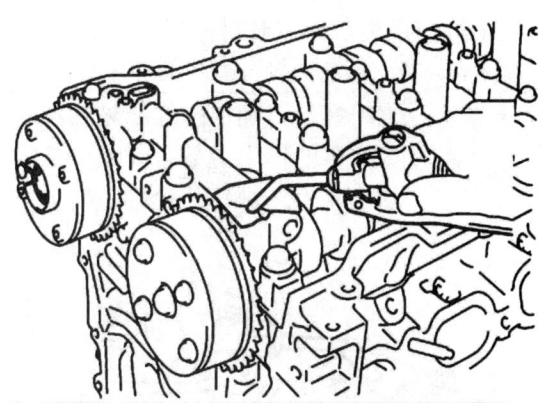
图4-70 检查进气凸轮轴正时齿轮总成

(6) 在可移动范围(26.5°~28.5°)内转动凸轮轴正时齿轮总成2次或3次,但不要将其转到最大延迟位置。确保凸轮轴正时齿轮总成转动顺畅。

(7) 从1号凸轮轴轴承盖上拆下胶带。

2. 检查排气凸轮轴正时齿轮总成

(1) 检查排气凸轮轴正时齿轮的锁止情况。

(2) 清理和除去1号凸轮轴轴承盖排气侧上VVT机油孔的油脂后,如图4-71所示,用胶带或同等品将机油孔完全密封,以防空气泄漏。

注意:确保完全密封住机油孔,因为密封不充分导致的空气泄漏会阻碍锁销松开。

(3) 如图4-71所示,在密封机油孔的胶带上刺一个孔(程序B)。

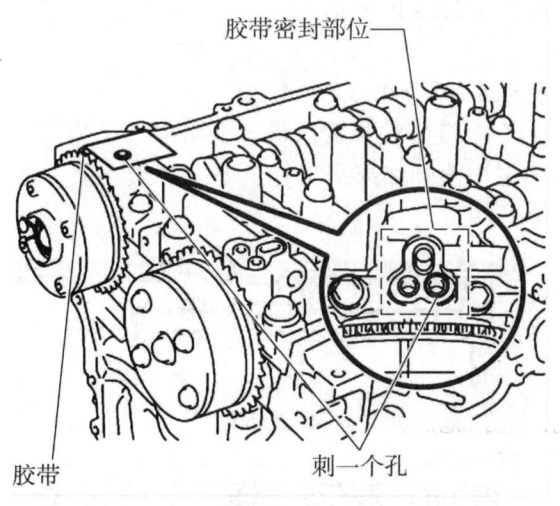
图4-71 在密封机油孔的胶带上刺一个孔

(4) 向程序B中刺出的孔施加大约200 kPa的空气压力(如图4-72a所示),以松开锁销。

注意：①如果空气泄漏，重新用胶带密封；
②施加空气压力时，用抹布或布条盖住油孔，以防止机油飞溅。

(5) 使用头部缠有胶带的螺丝刀，用力朝延迟方向（顺时针）转动排气凸轮轴正时齿轮（如图 4-72b 所示）。

注意：①用螺丝刀确保排气凸轮轴正时齿轮保持在延迟方向。如果齿轮松开，它将在弹簧的作用力下自动回到最大提前位置；
②不要损坏排气凸轮轴正时齿轮。

图 4-72 检查排气凸轮轴正时齿轮总成

(6) 使用头部包有胶带的螺丝刀，在可移动范围（19°～21°）内转动排气凸轮轴正时齿轮 2 次或 3 次，但不要将其转到最大提前位置，确保排气凸轮轴正时齿轮转动顺畅。

(7) 从 1 号凸轮轴轴承盖上拆下胶带。

3. 检查链条分总成

(1) 如图 4-73 所示，用 147 N 的力拉链条。

(2) 用游标卡尺测量 15 个链节的长度。最大链条伸长率为 115.2 mm。在任意 3 个位置进行测量，使用测量值的平均值。如果平均伸长率大于最大值，则更换链条。

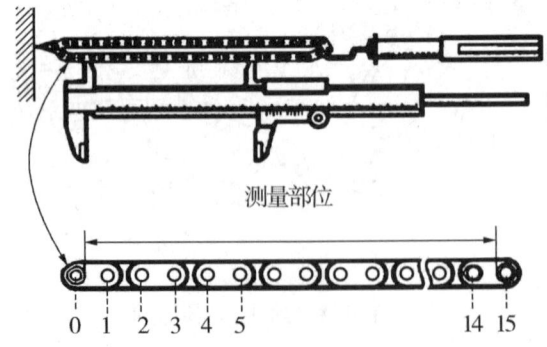

图 4-73 检查链条分总成长度

4. 检查进气凸轮轴正时链轮总成

(1)将链条绕在链轮上，如图4-74所示。

(2)用游标卡尺测量链轮和链条的直径。最小齿轮直径(带链条)为96.8 mm。

测量时，游标卡尺的卡钳必须与链轮接触。如果直径小于最小值，则需要更换链条和链轮。

5. 检查排气凸轮轴正时链轮总成

(1)将链条绕在链轮上，如图4-74所示。

(2)用游标卡尺测量链轮和链条的直径。最小链轮直径(带链条)为96.8 mm。

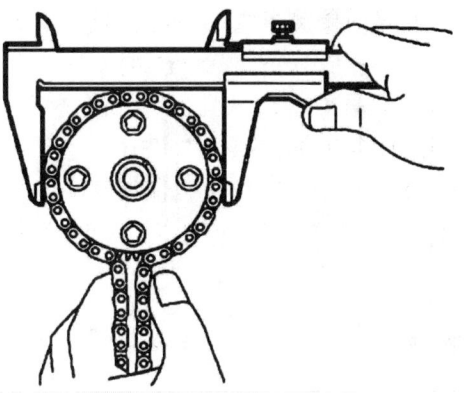

图4-74 检查凸轮轴正时链轮总成

提示：测量时，游标卡尺的卡钳必须与链轮接触。如果直径小于最小值，则更换链条和链轮。

6. 检查曲轴正时链轮

(1)将链条绕在链轮上。

(2)用游标卡尺测量链轮和链条的直径。最小链轮直径(带链条)为51.1 mm。

提示：测量时，游标卡尺的卡钳必须与链轮接触。如果直径小于最小值，则更换链条和链轮。

7. 检查1号链条张紧器

(1)如图4-75所示，用手指提起棘轮爪，检查并确认柱塞移动平稳。

(2)松开棘轮爪，检查并确认棘轮爪将柱塞锁止就位，且用手指推时不发生移动。

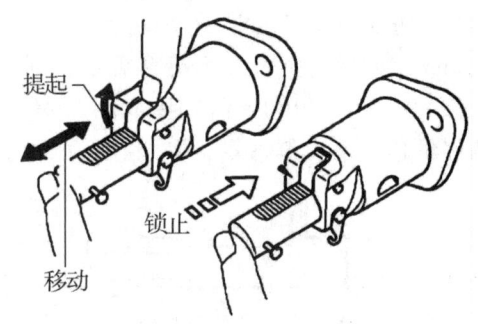

图4-75 检查1号链条张紧器

实操2 气门组的检修

1. 检测气门

(1)使用衬垫刮刀，刮除气门头部所有的积碳，如图4-76所示。

(2)用游标卡尺测量气门的总长，进气门标准总长为109.34mm，最小总长为108.84mm。如果总长小于最小值，则更换进气门。排气门标准总长为108.25mm，最小总长为107.75mm。如果总长小于最小值，则更换排气门(见图4-77a所示)。

(3)用千分尺测量进气门杆直径，气门杆直径为5.470～5.485mm(见图4-77b所示)，如果直径不符合规定，则检查油膜间隙。

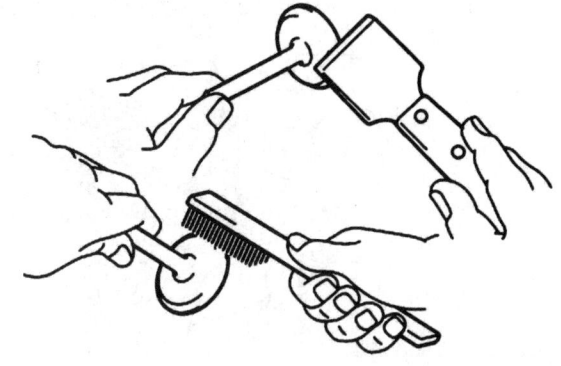

图4-76 刮除气门头部所有的积碳

测量时要测量气门杆上、中、下三个部位的直径。

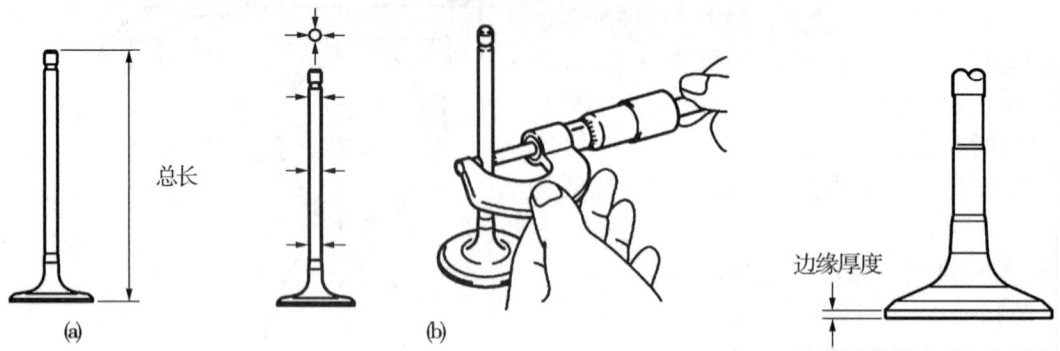

图4-77 检查气门总长与直径　　图4-78 测量气门头部边缘厚度

（4）用游标卡尺测量进气门和排气门头部边缘厚度（如图4-78所示）：进气门标准边缘厚度1.0mm，最小边缘厚度0.5mm，排气门标准边缘厚度1.01mm，最小边缘厚度0.5mm。如果边缘厚度小于最小值，则更换气门。

2. 检测气门弹簧

（1）如图4-79a所示，使用游标卡尺测量气门弹簧的自由长度，自由长度为53.36mm。如果自由长度不符合规定，则更换气门弹簧。

（2）如图4-79b所示，用直角尺测量气门弹簧的偏移量，最大的偏移量为1.0mm，如果偏移量超过最大偏移量，则更换气门弹簧。

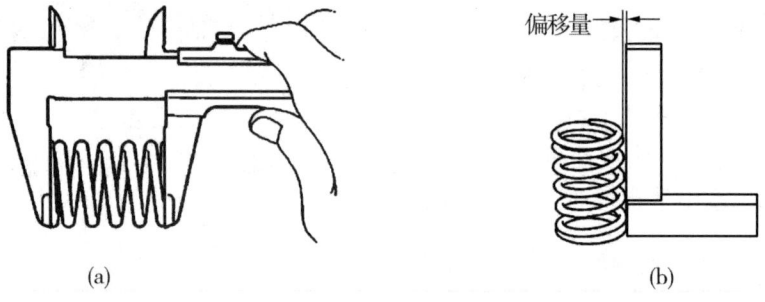

图4-79 检测气门弹簧

3. 维修气门座

（1）如图4-80所示，用45°铰刀修整气门座表面，使气门座宽度大于规定值。

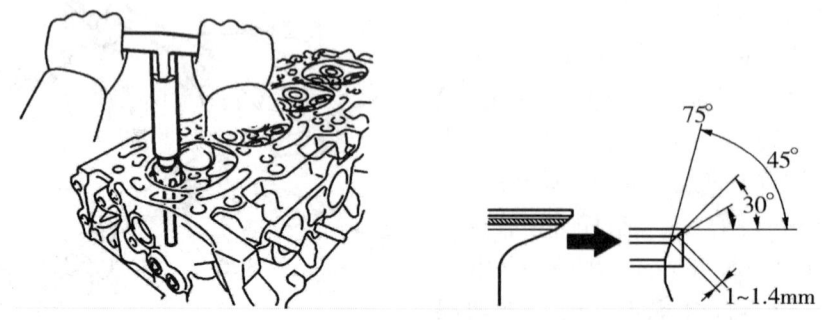

图4-80 铰削气门座

(2)用30°和75°铰刀修整气门座,使气门可以接触到气门座的整个圆周。

提示:应在气门座中心接触,且气门座宽度应保持在气门座整个圆周的规定范围内。

(3)用研磨剂对气门和气门座进行手工研磨。

(4)若气门与气门座的接触位置偏上部,应该用30°铰刀修正。

(5)若气门与气门座的接触位置偏下部,应该用75°铰刀修正。

(6)检测气门落座位置,调整气门座宽度至表4-9所示的规定状态。

(7)气门研磨后,应用汽油将气门、气门导管和气门座圈上的研磨沙冲洗干净。

表4-9 气门座宽度

项目	规定状态
进气侧	1.0～1.4mm
排气侧	1.0～1.4mm

项目小结

1. 配气机构功用:控制气门开关、密封。
2. 配气机构组成:气门组、传动组。
3. 配气机构类型
①按气门布置形式可分为:顶置式、侧置式;
②按凸轮轴布置位置可分为:下置、中置、顶置;
③按凸轮轴传动方式可分为:齿轮传动、皮带传动、链条传动;
④按气门驱动形式可分为:摇臂式、直动式;
⑤按每缸气门数及其排列方式可分为:双气门、三气门、四气门、五气门。

复习与思考

一、选择题

1. 气门的关闭是由( )来完成的。
   A. 气门弹簧　　　　B. 摇臂　　　　　　C. 推杆　　　　　　D. 挺柱

2. 由于曲轴与凸轮轴的传动比为2∶1,因此装于凸轮轴上的正时齿轮的齿数是曲轴正时齿轮齿数的( )倍。
   A. 1/2　　　　　　B. 1/4　　　　　　C. 2　　　　　　　D. 4

3. 上置凸轮轴式配气机构由凸轮轴直接驱动( )。
   A. 气门　　　　　　B. 推杆　　　　　　C. 挺柱　　　　　　D. 凸轮

4. 在配气相位的四个角度中,( )的大小对发动机性能影响最大。
   A. 进气提前角　　　B. 进气迟后角　　　C. 排气提前角　　　D. 排气迟后角

5. 进、排气门均可采用的是( )形状的气门顶部。
   A. 平顶　　　　　　B. 喇叭形顶　　　　C. 球面顶　　　　　D. 梯形顶

6. 现代轿车多采用的挺柱为( )。
   A. 筒式　　　　　　B. 滚轮式　　　　　C. 菌式　　　　　　D. 液力式

7. 若气门与气门座的接触位置偏上部应该用（　）铰刀修正。
   A. 75°　　　　　　　B. 45°　　　　　　　C. 15°　　　　　　　D. 30°
8. 设某发动机的进气提前角为 α，进气迟关角为 β，排气提前角为 γ，排气迟关角为 δ，则该发动机的进、排气门重叠角为（　）。
   A. $\alpha+\delta$　　　　　B. $\beta+\gamma$　　　　　C. $\alpha+\gamma$　　　　　D. $\beta+\delta$
9. 排气门的锥角一般为（　）。
   A. 30°　　　　　　　B. 45°　　　　　　　C. 60°　　　　　　　D. 50°
10. 四冲程四缸发动机配气机构的凸轮轴上同名凸轮中线间的夹角是（　）。
    A. 180°　　　　　　B. 60°　　　　　　　C. 90°　　　　　　　D. 120°
11. 曲轴与凸轮轴之间的传动比为（　）。
    A. 2∶1　　　　　　B. 1∶2　　　　　　C. 1∶1　　　　　　D. 4∶1
12. 当采用双气门弹簧时，两气门的旋向（　）。
    A. 相同　　　　　　B. 相反　　　　　　C. 无所谓　　　　　D. 不一定
13. 凸轮轴上凸轮的轮廓的形状决定（　）。
    A. 气门的升程　　　B. 气门的运动规律
    C. 气门的密封状况　D. 气门的磨损规律

二、判断题

1. 凸轮的接触面磨损后将影响气门升程。（　）
2. 气门研磨后，应用水将气门、气门导管和气门座圈上的研磨沙冲洗干净。（　）
3. 若气门与气门座的接触位置偏下部，应该用75°铰刀修正。（　）
4. 气门的开启是通过气门组的作用而完成的。（　）
5. 以凸轮轴转角表示的进、排气门开闭时刻和开启持续时间称为配气相位。（　）

三、填空题

1. 气门式配气机构由（　）和（　）组成。
2. 四冲程发动机每完成一个工作循环，曲轴旋转（　）周，各缸的进、排气门各开启一次，此时凸轮轴旋转（　）周。
3. 由曲轴到凸轮轴的传动方式有（　）（　）和（　）等三种。
4. 充气效率越高，进入气缸内的新鲜气体的量就（　），发动机所发出的功率就（　）。
5. 凸轮轴上同一气缸的进、排气凸轮的相对角位置与既定的（　）相适应。
6. 根据凸轮轴的（　）和同名凸轮的（　）可判定发动机的发火次序。
7. 在装配曲轴和凸轮轴时，必须将（　）对准，以保证正确的（　）和（　）。
8. 气门弹簧座是通过安装在气门杆尾部的凹槽或圆孔中的（　）或（　）固定的。
9. 气门由（　）和（　）两部分组成。

项目五　进气和排气系统

学习目标

1. 能在实车上找到进气系统和排气系统各部件的位置；
2. 描述可变进气道装置的原理；
3. 描述进气系统和排气系统相应的传感器结构特点；
4. 描述机械增压和废气涡轮增压的原理；
5. 描述曲轴箱通风的原理。

本章描述的进气和排气系统主要是指进、排气门外的进气和排气系统的部件功能，不涉及进气和排气系统传感器电气方面的控制原理，传统的进气和排气系统的结构示意图如图 5-1～图 5-3 所示。

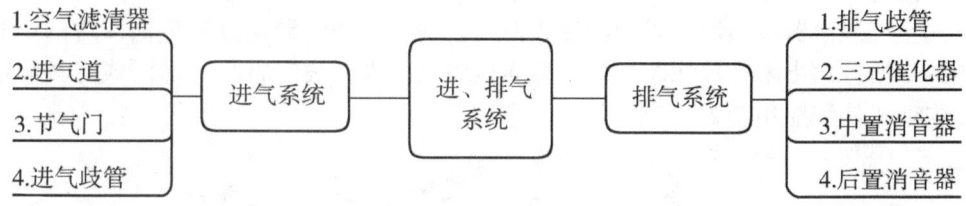

图 5-1　进、排气系统组成

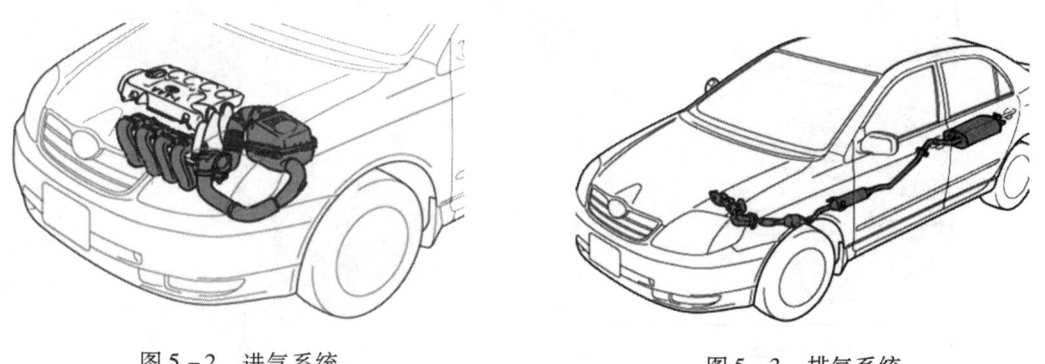

图 5-2　进气系统　　　　　图 5-3　排气系统

在后面的内容中，我们依次按照结构上的空间位置进行说明。

5.1 进气系统

进气系统负责为发动机输送清洁、干燥、充足、稳定的空气以满足发动机的需求。该系统用于确保流动阻力尽可能低,使发动机能够"自由呼吸"并产生最大功率。进气系统的部件有空气滤清器、进气道、节气门、进气歧管和相应的传感器。

5.1.1 空气滤清器

空气中的灰尘由微小颗粒组成,可能含有石英等坚硬物质,这些灰尘与发动机油结合后会产生研磨作用并导致气缸套、活塞和气门导管严重磨损,因此在进气消音器内装有一个滤清器元件(空气滤清器)。

1. 空气滤清器的型式

空气滤清器(图5-4)由滤芯和壳体组成,滤芯有干式滤芯、金属滤芯、湿式滤芯三种(图5-5)。型式有两种,即干式和湿式。

干式空气滤清器是通过一个干式滤芯(如纸滤芯),将空气中的杂质分离出来的滤清器。轻型车(含轿车、微型车)所用的空气滤清器一般为单级,重型车由于工作环境恶劣,它的空气滤清器必须是多级的。

湿式空气滤清器包括油浸式和油浴式两种。油浸式滤清器通过一个油浸过的滤芯,将空气中的杂质分离出来,其滤芯材料有金属丝织物,也有发泡材料。油浴式空气滤清器一般用于农业机构和船用动力。

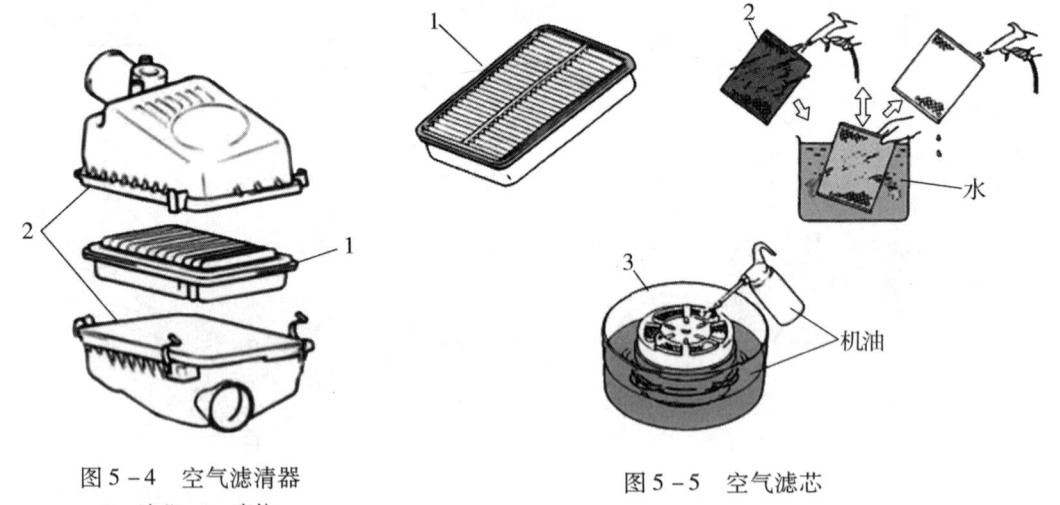

图5-4 空气滤清器
1—滤芯;2—壳体

图5-5 空气滤芯
1—干式滤芯;2—金属滤芯;3—湿式滤芯

2. 空气滤清的方法

空气滤清的方法有惯性式、过滤式和油浴式三种方式。

①惯性式:由于杂质的密度较空气的密度大,当杂质随空气旋转或急转弯时,离心惯性的作用能使杂质从气流中分离出来。

②过滤式：引导空气流过金属滤网或滤纸等，阻挡杂质并使之黏附在滤芯上。

③油浴式：在空气滤清器底部设有机油盘，利用气流急转冲击机油，分离杂质并使之黏滞在机油中，而被激荡起的机油雾滴随气流流经滤芯，并黏附在滤芯上。空气流过滤芯时能进一步吸附杂质，从而达到滤清的目的。

目前的汽油发动机一般都采用了干式空气滤清器，通过纸质或纤维网式的可更换滤清器元件进行空气清洁。这些滤清器元件会尽可能采用最大的表面设计，以减小流动阻力。

5.1.2 进气消音

进气噪声主要包含周期性压力脉动噪声、涡流噪声、气缸的赫姆霍兹共振噪声和进气管的气柱共振噪声；空气过滤器和赫姆霍兹消声器的壁板非常薄，当高速气流通过时，容易被激励而引起辐射噪声。进气系统的声学性能受到消声容积、管道截面积、进气管口位置等因素的影响。

空气滤清器结构本身就具有消音功能，可作为膨胀型消音器的膨胀腔，而且空气滤清器的滤材(丝网、泡沫、棕丝等)都是有效的吸音材料。

进气系统的降噪措施主要有以下三种：

①合理设计空气滤清器。一般来说，消音容积越大，消音效果越好，但是也需要综合考虑布置空间、零件重量以及零件成本因素。一般情况下，空气滤清器的容积达到发动机容积的 3 倍以上，就能达到良好的消音效果。

②确定空滤器进、出管管径和长度。减小空滤器进、出管管径，提高扩张比，利于降低噪声，但会导致进气系统阻力增加，降低发动机的进气量，影响发动机性能。空气滤清器的有效消声频率跟进气管长度有关，增加进气管长度，空气滤清器有效消声频率将移向低频，所以合理设计进、出气管的长度也十分有必要。

③合理设计消声元件。常用的消声元件有谐振腔、1/4 波长管、多孔管和编织管等。谐振腔一般是针对低频的，1/4 波长管一般用来消除中高频噪声，多孔管和编织管主要应用于消除频带比较宽的噪声。

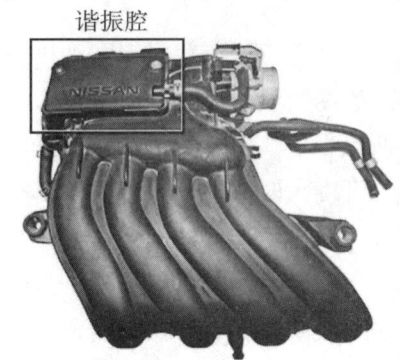

图 5-6 谐振腔

如图 5-6 所示，通过谐振腔能降低进气噪声，谐振腔可以看成是一个缓冲空气的装置，让进气歧管内存储空气的容量增加，以降低发动机在高转速高负荷运转时，因为进气量急剧增加而引起进气歧管气压波动产生的噪声。

5.1.3 节气门

节气门通过控制进入发动机的空气量，调节发动机的空燃比，进而调节发动机的功率，它上接空气滤清器，下接发动机缸体，被称为汽车发动机的咽喉。

节气门有传统拉线式和电子节气门两种，传统发动机节气门的操纵机构通过拉索(软钢丝）或者拉杆，一端连接油门踏板，另一端连接节气门联动板而工作。电子节气门主要通过节气门位置传感器来根据发动机所需能量，控制节气门的开启角度，从而调节进气量的大小。

如图5-7所示，电子节气门由电动机、节气门、油门踏板位置传感器、节气门位置传感器组成。

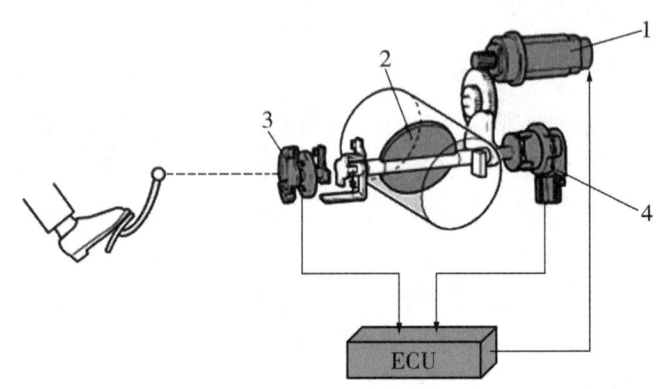

图5-7 电子节气门
1—电动机；2—节气门；3—油门踏板位置传感器；4—节气门位置传感器

为了防止节气门在高寒地区结冰，可以采用引入发动机冷却液对节气门进行加热的方法。一般情况下，节气门位置传感器整合在节气门的结构中，这样的设计不再有怠速旁通阀，怠速控制直接由节气门控制。

5.1.4 进气歧管

进气歧管位于节气门与发动机进气门之间，之所以称为歧管，是因为空气进入节气门后，歧管的数量与气缸的数量对应。对于自然进气的发动机，由于进气歧管位于节气门之后，所以当节气门开度小时，气缸内无法吸到足量的空气，就会造成歧管真空度高；而当节气门开度大时，进气歧管内的真空度就会变小。因此，喷射供油发动机都会在进气歧管上装设一个压力传感器，供给ECU判定负荷，从而给予适量的喷油。

进气歧管产生的真空同时也是曲轴箱通风和真空助力刹车的真空来源。

进气歧管材料有铸铁、铝合金、工程塑料。塑料进气歧管最主要的优点是成本较低，质量较轻。此外，由于塑料的导热性比铝差，燃油喷嘴和进入的空气温度较低，塑料进气歧管不仅可以改善热启动性能，提高发动机的功率和扭矩，同时可以在一定程度上避免冷启动时管内热量散失，加快提高气体温度。而且，塑料进气歧管内壁光滑，可减小空气流动阻力，从而改善发动机的性能，如图5-8所示为塑料进气歧管，图5-9所示为铝合金进气歧管。

图 5-8 塑料进气歧管

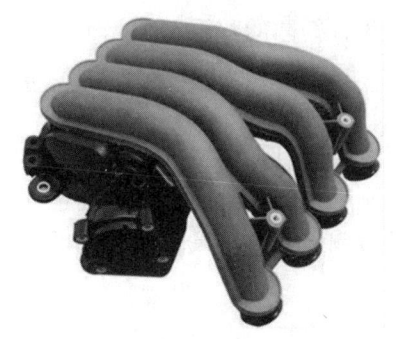

图 5-9 铝合金进气歧管

5.1.5 可变进气歧管装置

在自然吸气的发动机进气系统中，采用改变进气道长度的方式适应发动机不同转速下的进气谐振，可以在一定程度上得到较高的充气效率。

可变进气歧管通过充分利用进气波动效应和尽量缩小发动机在高低转速下的进气速度的差别，达到了改善发动机经济性及动力性的目的。

如图 5-10a 所示，当发动机高速运转时，旋转阀开启，空气经空气滤清器和节气门直接进入粗短的进气歧管。粗短的进气歧管进气阻力小，使进气量增多。

如图 5-10b 所示，发动机低速运转时，发动机电子控制装置指令旋转阀控制机构关闭旋转阀，这时空气经空气滤清器和节气门沿着弯曲而又细长的进气歧管流进气缸。细长的进气歧管提高了进气速度，增强了气流的惯性，使进气量增多。

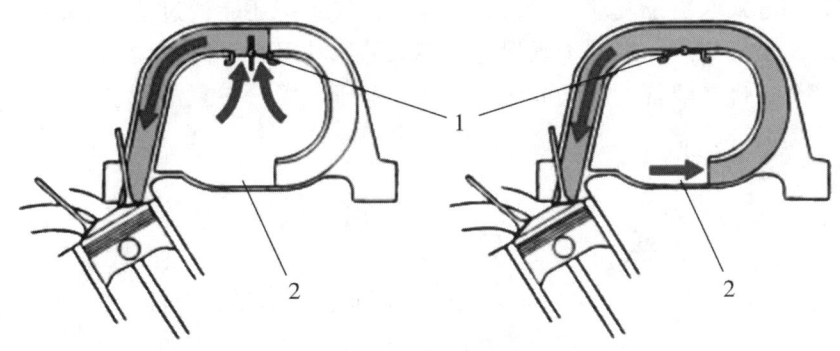

(a) 发动机高速运转　　　　　　　(b) 发动机低速运转

图 5-10 可变进气歧管长度装置
1—旋转阀；2—进气总管

以宝马系统中的 DISA（可变进气阀）装置为例。

怠速/转速较低（图 5-11）时，两个执行器都关闭，进气经过节气门进入谐振管，在谐振管内分配进气量并通过集气管和振荡管送至各个气缸内，这样每三个气缸都可获得等量进气质量。反映在燃烧上就是燃烧稳定，怠速稳定，起步扭矩较大。

发动机处于中等转速范围（图 5-12）时，执行机构 1 打开。假设第一个气缸的进气门刚刚关闭,气体的移动在关闭的进气门上产生一个压力峰值。该压力峰值通过振荡管和集气管送至点火顺序中的下一个气缸处,从而改善下一个准备进气气缸的新鲜空气进气质量。

转速较高(图 5-13)时,两个执行机构都处于开启状态。此时也假设第一个气缸的进气门刚刚关闭,关闭的进气门前也产生了一个压力峰值,进气量通过振荡管、溢流管和集气管进行输送,为进气提供较高的压力。

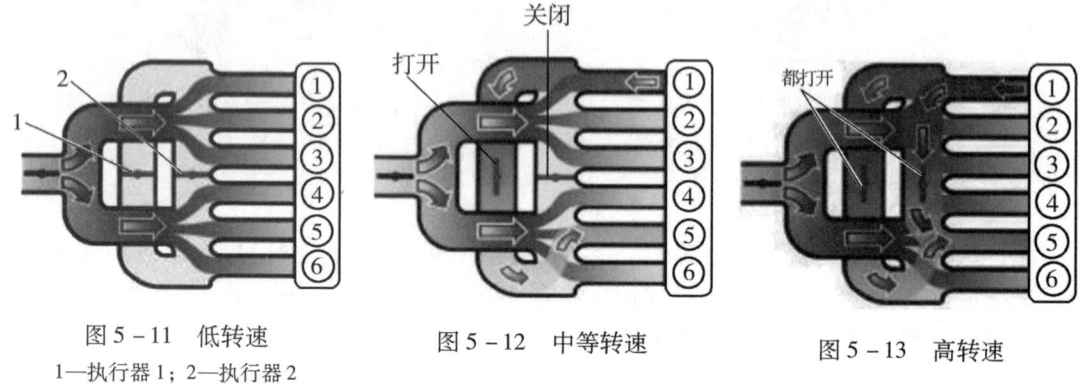

图 5-11 低转速
1—执行器 1;2—执行器 2

图 5-12 中等转速

图 5-13 高转速

5.2 排气系统

排气系统(图 5-14)负责排放燃烧废气,通过废气再处理还可清除废气中的污染物成分,废气再处理方式取决于发动机类型。此外,排气系统还能通过消音器将燃烧噪声有效降为可接受的发动机噪声,也用于确保尽可能低的流动阻力,使发动机达到最佳功率。排气系统的部件有:排气歧管、排气催化转换器、前排气管、中置消音器、后排气管、后置消音器和氧传感器等。

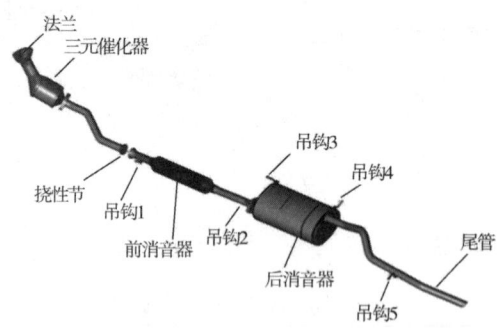

图 5-14 排气系统结构

排气歧管将气缸盖内的各排气通道汇集为一个或多个通道并输送废气。排气歧管的设计方案会影响到功率输出,前排气歧管一般由铸铁和钢板制成。

5.2.1 排气催化转换器

排气催化转换器(图 5-15)的催化转换效果主要来自三个部分:

①陶瓷基层；
②中间层；
③催化活化层。

陶瓷基层由上千个可供废气通过的微小通道构成。这些通道都带有多孔式中间层。这样可以显著增大通道表面。在中间层上具有催化活化层，催化活化层由铂（Pt）、铑（Rd）和钯（Pd）构成。

废气净化装置可将有害废气成分一氧化碳（CO）、碳氢化合物（HC）和氮氧化物（NOx）降至规定最低标准，这三种有害气体共占废气总量的 1%～2%。为此汽油发动机车辆使用所谓的三元催化转换器。

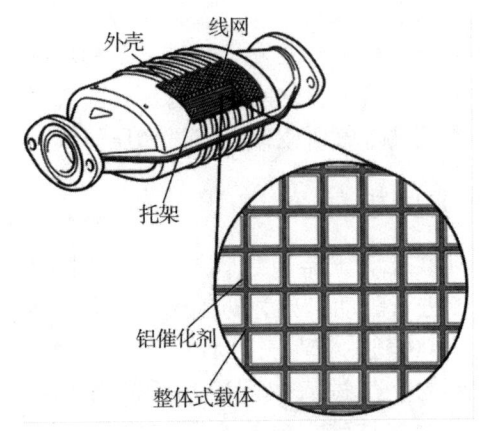

图 5-15　整体式催化转化器

催化转换器可通过进行转化，将废气成分 CO、HC 和 NO$_x$ 减少 98% 以上，但前提条件是过量空气系数必须保持在 λ 为 1 附近的窄公差范围内（λ = 0.995～1.005），这个范围又称为过量空气系数窗。此外，催化转换器还有消音作用。

5.2.2　消音器

从发动机中排放出的废气处于高压高温状态，如果直接排放会发出爆炸声。因此消音器通过降低废气的压力和温度来消音，有以下两种方式。

1）通过吸音消音

即在吸音材料（玻璃棉或矿物棉）中以摩擦形式将声能转换为热能。

2）通过反射消音

即声波在结实的侧壁和障碍物上反射回来并多次往返转播，直至逐渐衰减的回声失去能量，消音器的工作原理如图 5-16 所示。

此外，在后置消音器前，排气管上还有一个消音器，称为中置消音器，主要用于调节发动机功率。

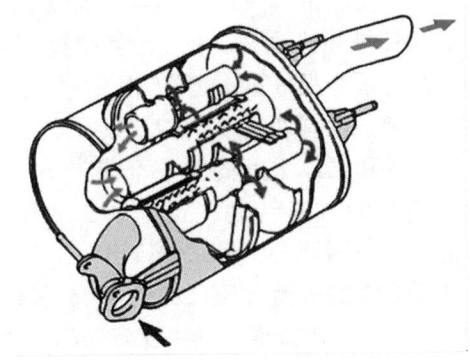

图 5-16　消音器

5.3　进气增压

发动机的输出功率通常是由单位时间内燃烧消耗的混合气来决定的，进气量增加，功率就增加。为了增加发动机的输出功率，可增加发动机的排量，或者是提高发动机的转速。

但是如果发动机的排量增加，其重量也会增加。此外，运动零件的摩擦损失、振动和噪声等因素也限制了发动机转速的提高。

增压器在不改变发动机排气量的情况下，通过增加进气量解决了提高输出功率和发动机轻量化、紧凑化之间的矛盾。目前有两种进气增压方式：涡轮增压和机械式增压。涡轮增压器是被排气所驱动，机械增压器是被发动机所驱动。

5.3.1 机械式增压

机械式增压器通过连接在曲轴上的皮带轮皮带进行驱动，典型的气流流动如图5-17所示，空气进入节气门后进入机械增压器，增压后的空气进入中间冷却器进行冷却，最后进入进气歧管。但是为了气流的流动符合不同工况下的需求，需要进行增压器的控制，即在三种情况下进行控制：

①当节气门后的真空度大于或等于23kPa时，旁通阀完全打开，增压器不工作；

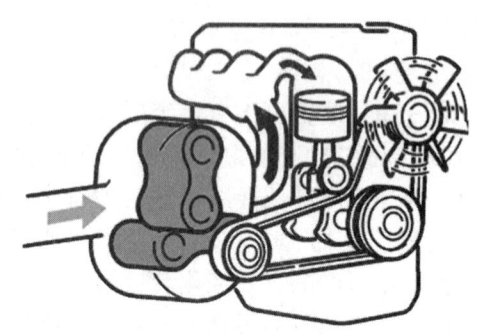

图5-17 机械增压系统

②当真空度介于12.5～230kPa时，旁通阀部分开启，增压器开始工作；

③当真空度小于12.5kPa时，旁通阀完全关闭，增压器进入完全工作状态。

回顾发动机原理的知识可以知道，以上三种情况与发动机的怠速、中速中负荷和高速高负荷的情况一一对应，怠速情况下增压器是不工作的。

由于机械增压器的驱动是靠发动机曲轴转动，转速受限于发动机的转速，而不同的发动机匹配的转速是不一样的，因此机械增压器的工作状况取决于转子的磨损和皮带张力。

很多机械增压器采用三齿螺旋型切口转子，这种转子有很好的静音效果，并可改善发动机的性能，也有两齿直切口的转子，但噪声大些。转子和壳体之间的间隙都非常小，转子叶片以相反的方向转动，和空气泵的作用一样，空气由一侧进入，另一侧排出。

转子形式的机械增压器称为罗茨式增压器（图5-18），是机械增压器中比较普遍的类型。人们在使用时发现，60°螺旋角的转子对于调整进、出气口的气体效果最好。

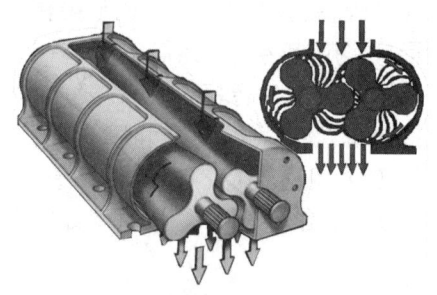

图5-18 罗茨式机械增压器

还有一种应用在汽车发动机机械增压的装置是螺旋式增压器，也称为G-Laber型增压器，是基于1905年一个法国人的构想而设计的，在欧洲比较普遍。

螺旋式增压器（图5-19）的转子不是围绕中心轴旋转，而是绕着一个偏心轴旋转，完成具有双偏心度的圆摆动运动。

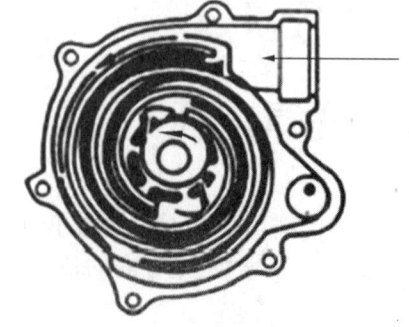

图5-19 螺旋式增压器

螺旋式增压器的特点是结构紧凑，排气量大，但是因为转子需要很好的密封，所以其加工精度高，成本较高。

5.3.2 废气涡轮增压

废气涡轮增压系统是一种利用排气能量使涡轮高速旋转的装置，和涡轮同轴装着泵轮，它旋转时把空气压进气缸，从而增加发动机的输出功率，如图5-20所示。

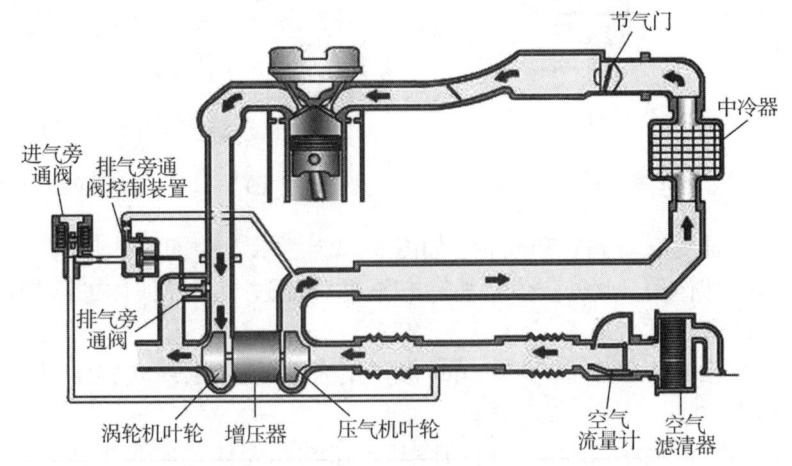

图5-20 废气涡轮增压系统

废气涡轮增压器包括涡轮壳体、压缩壳体、中间壳体、涡轮、泵轮、全浮式轴承、排气旁通阀和执行器等，如图5-21所示。某些型号的涡轮增压器装备了中间冷却器，以降低进气温度，改善进气效率。

排气旁通阀和执行器可用于防止增压压力升得过高。

因为废气涡轮增压器的动力来源于发动机的排气，而排气的能量不是恒定状态，所以需要对增压器进行功率的控制，才能得到更好的充气效率，可以在涡轮旁设置排气旁通阀，利

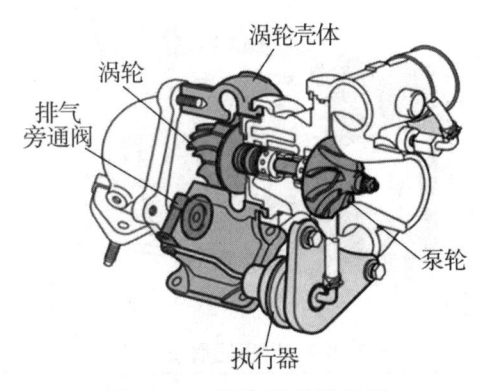

图5-21 废气涡轮增压器

用一个阀门机构将部分废气导入涡轮出口，从而调节涡轮功率。

排气旁通阀安装在涡轮壳体内部。当增压压力超过标准值时，大约70kPa，排气旁通阀开放，通过旁通通道将废气排入排气管，来达到调节增压压力的目的。

排气旁通阀的开启和关闭受控于执行器。

为了减少压气机因气流的脉冲造成的"喘振"，在压气机前设置了循环空气减压阀，原理是在压气机出口与入口建立气流短路，以防止"喘振"（比如节气门关闭造成的脉冲）。

涡轮和泵轮安装在同一根轴上，如图5-22所示。来自排气歧管的废气压力使涡轮高速旋转，同轴上的泵轮跟着旋转，把进气压入气缸。

涡轮因直接受到排气的冲击，温度很高，加上处于高速旋转状态，所以必须耐热以及耐磨损。因此，涡轮用超耐热的合金或陶瓷制成。

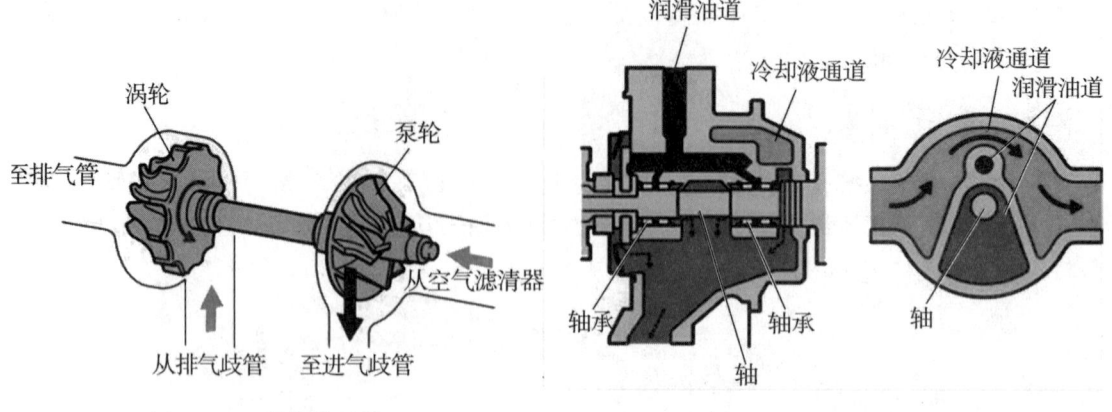

图 5-22 涡轮增压原理　　　　图 5-23 增压器冷却系统

中间壳体通过轴支撑着涡轮和泵轮。如图 5-23 所示，中间壳体里有一个油道向轴和轴承提供润滑和冷却作用。此外，发动机冷却液循环流过中间壳体内的冷却液通道，也能防止机油温度升高及过早变质。

因为涡轮和泵轮的转速在 100000r/min 以上，所以采用全浮式轴承以吸收轴的震动，同时润滑着轴和轴承。

如图 5-24 所示，全浮式轴承由机油冷却，在轴和壳体之间自由旋转，减少了摩擦，因此轴可以高速旋转。

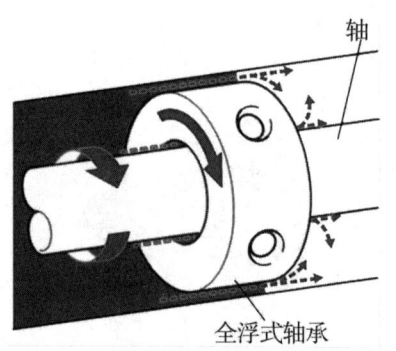 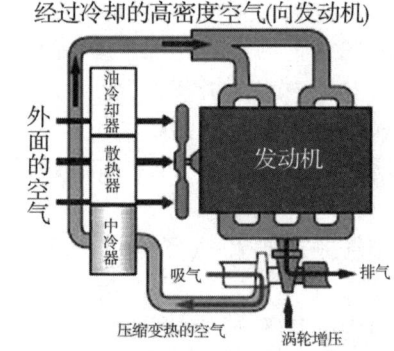

图 5-24 增压器润滑系统　　　　图 5-25 中冷器

与发动机结构上的设计类似，中间冷却器有外置风冷的方式，和使用发动机本身的冷却液水冷方式目的是一样的，就是降低增压后空气的温度，增加进气的空气密度，大大提高了发动机功率。

如图 5-25 所示，中间冷却器就像散热器一样，把流经其内部的压缩空气的热量传递给外部空气，起到降温的作用。

空气经过废气涡轮增压或机械增压器增压后，密度和温度同时升高，如果不降低温度，高温空气进入燃烧室后会产生错误的自燃，甚至发生燃爆。而经过了中间冷却器的散热，密度大而且冷的空气进入燃烧室，提高了有效空气的压缩比，比如一个实际压缩比为 8:1 的发动机，经过增压后有效压缩比达到了 10.5:1，相当于另一台 10.5:1 的不带增压的发动机功率。

更简单的例子是一台 2.0T(T：增压) 的发动机相当于 2.4 排量的发动机，原因就是增压提高了发动机功率。

废气涡轮增压和机械式增压器都在发动机上得到了广泛应用,两种技术的选择优先考虑的是快速建立增压压力的瞬态响应(图5-26)。因为汽油发动机的气体流量变化范围很大,对于自然吸气式汽油发动机,采用废气涡轮增压是不利的,但是随着汽油发动机的直喷技术和电控技术的发展,反而使得废气涡轮增压又优于机械增压。也有采用两种技术同存的方式。这两种技术的对比见表5-1所示。

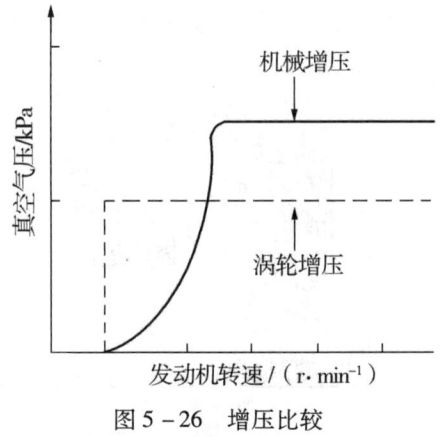

图5-26 增压比较

表5-1 两种增压方式的比较

增压器类型	涡轮式 (涡轮和泵轮)	机械式 (目前最普遍的是转子式增压器, 使用一对眼眉形状的转子)
驱动方式	废气压力	发动机曲轴驱动
功率损失	被废气压力所驱动,功率损失较小	曲轴驱动功率损失较大
充气效率	增压充气在低速域里较小,在高速域里较大(因发动机在低速域时,排气量较小)	对全车速域都加以均一的增压充气
加速响应性	发动机低速时的加速响应性不如机械增压器	机械增压器直接由曲轴驱动,可获得良好响应性

5.4 曲轴箱强制通风(PCV)系统

在燃烧过程的后期,一些未燃气体和燃烧产物,如水蒸气会通过活塞环漏入曲轴箱(活塞运行至下止点时),漏入的气体称之为窜气,窜气会在曲轴箱冷凝并与机油反应形成油泥,导致机油失效、发动机过度磨损;同时也会造成曲轴箱压力过高,导致漏油。

曲轴箱强制通风的作用就是及时把窜气排出曲轴箱,旧车型只是把窜气通过通风管排入大气中,现在的车型因环保的要求,将窜气重新导入进气系统并在燃烧过程中燃烧。

曲轴箱强制通风(PCV)系统利用进气歧管的真空负压(节气门后)吸入窜气。一般情况下,当发动机负荷大时,产生的窜气量较大,而此时节气门开度较大,导致进气歧管真空度小;相反,当发动机负荷小时,产生的窜气较小,此时节气门开度小,进气歧管真空度大。为了满足以上工况下的曲轴箱窜气的排出,需要设置PCV阀(安装在进气歧管和缸盖之间)进行控制。

1. 单向阀式

1)发动机停机时(图5-27)

PCV阀内部有一个锥形阀体,在弹簧和进气歧管的真空吸力的共同作用下可移动,进而改变与 PCV 阀壳体的间隙,改变气流的流量;此时无真空,停机状态下 PCV 阀在弹簧力作用下关闭。

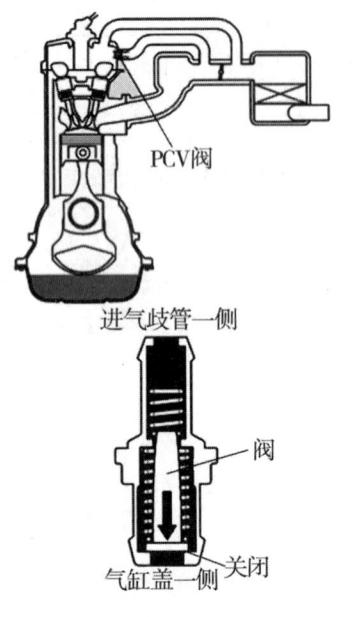

图 5-27　发动机停机时

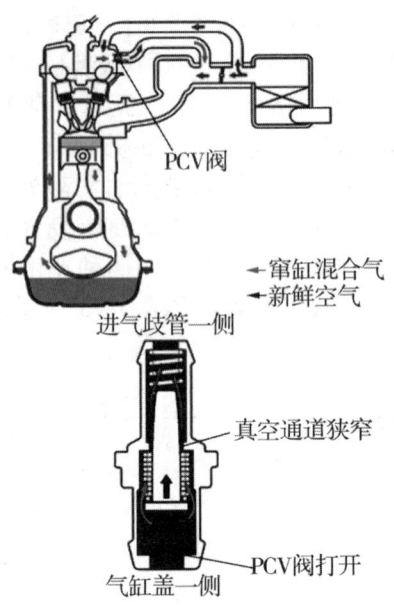

图 5-28　发动机怠速或减速时

2) 怠速运转或减速时(图 5-28)

进气歧管真空度大,负压力量较大,PCV 阀被打开且被进一步吸引向上移,真空通道变窄;因此时窜气量很小,不需要过多排气。

3) 正常运行时(图 5-29)

因为真空正常,真空通道比怠速或减速时更宽。

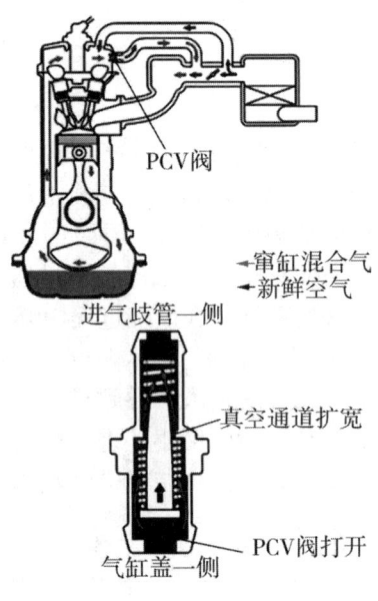

图 5-29　发动机正常运行时

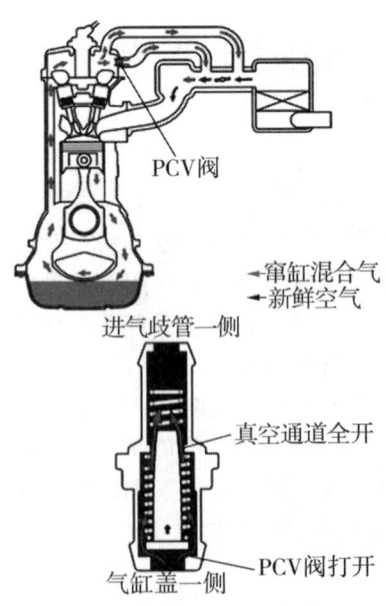

图 5-30　发动机加速或高负荷运行时

128

4)加速或高负荷时(图5-30)

此时节气门开度大,进气歧管真空较低,但也能打开PCV阀,PCV阀处于完全打开状态,将真空通道打开至全开;

当所产生的窜缸混合气超过PCV阀的吸入能力时,有部分气体从气缸盖被吸入节气门(空气滤清器侧)的前方流入进气歧管。

2. 隔膜式

不同的发动机类型采用的曲轴箱强制通风(PCV)系统会有结构上的差异,有些PCV阀采用的是弹簧和锥形阀芯的结构,也有PCV阀采用隔膜式的,如图5-31所示。

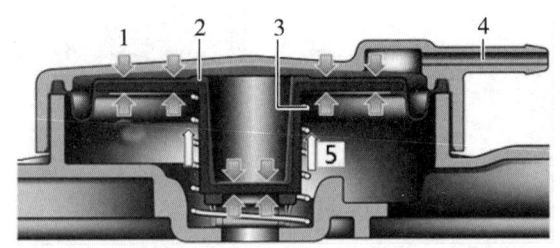

图5-31 隔膜式PCV阀
1—大气压力;2—隔膜;3—弹簧;4—大气管路;5—弹簧力方向

不同型式的PCV阀的最终目的是一样的,都能在不同发动机工况下调节曲轴箱窜气的排出,达到环保的目的。

3. 油气分离方式

曲轴箱的窜气成分包括未燃烧的燃油和燃烧后的废气产生的水和CO、CO_2、NO_x等,如前所述,PCV是通过引入进气歧管的方式燃烧窜气的,但是如果不及时对窜气进行分离(类似抽油烟机的油气分离),不仅会对燃烧的控制造成困难,也会堵塞PCV阀,造成进气歧管油泥过多而影响气门等故障。

1)气旋油气分离器

气旋油气分离器(图5-32)是惯性分离器,窜气在分离器结构的作用下产生回旋,油粒从旋转的气流场中甩出,流回至油底壳。

2)迷宫式分离器

迷宫式分离器(图5-33)简单、容积较大,是在流动方向有阻挡物的惯性分离器;油粒由阻挡物阻挡后被分离,最后流入油底壳;适用于大油量、分离大颗粒机油的场合。

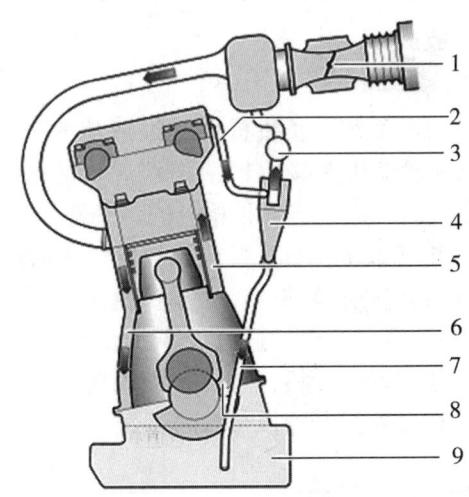

图5-32 气旋油气分离器
1—节气门;2—PCV管路;3—PCV阀;
4—收集器;5—排气通道;6—机油回油通道;
7—机油尺;8—曲轴箱;9—油底壳

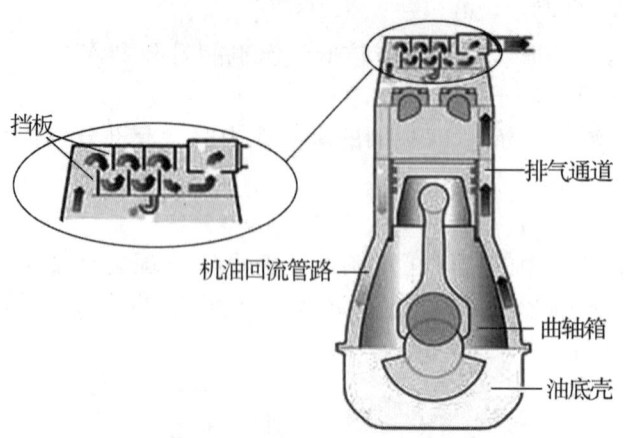

图 5-33 迷宫式分离器

项目实操

序号	项 目	目 的
1	空气滤芯的更换	• 掌握打开空气滤清器的方法(卡扣或螺丝连接的上盖); • 正确判断滤芯的进出位置并进行更换; • 能进行安装后的密封性检查
2	实车排气管的拆装	• 能对照相应的维修手册,进行实车排气管的完整拆装; • 描述排气系统各部件的作用; • 检查排气连接的气密性

项目小结

1. 进气系统:负责提供经过清洁的所需进气量。该系统用于确保尽可能低的流动阻力,以使发动机能够"自由呼吸"并产生最大功率。进气系统的部件有空气滤清器、进气道、节气门、进气歧管和相应的传感器。

2. 排气系统:负责排放燃烧废气。通过废气再处理还可清除废气中的污染物成分。
(1)排气催化转换器,由陶瓷基层、中间层、催化活化层组成。
(2)消音器,包括通过吸音消音和通过反射消音两种形式。

3. 进气增压:机械增压、废气涡轮增压

4. 曲轴箱强制通风(PCV)系统

一、填空题

1. 进气门关闭时缸内压力越高,充量系数越_____。如果对进气进行加热,将导致充量系数变_____。

2. _____和_____都是利用进气管的动态效应来提高充量系数。
3. 节气门是控制_____进入发动机的量,进而调节发动机的空燃比,调节发动机的_____。
4. 进气系统负责提供经过_____的所需进气量。
5. 目前有两种进气增压方式:_____和_____。
6. 废气净化装置可将有害废气成分_____、_____和_____降至规定最低标准。
7. 增压器涡轮和泵轮的转速在_____以上。
8. 为了增加发动机的输出功率,要么增加_____,或者是提高发动机的_____。

二、判断题
1. 进气歧管的真空同时也是曲轴箱通风和真空助力刹车的真空来源。( )
2. 曲轴箱强制通风的作用就是及时地把窜气排出曲轴箱。( )
3. 某些型号的涡轮增压器装备了中间冷却器,以降低进气温度,改善进气效率。( )
4. 因为涡轮增压器被废气压力所驱动,功率损失较大。( )
5. 涡轮增压器发动机低速时的加速响应性比机械增压器的好。( )
6. 进气、排气歧管的数量对应气缸的数量。( )

项目六 燃油供给系统

学习目标

1. 能说明汽、柴油特性;
2. 能描述汽油机电子燃油供给系统部件及功用;
3. 能说明油箱通风(加注通风、运行通风)的功能;
4. 能描述燃烧蒸发系统的类型;
5. 能描述燃油喷射喷束的形式;
6. 能区分对比低压喷油器与高压喷油器;
7. 能描述汽油直接喷射原理;
8. 能描述均质混合气的混合方式与分层混合气混合方式;
9. 能描述汽油直喷系统高压燃油泵的类型及结构;
10. 能描述燃油系统的传感器。

汽油机燃油供给系统的作用是不断地输送清洁的燃油和清洁的空气,根据发动机各种工况要求,配制出不同的可燃混合气,使其进入气缸燃烧。在学习汽油及燃油系统之前,首先要熟悉最普遍使用的两种汽车燃料的特性。

6.1 燃油特性

在汽车中,应用最普遍的两种燃油是柴油和汽油。柴油和汽油都属于重要的石油产品(图6-1),燃油的炼制过程见图6-2。

图6-1 石油产品

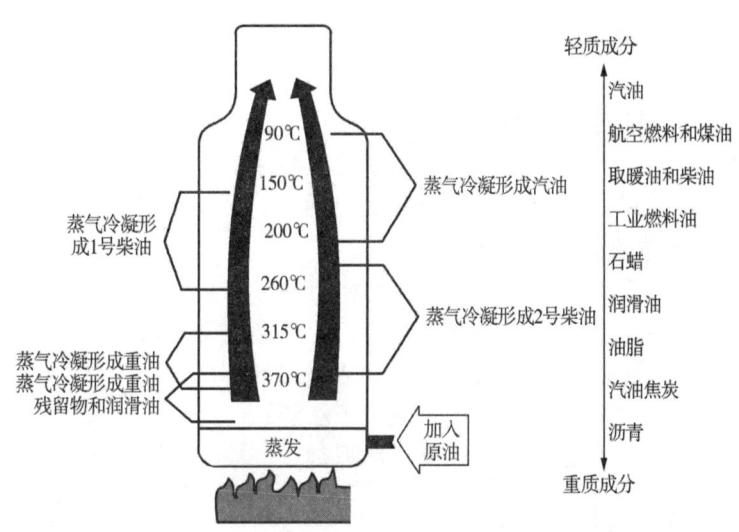

图6-2 燃油的炼制过程

6.1.1 汽油特性

汽油是一种易燃液体,其沸腾温度范围为 30～200℃。主要是由 C_4～C_{10} 各种烃类组成,是碳氢化合物(HC)组成的复杂混合物,同时也是一种最简单的有机化合物。汽油不含电解质,故汽油不具有导电性。汽油一般为黄色或橙色(国外的汽油有些为蓝色、天蓝色、红色或绿色),相对密度约为 0.72,手上蘸有汽油后有发凉的感觉,汽油蒸发后皮肤变白。

影响燃料性能的主要因素是挥发性、含硫量、辛烷值和添加剂。

1. 挥发性

挥发性用于衡量燃料汽化(形成蒸气)难易程度。汽油是极易挥发的物体,其挥发性使得汽油蒸气可以与空气完全混合,进而促进燃烧。

2. 含硫量

硫是原油成分之一,当汽油在燃烧室中燃烧时,燃烧的产物之一是水,它以气态形式离开燃烧室。当水与硫燃烧时所产生的二氧化硫结合时,就会形成亚硫酸。汽油中含硫量过高会腐蚀发动机和排放控制系统。

3. 辛烷值

辛烷值是在 1920 年至 1930 年间,由 Harry Ricardo 和 Charles Kettering 研究提出的。三甲基戊烷(C_8H_{18})与正庚烷(C_7H_{16})的比例,定义为辛烷值。汽油辛烷值的测量方法有马达法辛烷值(MON)和研究法辛烷值(RON)。例如 95 号汽油 RON 为 95。RON 越高,燃油空气混合气在发动机高压作用下自燃的倾向越小。对汽车辛烷值的要求是为了避免出现意外自燃现象,出现这种自燃现象时,通常可以听到爆震或敲缸噪声,轻则火花塞及活塞熔损,严重的甚至连气缸及发动机本体都会炸穿。辛烷值越高,抗爆性能越好。

由于压缩比越高,混合气自燃倾向越大,随着汽油发动机技术的发展,现在的高性能汽油发动机压缩比都有所提高,对辛烷值的要求也越来越高。加注汽油时要按汽车厂家规定的汽油牌号来加注,只能高不能低,比如厂家规定加注 95 号及以上汽油,那么只能加注 95 号、98 号汽油，如加注 92 号汽油，那么发动机就会出现爆震。

4. 添加剂

不同的汽油添加剂具有不同的特性和用途：

（1）防冻剂：在寒冷天气中防止汽油在油管中结冰；

（2）金属减活化剂和除锈剂：降低金属反应活性，防止燃油跟金属发生化学反应、产生锈蚀、造成燃油滤清器滤芯的堵塞；

（3）胶质和氧化物抑制剂：能提高汽油的稳定性，防止汽油变质和胶质、积碳的产生；

（4）清洁剂：清洁发动机内部的重要部件，但不会改变辛烷值；

（5）乙醇：作为辛烷值的增强剂且具有清洁添加剂作用；

（6）甲醇：可作为汽车的燃料，腐蚀性大于乙醇；

（7）甲基叔丁基醚：主要作为辛烷值的增强剂。

6.1.2 柴油的特性

柴油是从石油中提炼出来的，在炼油厂中石油被分离成三个主要组分：汽油、中间馏分和残留物质。柴油来自于中间馏分（轻质油），它的性质和特性与汽油不同。柴油机的着火性能由十六烷值衡量，柴油的十六烷值越高，从燃油喷入燃烧室到它燃烧的时间越短。柴油的十六烷值和汽油的辛烷值不同，十六烷值越高，柴油越容易自燃；而汽油的辛烷值越高，汽油越不易自燃（图 6-3）。柴油的十六烷值过低会引发一系列问题（图 6-4）。

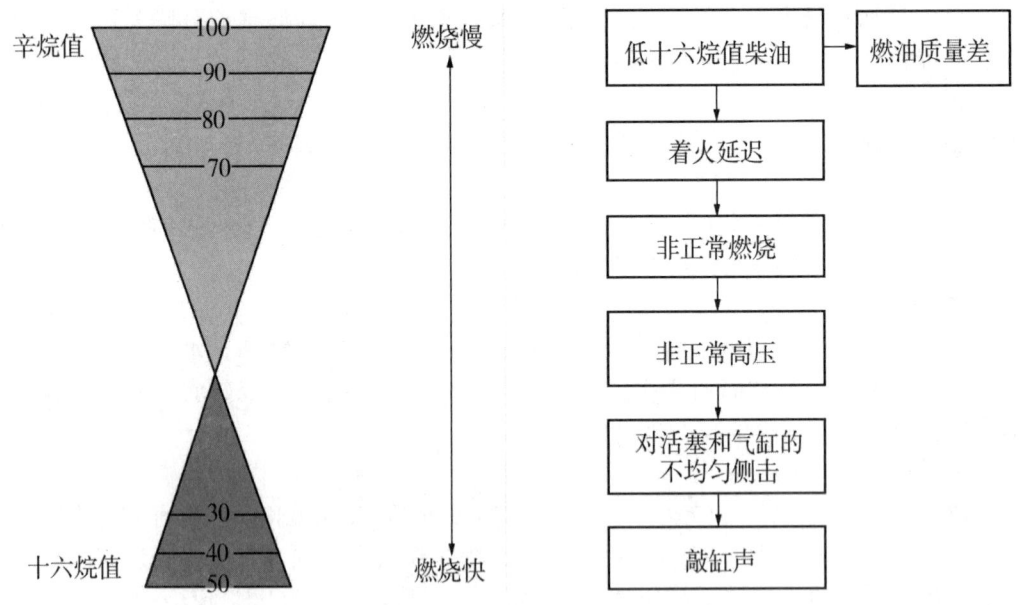

图 6-3　汽油的辛烷值和柴油的十六烷值的对比　图 6-4　柴油十六烷值过低时可能引发的各种问题

6.1.3 其他代用燃料

除汽油和柴油外，汽车发动机还有可能使用其他代用燃料，如表 6-1 所示。

表6-1 其他代用燃料

天然气	液化石油气	醇类燃料	醚类燃料	生物燃料
压缩天然气(CNG) 液化天然气(LNG)	液化石油气(LPG)	甲醇、乙醇	二甲基醚	燃料乙醇、生物柴油、航空生物燃料

6.2 汽油机电子燃油供给系统

汽油机电子燃油供给系统框架图见图6-5，功能图见6-6，组成见图6-7。

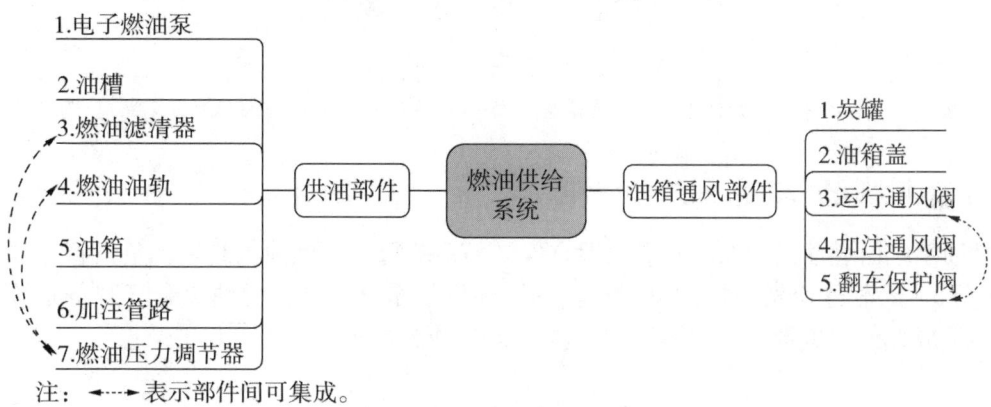

图6-5 燃油供给系统框架图

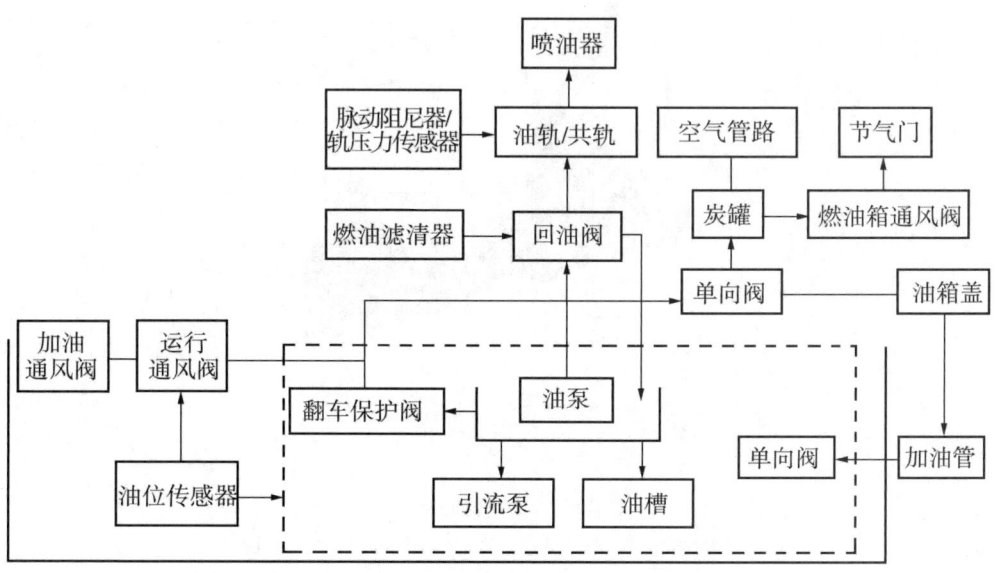

图6-6 燃油供给系统功能图

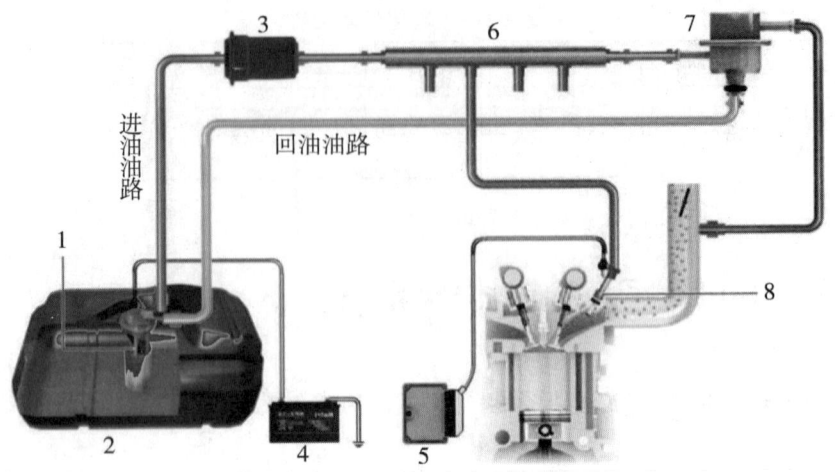

图6-7 燃油供给系统的组成

1—燃油泵；2—油箱；3—燃油滤清器；4—蓄电池；5—ECU；6—油轨；7—燃油压力调节器；8—喷油器

6.2.1 燃油供给系统的部件

燃油系统由燃油供给系统和燃油混合气制备系统组成。燃油供给系统负责将燃油从燃油箱(图6-8)输送至发动机。不同车辆的燃油供给系统不同。燃油混合气制备系统是发动机的组成部分，负责为每次燃烧过程提供准确的燃油量。

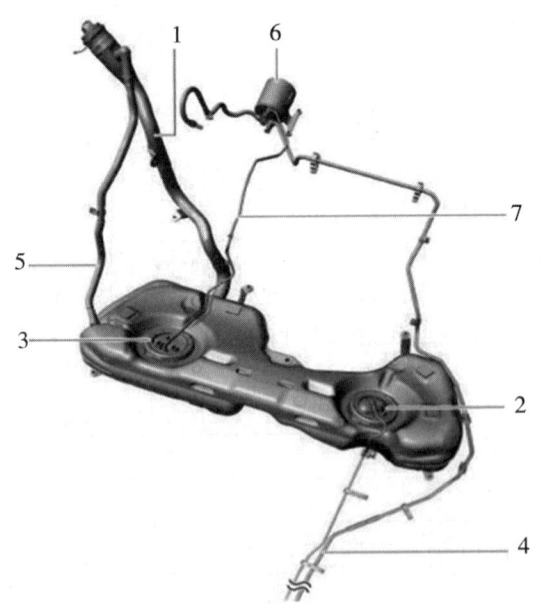

图6-8 燃油箱总成

1—燃油加注管；2—带输送管路的左侧维修口；3—右侧维修口；
4—清洁空气管路；5—加注通风管路；6—活性炭罐；7—运行通风管路

1. 燃油箱的功用和类型

1)燃油箱的功用

燃油箱的功用包括储存燃油、供应燃油、加注燃油等,如图6-9所示。如果油箱损坏会导致燃油无法储存,影响燃油供给、燃油通风、燃油加注及燃油安全。

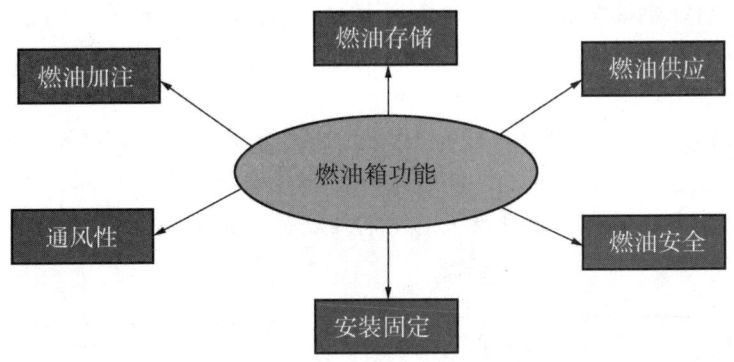

图6-9 燃油箱的功用

2)高分子高密度聚乙烯吹塑燃油箱的类型

高分子高密度聚乙烯吹塑燃油箱具有重量轻、强度高、密封性好、防爆以及更易制成异形件(防止车辆侧倾引起燃油晃荡,保证燃油泵始终沉浸在燃油中)、充分利用空间的优点。因为高分子高密度聚乙烯吹塑不被锈蚀,不用担心像金属油箱那样被腐蚀致漏而造成污染;另外,高分子高密度聚乙烯吹塑油箱在摩擦、冲击时不易发生火灾和爆炸事故。因此在轿车上广泛采用。高分子高密度聚乙烯吹塑燃油箱主要有如图6-10所示的四种类型。

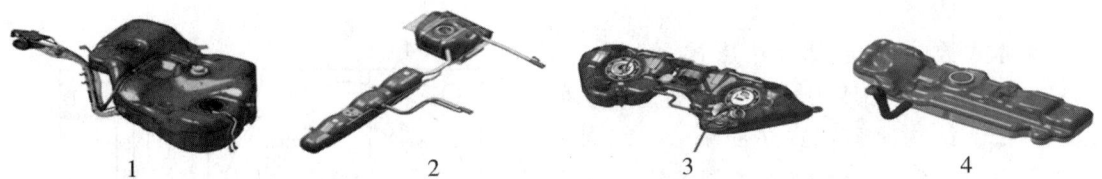

图6-10 高分子高密度聚乙烯吹塑燃油箱的类型
1—常规油箱;2—主副分体油箱;3—马鞍形油箱;4—长体油箱

2. 油箱盖

如图6-11所示,油箱盖用于防止汽油溅出及减少汽油挥发,它主要由空气阀和蒸气阀组成。空气阀用较弱的空气阀弹簧压住,当油箱内油面下降,压力低于某一数值时,空气阀打开,使空气进入油箱,确保油箱内不致产生真空,避免油箱受到内外空气压力差的作用而被损坏。蒸气阀用较硬的蒸气阀弹簧压住,仅在油箱内因温度过高、压力超过规定值时才开

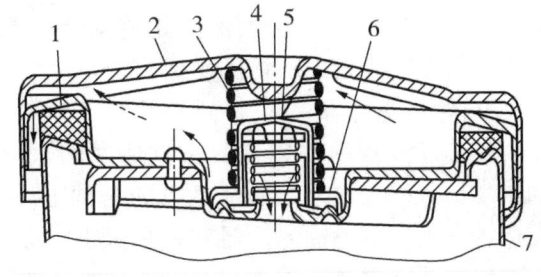

图6-11 燃油箱盖
1—密封垫圈;2—盖壳;3—蒸气阀弹簧;4—空气阀;
5—空气阀弹簧;6—蒸气阀;7—汽油箱加油口

启,因而有利于减少油箱内汽油蒸气挥发。

提示:如油箱盖损坏将影响油箱的通风功能。

3. 电动燃油泵类型和结构

电动燃油泵(EKP)必须在发动机所有工况下向发动机输送足够的燃油和提供喷射所需的压力。另外,电动燃油泵越来越多地作为汽油机和柴油机的现代直喷系统的前置泵,电动燃油泵包括以下两种类型。

1)容积式泵

容积式泵包括滚柱式泵(图6-12)和齿轮式泵(图6-13),在高压(450kPa或更高)系统中具有良好的性能,低电压时的性能也很好,流量稳定,效率可高达25%。但无法避免压力脉冲产生的噪声,其影响程度与泵的结构及安装位置有关。

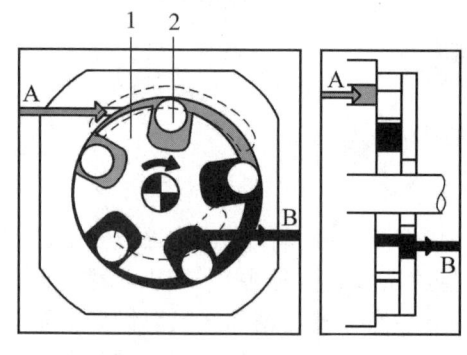

图6-12 滚柱式泵

A—进油口;B—出油口;1—转子(偏心);2—滚柱

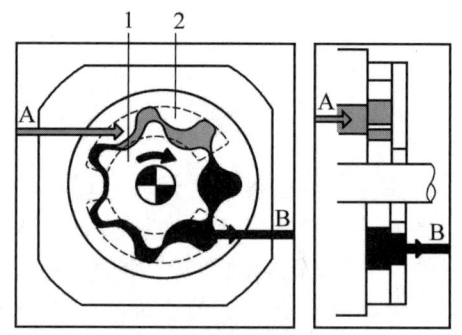

图6-13 齿轮式泵

A—进油口;B—出油口;1—内驱动轮;2—转子(偏心)

2)流体式泵

流体式泵主要类型为叶片式泵(图6-14),可以连续增加压力,几乎没有脉动,所以噪声低,结构比容积式泵简单。单级泵的系统压力可达500kPa,效率达22%。

电动燃油泵大多采用永磁直流电动机作为动力源,通电后带动泵体旋转将燃油从进油口吸入,流经电动燃油泵的内部,再从出油口压出,给燃油系统供油。如电动燃油泵损坏,就无法为发动机输送燃油。

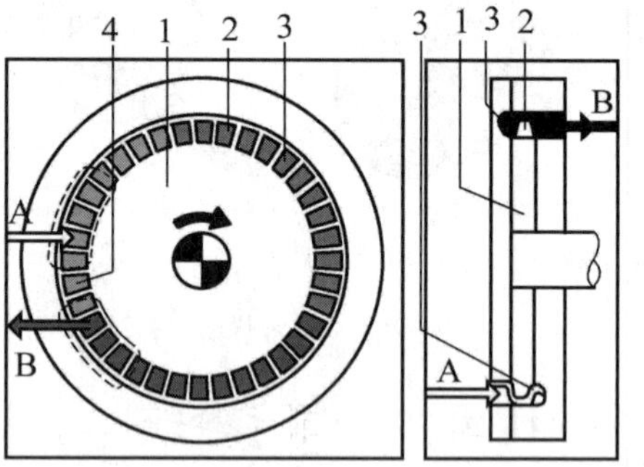

图6-14 叶片式泵

A—进油口;B—出油口;
1—叶轮;2—叶片沟槽;3—通道(在边缘);4—叶轮片

4. 燃油滤清器

燃油滤清器的作用是滤去汽油中的水分和杂质,以确保汽油泵和喷油器的正常工作。点燃式发动机的燃油滤清器安装在燃油泵后的压力侧。

燃油滤清器有三种类型:①带有回油管的燃油滤清器(图6-15);②无回油系统的燃油滤清器(图6-16);③直流式汽油滤清器(图6-17)。

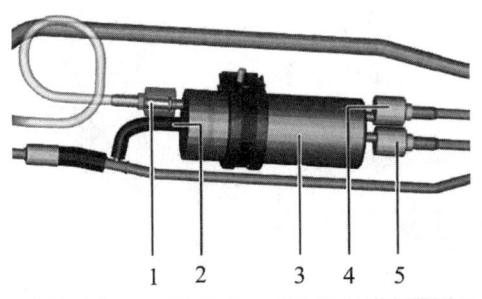
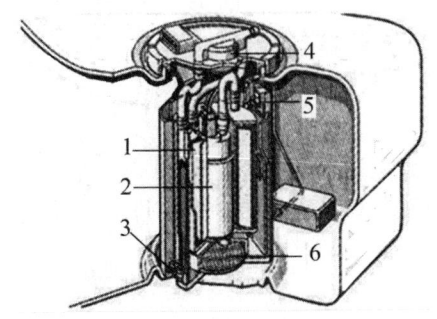

图6-15 带有回油管的燃油滤清器
1—到高压泵接口；2—高压泵泄漏管路上的参考压力接口；3—带压力调节器的燃油滤清器；4—燃油供给管路；5—燃油回流管路

图6-16 无回油系统的燃油滤清器
1—燃油滤清器；2—电动燃油泵；3—吸射泵(受控)；4—燃油压力调节器；5—油面传感器；6—吸油滤网

燃油滤清器外体材质为钢、铝或塑料，位于油箱内部或燃油管路外部，对于"箱内滤清器"，在发动机的使用寿命时间内都不用进行更换。滤清介质使用专门用树脂浸渍的微纤维纸和一层复合塑料纤维层，复合层具有机械强度高、耐热、化学稳定等特点。滤纸的微孔大小和微孔的分布决定了对污物的分离度和流通阻力。

5. 燃油压力调节

1）燃油压力调节器

燃油压力调节器负责确保在连接至发动机的供油管路内压力保持不变，从而使喷油器处压力恒定。可安装在燃油分配管上或装在燃油管路中，在汽油直喷系统的高压燃油泵上，还有一个附加的安装点可以安装燃油压力调节器。

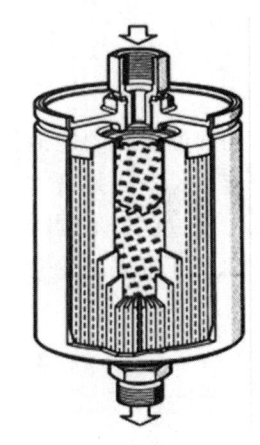

图6-17 直流式汽油滤清器

传统带回油管的燃油压力调节器结构如图6-18所示，位于燃油总管的端部，根据进气歧管压力的变化来调节进入泵油器的燃油压力，使燃油压力与进气歧管压力之差($A+B$)保持不变，从而确保喷油压力在不同的节气门开度下为一定值。

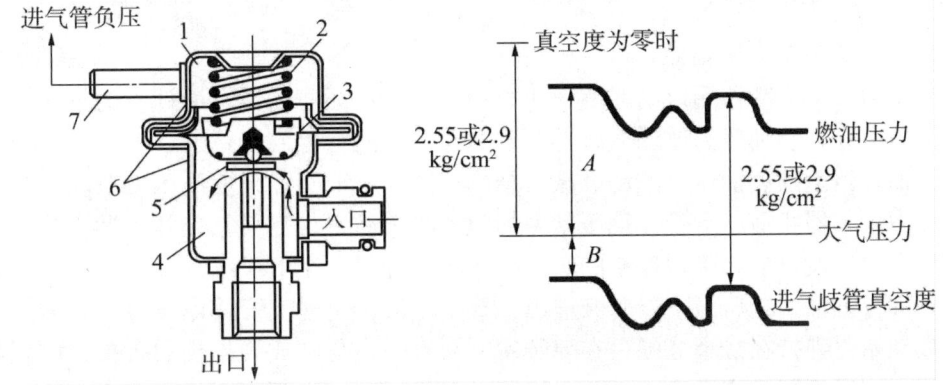

图6-18 传统带回油管的燃油压力调节器
1—弹簧室；2—弹簧；3—膜片；4—燃油室；5—回油阀；6—壳体；7—真空管接口

带回油管路的燃油压力调节器结构如图6-19所示,压力调节器的参考压力管路与高压泵的泄漏管路连接。压力调节器的隔膜通过参考高压泵泄漏管路的压力差值保持燃油压力不变,将影响压差变化的这部分燃油通过回油管,流回燃油箱。

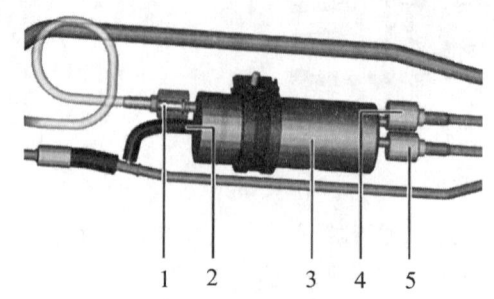

图6-19 带回油管路的燃油压力调节器
1—到高压泵接口;2—高压泵泄漏管路上的参考压力接口;
3—带压力调节器的燃油滤清器;4—燃油供给管;5—燃油回油管

无回油管路的燃油压力调节器结构如图6-20所示,燃油压力调节器与燃油滤清器管路相连,是一个弹簧加载的膜片压力调节器。它把供油管的压力限定在一定的压力范围,当压力超过这个范围时,燃油压力调节器打开溢流阀,过多的燃油就会回流。这种无回流的燃油系统可以减少燃油在发动机舱内被加热的风险,进而可以减小气阻的危险。

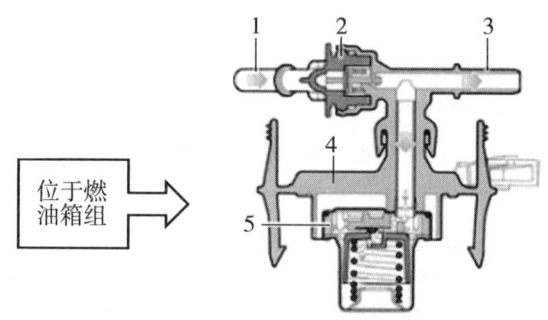

图6-20 无回油管路的燃油压力调节器
1—电动燃油泵接口;2—溢流安全阀;3—燃油滤清器接口;4—壳体;5—溢流阀

2)燃油压力波动衰减器

燃油压力波动衰减器用以消减燃油压力的波动,保证喷油器燃油计量的精度。与燃油压力调节器一样,燃油压力波动衰减器可装在燃油分配管上或管路中。

有回油管路型的燃油压力波动衰减器结构如图6-21所示,燃油压力波动衰减器结构与燃油压力调节器相似。承受弹簧压紧力的膜片将燃油室与空气室分开,燃油压力一旦达到弹簧压紧力的设定值,膜片控制的阀门就从阀座升起。在出现压力峰值时可变化的燃油室吸收一部分燃油,在压力下降时又送出一部分燃油,使进气管其他压力引起的燃油绝对压力的波动始终保持在最小范围。在弹簧室上装有一个与进气管相连的接头,以便与进气管气体压力连通而同步变动。

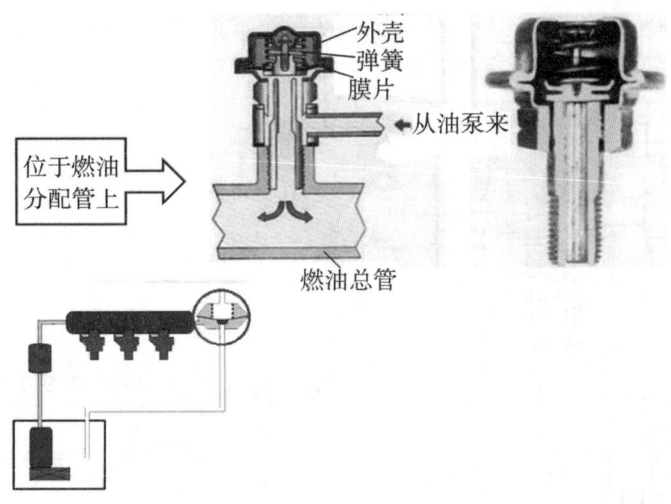

图 6-21 有回油管路型的燃油压力波动衰减器

无回油管路型燃油压力波动衰减器结构如图 6-22 所示，燃油压力波动衰减器采用一个膜片，吸收由于燃油喷射和燃油泵泵油而产生的微量的燃油压力波动。

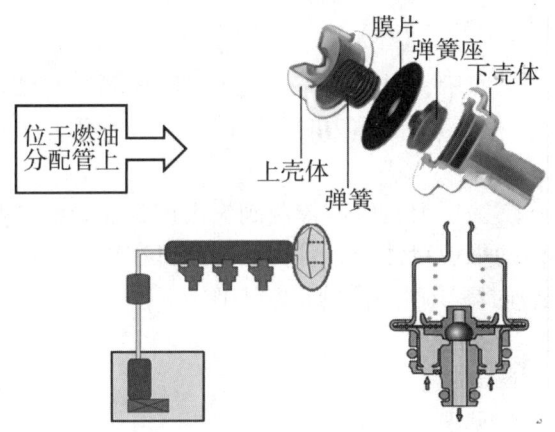

图 6-22 无回油管路型燃油压力波动衰减器

当汽油泵泵油、喷油器喷射及油压调节器的回油阀开闭时，都将引起燃油管路中油压的波动和波动噪声。燃油压力波动太大会使油压调节器的工作失常，油压波动衰减器的作用就是减小燃油管路中油压的波动和波动噪声，并能在发动机停机后保持油路中有一定的压力，以利于发动机的重新起动。

3) 压力调节阀

压力调节阀结构如图 6-23 所示。压力调节阀安装在高压和低压油路间的油轨上，它是一个常闭的比例阀，用脉宽信号控制。在工作时，通过流过电磁线圈 4 的电流大小调节磁力，磁力克服弹簧 2 压紧力使阀门 6 上的球阀升起的高度不同，从而改变燃油的流通截面。压力调节阀按脉宽信号的占空比就可调节所需要的油轨中燃油压力。

高压泵的最大输油量设计为发动机的最大需油量，在输油时会受到一些因素影响（如热的汽油、高压泵的磨损、动态性能），导致油压的变化。通过压力调节阀可以卸压到预压力水平,并调节燃油流回高压燃油泵燃油入口。通过电控单元预先设定的控制压力调节阀可实现高压回路的压力闭环控制和调节。

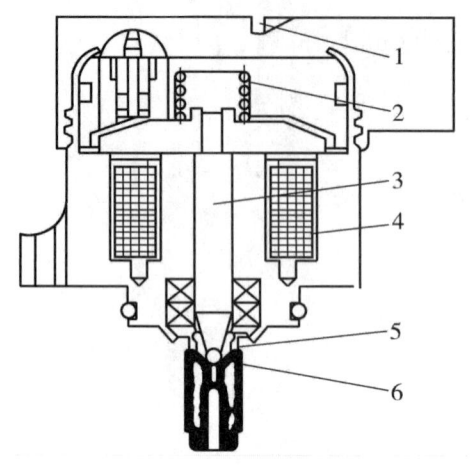
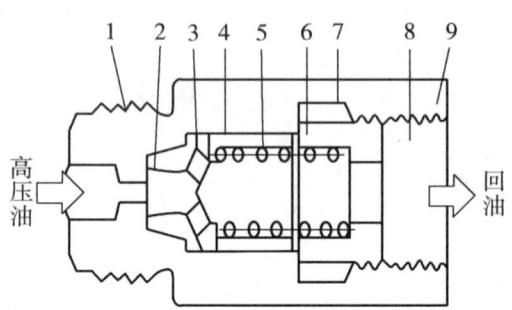

图6-23 压力调节阀
1—电气插头;2—弹簧;3—电枢;
4—电磁线圈;5—回油孔;6—阀门

图6-24 限压阀
1—固定螺纹;2—阀门;3—通流孔;4—活塞;
5—弹簧;6—限位件;7—阀座;8—回油孔;9—外壳

4)限压阀

限压阀结构如图6-24所示,汽油直喷系统中,限压阀装在油轨上。其作用是限制共轨管中的压力,当压力超过弹簧5的弹力时,阀门2打开卸压,高压油经通流孔3和回油孔8流回油箱。

限压阀的作用是防止燃油压力在电磁控制阀失去控制能力时,超过允许值。利用限压阀在整个体积流量范围内的平坦特性线,可保证发动机在正常工况、没有燃油量闭环控制干预(在汽车滑行和停止)时高压喷油器的正常工作。

6.2.2 燃油的内部引流

燃油的内部引流示意图见图6-25。

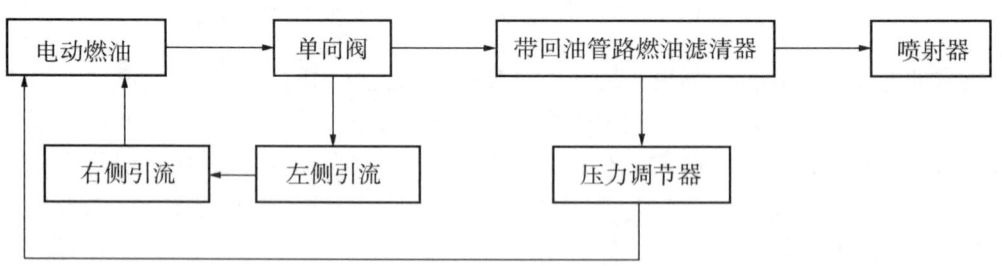

图6-25 燃油的内部引流示意图

如图6-26所示,燃油按照下列顺序从燃油箱输送至发动机:燃油从燃油箱右侧通过首次加注阀11进入燃油槽,从电动燃油泵1经单向阀3进入燃油滤清器4,通过输送管路5输送至发动机。另一部分燃油通过单向阀8输送至左侧引流泵9返回到燃油槽中。与此类似,燃油通过电动燃油泵1,输油过程利用文丘里效应,通过右侧引流泵10将燃油从燃油箱右侧进入燃油槽内。

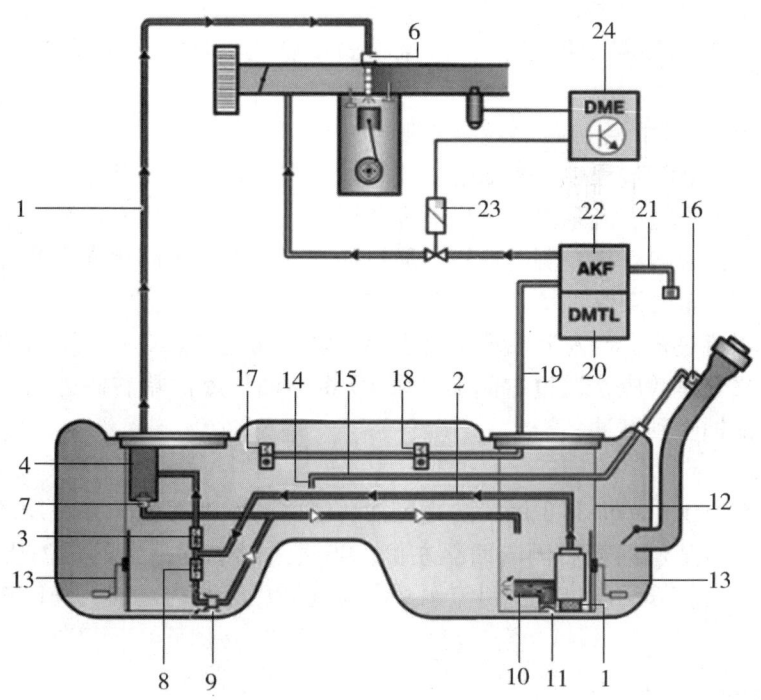

图 6-26 燃油供给系统图

1—电动燃油泵 EKP；2—输送管路；3，8—单向阀；4—燃油滤清器；5—至发动机的输送管路；6—喷射阀；
7—压力调节器；9—左侧引流泵；10—右侧引流泵；11—首次加注阀；12—燃油槽；
13—油位传感器；14—加注通风接头；15—加注通风管路；16—加注通风阀；17—左侧运行通风阀；
18—右侧运行通风阀；19—运行通风管路；20—燃油箱泄漏诊断模块 DMTL；21—通风管路(大气)；
22—活性炭罐 AKF；23—燃油箱通风阀 TEV；24—数字式发动机电子系统 DME

1. 燃油槽

如图 6-27 所示，燃油槽上部为敞开式，位于油箱内。当车辆出现侧倾和俯仰时会导致油箱油面的变化，燃油槽可以确保电动燃油泵始终浸在燃油内(以便对燃油泵进行润滑和散热)，避免在油位较低和行驶动力性较高时，燃油泵吸入空气，确保输送的燃油不会产生气泡。在燃油槽内还装有电动燃油泵、引流泵及首次加注阀。

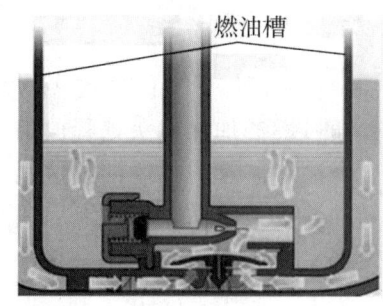

图 6-27 燃油槽

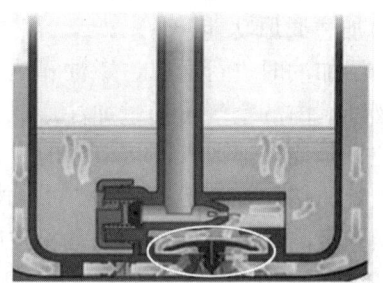

图 6-28 首次加注阀

143

2. 首次加注阀

如图6-28圈中部分所示,在燃油槽底部装有一个膜片式的首次加注阀。它的作用是在燃油加注以及燃油槽排空时确保燃油流入燃油槽内,同时还能防止燃油回流到燃油箱内。

3. 引流泵

引流泵负责在运行过程中为燃油槽加注燃油,它由燃油供给管路进行驱动。引流泵采用喷嘴形状,燃油经过引流泵时会带出周围的燃油。引流泵利用文丘里效应工作。

左侧油箱引流过程,在左侧燃油箱内通过如图6-26所示的单向阀8和引流泵9将左侧燃油箱内的燃油输送至燃油槽。

右侧油箱引流过程,与左侧油箱引流类似,燃油通过如图6-26所示的电动燃油泵1,输油过程利用文丘里效应,通过右侧引流泵10将燃油从燃油箱右侧进入燃油槽内,并确保电动燃油泵能抽吸到燃油。

4. 单向阀

如图6-26所示,单向阀3用于防止燃油滤清器的燃油回流,并在发动机处于静止状态时确保燃油不会从燃油箱右侧流回至左侧。当进入燃油滤清器的燃油压力超过250kPa时,单向阀8就会打开,通过左侧引流泵9参与到循环回路内之前,确保首先为发动机提供充足的燃油。

6.2.3 油箱通风

1. 油箱通风系统

油箱通风系统中的部件包括加注通风接头、加注通风管路、加注通风阀、左侧运行通风阀、右侧运行通风阀、运行通风管路、燃油箱泄漏诊断模块、通风管路(大气)、活性炭罐AKF、燃油箱通风阀TEV、数字式发动机电子系统DME,各部件具体位置如图6-26所示。

2. 油箱通风系统的功能

油箱通风系统有如下功能:①油箱通风保护。②加注通风:燃油加注时,油箱满油跳枪。③运行通风:可在运行期间进行排气,具备翻车保护功能。

1)油箱通风保护功能

车辆静止状态下,需要防止燃油箱中压力过高,否则会导致燃油箱膨胀变形。燃油箱中的压力超过一定值时,加注通风阀以及两个通风阀就会打开,可通过燃油加注管、通风管路以及燃油箱盖释放压力。

2)加注通风功能

为了加油时进行通风,燃油箱内的加注通风管上装有一个向下开口的接头。加油期间,燃油箱内的空气可通过加注通风管至加注通风阀,通过燃油加注接头处释放出。当燃油油位升至加注通风管路接头处时,接头处就会堵住。燃油加注管内的燃油油位就会升至加油枪处,堵住加油枪进气孔,加油枪随即自动关闭。加油枪关闭后,加注通风接头上方会保留一定的膨胀空间,即加油枪关闭后燃油箱并不是完全加满燃油的。

3)运行通风功能

(1)可在运行期间进行排气:

①减少燃油气体排放到大气中;

②防止燃油箱吸扁。燃油箱内形成的燃油气体，通过运行通风阀后，再经运行通风管路，通过清洁空气管路进入活性炭罐 AKF22。由数字式发动机电子系统 DME24 控制燃油箱通风阀 TEV23，将燃油气体输送至发动机进气装置内，进入燃烧室进行燃烧处理，减少燃油气体排放到大气中污染环境（如图 6-29 所示）。当运行期间如活性炭罐和清洁空气管路出现堵塞时，会使燃油箱出现吸扁的现象。

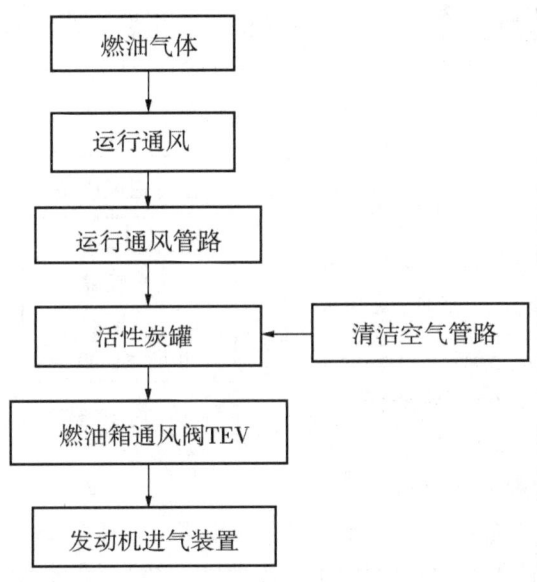

图 6-29　运行通风路线图

（2）翻车保护功能。

油箱通风的翻车保护功能有两种模式，如图 6-30、图 6-31 所示，可在发生翻车事故时确保燃油箱与运行通风管路之间的密封性。运行期间，当车辆的倾斜角度超过 45°时（面临倾翻危险），运行通风阀浮子会随油位一起上升，将圆盘托起，运行通风阀中的浮子封闭排气口，因此燃油不会通过活性炭罐流出。通过这种方式即使燃油箱加满时也可以进行排气，不会存在加油过量的危险。

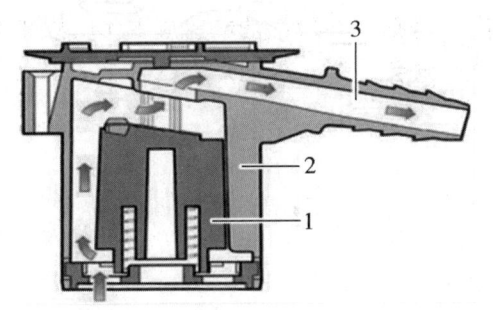

图 6-30　翻车保护 1
1—浮子/翻车保护阀壳体；
2—壳体；3—排气接口

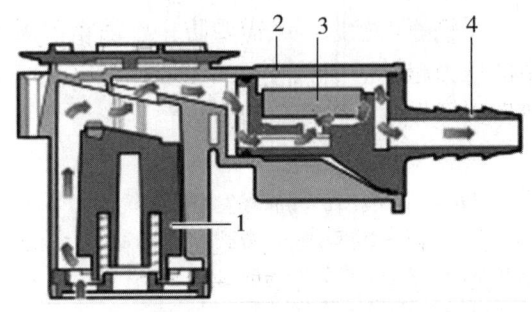

图 6-31　翻车保护 2
1—浮子/翻车保护阀壳体；2—壳体；
3—圆盘；4—排气接口

6.2.4 燃油蒸发排放控制系统

燃油蒸发排放控制系统(EVAP)，又叫汽油蒸气排放控制系统，作用是防止汽车油箱内蒸发的汽油排入大气。

燃油蒸发排放控制系统部件包括左侧运行通风阀、右侧运行通风阀、运行通风管路、燃油箱泄漏诊断模块 DMTL、通风管路(大气)、活性炭罐 AKF、燃油箱通风阀 TEV、数字式发动机电子系统 DME，各部件具体位置如图 6-26 所示。

燃油蒸发排放路线如图 6-32 所示。

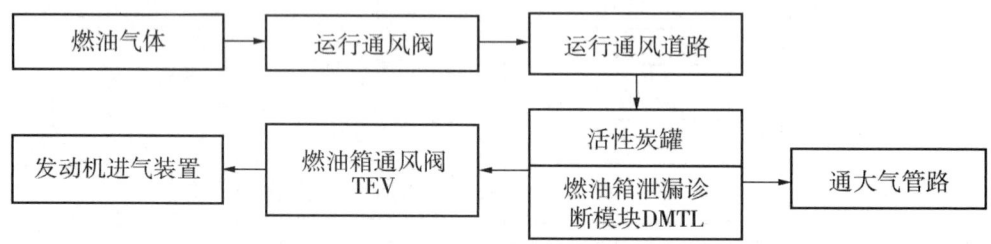

图 6-32 燃油蒸发排放路线图

1. 汽油蒸发排放控制系统类型

汽油蒸发排放控制系统有典型的汽油蒸发控制系统(图 6-33)、带监控的汽油蒸发控制系统(图 6-34)和电磁式燃油蒸发控制系统(图 6-35)三种类型。

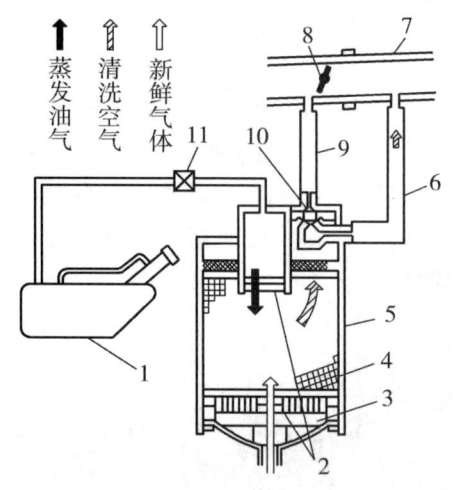

图 6-33 典型的汽油蒸发控制系统
1—汽油箱；2—滤网；3—滤清器；4—活性炭；
5—炭罐；6—蒸气软管；7—节气门壳；8—节气门；
9—真空软管；10—蒸气控制阀；11—单向阀

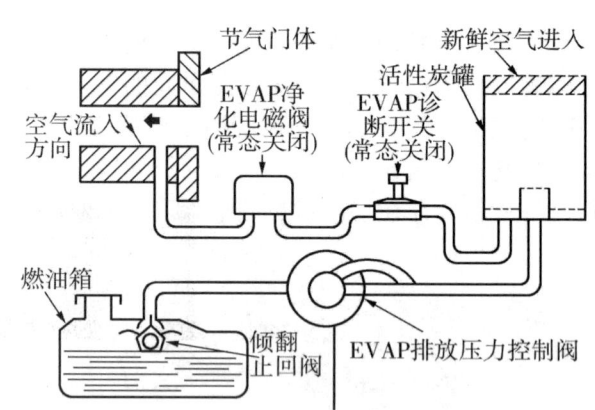

图 6-34 带监控的汽油蒸发控制系统

146

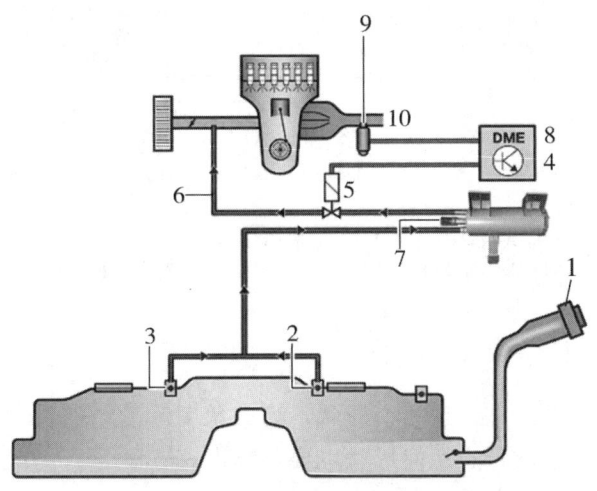

图 6-35 电磁式燃油蒸发控制系统

1—燃油箱盖；2—右侧运行通风阀；3—左侧运行通风阀；4—燃油箱泄漏诊断模块 DMTL；5—燃油箱通风阀；
6—至发动机的输送管路；7—通大气；8—数字式发动机电子系统 DME；9—氧传感器；10—排气管

2. 活性炭罐

汽油是一种易挥发的液体，在常温下燃油箱经常充满蒸气，燃油箱排气装置可以将蒸气引入燃烧并防止挥发到大气中。这个过程起重要作用的是活性炭罐贮存装置。

因为活性炭有吸附功能，当汽车运行或熄火时，燃油箱的汽油蒸气通过管路进入活性炭罐的上部，新鲜空气则从活性炭罐下部进入活性炭罐。发动机熄火后，汽油蒸气与新鲜空气在罐内混合并贮存在活性炭罐中；当发动机启动后，装在活性炭罐与进气歧管之间的燃油蒸发净化装置的电磁阀门打开，活性炭罐内的汽油蒸气被吸入进气歧管参加燃烧。活性炭罐的结构与工作原理如图 6-36 所示。

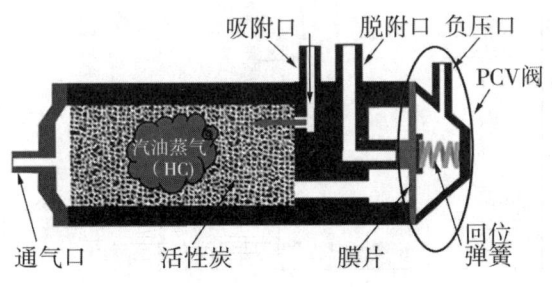

图 6-36 活性炭罐

6.2.5 燃油分配管（低压油轨）

燃油分配管（油轨）可以安装在进气管上，或者和进气管做成一体。燃油分配管（油轨）可以是金属的，也可以是复合材料制造的，用来给喷油器提供燃油，如图 6-37 所示。

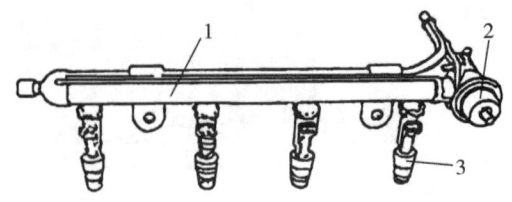

图 6-37 燃油分配管

1—燃油分配管；2—燃油压力波动衰减器；3—喷油器

6.2.6 燃油喷射喷束的形式

燃油喷射喷束的形式，也就是喷束形状、喷束角度和油粒的尺寸，会影响空燃混合气的形成。进气歧管和缸盖特有的几何形状也要与喷束相互配合，为此，需要提供不同形式的喷束形状。有以下三种喷束。

1) 锥形喷束

如图 6-38 所示，从锥形喷束的喷油器定径小孔喷射出来的各燃油喷束共同构成了一个喷束锥，然后进入进气门与进气管壁之间的开口内。锥形喷束应用于单进气门发动机。

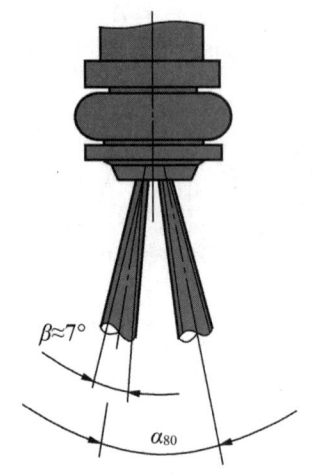

图 6-38 锥形喷束

α_{80}—80% 的燃油在 α 角以内

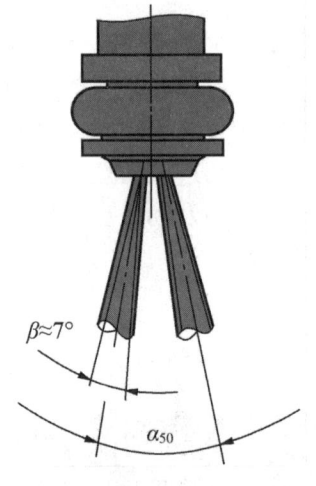

图 6-39 双喷束

α_{50}—50% 的燃油在 α 角以内；

在各喷束中的 70% 的燃油在 β 角以内；

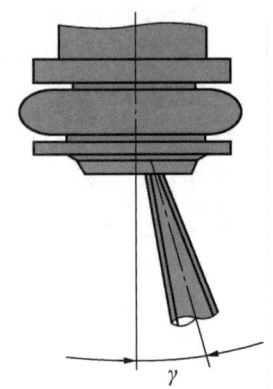

图 6-40 气罩式

γ—喷束方向角

2) 双喷束

如图 6-39 所示，双喷束喷油器应用于带有双进气门的发动机，喷油孔圆盘设计成喷油器喷出两个燃油喷束，分别供给两个进气门。

3) 气罩式

如图 6-40 所示，气罩式喷油器中，空气通过一个附加进气口输入到喷油孔圆盘的出口位置。窄小的间隙使空气流速很高，从而使燃油与空气混合更均匀，雾化效果更好。

合理的喷油器几何形状能产生涡流流动，有利于燃油的雾化，有助于降低有害物质排放，改善发动机冷起动性能。

6.2.7 电控汽油喷射系统的喷油器

电控汽油喷射系统的喷油器大致有以下五种分类方式：

(1)按燃料的进入位置，可分为上方供油式喷油器(图6-41)和侧方供油式喷油器(图6-42)。

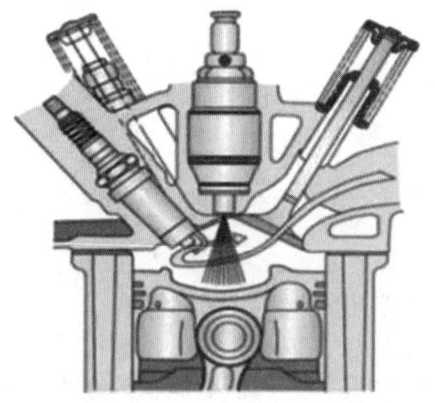 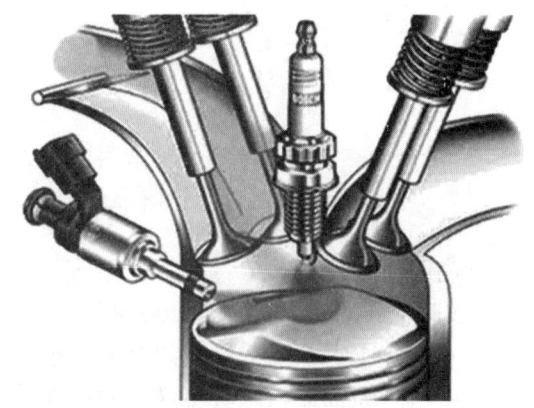

图6-41　上方供油式喷油器　　　　　　图6-42　侧方供油式喷油器

(2)按喷嘴形式，可分为轴针式喷油器(图6-43)和孔式喷油器(图6-44)。

 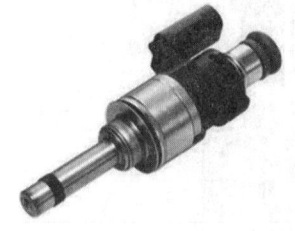 

图6-43　轴针式喷油器　　　　　　图6-44　孔式喷油器

(3)按电磁线圈阻值，可分为低阻式喷油器(电阻为2~3Ω)和高阻式喷油器(电阻为12~16Ω)。

(4)按驱动方式，可分为电流驱动式喷油器(图6-45a)和电压驱动式喷油器(图6-45b、c)。

在电流驱动回路中，无附加电阻，低阻喷油器直接与蓄电池连接，通过ECU中的晶体管对流过喷油器电磁线圈的电流进行控制。由于无附加电阻，回路阻抗小，开始导通时，大电流使针阀迅速打开，喷油器有良好的响应性。针阀打开后，需要的保持电流较小，可以防止喷油器线圈发热，减少功率消耗。

在电压驱动回路中使用低阻喷油器时，必须在回路中加入附加电阻。为使喷油器响应性好，在低阻喷油器中减少了电磁线圈匝数以减小电感，在回路中加入附加电阻，可以防止匝数减少后线圈中电流加大，造成线圈发热而损坏。

电压驱动方式的构成回路较电流驱动简单，但加入附加电阻使回路阻抗加大，导致流过线圈的电流减少，喷油器上产生的电磁力降低，针阀开启迟滞时间长。

一般来说，电流驱动喷油器的迟滞时间(无效喷射)最短，其次为电压驱动低阻值型，

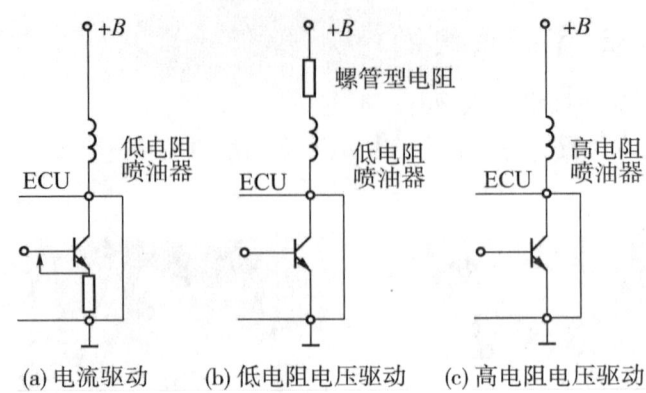

图 6-45 喷油器驱动方式

电压驱动高阻值型最长。

(5)按喷射压力,可分为低压喷油器(图 6-46)和高压喷油器(图 6-47)。

如图 6-46 所示,当低压喷油器通电时,线圈产生磁场,并吸住衔铁,阀针从阀座上升起,燃油流进喷油器。系统燃油压力和喷油孔圆盘上喷孔打开的横截面积最终决定了单位时间的喷油量。当电流切断时,喷孔关闭,喷油停止。

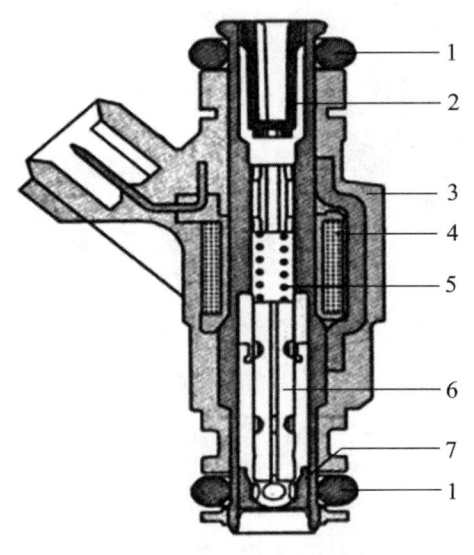

图 6-46 低压喷油器
1—O 形密封圈;2—滤网;
3—带电磁线圈和电气接头的喷油器体;
4—电磁线圈;5—弹簧;6—带衔铁的可动阀针;
7—带喷孔圆盘的阀座

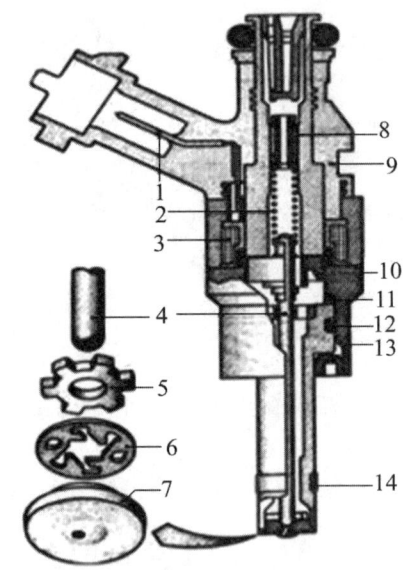

图 6-47 高压喷油器
1—电气接头;2—关闭阀针弹簧;3—电磁线圈;4—阀针;
5—导向圆盘;6—螺旋圆盘;7—底座圆盘;8—控制量孔;
9—喷油器顶盖;10—调整圆盘;11,14—O 形密封圈;
12—喷油器体;13—密封圈

如图 6-47 所示,高压喷油器可计量和雾化燃油,燃油的雾化可加速燃烧室中燃油与空气的混合,形成混合气。混合气处于燃烧室的有限范围内:一种情况是混合气集中在火花塞附近(分层混合气形成方式);另一种情况是混合气均匀地分布在整个燃烧室(均质混合气形成方式)。但不管哪种情况,有点燃能力的混合气应靠近火花塞。

6.2.8 汽油喷射系统的形式

汽油喷射系统形式包括多点喷射(图6-48)和缸内直喷(图6-49)。

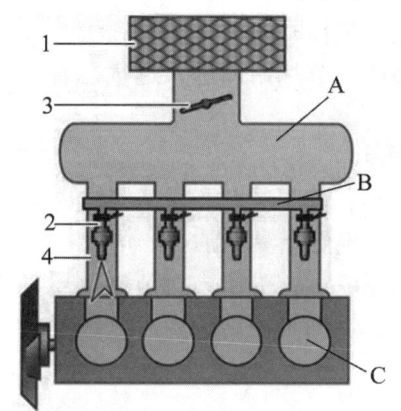

图6-48 多点喷射
A—空气；B—燃油；C—混合气；
1—空气滤清器；2—喷油器；3—节气门；4—进气管

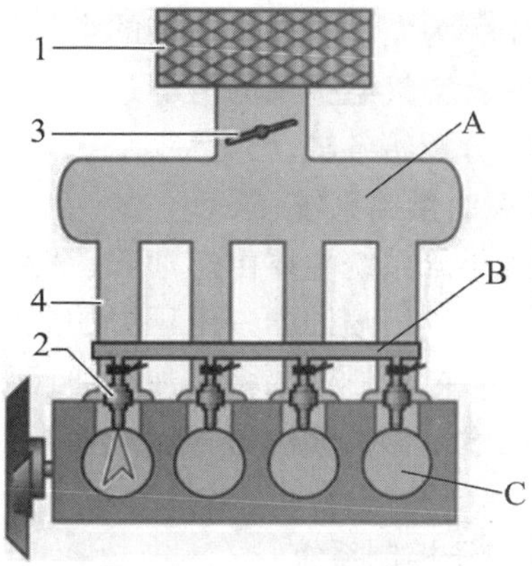

图6-49 缸内直喷
A—空气；B—燃油；C—混合气；
1—空气滤清器；2—喷油器；3—节气门；4—进气管

如图6-48所示，多点喷射形式下，在每一个气缸的进气门前都安装一个喷油器，各缸喷油器按照发动机点火顺序在一定的曲轴转角内分别进行喷油，燃油喷射在进气门外侧形成可燃混合气。这种喷射系统能较好地保证各缸混合气的均匀。

如图6-49所示，缸内直喷形式下，在进气行程中，纯空气通过打开的进气门流入燃烧室。燃油直接喷入燃烧室内，在燃烧室内形成混合气。直喷的优点是耗油量减少，最多可减少15%。

6.3 电控汽油缸外喷射系统

电控汽油缸外喷射系统的燃油在缸外喷射，喷射压力低，均质燃烧。这个系统主要由空气供给系统、燃料供给系统和电子控制系统三大部分组成，如图6-50所示。

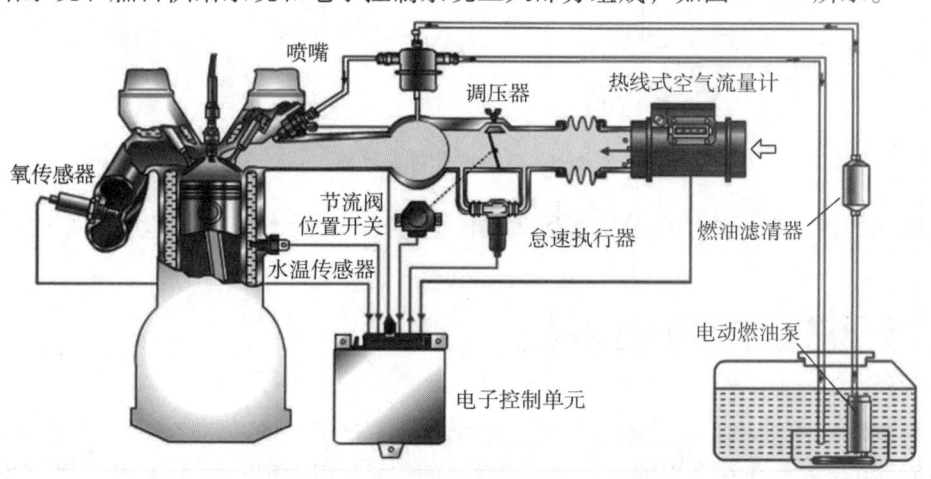

图6-50 电控汽油缸外喷射系统

1. 空气供给系统

质量流量式喷射系统的空气供给系统由空气滤清器、空气流量计、节气门体、空气阀以及谐振腔等构成。

功用：为发动机提供清洁的空气并控制发动机正常工作时的供气量。

原理：空气经空气滤清器过滤后，通过空气流量计、节气门体进入进气总管，再通过进气歧管分配给各缸。

2. 燃油供给系统

燃油供给系统主要由燃油箱、燃油泵、燃油滤清器、调压器以及喷油器构成。

功用：供给喷油器一定压力的燃油，喷油器则根据电脑指令喷油。

原理：电动燃油泵将汽油从油箱吸出，经滤清器过滤后，由压力调节器调压，通过油管输送给喷油器，喷油器根据电脑指令向进气管喷油。燃油泵供给的多余汽油经回油管流回油箱。

3. 电子控制系统

电子控制系统主要由传感器、输入/输出电路以及微机等组成，ECU 是控制系统的核心，如图 6-51 所示。ECU 根据空气流量计信号和发动机转速信号确定基本喷油时间，再根据其他传感器对喷油时间进行修正，并按最后确定的总喷油时间向喷油器发出指令，使喷油器喷油或断油。

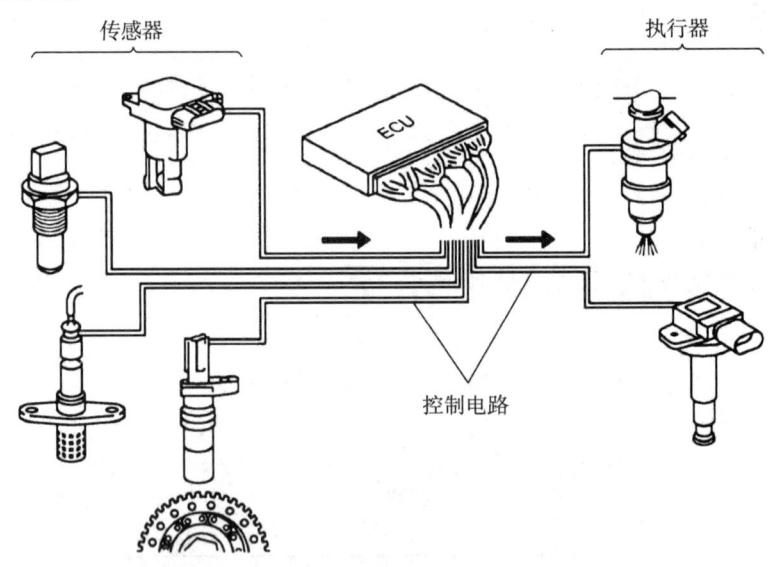

图 6-51 电子控制系统

该系统的各个零部件结构及工作原理在前面已经一一介绍，在这里不再赘述。

6.4 汽油缸内直喷系统

缸内直喷发动机与进气道喷射发动机相比有如下优势：

（1）大负荷或全负荷工况时，缸内直喷发动机在进气行程中将燃油喷入燃烧室，由于油束的移动速度小于活塞的下行速度，使得油束周围的压力较低，燃油迅速扩散蒸发，进而形成均质燃烧混合气。

此外，由于燃油蒸发吸收热量而使缸内温度降低，增强了抗爆震性能，因此缸内直喷发动机可以用较高的压缩比，提高了发动机的热效率，一般可提高到 11～14。另外由于缸内温度降低，提高了充量系数，可发出较大的功率。当发动机在低负荷运行时，在压缩冲程时刻进行燃油喷射，利用缸内滚流的运动促进油气混合，最后在火花塞电极附近形成适宜点火的油气，并且油气浓度在整个燃烧室内呈梯度分布，可实现较大的空燃比，从而提高发动机的经济性。同时，分层燃烧模式使燃烧发生在燃烧室的中心区域，燃烧被周边的空气隔绝降低了热量损失，进一步降低了燃油消耗率。

(2) 缸内直喷发动机在中、小负荷工况时采用分层燃烧模式，燃油浓度呈梯度分布，即在缸壁附近分布的大部分是空气，有效地防止了热量传递给缸体水套，提高了燃烧的热效率。

(3) 进气道喷射发动机在冷起动过程中，缸内温度低，油气蒸发不完全，致使实际喷油量远远超过了按理论空燃比计算得到的喷油量，而且在冷起动时易出现失火或不完全燃烧现象，使 HC 排放增加。相反，缸内直喷技术发动机可以精确地控制每个循环的空气与燃油比例，结合分层燃烧直接起动技术，可以降低冷起动时的 HC 排放，瞬态响应好。

(4) 缸内直喷发动机采用均质调节，根据各缸的实际需求进行燃油喷射，可减少各缸之间的差异，提高各缸均匀性。与进气道喷射汽油机相比，缸内直喷发动机的各缸均匀性一般可以控制在 3% 以内。

6.4.1 汽油缸内直喷系统概述

1. 汽油缸内直喷系统组成与工作原理

汽油缸内直喷系统进一步提高了响应性和燃烧效率，同时降低燃油消耗，提高发动机输出功率和扭矩，降低排放。汽油缸内直喷系统将汽油直接喷射进气缸内，喷射的方法与直接喷射式柴油机相似，系统组成如图 6-52 所示。

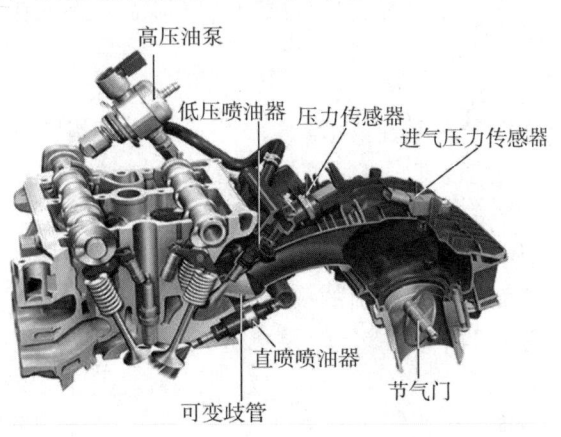

图 6-52 汽油缸内直喷系统的组成

目前，直接喷射汽油机在全世界范围的轿车上得到了推广应用。

汽油直接喷射与进气管燃油喷射不同，不只是在进气门处单纯地流过空气，系统还增加了一个高压燃油泵。安装在气缸盖上的喷油器将燃油直接喷入燃烧室，借助于涡流和滚流的方式快速与空气混合,并点燃。这种喷射系统需要较高的喷射压力,为3～5MPa,如图6-53所示。

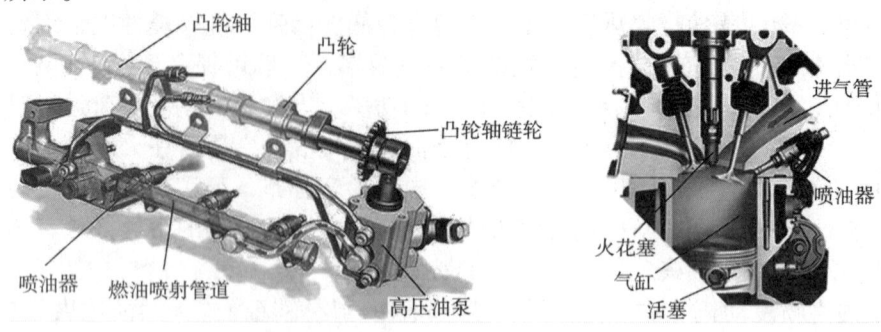

图6-53 缸内直喷的工作原理

2. 汽油缸内直喷系统的燃烧方式

汽油缸内直喷系统中有三种燃烧的方式。

1) 均质燃烧

"均质燃烧"可以理解为普通的燃烧方式,即燃料和空气混合形成一定浓度的可燃混合气,整个燃烧室内混合气的空燃比是相同的,经火花塞点燃燃烧。由于混合气形成时间较长,燃料和空气可以得到充分的混合,燃烧更均匀,从而获得较大的输出功率。均质燃烧的目的是在高速行驶、加速时获得大功率。

与均质燃烧对应的混合气形成方式是均质混合气形成方式,即在发动机进气行程将燃油喷入燃烧室。

2) 分层燃烧

分层燃烧时,整个燃烧室内的混合气的空燃比是不同的,火花塞附近的混合气浓度比其他地方的要高,这样在火花塞周围的混合气可以迅速燃烧,从而带动较远处较稀的混合气体的燃烧。分层燃烧的目的是为了在低转速、低负荷时节省燃油。

与分层燃烧对应的混合气形成方式是分层混合气形成方式,在压缩行程将燃油喷入燃烧室。

3) 均质-分层燃烧

均质-分层燃烧也称为二次混合技术。二次混合技术是指在进气行程中先喷入所需燃料的1/4,形成极稀的均质混合气。在活塞压缩行程末端时再进行第二次喷油,这样在火花塞附近形成混合气相对浓度较高的区域(利用活塞顶的特殊结构),然后利用这部分较浓的混合气引燃气缸内的稀薄混合气,从而实现气缸内的稀薄燃烧。这样可以用更少的燃油达到同样的燃烧效果,进一步降低发动机的油耗。

3. 充量运动挡板(图6-54)

在汽油直接喷射系统中,空气与燃油形成混合气的时间明显短于在进气管燃油喷射系统中形成混合气的时间。为保证在缩短的时间内还能制备足够好的混合气,在汽油直接喷射系统中常采用充量运

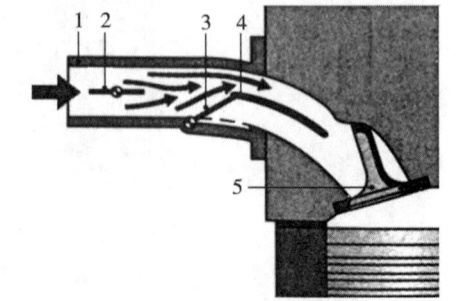

图6-54 充量运动挡板
1—进气管;2—节气门;3—充量运动挡板;
4—分隔板;5—进气门

动挡板,其结构与工作原理如图6-54所示。

充量运动挡板安装在进气门前,根据发动机燃烧方法,挡板可以是水平安装(滚流挡板)或垂直安装(涡流挡板)。滚流挡板可产生有利于燃烧室中的空气与燃油混合的湍流。涡流挡板可引导燃烧室中的空气流动方向,挡板可利用充量的输送(运动)支撑。

充量运动挡板可以是两点式型式,也可以是连续工作系统的型式。

4. 引导混合气燃烧方法

引导混合气燃烧方法包括壁面引导混合气燃烧方法(图6-55)、气流引导混合气燃烧方法(图6-56)和喷雾引导混合气燃烧方法(图6-57)。

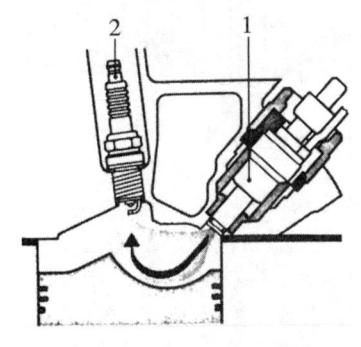

图6-55 壁面引导
1—喷油器;2—火花塞

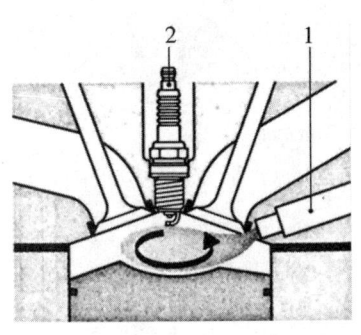

图6-56 气流引导
1—喷油器;2—火花塞

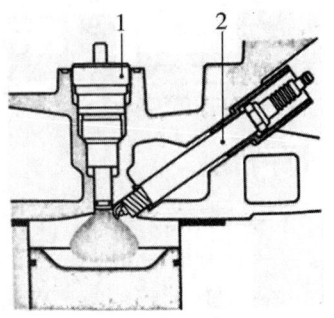

图6-57 喷雾引导
1—喷油器;2—火花塞

如图6-55所示,"壁导"混合气燃烧方法是将燃油从边上喷入燃烧室。通过活塞顶部的凹坑将燃油束带到火花塞附近,燃油束在从喷油器到火花塞的路程中与空气混合而形成混合气。由于混合气制备时间较短,所以必须有比均质混合气形成方式更高的燃油喷射压力。较高的燃油喷射压力可缩短喷油时间,并通过高的燃油冲量达到与空气高的能力交换,促进了燃油与空气的相互混合。其缺点是燃油受到凹腔壁面的限制而引起较高的HC排放。

"气导"混合气燃烧方法的基本原理与"壁导"混合气燃烧方法一样,但混合气的形成有差别。气导混合气的形成是燃油云(一片燃油),燃油云不是直接与凹腔相互作用,而是在偏转的空气垫上继续运动,这样就可克服燃油运动受到的凹腔限制,如图6-56所示。但是"气导"混合气燃烧方法不如"壁导"混合气燃烧方法稳定,因为气流不能完全再现,实际情况中的混合气方法常常是"壁导"混合气燃烧方法和"气导"混合气燃烧方法的结合,至于侧重哪种燃烧方法则与发动机负荷有关。

"喷导"混合气燃烧方法与"气导"混合气燃烧方法的区别在于喷油器的安装位置,它不是安装在燃烧室侧面,而是安装在燃烧室上部中央,燃油垂直向下喷射,如图6-57所示。火花塞位于喷油器旁边,燃油束不偏转,喷油器一边喷射燃油一边点燃。但混合气的制备时间极短,需加大燃油喷射压力。"喷导"混合气燃烧方法不像"壁导"和"气导"混合气燃烧方法那样受到活塞凹腔、气流稳定性和小负荷时气体需节流的限制,所以可节省燃油消耗;但它对燃油喷射系统和点火系统提出了很高的要求。

6.4.2 汽油缸内直喷系统高压燃油泵

汽油缸内直喷系统高压燃油泵包括三柱塞高压燃油泵(图 6-58)和单柱塞高压燃油泵(图 6-59)。

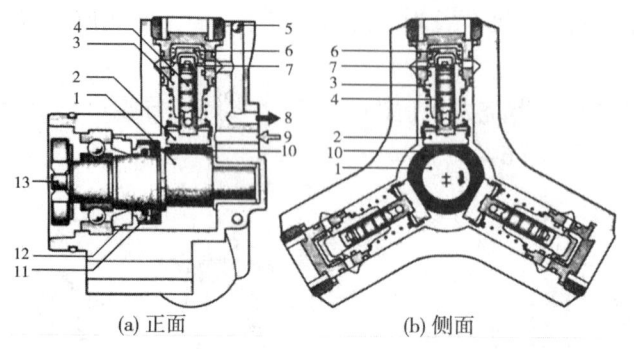
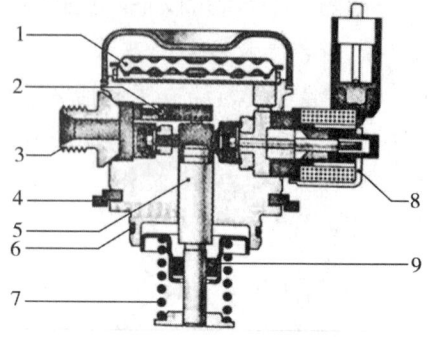

图 6-58 三柱塞高压燃油泵

1—偏心轮；2—滑套；3—柱塞套；4—柱塞(中孔、进油)；
5—堵塞球；6—出油阀；7—进油阀；8—至油轨高压接头；
9—燃油入口(低压)；10—行程环；11—轴向密封(滑动环密封)；
12—静密封；13—驱动轴

图 6-59 单柱塞高压燃油泵

1—可变压力波动衰减器；2—限压阀；
3—高压接头；4—固定法兰；5—柱塞；
6—O 形密封圈；7—柱塞弹簧；
8—电磁控制阀；9—柱塞密封

三柱塞高压燃油泵是连续供油的高压燃油泵。输送的燃油量与转速成正比，三个彼此错开 120°的输油元件可保证连续供油，压力波动小。与单柱塞按需调节供油系统相比，可降低对连接管路的技术要求，同时还可省去低压油压波动衰减器。三柱塞高压燃油泵通过电控单元预先设定的控制压力调节阀实现高压回路的压力闭环控制和调节。

单柱塞高压燃油泵是由凸轮轴驱动的。在泵上装有电磁控制阀(计量单元)、高压侧限压阀和压力波动衰减器(在低压侧)，并以插接方式固定在气缸盖上。如在四缸发动机上，四角凸轮可以实现输油和喷油同步，即在每次喷油时就有一次输油。这样，一方面可降低高压回路的振动，另一方面可减小油轨的容积。

提示：影响高压燃油泵的输油性能的因素包括热的汽油、高压泵磨损、动态性能。

6.4.3 高压喷射装置(油轨)

高压喷射装置的任务是通过贮存的燃油容积和压力，实现按发动机工况贮存和分配所需的燃油，燃油容积和压力必须与发动机工况匹配。此外，合适的燃油容积可抑制油轨中的燃油压力波动。高压油轨的结构见图 6-60。

缸内直喷发动机高压油轨至喷射器的高压管路在油轨侧不是采用螺栓连接方式，而是采用了焊接方式。

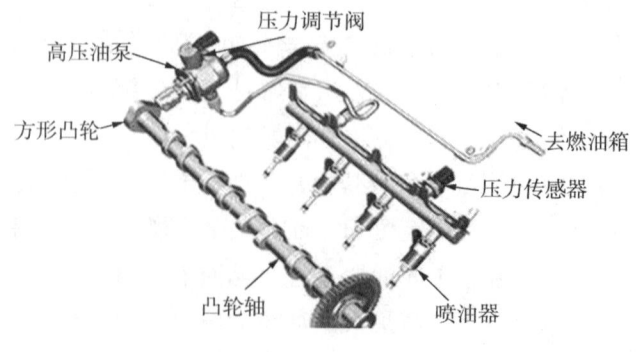

图 6-60 高压油轨

6.4.4 缸内直喷喷油器

缸内直喷喷油器包括轴针式电磁式喷油器(图6-61)和轴针式压电式喷油器(图6-62)。

如图6-61所示,轴针式电磁阀式喷油器内部有一个电磁线圈3,通过接线座2经线束与电控单元连接。喷油器头部的针阀6与衔铁5连接为一体。当电磁线圈3有电流通过时,便产生吸力,将衔铁5和针阀6吸起,打开喷孔,燃油经针阀头部的轴针7与喷孔之间的环形间隙高速喷出,并被粉碎成雾状,喷入气缸。电磁线圈3无电流通过时,磁力消失,弹簧4将衔铁5和针阀6下压,关闭喷孔停止喷油。

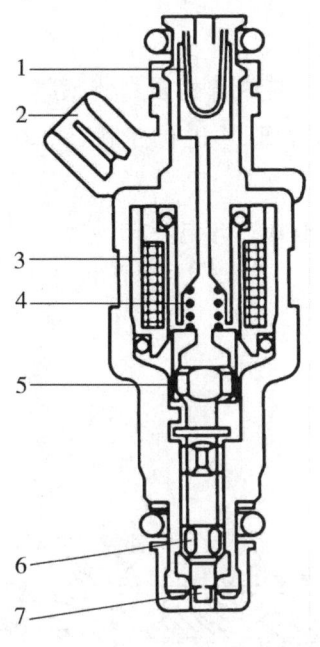

图6-61 轴针式电磁式喷油器
1—滤网;2—接线座;3—电磁线圈;
4—回位弹簧;5—衔铁;6—针阀;7—轴针

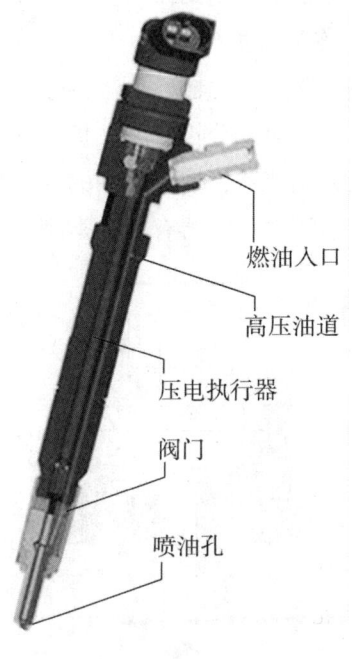

图6-62 轴针式压电式喷油器

如图6-62所示,轴针式压电式喷油器主要由回油口、进油口、压电动作模块、液压连接器、伺服控制阀、喷嘴模块和喷孔组成。压电式喷油器中,运动件阀针的质量和摩擦阻力显著减小,动态性能好,进一步提高动力性和降低排放。其优点是节能、寿命长,可使喷油速率、喷射规律以及精确度达到最优。

6.4.5 燃油系统传感器介绍

燃油系统传感器主要有油位/液位传感器、燃油压力传感器和燃油温度传感器三种。

1. 油位/液位传感器

油位/液位传感器如图6-63所示,油位浮子通过油位的高低引起滑动电阻阻值的变化,实现油位的监测。

被动式磁膜位置传感器在陶瓷托架上串联有 50 个带分触头的膜式电阻器，电阻上方安装了一个带有相同数量接触簧片的磁膜 1。油位传感器杆上装有一块磁铁，磁铁 5 位于陶瓷托架 3 外部，它可以将各个弹簧触点吸到接触通道 4 上，根据磁铁的位置按比例改变电气输

图 6-63　油位/液位传感器
1—接触膜；2—间隔支架；3—陶瓷托架；
4—接触通道；5—浮子杆上的磁铁

出信号。由于通过磁膜方式连接，传感器的密封性非常好，即使外部环境条件非常恶劣，微型触点也不会受到污染。

2. 燃油压力传感器

燃油压力传感器（图 6-64）用螺纹紧固在共轨管上，其内部的压力传感膜片可以感受共轨压力，通过分析电路，把压力信号转换成电信号传至 ECU 进行控制。ECU 以此信号控制压力调节器，使油轨中的油压保持稳定不变。

燃油压力传感器有三种类型：①压敏电阻式；②压电式；③电容式。

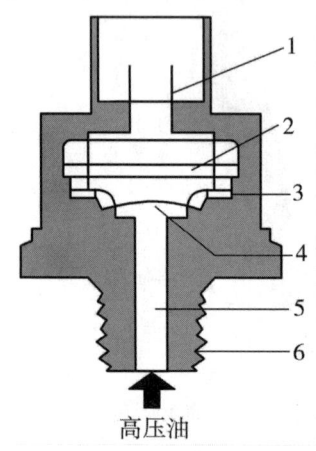

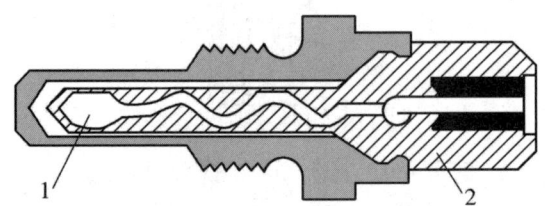

图 6-64　燃油压力传感器
1—电气插头；2—分析电路；3—外壳；
4—压力传感膜片；5—油道；6—固定螺纹

图 6-65　燃油温度传感器
1—热敏电阻；2—电插头

3. 燃油温度传感器

燃油温度传感器（图 6-65）是一个负温度系数热敏传感器，它安装在高压燃油泵中，与燃油接触，用于检测高压燃油泵的燃油温度。

ECU 根据燃油温度控制单体泵电磁阀的开闭时间，从而进行供（喷）油量修正。

项目实操

请根据下表进行燃油供给系统的实操训练。

序号	实 操 项 目	实 操 目 的
1	燃油压力测试	● 掌握燃油压力表的使用方法 ● 掌握燃油压力的原因分析方法
2	燃油泵的检修	● 掌握万用表的使用方法 ● 掌握燃油泵的检修方法
3	喷油器的检修	● 掌握喷油器检修方法

实操1 燃油压力测试

通过检测汽车燃油系统内部压力,根据压力值差异大小诊断燃油系统是否有故障,进而根据检测结果确定故障性质和部位。检测方法与步骤如下。

1. 释放燃油管路内的剩余压力

在拆卸燃油系统内任何元件前,都必须先释放燃油系统压力,以免系统内压力油喷出,造成人身伤害或火灾。卸除燃油系统压力的方法与步骤如下。

①关闭点火开关;

②拆卸燃油泵继电器或熔断器,也可分离后备厢内的燃油泵线束连接器;

③启动发动机,使其处于怠速状态。由于管路中燃油压力下降,发动机运行不久后将会自动停止;

④再次启动发动机两三次,利用启动喷射消除油管中残余压力;

⑤关闭点火开关,装上油泵继电器或熔断器或电动油泵线束连接器;

⑥使用诊断仪删除与燃油泵系统相关的故障代码。

2. 测试燃油压力

①把燃油压力表(图6-66)安装到燃油压力表适配器上。压力表一般安装于汽油滤清器的出油口或燃油分配管的进油口处,对于带测压口的车辆,可将燃油压力表连接至测压口处,如图6-67所示。

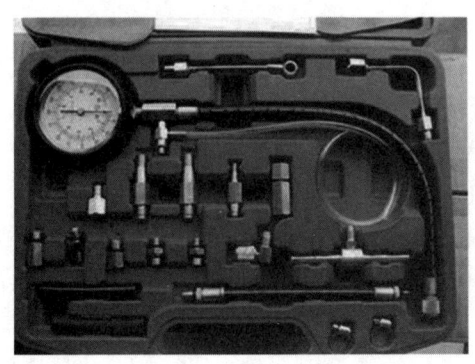

图6-66 燃油压力表

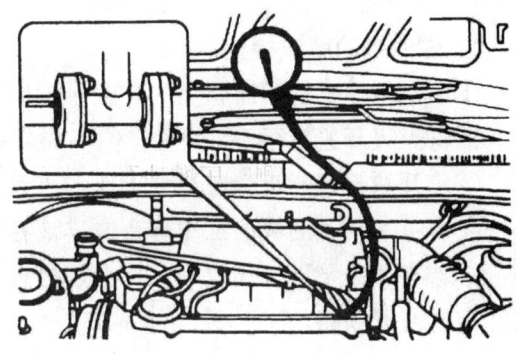

图6-67 燃油压力与燃油供系统的连接

②将点火开关转到 ON 位置，检查燃油是否泄漏。

③启动发动机，检查燃油是否泄露。

④读取燃油压力表上的读数。怠速时，一般为 0.25～0.30MPa 或符合车型技术规定。

⑤检查怠速工作压力：拔下真空管时油压应上升至 0.3MPa。否则应更换油压调节器。

⑥测量最大油压：用包有软布的钳子夹住回油管，此时油压表读数为油泵最大供油压力，一般为正常工作油压的 2～3 倍。

⑦检查剩余油压：松开油管夹钳，发动机熄火，燃油泵停止运转 10min 后，油管保持压力应大于 150kPa。

3. 油压分析

油压表读数不外乎油压为零、油压正常、油压过高和油压过低四种情况。

①若油压为零，先检查油箱存油量及油道是否严重外泄，燃油滤清器是否完全堵塞。排除可能性后，若油压依然为零，则需检查燃油系统的控制电路，如保险丝是否烧断、继电器是否工作、油泵电路线束有否开路、油泵是否损坏等。

②若油压过高，主要检查压力调节器顶部的真空管是否松脱或破裂漏气，或油压调节器回油管是否堵塞等。

③当燃油压力过低，或油泵停止工作 2～5min 内油压迅速下降，在排除油路向外泄漏的前提下，考虑是否为喷油器泄漏、燃油压力调节器故障、燃油滤清器堵塞、油泵故障。

4. 拆卸燃油压力表

先卸压，再拆去燃油压力表，将进油管重新连接好，起动发动机，检查油管是否渗漏。

发动机燃油压力的检查有以下注意事项：

①注意通风，防止火源，准备好消防设施；

②在拆卸燃油管之前一定要先卸压；

③油管不得有老化渗漏现象；

④密封件、卡扣为一次性零件，维修时应更换；

⑤在起动发动机时注意检查油管是否渗漏。

实操 2　燃油泵的检修

1. 燃油泵的就车检查

①用专用导线将诊断座上的燃油泵测试端子跨接到 12V 电源上；

②将点火开关转至 ON 位置，但不要起动发动机；

③旋开油箱盖能听到燃油泵工作的声音，或用手捏进油软管应感觉有压力；

④若听不到燃油泵的工作声音或进油管无压力，应检修或更换燃油泵；

⑤若有燃油泵不工作故障，且上述检查正常，应检查燃油泵电路导线、继电器、易熔线和熔丝有无断路。

2. 电动燃油泵的检测

拔下电动燃油泵(如图6-68所示)的导线连接器,从车上拆下电动燃油泵进行检查。

1)电动燃油泵电阻的检测

用万用表Ω挡测量电动燃油泵上两个接线端子间的电阻,即为电动燃油泵直流电动机线圈的电阻,其阻值应为2~3Ω(20℃时)。如电阻值不符,则须更换电动燃油泵。

2)电动燃油泵工作状态的检查

将电动燃油泵与蓄电池相接(正负极不能接错),并使电动燃油泵尽量远离蓄电池,每次接通不超过10s(时间太长会烧坏电动燃油泵电动机的线圈)。如电动燃油泵不转动,则应更换电动燃油泵。

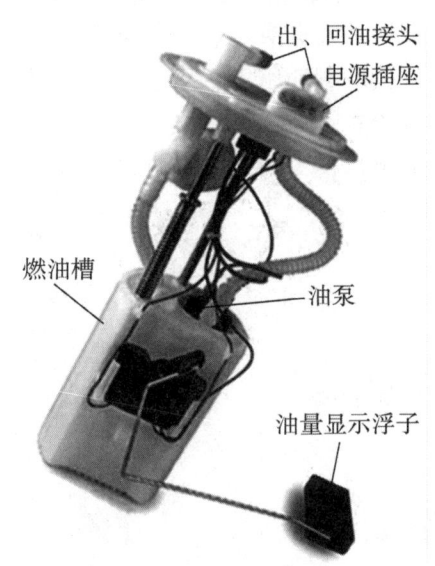

图6-68 电动燃油泵

实操3 喷油器的检修

1. 喷油器的就车检查

1)喷油器工作情况的检查

可通过检查喷油器工作声音和发动机转速变化来判断:发动机运转时用手指接触喷油器,应有脉冲振动感觉;用螺钉旋具(俗称螺丝刀)或听诊器与喷油器接触,应能听到其有节奏的工作声。否则表明喷油器工作不正常,应对喷油器或电控单元输出的喷油信号做进一步检查。

断(油)缸检测:在采用断油检查方法时,若拔下某缸喷油器线束插头,停止喷油,发动机转速立即下降,表明该喷油器工作正常;否则表明不工作或工作不良,应做进一步检查。若拔下某缸喷油器线束插头,排气管停止冒烟,则表明该缸喷油器发卡不能关闭。

2)喷油器电磁线圈电阻的检查

如图6-69所示,检查时拔下喷油器线束插头,用万用表测量其接线柱间的电阻;在20℃时,高电阻喷油器电阻应为12~16Ω;低电阻喷油器电阻应为2~5Ω;否则,应予以更换。

3)喷油器的电压检查

用万用表测量喷油器电压,一般为9~14V。

2. 喷油器的检查

(1)喷油器泄漏情况的检查:漏油量在1min内应少于1滴,否则应予更换。

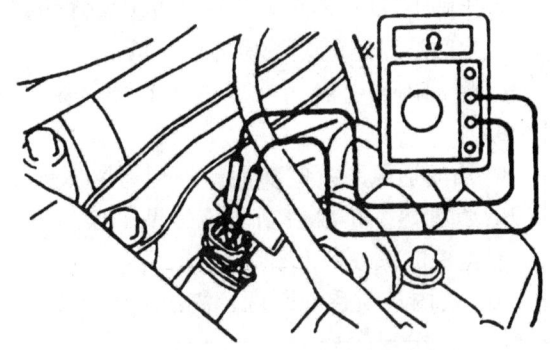

图6-69 喷油器电阻的检查

(2)喷油器喷油量的检验：喷油器相互间的喷油量差值应小于其喷油量的10%，否则应加以清洗或更换。

(3)喷射质量的检查：如图6-70所示。

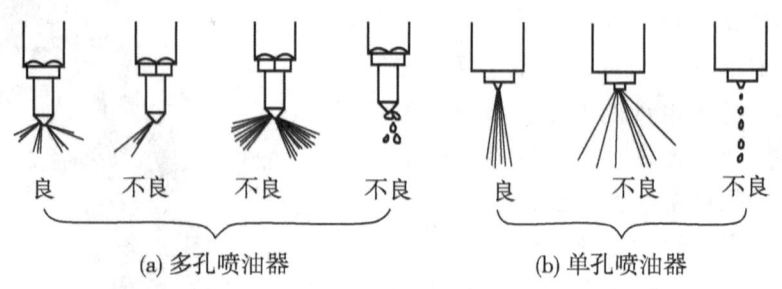

图6-70 喷射质量试验

1. 汽油的特性：汽油是一种易燃液体，主要是由$C_4 \sim C_{10}$各种烃类组成，是碳氢化合物（HC）组成的复杂混合物，而且汽油不含有电解质，故汽油不具有导电性。汽油一般为黄色或橙色（国外的汽油有些为蓝色、天蓝色、红色或绿色），相对密度约为0.72。影响燃料性能的主要因素是挥发性、含硫量、辛烷值和添加剂；选择汽油时要注意发动机压缩比与辛烷值的关系。

2. 柴油的特性：柴油是从石油中提炼出来的，柴油来自于中间馏分（轻质油），它的性质和特性与汽油不同（如十六烷值）。柴油的十六烷值越高，柴油越容易自燃；而汽油的辛烷值越高，汽油越不易自燃。

其他代用燃料有天然气、液化石油气、醇类燃料、醚类燃料、生物燃料。

3. 燃油箱的类型：常规油箱、主副分体油箱、长体油箱、马鞍形油箱。

4. 电动燃油泵类型：容积式泵、流体式泵。

5. 汽油滤清器的作用是滤去汽油中的水分和杂质，以确保汽油泵和喷油器的正常工作。有带压力调节器的燃油滤清器和不带压力调节器的燃油滤清器两种结构。

6. 燃油压力调节阀有：传统带回油管的燃油压力调节阀、带回油管路的燃油压力调节阀、无回油管路的燃油压力调节阀。

7. 燃油内部引流和外部供给的部件结构及功用（油槽、首次加注阀、引流泵、安全阀）。

8. 油箱通风系统的功能：油箱通风保护、加注通风、运行通风。

9. 汽油蒸发排放控制系统类型：典型的汽油蒸发控制系统、电磁式燃油蒸发控制系统、带监控的汽油蒸发控制系统。

10. 缸内直喷系统原理，汽油缸内直喷系统中有三种燃烧的方式：均质燃烧、分层燃烧、均质-分层燃烧。

一、填空题

1. 汽油是一种易燃液体,主要是_____组成的复杂混合物,同时也是一种最简单的有机化合物,而且汽油不含有电解质,故汽油不具有_____。
2. 影响燃料性能的主要因素是_____。
3. 97 号汽油研究法辛烷值(RON)为_____。
4. 电动燃油泵包括:_____、_____。
5. 燃油滤清器类型:_____、_____、_____。
6. 燃油压力调节器类型:_____、_____。
7. 引流泵利用_____工作。
8. 油箱通风的功能:_____、_____。
9. 燃油蒸发排放控制系统类型:_____、_____、_____。
10. 活性炭罐作用:将燃油箱的燃油蒸气_____,引入进气管参与燃烧,防止大量挥发到大气中。
11. 燃油喷射喷束的形式有_____、_____、_____。
12. 在燃油直接喷射中有三种混合气的形成方式,分别是_____、_____、_____。
13. 分层混合气混合方式采用的燃烧方法有:_____、_____、_____。
14. 影响高压燃油泵的输油性能的因素:_____、_____、_____。
15. 高压油轨的任务是按发动机工况_____所需的燃油。
16. 油位浮子是通过油位的高低引起_____的变化,实现油位的监测。

二、判断题

1. 汽油滤清器的作用是清除进入汽油泵前汽油中的杂质和水分,从而保证汽油泵和发动机的正常工作。( )
2. 汽油的抗爆性用辛烷值评定,辛烷值越高,抗爆性越好。( )
3. 均质混合气混合方式与进气管燃油喷射的混合方式相似。( )
4. 燃油分配管(油轨)安装在排气管上。( )
5. 在每一个气缸的进气门前都安装一个喷油器,叫作单点喷射。( )
6. 燃油压力调节器负责确保在连接至发动机的供油管路内压力保持不变,从而确保喷油器处压力恒定。( )

项目七 起动系统与点火系统

学习目标

1. 能描述带减速机构的起动机和直接驱动的起动机的结构；
2. 能说明单火花点火线圈点火系统和双火花点火线圈点火系统；
3. 能描述紧凑的点火线圈和双火花点火线圈的结构；
4. 能说明火花塞的结构、电极形状类型、火花位置和火花间隙；
5. 能说明火花塞的热特性，正确区分冷型火花塞与热型火花塞；
6. 能辨别火花塞各种烧蚀类型。

7.1 概述

最早研制成功点火系统的人是查尔斯·凯特林(Charles Kettering)，他在1911年为凯迪拉克(Cadillac)公司研制了电动起动机和电动点火系统。起动系统的作用是给发动机提供一定的力矩和转速，使发动机吸入空气和产生初始压缩，进而点燃混合气自行工作。点火系统的功用就是按照气缸的工作顺序定时地在火花塞两电极间产生足够能量的电火花。

起动系统和点火系统的结构如图7-1所示，起动与点火的控制如图7-2所示。

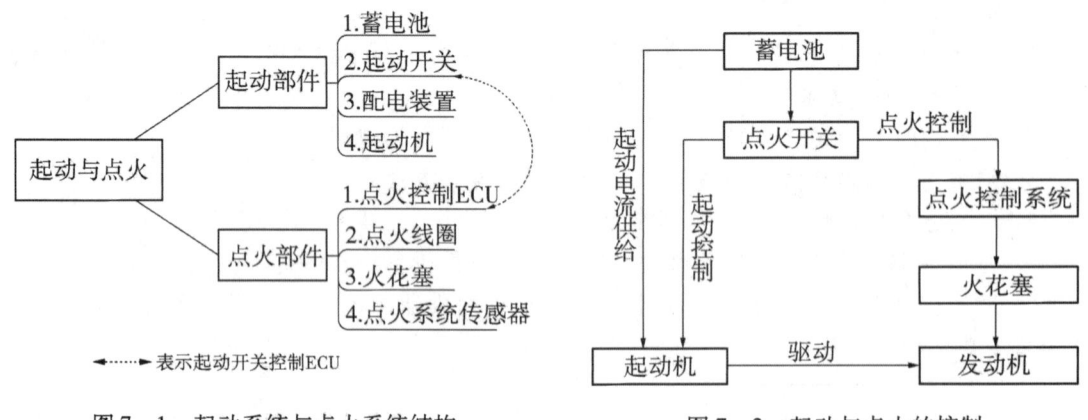

图7-1 起动系统与点火系统结构　　　图7-2 起动与点火的控制

7.2 起动系统

要使发动机由静止状态过渡到工作状态，必须先用外力转动发动机的曲轴，使活塞作往复运动，气缸内的可燃混合气燃烧膨胀做功，推动活塞向下运动使曲轴旋转，发动机才能自行运转，工作循环才能自动进行。因此，曲轴在外力作用下开始转动到发动机开始自动地怠速运转的全过程，称为发动机的起动。完成起动过程所需的装置，称为发动机的起动系统。

汽车起动系统主要由蓄电池、点火开关、起动机、继电器或电磁开关、起动机啮合传动机构几部分组成，如图7-3所示。

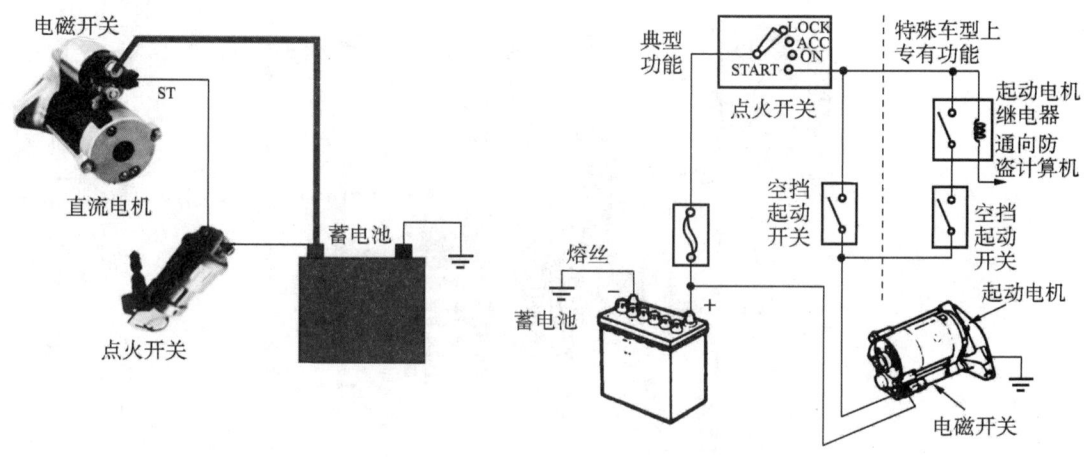

图7-3 起动系统结构部件及功能

①蓄电池：为起动提供电能；
②点火开关：为发动机的起动与停止提供控制；
③起动机：将蓄电池的电能转化成机械能并带动曲轴转动；
④继电器或电磁开关：小电流控制大电流，为起动电路提供安全保证；
⑤起动机啮合传动机构：起动机与曲轴的接合与分离装置。

7.2.1 起动机结构

起动机由三个功能部件组成：直流电动机、啮合继电器（电磁开关）、啮合传动机构，如图7-4所示。

起动机需要满足以下技术要求：
①可随时起动；
②在不同的环境温度下有足够的起动功率；
③使用寿命长；
④结构坚固；
⑤重量轻、体积小；
⑥免维护。

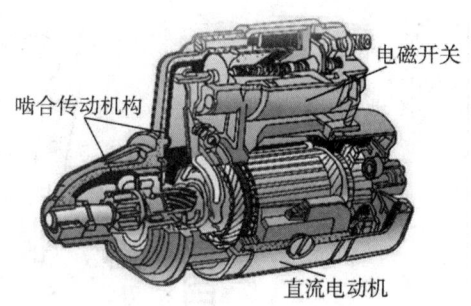

图7-4 起动机的结构

7.2.2 带齿轮减速机构的起动机

带齿轮减速机构的起动机(图7-5)通常用于大排量汽油发动机和柴油发动机,具有较高起动功能和结构紧凑的优点。

这种起动机带有行星齿轮箱,行星齿轮箱由固定式玻璃纤维增强聚酰胺齿圈和烧结钢行星齿轮组成。

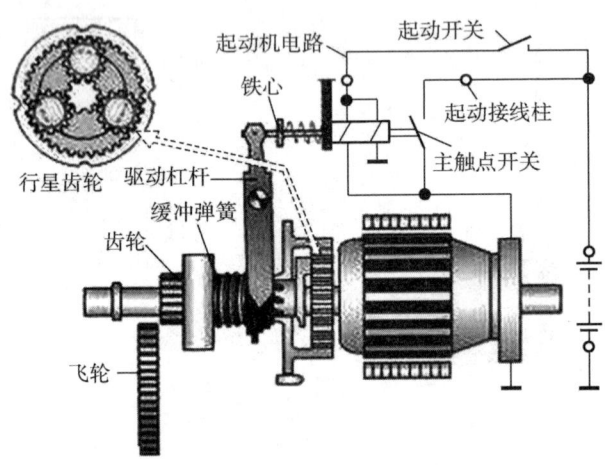

图7-5 带齿轮减速机构的起动机

7.2.3 直接驱动式起动机

直接驱动式起动机(图7-6)的特点是起动转矩大且空载转速高,电动机转速不经过变速直接传递到啮合传动机构上。只要未操纵起动开关,继电器上就无电流,回位弹簧将小齿轮推入其静止位置。

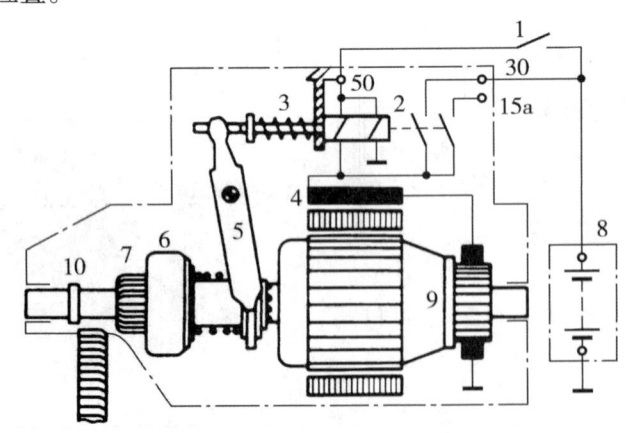

图7-6 直接驱动式起动机
1—点火起动开关或行驶开关;2—啮合继电器;3—回位弹簧;4—励磁绕组、串励绕组;
5—啮合拨杆;6—滚柱式单向离合器;7—小齿轮;8—蓄电池;9—电枢;10—挡圈

7.3 点火系统

点火系统是汽油发动机重要的组成部分,点火系统的性能良好与否对发动机的功率、油耗和排气污染等影响很大。能够在火花塞两电极间产生电火花的全部设备称为发动机"点火系统",汽油机在压缩接近上止点时,可燃混合气由火花塞点燃后燃烧对外做功,因此,汽油机的燃烧室中都装有火花塞。点火系统的功用就是按照气缸的工作顺序定时地在火花塞两电极间产生足够能量的电火花。

现代点火系统包括点火开关、点火线圈、控制单元、蓄电池、火花塞、传感器等。

①点火开关:为点火提供控制,点火打开,发动机点火系统工作,发动机运行;点火关闭,发动机点火系统不工作,发动机停止;

②点火线圈:将蓄电池的12V(或24V)低压电变成10000~30000V高压电;

③控制单元(ECU):对点火精准控制提供保证;

④蓄电池:为点火提供电能;

⑤火花塞:将电能转化成电火花点燃混合气;

⑥传感器:收集发动机的各种信息,为精准点火提供依据。

7.3.1 现代点火系统结构

现代点火系统结构形式有两种:单火花点火线圈点火系统(图7-7)和双火花点火线圈点火系统(图7-8)。

如图7-7所示,在单火花点火线圈点火系统中,一个点火线圈对应一个火花塞(也就是只对应一个气缸),为其提供高压电源。独立点火线圈位于气缸盖内,紧靠每个火花塞,每个一次绕组都单独拥有由控制单元根据输入信息按规定顺序分别供电的点火输出极。

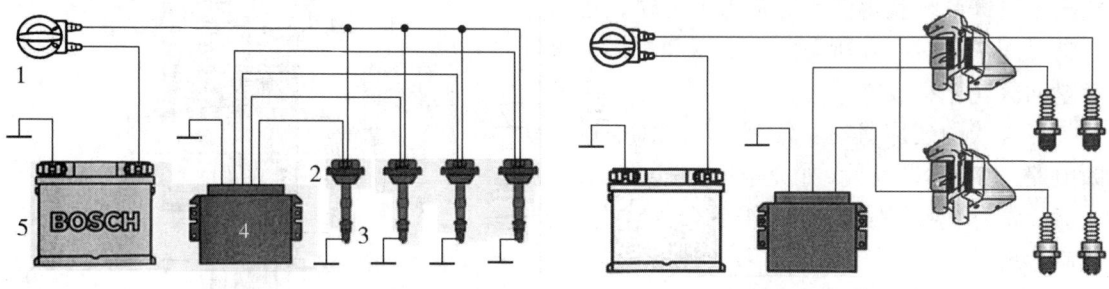

图7-7 单火花点火线圈点火系统　　　　图7-8 双火花点火线圈点火系统
1—点火开关;2—点火线圈;3—火花塞;
4—控制单元;5—蓄电池

如图7-8所示,在双火花点火线圈点火系统中,每两个火花塞共用一个点火线圈为其提供高压电源。在发动机起动期间,双火花塞的工作模式被禁止,只有右侧的火花塞发火。一旦发动机起动成功,两个火花塞便会同时发火。(每个点火输出极交替供电,每次点火时所连接的两个火花塞各产生一个点火火花,其中一个火花在做功行程中产生,另一个则在排气行程中产生。)

7.3.2 点火的控制系统

点火的控制系统由传感器(输入)、微机控制器(处理)、点火执行器(输出)三部分组成,如图7-9所示。通过一系列传感器如发动机转速传感器、进气管真空度传感器(发动机负荷传感器)、节气门位置传感器、曲轴位置传感器等来判断发动机的工作状态,在MAP图上找出发动机在此工作状态下所需的点火提前角,按此要求进行点火。然后根据爆震传感器信号对上述点火要求进行修正,使发动机在最佳点火时刻工作。

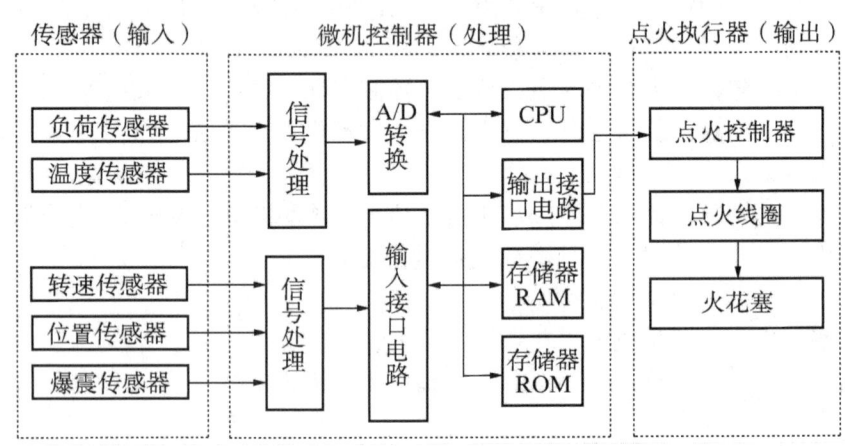

图7-9 点火系统的输入输出

7.3.3 点火线圈的结构

1. 单火花点火线圈结构(图7-10)

单火花点火线圈实质上是一个高电压源,与变压器相似,点火线圈在闭合或通电期间从汽车电气系统获得能量。在点火定时,也就是通电时间结束时,以所需的高电压和所需的火花能量向火花塞释放能量。

点火线圈还应具有:①保持功能(如过热切断电路);②诊断功能(如充电时间控制);③离子流测量(燃烧诊断)功能;④多火花点火(火花控制)功能。

2. 双火花点火线圈结构(图7-11)

双火花点火系统中的电路分为两种:一次电路(控制电路)和二次电路(点火电路)。

点火火花的产生是一个迅速的过程:①点火能量的存储在一次绕组中;②点火能量转移到二次绕组上并在二次绕组中产生高压;③对高电压进行分配;④火花塞释放电弧火花;⑤点燃混合气。

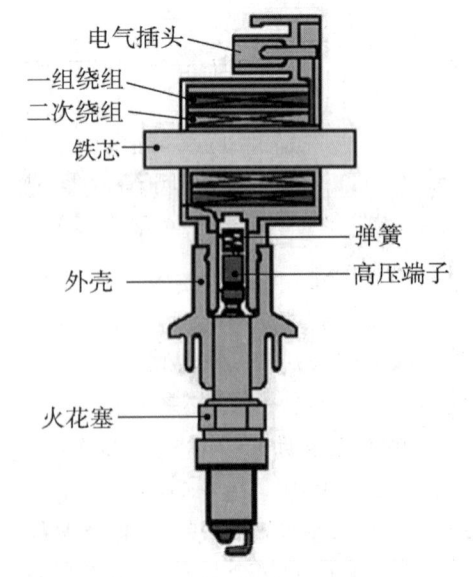

图7-10 单火花点火线圈结构

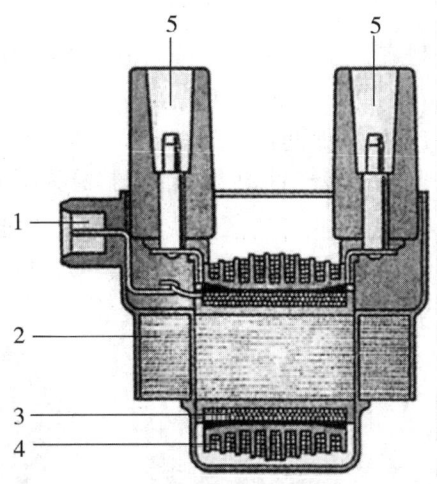

图7-11 双火花点火线圈结构

1—外部低压电器接头;2—叠片铁心;3—二次绕组;4—一次绕组;5—高压电源接头

7.3.4 火花塞

1. 火花塞的结构

火花塞的结构见图7-12。

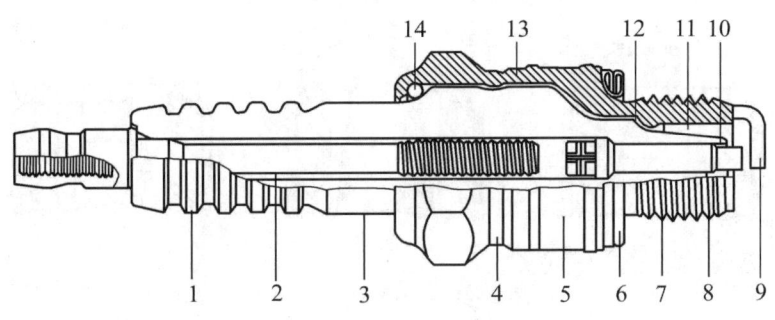

图7-12 火花塞的结构

1—防漏电层;2—柱头螺栓;3—绝缘体;4—收缩和热压配合区;5—特殊导电熔化物;
6—不可丢失外密封环;7—带导向凸肩的螺纹;8—耐烧损特殊铬电极(中心电极);
9—耐烧损接地电极;10—绝缘底部;11—呼吸腔;12—内密封环;13—火花塞壳体;14—凸缘环

1)绝缘体

绝缘体将中心电极和柱头螺栓与火花塞壳体绝缘隔离。绝缘体是由氧化铝制成的陶瓷体,陶瓷体外壳起防漏电层的作用。它能在绝缘体污染或潮湿时防止漏电电流流向车辆接地造成点火电压降低而断火。

2)中心电极

中心电极和柱头螺栓通过一种导电的玻璃熔化物彼此连接,这种连接方式将燃烧室与中心电极完全气密密封。电极使用镍银合金或铂作为材料。

电极间距:中心电极与接地电极间的最小距离。最佳电极间距由各制造商规定,通常的电极间距为0.7～1.2mm。

3) 火花塞壳体和接地电极

火花塞壳体由铬镍合金制成，并带有用于拧入到气缸盖中的细螺纹：四冲程发动机 M14×1.25，两冲程发动机 M18×1.5。

接地电极也由一种特殊合金制成并焊接在火花塞壳体上。

根据发动机结构形式，火花塞与气缸盖之间的密封分为平面密封座和锥形密封座。

4) 电极形状

电极形状取决于火花间隙类型和火花位置。不同的电极形状如图 7-13 所示。

侧电极　　　　　拱形电极　　　　无接地电极的表面放电
　　　　　　　　　　　　　　　　　　火花塞
　　　　　　　　　　　　　　　　　（特殊用途）

图 7-13　不同的电极形状

5) 火花位置

火花位置是指在燃烧室中火花间隙的布置，图 7-14 为三种不同的火花位置。

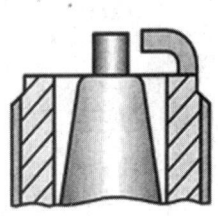 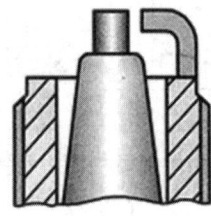 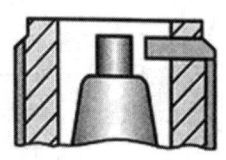

(a) 标准式　　　　(b) 前伸式　　　　(c) 后缩式

图 7-14　不同的火花位置

6) 接地电极与中心电极之间的火花间隙

火花塞间隙是指火花塞中心电极与接地电极间的间隙距离，火花塞间隙包括火花空气间隙、表面放电火花空气间隙、表面放电火花间隙三种（图 7-15）。

 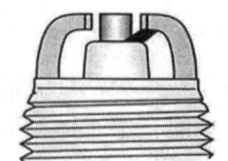 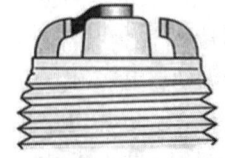

(a) 火花空气间隙　　(b) 表面放电火花空气间隙　　(c) 表面放电火花间隙

图 7-15　接地电极与中心电极之间的火花间隙

火花空气间隙（图 7-15a）的点火火花从中心电极穿过燃油空气混合气直接跳到接地电极上。

表面放电火花空气间隙(图7-15b)的点火火花先从中心电极滑过绝缘体底尖表面，然后穿过气体间隙跳向接地电极；绝缘体底尖上的污物被烧去(自清洁作用)。

表面放电火花间隙(图7-15c)的点火火花同样从中心电极滑过绝缘体底尖表面，然后穿过气体间隙跳向接地电极。有自清洁作用，混合气接触性差，电极间距大。

一般火花塞的间隙为0.7～1.2mm；火花塞间隙越大，点火时产生的电弧就越长，更容易点燃气缸中的混合气体，动能自然也就更大。但是由于间隙越大，点火时击穿空气需要的电压也较大，所以不同的发动机匹配的火花塞间隙各有不同。选择正确的火花塞间隙才能让发动机发挥更好的功能。

2．火花塞热值

(1)火花塞热值(图7-16)表示火花塞的吸热和散热能力。火花塞具有不同的热特性，分别用于不同的工作条件下。当发动机正在运转时，火花塞的大部分热量集中在中央电极上。因为侧电极是通过螺纹安装在缸体上的，所以侧电极的热量会快速扩散。火花塞的传热路径是从中央电极开始，通过绝缘体传给壳体，然后由壳体传给缸盖，在缸盖内循环的冷却剂吸收这些热量。火花塞的这些热特性是由其绝缘体与壳体的接触点以下的绝缘体长度决定的。

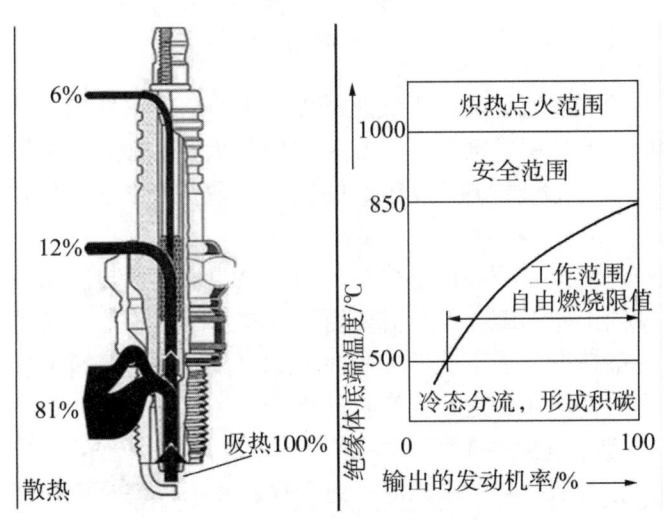

图7-16 火花塞的热值

(2)火花塞的热值由热值指数决定。

火花塞热值包括2～10九个数字，其中2～4为低热值，5～7为中热值，8～10为高热值(图7-17)。

火花塞是属于"冷型"还是"热型"直接决定了它自身的散热能力，也就是说，火花塞的原厂热值直接决定了它的工作环境温度。

热 值														
06	07	08	09	2	3	4	5	6	7	8	9	10	11	12	13
							最佳热值							
冷			←			火花塞				→	热			

图7-17 火花塞的热值

（3）火花塞热值必须与发动机特性相符，火花塞在发动机不同的功率时工作温度范围为 500～850℃（图 7-18）。

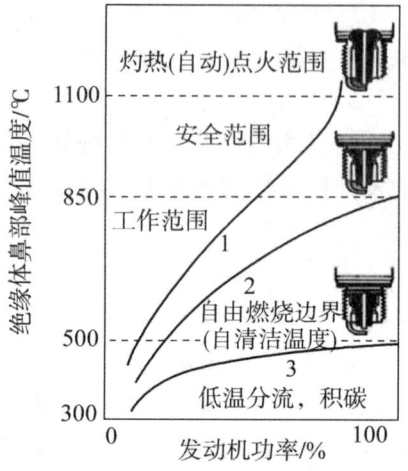

图 7-18　火花塞热值与发动机特性的关系
1—高热值（热型）；2—中热值（中型）；
3—低热值（冷型）

一般来说低热值的火花塞更适用于低速低压缩比的小功率发动机，而高热值火花塞则适用于高速高压缩比的大功率发动机。火花塞热值越大，也就越"冷"，火花塞热值越小，火花塞的散热就越小，也就越"热"。热值的高低，取决于缸内混合气温度和火花塞的设计。

火花塞对于工作环境温度的要求是非常高的，火花塞的散热能力既不能太强，也不能太弱，要确保火花塞的工作温度。车辆需要更换火花塞时，不能随意选用火花塞，必须与原厂热值相匹配。一般情况下上下落差控制在 1 之内，如果落差过大，轻则影响发动机功率输出，重则导致火花塞损坏，进而损坏发动机。

（4）热型/冷型火花塞（图 7-19）。

①热型火花塞。相对散热量较小的叫作热型火花塞，也就是低热值火花塞，热值指数为 2～4。热型火花塞（低热值）的绝缘体裙部较长，当气缸内温度布置均匀时，裙部越长，受热面积就越大，传导热量的距离就越长，所以散热少，中心电极温度较高。

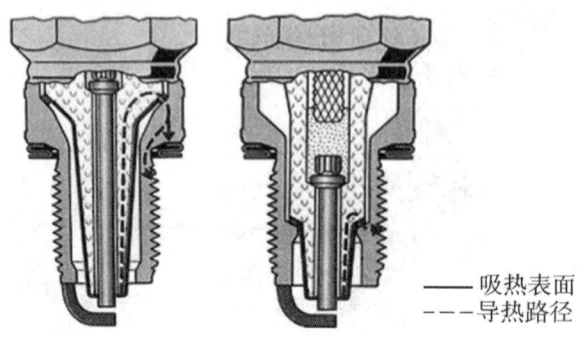

图 7-19　热型火花塞（左）和冷型火花塞（右）

②冷型火花塞。能够大量散热的称为冷型火花塞,也就是高热值火花塞,热值指数为 8～10。冷型火花塞(高热值)的绝缘体裙部相对较短,由于散热途径比较短,散热相对较多,所以不易造成中心电极温度的上升,电极温度较低。

如果发动机连续低速运转,需要使用热型火花塞。长的时间内以极高的速度运行的发动机需要使用冷型火花塞。

选择火花塞热值的原则是在低速不积碳的基础上,越高越好,因为散热越快,火花塞失火率就会越低,在高速下或者急加速下失火率减少,动力性能就会更好。但是如果火花塞热值太高、散热太快就会影响低速行驶,在低速状态下产生积碳,造成失火;而如果火花塞热值太低,在高速状态下由于散热不良造成失火,会感觉加速不良,严重情况下造成火花塞电极熔断。

3. 火花塞的烧蚀

火花塞的烧蚀类型如表7-1所示。

表7-1 火花塞的烧蚀类型

烧蚀类型	①正常	②沉积物过多	③熏黑	④机油沉积
图片			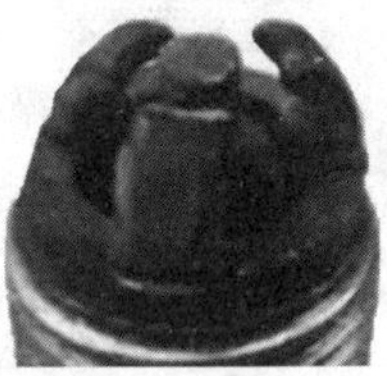	
现象	绝缘体底端呈浅灰色至带有棕色	发动机机油或燃油添加剂产生的残余物,有提前点火的危险	碳类软沉积物、油脂混合物或热值不正确	黑色油膜,机油进入燃烧室内
烧蚀类型	⑤过热	⑥严重过热	⑦绝缘体底端断裂	⑧形成釉层
图片	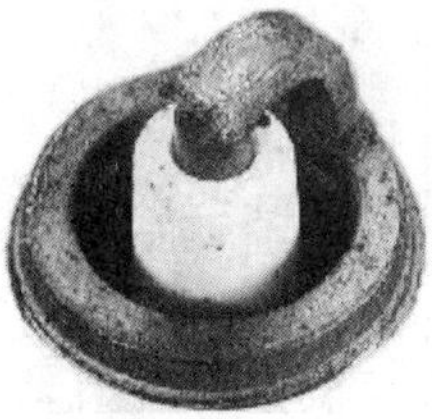		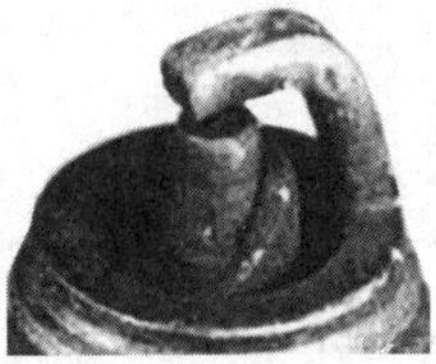	
现象	雪白色绝缘体底端,提前点火,混合气过稀	电极烧损,提前点火,有沉积物,积热	爆燃燃烧	绝缘体底端带有黄色光滑层,沉积物熔化造成点火不畅

4. 火花塞的型号代码

火花塞的型号代码如图7-20所示。

型号代码中包含了各种火花塞的规格,并包括了除火花塞电极间隙之外所有重要的火花塞特性。选择与发动机机型相对应的火花塞规格,有利于发动机平稳运行。

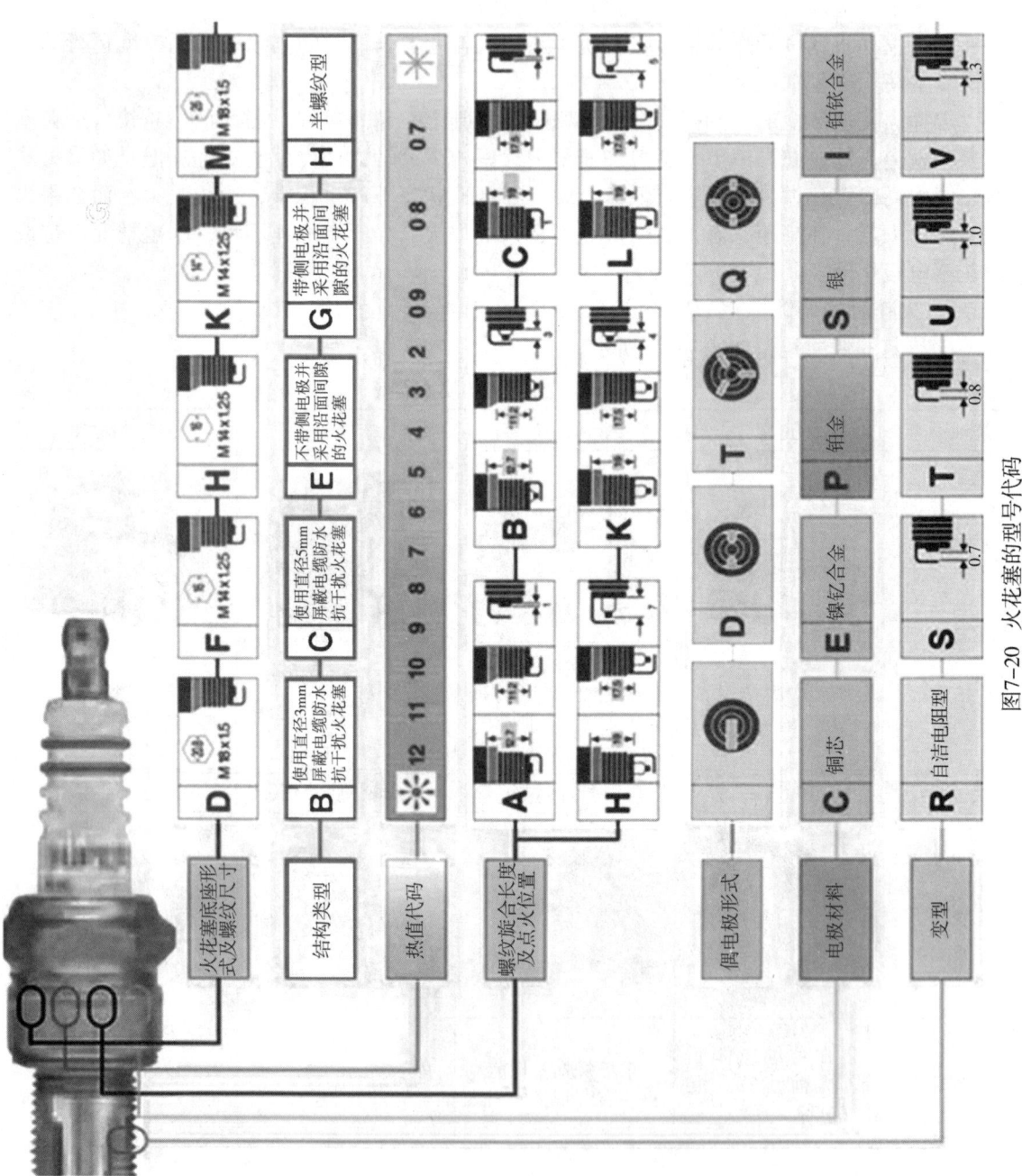

图7-20 火花塞的型号代码

项目实操

请根据下表进行起动系统与点火系统的实操训练。

实操项目	实操目的
火花塞检查与测量	●学会正确使用火花塞间隙规； ●能辨别火花塞烧蚀特性及火花塞使用情况

实操1　火花塞检查与测量

火花塞的检查总体可以分为四个步骤，分别为拆卸、目视检查、测量电极间隙，以及检查完毕后的安装。

1. 拆卸

准备工具(图7-21)：火花塞套筒、扳手、厚薄规、气枪等。

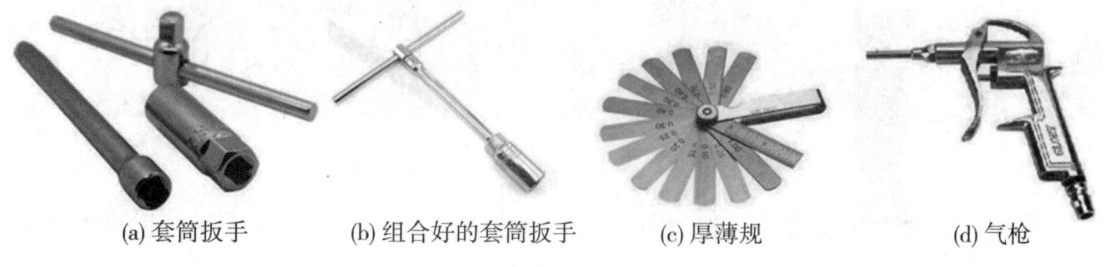

(a) 套筒扳手　　(b) 组合好的套筒扳手　　(c) 厚薄规　　(d) 气枪

图7-21　工具

(1)如图7-22所示，找到发动机罩后，取下发动机罩。

图7-22　发动机罩

(2)拆卸点火线圈：先拔下插头，如图7-23a所示，注意不要硬拔，拔的时候一般需要顶一下卡子，然后再拔出来。接着如图7-23b所示，用气枪清洁(最后放一块干净的布遮挡，避免异物进入缸筒)。

(3)如图7-24所示，使用扳手，拧下所有固定点火线圈的螺丝，然后小心取出点火线圈。(注意动作要慢，以免损坏高压输电线。)

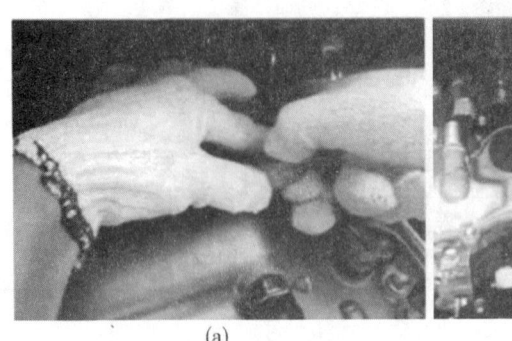 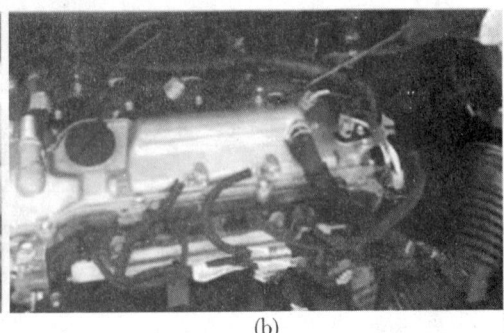

图7-23 拔下插头与清洁

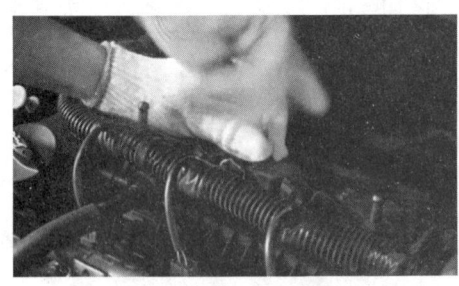 

图7-24 拆点火线圈　　　　图7-25 拆点火花塞

（4）拆卸火花塞：如图7-25所示，利用火花塞套筒，把火花塞拧松，拔出火花塞。动作同样需要小心谨慎。

2. 目视检查

检查火花塞电极的色泽，以及有无积碳，如果燃烧正常，电极一般都是灰白色，而如果火花塞电极呈现灰黑色，就意味着燃烧效果差（图7-26）。

如果有积碳（图7-27），表明有烧机油现象。总的来说，火花塞出现的常见故障有两种，一种为火花塞严重烧蚀，另一种为火花塞有沉积物。

图7-26 新（左）旧（右）火花塞对比　　　图7-27 目视检查火花塞
1—正常；2—不正常；3—积碳

清洁方法：用钢刷、铜刷清除积碳，铂金火花塞建议用清洗仪，电极间用利器掏干净。

3. 测量电极间隙

测量时，轻轻拉动塞尺，感觉到有稍微阻力即可，如图7-28所示。

一般火花塞电极间隙都在0.7～1.2mm之间，不同车型可能会存在差异，需要根据车型判断是否在正常范围之内。

调整与更换：如果电极间隙不符合要求，应进行调整。调整间隙时，如间隙过小，只能弯动接地电极，不能弯动中心电极，以免损坏绝缘体；如间隙过大，将火花塞接地电极垂直对准硬物轻轻敲打，使其间隙变小。

火花塞间隙调整好之后，接地电极与中央电极夹角应接近直角，如过度偏曲或电极烧蚀成圆形，则该火花塞不能再使用，应更换新品。

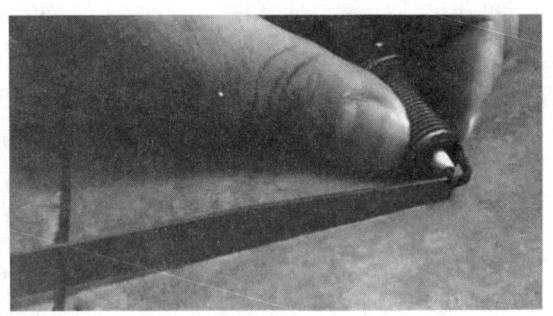

图7-28 测量电极间隙

4. 安装

按拆卸相反的步骤一步步仔细小心地安装。如图7-29a所示，安装火花塞，如图7-29b所示，连接插头。

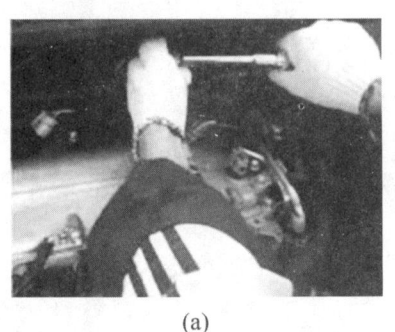 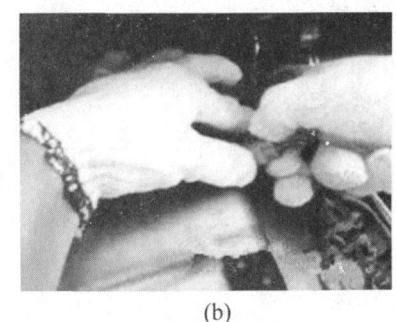

(a) (b)

图7-29 安装

5. 起动发动机

如图7-30a所示，检查发动机能否快速起动，怠速是否平稳；急踩油门发动机转速是否快速提升，急松油门发动机是否出现熄火现象；缓踩油门发动机转速是否平缓过渡。完成后，清洁工具，将工具放回工具箱（图7-30b）。

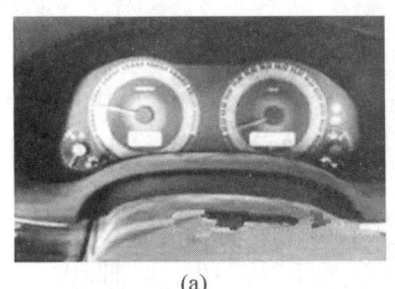 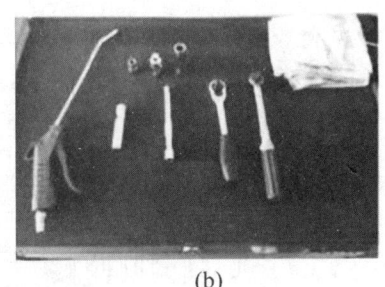

(a) (b)

图7-30 发动机起动检查与工具清洁

1. 起动机结构的类型及结构(带减速机构的起动机及直接驱动的起动机)。
2. 现代点火系统结构及控制系统；单火花点火线圈点火系统，独立点火线圈位于气缸盖内；双火花点火线圈点火系统，每两个火花塞共用一个点火线圈为其提供高压电源；
3. 紧凑的点火线圈和双火花点火线圈的结构。
4. 火花塞的电极形状：侧电极、拱形电极、无接地电极的表面电火花塞。
5. 火花塞的火花位置：标准式、前伸式、后缩式。
6. 接地电极与中心电极之间的火花间隙：火花空气间隙、表面放电火花空气间隙、表面放电火花间隙。
7. 热值表示火花塞的吸热和散热能力；火花塞具有不同的热特性，这些热特性是由其绝缘体与壳体的接触点以下的绝缘体长度决定的。
8. 热型火花塞的绝缘体长度长，传热路径长，电极温度高；冷型火花塞的绝缘体长度短，传热路径短，电极温度较低。
9. 火花塞的烧蚀类型：正常、沉积物过多、熏黑、机油沉积、过热、严重过热、绝缘体底端断裂、形成釉层。

一、应会的术语
1. 单火花点火线圈点火系统；
2. 双火花点火线圈点火系统；
3. 冷型火花塞与热型火花塞；
4. 火花塞间隙。

二、填空题
1. 起动机由_____、_____、_____三个功能部件组成。
2. 带齿轮减速机构的起动机具有_____的优点。
3. 直接驱动式起动机的特点是_____。
4. 双火花点火线圈点火系统，在发动机起动后每个点火输出极交替供电，每次点火时所连接的两个火花塞各产生一个点火火花，其中一个火花在_____中产生，另一个则在_____产生。
5. 请描绘出点火系统的输入输出系统图。
6. 请填写下图火花塞的结构：

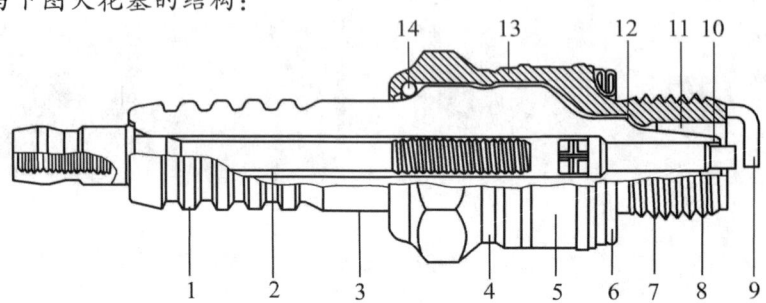

7. 电极间距：中心电极与接地电极间的最小距离，最佳电极间距由各制造商规定。通常的电极间距：_____。

8. 火花塞与气缸盖之间的密封根据发动机结构形式分为：_____。

9. 拱形电极是_____。

A.

B.

C.

10. 热值表示火花塞的_____能力。

11. 火花塞的热特性是由其绝缘体与壳体的接触点以下的_____决定的。

12. 请填写下列火花塞的烧蚀类型：

 绝缘体底端呈浅灰色至带有棕色	 发动机机油或燃油添加剂产生的残余物，有提前点火的危险	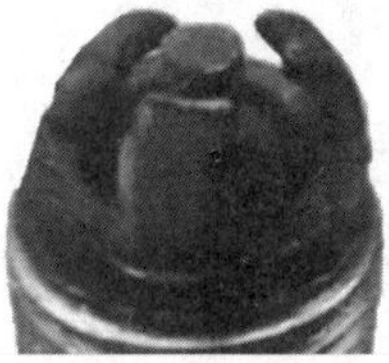 碳类软沉积物、油脂混合物或热值不正确	 黑色油膜，机油进入燃烧室内
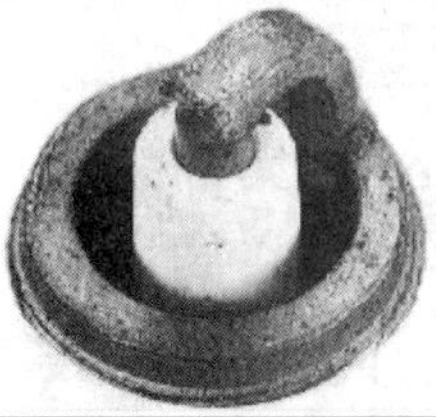 雪白色绝缘体底端，提前点火，混合气过稀。	 电极烧损，提前点火，有沉积物，积热	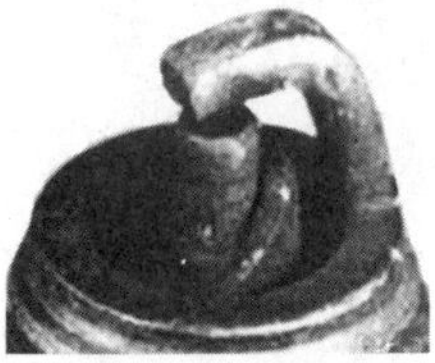 爆燃燃烧	 绝缘体底端带有黄色光滑层，沉积物熔化造成点火不畅

179

项目八　发动机润滑系统

> **学习目标**
>
> 1. 能描述发动机润滑系统的组成、结构与功用；
> 2. 能描述润滑系统的润滑方式和润滑油路；
> 3. 能运用检测设备进行润滑系统主要零部件的检修与故障诊断；
> 4. 能对润滑系统进行正确维护；
> 5. 能正确选择润滑油；
> 6. 具备信息查询和手册使用的基本能力。

8.1　概述

发动机润滑系统主要包括提供油压的机油泵、贮存机油的容器、循环油道、限制最高油压的限压阀等，具体如图 8－1a 所示。润滑油发动中的循环过程如图 8－1b 所示。

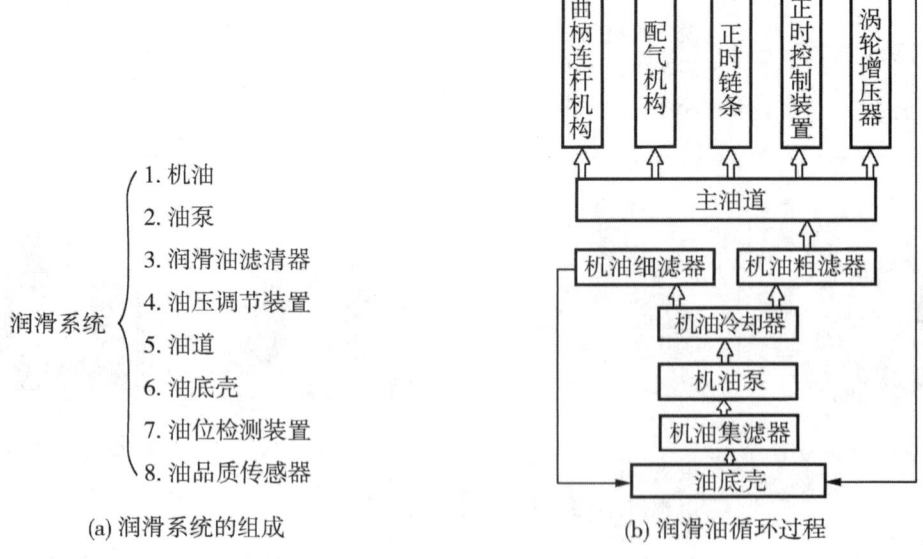

图 8－1　润滑系统的组成与润滑油循环过程

发动机工作时，运动零件间存在相互作用力，很多传动零件都是在很小的间隙下做高速相对运动的，如曲轴主轴颈与主轴承，曲柄销与连杆轴承，凸轮轴颈与凸轮轴承，活塞、活塞环与气缸壁面，配气机构各运动副及传动齿轮副等。零件的相对运动加速了零件的磨损，若不对发动机内各机件表面进行润滑，它们之间将发生强烈的摩擦，加速零件工作表面的磨损，甚至由于过度磨损致使发动机无法运转。

润滑系统的主要功用就是在发动机工作时连续不断地把数量足够、温度适当的洁净机油输送到全部传动件的摩擦表面，并在摩擦表面之间形成油膜，实现液体摩擦，从而减小磨损，以达到提高发动机工作可靠性和耐久性的目的。

润滑系统的结构示意图如图 8-2 所示。

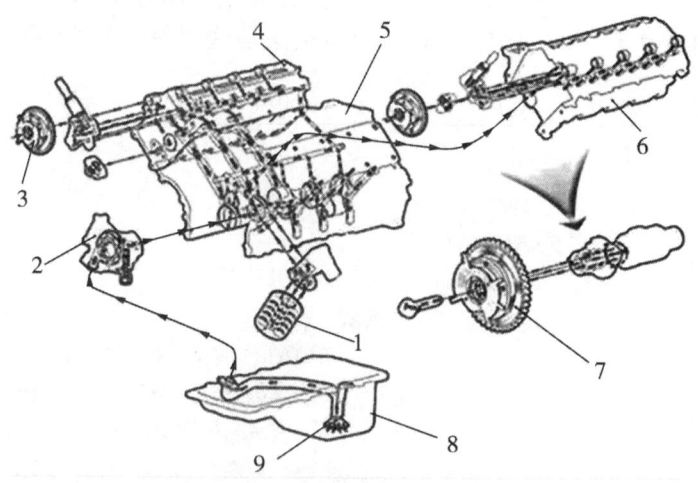

图 8-2 润滑系统结构示意图
1—机油滤清器；2—机油泵；3—凸轮轴齿轮；4—气缸盖；5—气缸体；
6—气缸；7—凸轮正时链；8—油底壳；9—机油集滤器

除了润滑作用外，润滑系统及其中的机油还有清洗清洁、冷却降温、密封防漏等重要作用，如图 8-3 所示。

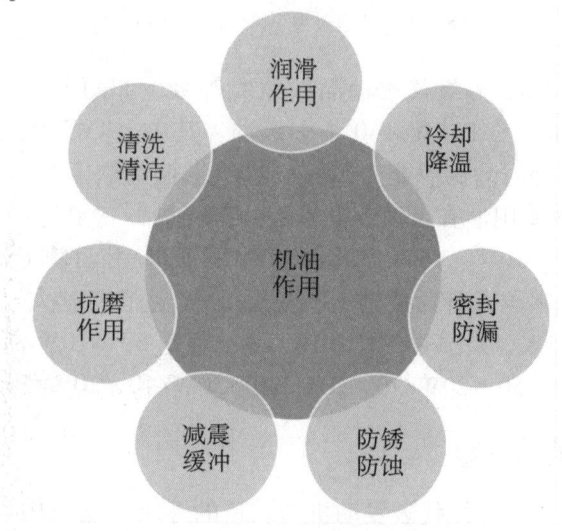

图 8-3 润滑系统中机油的作用

因此，为了减轻磨损，减小摩擦阻力，延长使用寿命，发动机上都必须配备有润滑系统。

8.2 机油的特性

8.2.1 机油黏度等级

发动机机油的分类通常用黏度分类法和质量分类法,国际上广泛采用的 SAE(美国汽车工程师学会)分类法和 API(美国石油学会)分类法是这两种分类方法的典型代表。

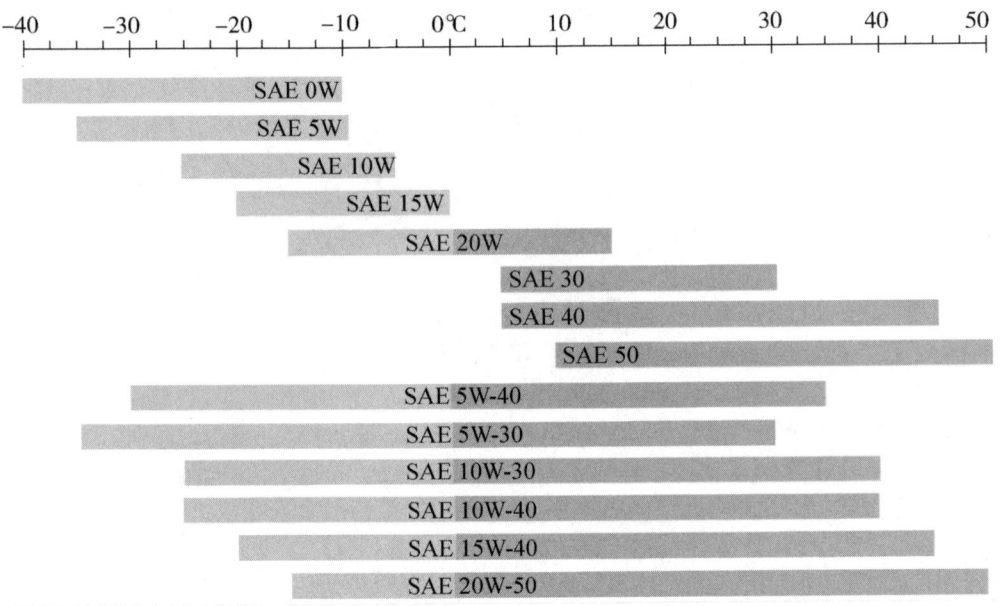

图 8-4 机油黏度等级(SAE 分类法)

在 SAE 分类法中,SAE 等级代表油品的黏度等级,如图 8-4 所示。SAE30、SAE40 为单级油,SAE10W-30、SAE15W-40 为多级油。其中,"W"前面的数字越小说明低温黏度越低,发动机冷启动时的保护能力越好;"W"后面的数字则是机油耐高温性的指标。按 SAE 法分类机油,冬季用油有 6 种,夏季用油有 4 种,冬夏通用油有 16 种。冬季用油牌号分别为:0W、5W、10W、15W、20W、25W;夏季用油牌号分别为:20、30、40、50,代表夏季部分的数字越大者黏度越高,适用的气温范围越大。冬夏通用油牌号分别为:5W/20、5W/30、5W/40、5W/50、10W/20、10W/30、10W/40、10W/50、15W/20、15W/30、15W/40、15W/50、20W/20、20W/30、20W/40、20W/50。

8.2.2 机油质量等级

在 API 分类法中,API 等级代表发动机油质量的等级。它采用简单的代码来描述发动机机油的工作能力。

API 发动机油分为两个系列:"S"系列代表汽油发动机用油;"C"系列代表柴油发动机用油;如"S"和"C"两个字母同时存在,则表示此机油为汽、柴发动机通用型。如"S"

在前,则主要用于汽油发动机。反之,则主要用于柴油发动机。

汽油发动机机油有"SA"到"SL",柴油发动机机油有从"CA"到"CE"五个级别。质量等级随字母序号递增,即字母越靠后,质量等级越高,国际品牌中机油级别多是 SF 级别以上的。例如,壳牌非凡喜力(Shell Helix Plus)是 APISJ 级,而壳牌红喜力机油(Shell Helix Red Motor Oil)则是 APISG 级,这说明非凡喜力的质量等级要高于红喜力。

国外进口的和香港等地的发动机油,其包装上的标志由 SAE 黏度分类级别和 API 质量分类级别两部分组成。通常以 SAE 开头,后面标注出黏度代号;而按 API 质量分类的发动机油标号一般省略 API,直接标注出质量等级代号。例如:标号为 SAE10WSD,表示黏度分类是 SAE10W,质量级别为 APISD 的冬季汽油机油;标号为 SAE30SD,表示黏度分类是 SAE30,质量级别为 APISD 的夏季汽油机油;标号为 SAE10W～30SD(或 SAE10W/30SD),表示黏度分类是既满足 SAE10W 又满足 SAE30 冬夏通用汽油机油,其质量等级为 APISD 级。

8.2.3 我国车用发动机机油国家标准分类

20 世纪 80 年代以前,国内的车用机油规格较少,品种单调,虽有传统分类规格,但缺乏统一的国家标准。目前我国的车用发动机机油国家标准分类方法包括 GB/T 28772—2004 国产内燃机油品质分类法和与之等效的 GAEJ300APR84 发动机机油黏度分类法两种方法,汽油机油分为 EQB、EQC、EQD、EQE、EQF 五级,这五种汽油机油的使用特性及运用场合如表 8-1 所示。

表 8-1 我国车用发动机机油国家标准分类

序号	机油质量等级	使用特性及使用车型
1	EQB 级	用于缓和条件下工作的货车或客车以及其他汽油机,具有一定的清洁性、分散性和抗氧化腐蚀性
2	EQC 级	用于中等条件下工作的货车或客车和其他汽油机,也可用于国外要求使用 SC 级油的汽油机,具有较好的清洁性、分散性、抗氧化性、抗腐蚀性和防透性
3	EQD 级	用于较苛刻条件下工作的货车或客车以及某些轿车的汽油机,并能满足装有曲轴箱强制换气装置的汽油机要求,以及国外要求使用 SD 和 SC 级油的汽油机,比 EQC 具有更好的性能
4	EQE 级	用于苛刻条件下工作的轿车和某些货车的汽油机,并能满足装有尾气转化装置的汽油机要求,以及类似国外要求使用 SD 级油的汽油机,比 EQD 具有更好的性能
5	EQF 级	用于更苛刻条件下工作的轿车和某些货车的汽油机,也可用于国外要求使用 SF、SE、SD 和 SC 级油的汽油机,比 EQE 级油具有更好的性能

国产发动机油的黏度分类新方法与国际 SAE 黏度分类法等效。

8.2.4 机油的种类与添加剂

1. 机油的种类

润滑油分为全合成、半合成和矿物质机油三类，这三个名称代表着三种不同的机油组成方式。

①全合成机油是来自原油中的瓦斯气或天然气所分散出来的乙烯、丙烯，再经聚合、催化等复杂的化学反应炼制成大分子组成的润滑液。它使用的是原油中较好的成分，热稳定、抗氧化反应、抗黏度变化的能力要比矿物油和半合成油强得多。

②矿物机油则是在石油提炼过程中分馏出有用的物质，比如汽油和航空用油，之后把剩留下来的底油再进行加工提取。它运用的是原油中较差的成分，矿物油价格低廉，使用寿命及润滑性能都不如合成油，同时还对环境有较大的污染。另外，矿物油在提炼过程中无法将所含的杂质完全除去，因此流动点较高，不适合在低温地区使用。

③半合成机油则是使用国际三类基础油（通过全加氢工艺制得）调制而成的润滑油，是在矿物油的基础上经过加氢裂变提纯后的产物。半合成油的纯度非常接近全合成油，但其成本比全合成机油低、比矿物油略高。

2. 机油添加剂

润滑油企业在机油宣传和推广时候，都会给某款产品打上一些标签，如降噪、节油、保护性强等。既然润滑油的基础都是原油，那为什么不同款润滑油会有不同的特性呢？答案就在润滑油的添加剂上，在原油的基础上添加一定的添加剂，可以改善润滑油的物理化学性质，满足发动机的不同需求。一般常用的添加剂有黏度指数改进剂、降凝剂、抗氧化剂、清净分散剂、抗磨损添加剂、消泡剂、摩擦缓和剂等。添加相应的添加剂后，有的润滑油提高了降噪性能，有的则提高了节能效果。

8.3 发动机润滑系统的组成

发动机工作时，由于各运动零件的工作条件不同，所要求的润滑强度也不同，因而需采取不同的润滑方式。现代汽车发动机多采用压力润滑、飞溅润滑和定期润滑相结合的综合润滑方式。

8.3.1 压力循环润滑系统

压力润滑是指利用机油泵将一定压力的润滑油输送到摩擦面间隙中，形成油膜润滑的方式。压力润滑主要用于承受载荷和相对运动速度较高的摩擦面，如主轴承、连杆轴承、凸轮轴承、摇臂轴等处。

发动机压力循环润滑系统主要包括机油泵、机油滤清器、机油散热器、油底壳和集滤器等零部件，以及温度表和润滑油管道等（如图 8-5 所示）。

①机油泵可以提供足够高的压力,保证进行压力润滑和润滑油在润滑系统内能循环流动。

②机油滤清器用于滤除润滑油中的金属磨屑、机械杂质和润滑油氧化物。它包括机油粗滤器和机油细滤器。

③机油散热器用于降低润滑油的温度。润滑油在循环过程中由于吸热而温度升高,若润滑油温度过高,黏度下降,就不利于在摩擦表面形成油膜;此外,还会加速润滑油老化变质,缩短润滑油使用寿命。

④油底壳是存储润滑油的容器。

⑤集滤器用于滤除润滑油中粗大的杂质,防止杂质进入机油泵。

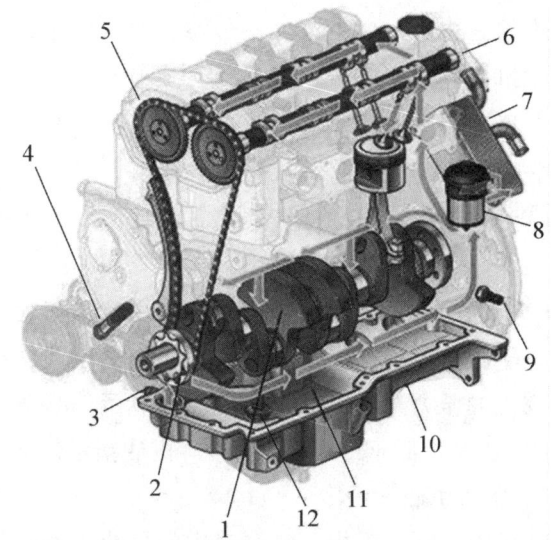

图 8-5 压力循环润滑系统的组成

1—曲轴;2—机油泵;3—放油螺塞;4—机油泄压阀;
5—正时链条;6—凸轮轴;7—机油散热器;8—机油滤清器;
9—机油压力传感器;10—油底壳;11—发动机机油;12—机油集滤器

1. 机油润滑的路径

在压力循环润滑系统中,机油泵通过钟形吸油集滤器将油底壳中的机油吸出,再经过机油通道和机油冷却器将机油压入机油滤清器中,机油滤清器将过滤后的机油输送至主油道,通过压力油或喷射油对各个运动部件进行润滑。发动机润滑油路如图 8-6 所示。

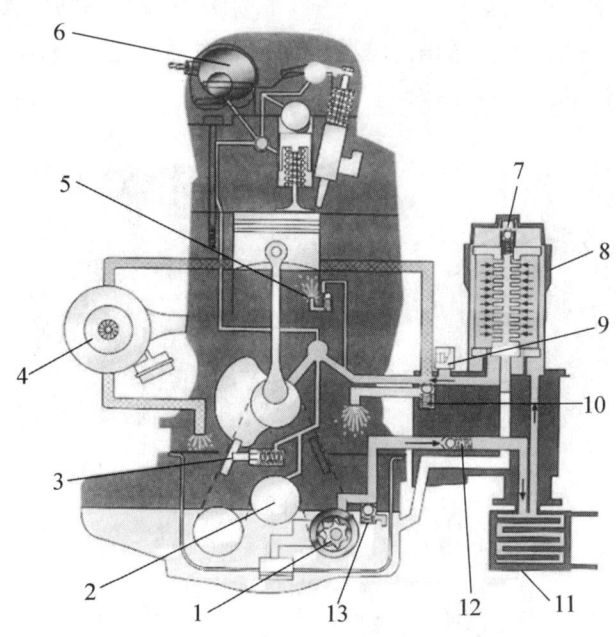

图 8-6 发动机润滑油路

1—机油泵;2—平衡轴;3—液压链条张紧器;4—涡轮增压器;5—活塞冷却机油喷嘴;6—真空泵;7—旁通阀;
8—机油滤清器;9—机油压力开关;10—机油压力调节阀;11—机油冷却器;12—机油回流止回阀;13—机油泵安全阀

下面就润滑油路上的几个安全装置给予说明。

①机油泵安全阀(限压阀)：安装在机油泵内，可以防止机油压力过高而损坏机油泵。

②机油压力调节阀：对机油压力进行调节，一旦机油压力达到最大允许的压力值，通往油底壳的阀门就会打开卸压。

③旁通阀：在机油滤清器堵塞的情况下，机油滤清器端盖中的旁通阀打开，也可以可靠地供油。

④机油回流止回阀：止回阀的作用就是当发动机熄火后，能有效防止机油滤器内机油流失，从而避免再次启动时导致短时间油压低，造成发动机磨损。

⑤机油压力开关：通过机油压力显示信号告知驾驶员机油压力是否已建立(机油指示灯熄灭)及是否低于最小机油压力(机油指示灯亮)。

2. 压力机油润滑

在压力机油润滑中，气缸盖中的机油主油道通过油孔通向曲轴的主轴承，曲轴中的油孔将机油导向连杆轴承。

机油通过一条垂直油道通向液压挺杆。

机油经过一个纵向内嵌于凸轮轴中的油孔流向所有凸轮轴轴承并由此回流到油底壳中。

机油通过一个油孔输送至正时条、链条张紧器和涡轮增压器。

3. 喷射机油润滑

在喷射机油润滑中，如图8-7所示，从机油喷嘴喷出并甩到活塞顶上的机油向下滴落，通过连杆头中的油孔流向活塞销。这些机油同时对活塞进行冷却。除此之外，从曲轴抛上来的喷射油还可以润滑气缸工作面。

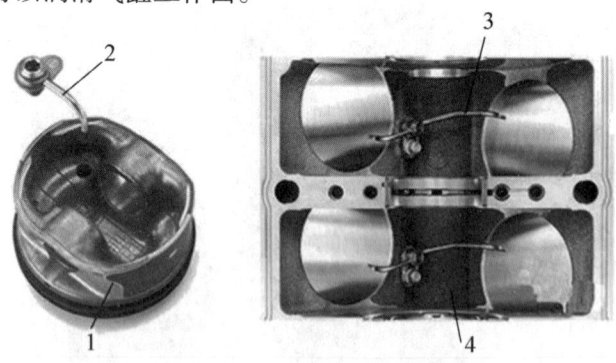

图8-7 喷射机油润滑示意图
1—活塞；2，3—机油喷嘴；4—气缸

8.3.2 飞溅润滑(非压力循环)

飞溅润滑(如图8-8所示)是利用曲柄搅动机油，把机油油滴甩到发动机各部位进行润滑的方式。早期的发动机大都采用飞溅润滑，这需要布置较长的曲柄，使曲柄在转动时能深入到机油面以下。曲柄的形状有利于甩起较多的机油，在发动机运转时，机油便被甩

项目八 发动机润滑系统

到如气缸、曲轴、侧置气门润滑点。飞溅润滑不用机油泵，构造简单，但缺点是从外部甩油很难将机油供给轴承。随着发动机技术的进步，这种润滑方式越来越不适用，例如顶置气门布置在气缸盖上，现代发动机大都采用整体式轴承和轴瓦，机油无压力是无法达到这些部位的。

随着发动机转速的提高，曲柄甩油产生的阻力越来越大，动力损失也随之增大，同时曲柄甩油也会使机油早期老化，并容易产生气泡混入机油中，飞溅润滑逐渐被压力润滑方式所取代。

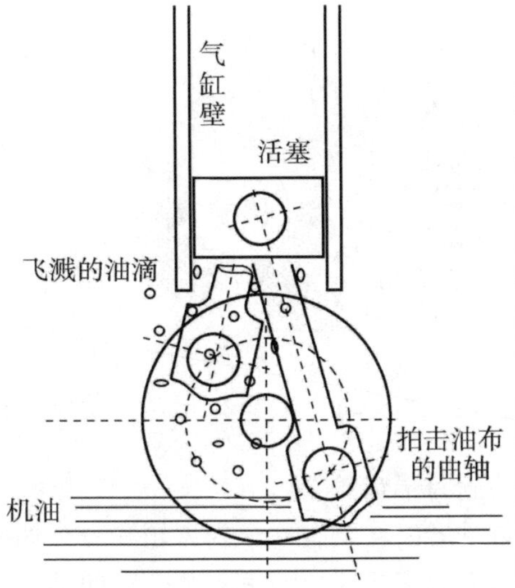

图 8-8 飞溅润滑示意图

8.3.3 定期润滑

定期润滑（如图 8-9 所示）是对于负荷较小的发动机辅助装置通过定期、定量加注润滑脂进行润滑的一种润滑方式，主要应用于辅助机件，如水泵、发电机轴承与汽车底盘等。定期润滑不属于润滑系统的工作范畴，近年来，在发动机上多采用含有耐磨润滑材料（如尼龙、二硫化钼等）的轴承来代替加注润滑脂的轴承。

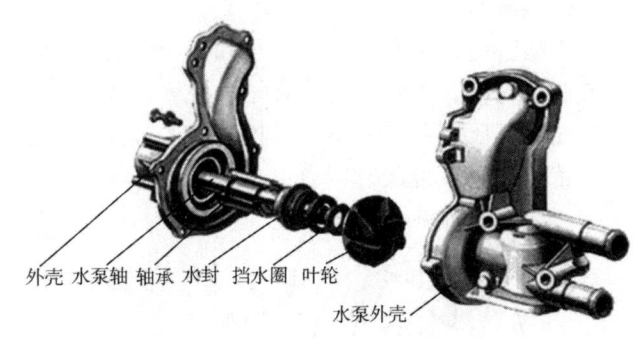

图 8-9 定期润滑的应用

8.4 润滑系统的部件

8.4.1 机油泵的典型结构

机油泵的典型结构包括齿轮泵、新月形齿轮泵、内啮合齿轮泵、可变排量机油泵四种。

1）齿轮泵

齿轮泵中，两个互相啮合的齿轮高速旋转（如图 8-10 所示），齿轮外侧与泵壳壁构成油腔，机油通过油腔从吸油室输送到高压油室中，配对齿轮的啮合齿在高压油室中将机油从齿隙中挤出。轮齿啮合可以阻止机油从高压油室返回到吸油室。这种泵属于自吸式泵，将其安装在最低的位置可以提高工作效率。

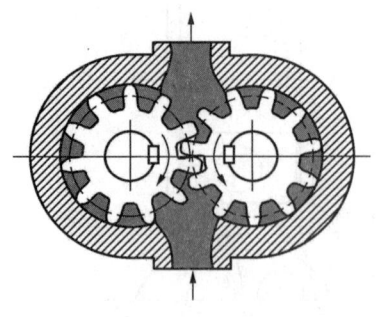

图 8-10 齿轮泵

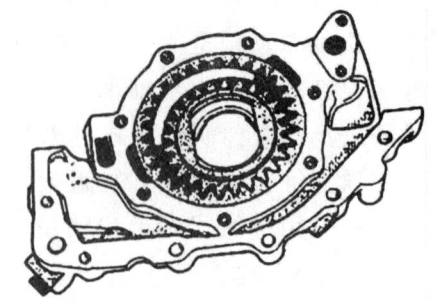

图 8-11 新月形齿轮泵

2）新月形齿轮泵

新月形齿轮泵有一个内齿轮和一个偏心安装的外齿轮（如图 8-11 所示）。一个新月形隔板将吸油室和高压油室隔开，由曲轴驱动内齿轮，机油通过沿新月形隔板的上、下边的齿隙进行输送，利用内、外轮的啮合阻止机油从高压油室流入到吸油室中。

特点：当发动机低速运转时可以高效输送机油，噪声低。

3）内啮合齿轮泵

内啮合齿轮泵有一个内转子和一个外转子（如图 8-12 所示）。从动内转子以偏心方式安装在泵壳体，内转子比外转子少一个齿。内外转子转动时，吸入侧泵室变大，泵开始吸入机油；高压侧泵室变小时，机油输送到需要润滑的位置。

特点：噪声很低，压力很高。

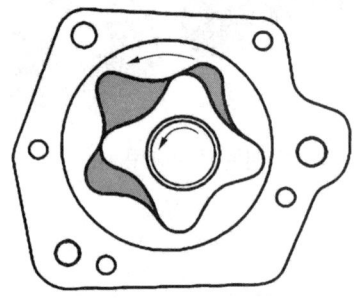

图 8-12 内啮合齿轮泵

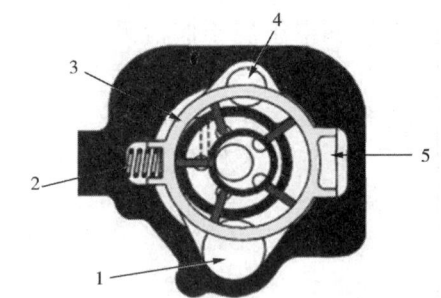

图 8-13 可变排量叶片泵
1—吸油腔（接油底壳）；2—调压弹簧；3—外调节环；
4—排油腔（接润滑油管）；5—反馈油腔

4）可变排量机油泵

可变排量机油泵为可变排量叶片泵（如图 8-13 所示），叶片泵主要可分为滑动变量式叶片泵和摆动变量式叶片泵。两种类型叶片泵的变量原理大致相同：通过外调节环的滑动或者摆动，改变其与转子的偏心距，进而改变叶片泵的排量。当反馈机油压力达到变量设定值时，弹簧被压缩，外调节环滑动或者摆动，使叶片的内圈和外圈之间的偏心距减小，叶片与内外圈之间形成的压油腔在机油泵运转过程中变化量也相应减小，这样就减小了机油泵流量；当反馈机油压力降低时，弹簧逐渐回位，使调节环复位。

可变排量机油泵有两个独立的控制回路，用于确保正常运行（特性曲线控制式运行）和应急运行（二级调节式运行）。

①正常运行模式。

该控制回路通过一个外部特性曲线控制阀进行工作。特性曲线控制阀通过 DME 内的一个软件调节特性曲线控制室内的机油压力,特性曲线控制室内机油压力升高会将调节环进一步压向调节环形弹簧,减小泵偏心率(如图8-14所示),这样可减小体积流量。

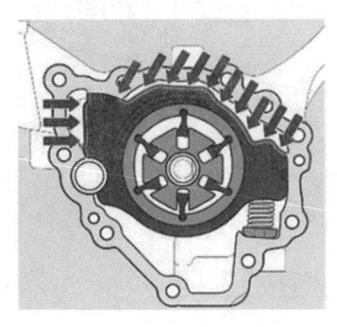

图 8-14　正常运行模式

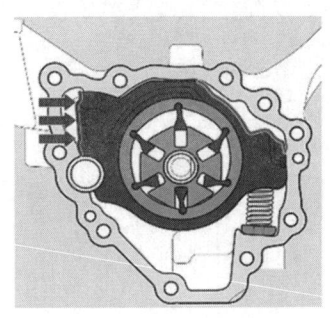

图 8-15　紧急运行模式

②紧急运行模式。

如图8-15所示,在紧急运行模式下,系统通过 DME 进行工作(无特性曲线控制),在此运行状态下,特性曲线控制阀断电,处于关闭状态。紧急运行模式的任务是使机油泵保持较高机油压力,为此直接从主机油通道将机油压力引导至二级调节室内,这样可使调节环移向调节环形弹簧,从而减小体积流量。由于没有执行元件,该控制装置不会受影响或关闭。

8.4.2　机油泵的发展趋势

发动机机油泵的运转也要消耗一部分发动机功率。传统定排量机油泵以发动机热怠速时的机油需求量为设计依据,由于机油泵供油流量几乎随转速变化呈线性增加趋势,高速时输出油量过多,当发动机的转速升高到一定程度时,机油泵的输出流量会大于发动机的需求流量,需采用机油限压阀来旁通掉多余的机油,这便造成了能源的浪费。因此,要减少机油泵的功率消耗,需要让机油泵的供油量与发动机的实际机油需求量匹配,而使用可变排量机油泵能满足这样的要求。

机油泵源动力直接来自发动机燃烧所做的功,当发动机转速较高、机油泵输出油量过大时,润滑系油压升高,高油压自动反馈作用于机油泵变排量装置,使机油泵每转输出油量减小(即改变排量)。由于机油泵驱动功减小,可以降低发动机能耗,并大大降低机油温度,延长泵密封元件寿命。因此,变排量机油泵根据发动机工况自动精确地控制其输出流量,能有效改善发动机燃油经济性。它是目前世界范围内汽车最新节能设计系列之一。

研究结果显示,定排量泵在发动机中存在以下不足:

①油的过快循环加速了油料的变质;

②容易使润滑油生成气泡,润滑性能下降,并导致机油泵故障;

③为保证怠速时润滑量足够,导致在其他工况下泵油量超需求,降低了供油效率,损失了部分液压能(高压油泄荷)。

变量泵使发动机在中高速下的主油道压力保持一个相对恒定值,在满足发动机机油需求的同时，可以减少功率消耗，起到节能减排的作用。变排量机油泵消耗功率低，机油压力控制稳定，能降低发动机动力损耗，减少燃油消耗，节省能源，并降低污染排放。从国内外相关的研究报告来看，采用可变排量机油泵一般能降低乘用车发动机1%～2%的燃油消耗。

图8-16以简化方式展示了使用不同机油泵时机油压力随发动机转速变化的曲线。

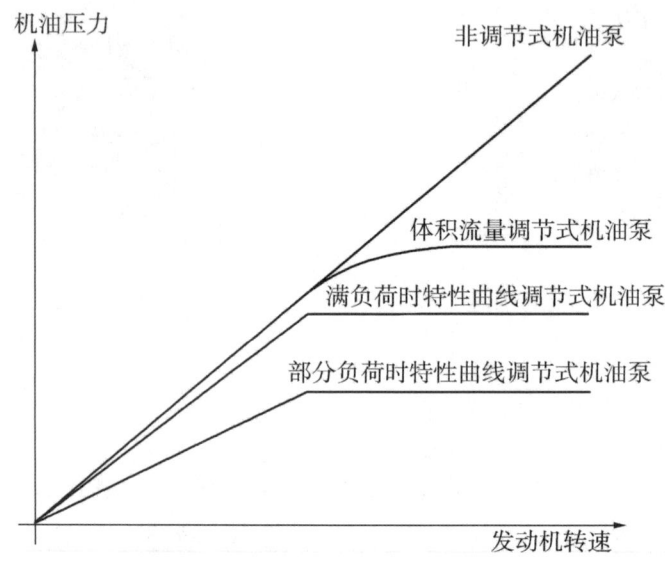

图8-16　不同机油泵的压力调节情况

如图8-16所示，调节式机油泵相较于非调节式机油泵有明显的优势。调节式机油泵在机油压力充足时，可减小机油泵的输送功率，较小的压力也意味着节省燃油。其中，特性曲线调节式机油泵的优势最为突出，它可以根据发动机转速进行调节，例如在部分负荷情况下，曲轴主轴承只能承受较小负荷，需要压力较小，同时还可以相应减小机油压力。

在特性曲线调节模式下机油压力位于150～450 kPa之间。

为了在特定情况下实现较大压力，基本运行模式在系统内集成了一个紧急阀，它可在特性曲线调节阀失灵等情况下通过较软弹簧确保产生所需压力，并确保在550 kPa时实现机油泵压力调节。

现在，大部分轿车发动机都采用可调配气相位，配气相位调整装置动力源是发动机压力循环润滑系统中的机油，发动机配气相位必须适应发动机工况变化。因此，配气相位的调整必须十分准确，否则会影响发动机的动力性能和燃料的经济性、环保性。为了准确控制配气相位，在发动机不同工况下，采用配气相位调整装置的机油压力控制十分重要。

8.4.3　机油滤清器

机油滤清器用于滤清润滑油中的金属屑、机械杂质及机油本身氧化的产物，如各种有机酸、沥青质以及碳化物等，防止它们进入零件的摩擦表面而将零件拉毛、刮伤，以及防止润滑系统通道堵塞而出现烧坏轴瓦等严重事故。润滑油流到摩擦表面之前，经过滤清器滤清的次数越多，润滑油越清洁，但滤清次数越多，润滑油流动阻力也越大。

为解决滤清与油路通畅的矛盾,在润滑系统中装有几个不同滤清能力的滤清器:集滤器、粗滤器、细滤器。它们分别串联或并联在主油道中。与主油道串联的滤清器称为全流式滤清器,与主油道并联的滤清器称为分流式滤清器。

1. 滤清器的分类

1)集滤器:分为固定式和浮筒式

固定式集滤器(图8-17)采用滤网式结构,安装于机油泵进油管上。大多数汽车都采用固定式集滤器,在油面下吸油,这样可防止吸入泡沫,且结构较简单。

图8-17 固定式集滤器

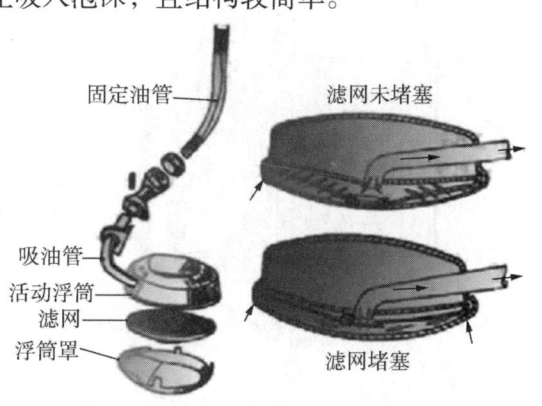
图8-18 浮筒式集滤器

浮筒式集滤器(图8-18)的特点是浮筒可以随机油油面高低而浮动,当滤网不堵塞时,滤网紧贴浮筒罩,滤网中央通孔关闭,机油经过滤网过滤后再送到机油泵;当滤网堵塞时,机油通过滤网困难,机油泵的不断运转,使吸油管真空加大,形成很大吸力,吸附滤网向上移动,滤网中央通孔打开,机油没有经过滤网过滤就送到机油泵。

2)机油粗滤器

机油粗滤器(图8-19)用于滤去润滑油中粒度较大(直径为0.05～0.1mm)的杂质。它对润滑油的流动阻力较小,通常串联在机油泵与主油道之间,属于全流式滤清器。粗滤器根据滤芯的不同,有各种不同的结构型式,传统的粗滤器多采用金属片缝隙式,由于质量大、结构复杂、制造成本高等缺点,这种粗滤器已基本被淘汰;现代发动机普遍采用纸质式粗滤器。

机油滤清器端盖上装有旁通阀,在机油滤清器堵塞的情况下,旁通阀打开,也可以可靠地供油。

3)机油细滤器

机油细滤器有过滤式和离心式两种类型。过滤式存在着滤清与通过能力之间的矛盾,而离心式具有滤清能力高、通过能力大且不受沉淀物影响等优点。如图8-20所示为EQ61001型发动机的离心式机油细滤器,是在高速旋转的转子内借离心力将机油中的细小杂质进行分离、沉积,而使机油得到滤清。机油细滤器上有进油限压阀,所以机油细滤器不是全时工作,只有机油压力大于进油限压阀压力时才工作,而且过滤的机油直接流回油底壳,不参加润滑循环。

机油细滤器用于滤去润滑油中粒度较小(直径为0.001～0.05mm)的杂质。由于它对润滑油的流动阻力较大,故多做成分流式,与主油道并联,属于分流式滤清器。

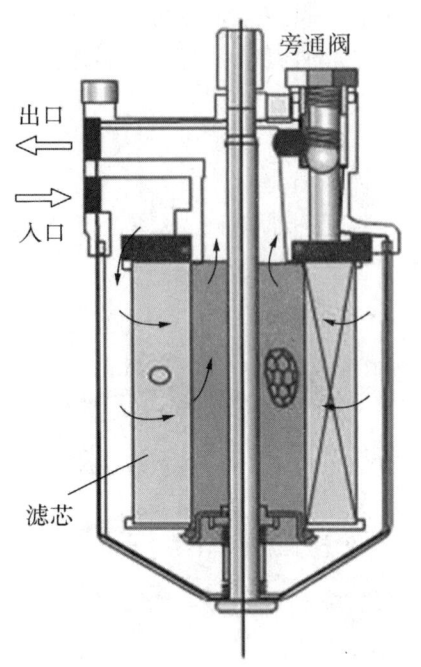 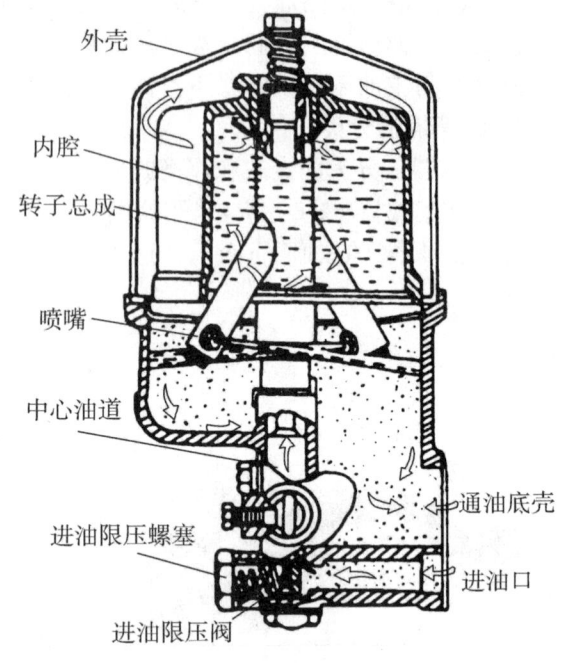

图 8-19　机油粗滤器的结构　　　　图 8-20　EQ61001 型发动机机油细滤器的结构

4）整体更换式机油滤清器

整体更换式机油滤清器中的壳体和滤芯是一个整体，如图 8-21 所示，进行保养时需要将它们整体更换。这种滤清器有一个带星形褶皱的纸质滤芯，集成了两个阀门。

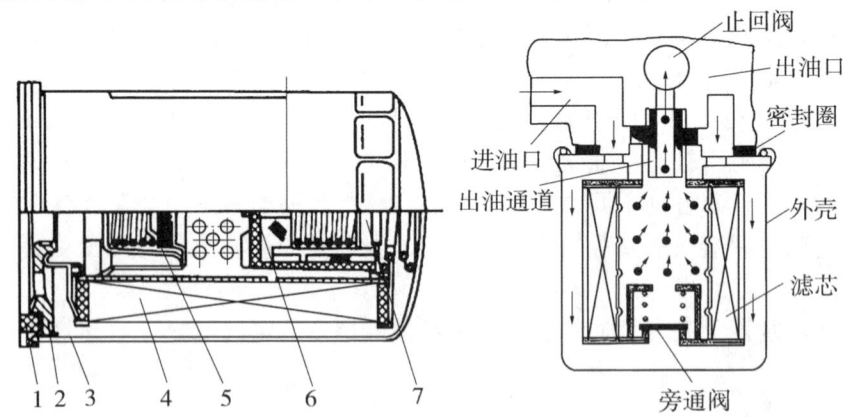

图 8-21　整体更换式机油滤清器

1—密封圈；2—滤清器盖；3—滤清器壳；4—褶纸滤芯；5—止回阀；6—尼龙滤芯；7—旁通阀

旁通阀：在滤清器堵塞、冷起动和外界温度很低时，通过该旁通阀打开直接流向各润滑点的油道。

机油回流止回阀：当发动机熄火后，能有效防止机油滤清器内机油流失，避免再次启动时导致短时间油压低，造成发动机磨损。

2. 机油过滤方式

1) 全流过滤(图8-22)

在全流过滤中,所有由机油泵泵出的机油首先要经过滤清器的过滤,然后再到达各个润滑点,滤清器中的旁通阀可以保证滤清器堵塞时机油仍然流向各个润滑点。

特点:①可以立即从机油中滤掉各种杂质;②大量机油需要使用孔径较大的滤芯。

应用:目前小轿车通常使用这种机油滤清器。

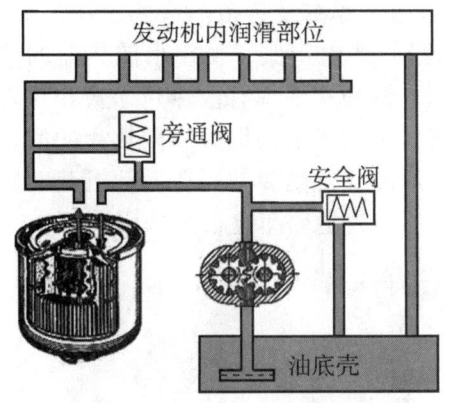 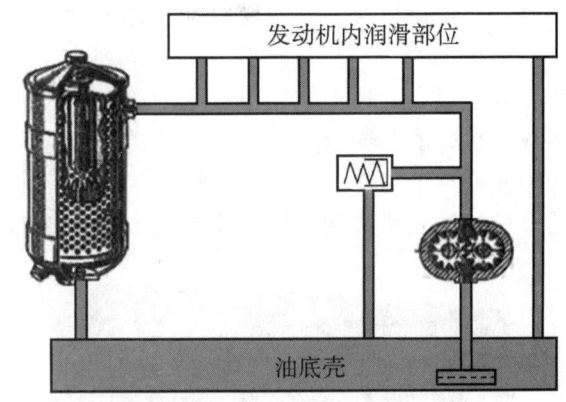

图8-22 全流过滤　　　　　　　　图8-23 分流过滤

2) 分流过滤(图8-23)

在分流过滤中,机油总量的5%～10%经过滤清器过滤后回到油底壳中,而多数机油直接输送到各润滑点。机油再由机油泵多次泵入到滤清器中,机油滤清器位于辅助油道之中,即与主油道并联。为避免全部机油通过滤清器中阻力最小的通道流出,在分流滤清器的出口设计了一个节流油孔,这样可以取消旁通阀。

特点:①由于过滤精度较高,所以滤清效果很好;②脏油能够到达各润滑点。

3) 全流与分流综合过滤(图8-24)

通过结合应用全流和分流滤清器可以达到迅速且精细的滤清效果。

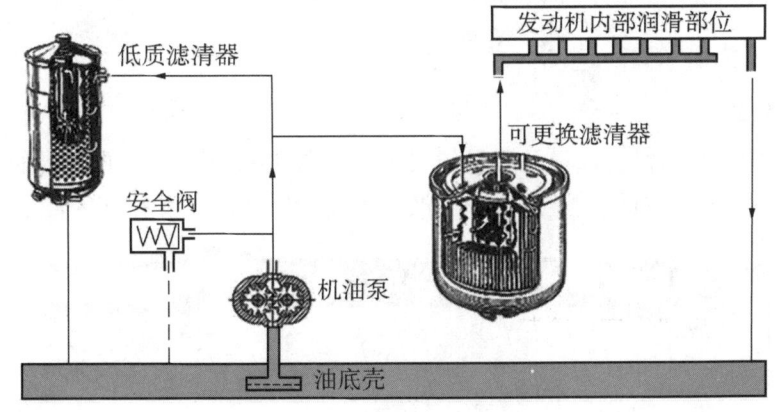

图8-24 全流与分流综合过滤

8.4.4 机油冷却器(热交换器)

由于高性能、大功率的强化发动机的热负荷大,必须装设机油冷却器。机油冷却器布置在润滑油路中,其工作原理与散热器相同。发动机机油冷却器分为风冷式和水冷式两类。

风冷式机油冷却器(如图 8-25 所示)看上去像一个小型散热器,利用汽车行驶时的迎面风对机油进行冷却。这种机油冷却器散热能力大,多用于赛车及热负荷大的增压汽车。风冷式机油冷却器一般是管片式,与冷却系统水散热器的结构相似,装在水散热器的前面,利用风扇的风力使润滑油冷却。为了增加散热面积,管的周围焊有散热片,管和片常用导热性好的黄铜制造。润滑油从进口流入扁形机油管,利用风扇的风力和散热片的散热作用使润滑油冷却,降温后的机油从出口流出。但是,风冷式机油冷却器在发动机起动后需要很长的暖机时间才能使机油达到正常的工作温度,所以普通轿车上很少采用。

图 8-25 风冷式机油冷却器

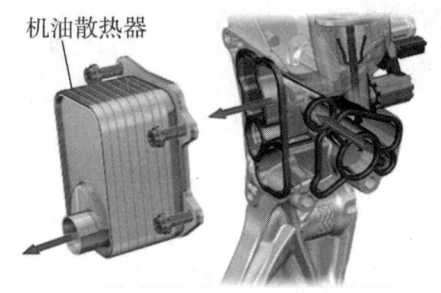

图 8-26 水冷式机油冷却器

水冷式机油冷却器(如图 8-26 所示)外形尺寸小,布置方便,且机油温度稳定,不会使机油冷却过度,因而在轿车上应用较广。水冷式机油冷却器将机油冷却器装在冷却液路中,当润滑油温度较高时,靠冷却液降温,而在启动暖车期间润滑油温度较低时,则从冷却液吸热迅速提高润滑油温度。有的机油冷却器上装有安全阀,当油压高于 400kPa 时,机油冷却器安全阀开启,使机油经此阀泄入油底壳。

8.4.5 机油工作信息指示装置

1)机油尺

机油尺是检查发动机机油量及质量的尺子,如图 8-27 所示。通过机油尺可以定期检查发动机机油量及机油质量,避免由于机油不足或变质造成发动机伤害。

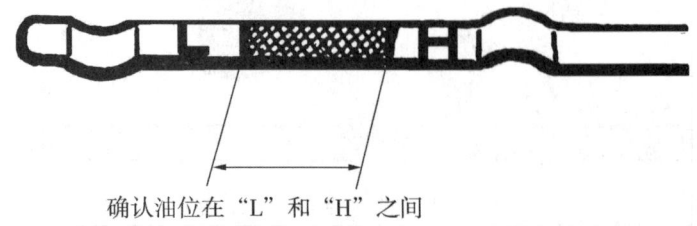

图 8-27 机油尺

2) 机油液位、温度报警装置

如图 8-28 所示,当机油液位过低、有一部分传感器露出液面后,机油液对传感器的加热元件冷却效果会减弱,冷却时间也会延长。

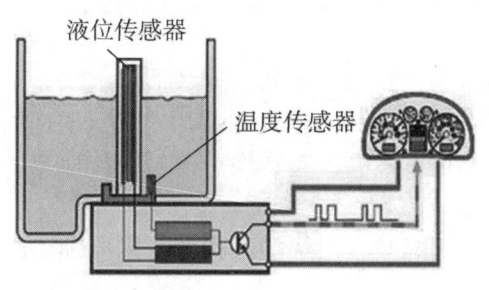 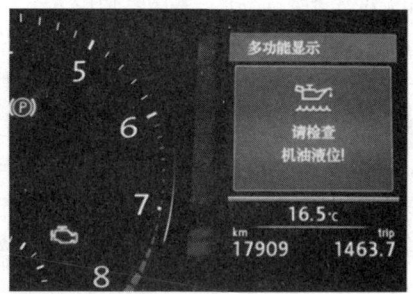

图 8-28　机油液位、温度报警装置

机油温度传感部分是一个正温度系数电阻,根据机油油温不同会有不同的阻值,与汽车上的水温传感器原理相同。

根据机油液位传感部分加热—冷却时间和油温感应部分阻值的不同,机油液位、温度传感器向仪表控制单元输出长短不同的 5V 方波信号,作为仪表点亮机油液位、温度报警灯的重要参考值。

3) 机油压力传感器

机油压力传感器(如图 8-29 所示)安装在发动机的主油道上,当发动机运行时,压力测量装置检测机油的压力;当测得压力低于报警电压时,报警电路输出报警信号,并通过报警回路点亮报警灯。

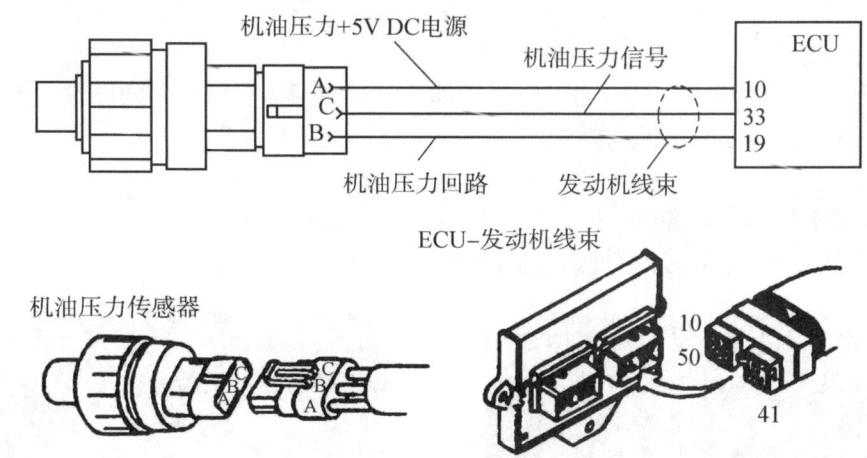

图 8-29　机油压力传感器

当发动机的机油压力低于规定值时,发动机 ECU 会认为出现故障,并以故障码的形式存储该故障。这时由于机油压力过低,发动机的保护功能起作用,迫使发动机的功率和转速下降,并可能使发动机熄火进行保护。

8.4.6 油封

油封(oil seal)是一般密封件的习惯称谓,简单地说就是润滑油的密封。它是用来密封润滑油的机械元件,将传动部件中需要润滑的部件与出力部件隔离,避免润滑油渗漏。静密封和动密封(一般往复运动)用的密封件都叫油封。

油封的结构如图8-30所示,油封由密封唇、弹簧、骨架、外径面等组成。密封唇与运动的轴(如曲轴前端轴、后端轴、气门杆)弹性动接触,起密封作用;弹簧的作用是加大密封唇与轴的接触力,增强密封效果;骨架是金属做的,起到保持油封结构稳定的支撑作用;外径面与支承孔静接触,起密封作用。

油封的常用材料有:丁腈橡胶,氟橡胶,硅橡胶,丙烯酸酯橡胶,聚氨酯,聚四氟乙烯等。

发动机上有气门油封、凸轮轴油封、曲轴油封等。

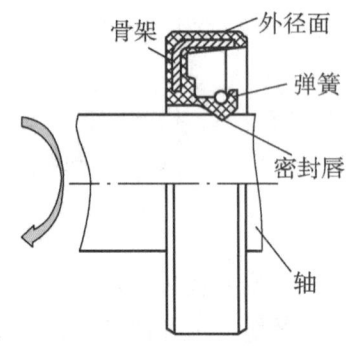

图8-30 油封的结构

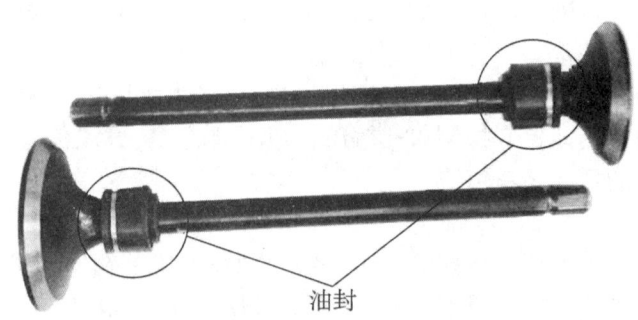

图8-31 气门油封

1)气门油封

气门油封(如图8-31所示)用于防止机油从气门导管与气门之间间隙漏入燃烧室,造成烧机油、排放超标、机油的消耗加大、燃烧室积碳等不良后果。

2)曲轴前油封

如图8-32所示,曲轴前端轴伸出气缸体安装曲轴皮带轮,曲轴前油封安装在曲轴前端轴上,可防止前端轴漏机油而加大机油消耗和污染环境。

图8-32 曲轴前油封

图8-33 曲轴后油封

3）曲轴后油封

如图 8-33 所示，曲轴后端轴伸出气缸体安装曲轴飞轮，曲轴后油封安装在曲轴后端轴上，可防止后端轴漏机油而加大机油消耗和污染环境。

8.5 润滑系统的相关说明

8.5.1 曲轴轴瓦动压油膜的形成

润滑油减小曲轴与轴瓦间摩擦的原理是形成动压油膜，而形成动压油膜的条件是：
①两相对运动的摩擦表面在运动方向上呈一定的倾角，即形成收敛的楔形间隙；
②两表面间应该具有足够大的相对运动速度，其运动方向必须为从楔形间隙较大的一端向较小的一端；
③润滑油必须具有适当的黏度，油量充足能保证连续供应；
④外载荷必须小于油膜所能承受的负荷权限值。

若两摩擦表面满足上述的条件，则可形成厚度达几十微米的压力油膜，它能将相对运动着的两金属表面分隔开，如图 8-34 所示。此时，由于只有液体之间的摩擦，称为液体摩擦，又称为液体润滑。换言之，形成的压力油膜可以将重物托起，使其浮在油膜之上，由于两摩擦表面被油隔开而不直接接触，摩擦系数很小（通常情况下 $f = 0.001 \sim 0.01$），所以显著地减少了摩擦和磨损。

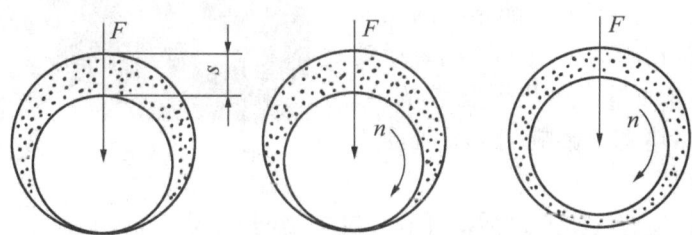

图 8-34 液体动压润滑的形成

液体摩擦是最理想的情况，对于长期高速旋转的发动机，应该确保其轴承在液体摩擦条件下工作。在一般机器中，摩擦表面多处于干摩擦、边界摩擦和液体摩擦的混合状态（图 8-35），称为混合摩擦（或称为非液体摩擦）。

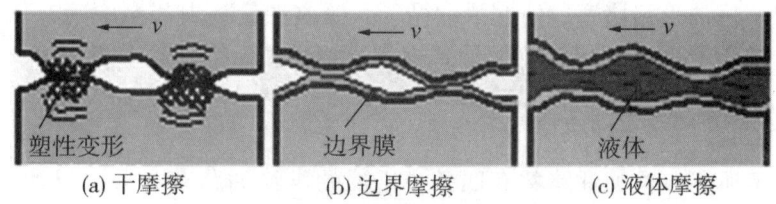

(a) 干摩擦　　(b) 边界摩擦　　(c) 液体摩擦

图 8-35 摩擦状态

8.5.2 机油在气环和油环中的密封和冷却作用

1. 密封作用

发动机的气缸与活塞、活塞环与环槽、气门与气门座之间均存在一定间隙，这样才能保证各配合件之间运动时不会卡滞，但这些间隙又容易造成燃烧室内的混合气窜入曲轴箱，结果不仅加速了润滑油的变质，还会降低气缸压力和发动机的输出功率。

润滑油可以在各配合件的间隙中形成油膜，这些油膜可以起到密封作用，保证了气缸的密封性。气缸的密封性很重要，可以有效阻止气缸窜气，保证发动机的有效功率的输出，提高车辆动力性。油环的作用是刮掉气缸壁上多余的机油，并在气缸壁上铺涂一层均匀的机油油膜，这样既可以防止机油窜入气缸燃烧，又可以减少活塞及活塞环与气缸壁的磨损。

2. 冷却作用

机油可以通过活塞环将活塞的热量传导给气缸套，起到冷却作用。资料显示，活塞顶所受的热量中有70%～80%是通过活塞环传给缸壁而散发的；发动机工作时会产生大量的热量，这些热量中的大部分通过发动机冷却系统的循环带走，一部分通过机油从气缸、活塞等发动机内部表面吸收热量后带到油底壳中散发。

8.5.3 机油油泥的产生与危害

发动机的油泥（如图8-36所示）是发动机工作中经常出现的一种胶状混合物，它聚积在曲轴箱内壁和油路中。曲轴箱内壁上的油泥会降低缸体的散热能力，油路中的油泥则会增大机油的流动阻力，减少了相对运动机件摩擦表面的机油量，恶化了润滑条件，严重时会造成油路堵塞，影响润滑系统的正常工作。

图8-36 凸轮上的油泥

据研究，燃烧室的气体通过活塞环和气缸壁之间的间隙窜入曲轴箱是形成油泥的主要原因。窜气进入曲轴箱后，由于环境温度较低，高沸点组分和水汽冷凝，并与曲轴箱内的润滑油混合，形成一种黏性物质，此物质能将固体物质、燃料、水、炭黑、磨损金属粒以及曲轴箱中的润滑油的氧化产物粘合在一起形成油泥。窜气中极少量润滑油和燃料油的液相氧化产物，对油泥的生成起着决定性作用。

油泥的主要成分是润滑油和固体物质，燃料油和水的含量很少，油泥沉积物的存在导致机油泵入口、机油管路堵塞，使润滑油循环系统供油量减少甚至中断，从而引起运动部件的摩擦和磨损，严重时因"干磨"而导致擦伤、烧瓦甚至抱轴等严重事故。

8.5.4 机油的油路控制

如图8-37所示，机油油路共有四条，机油的供给油路有一条，机油从油底壳开始，经过机油集滤器、机油泵、机油冷却器、机油滤清器到达主油道。机油泵上装有限压阀，限制机油最大压力；机油滤清器上装有旁通阀，当机油滤清器堵塞时，机油绕过机油滤清器直接到达主油路。分配油路有三条，一条供给曲轴轴颈、连杆、机油嘴、活塞，为它们提供润滑；第二条供给正时链条，为正时链条提供润滑；第三条为凸轮轴配气正时控制提供液压油及凸轮轴轮颈提供润滑油。

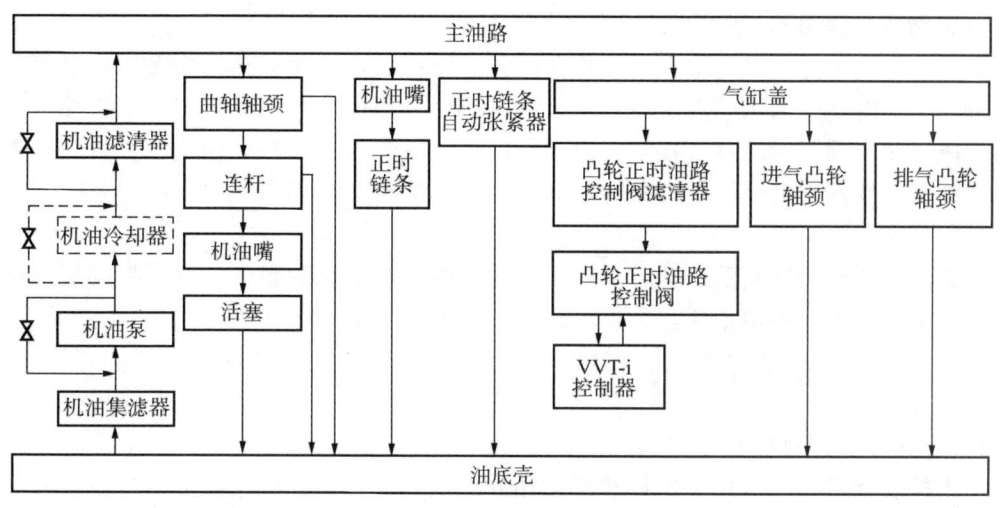

图 8-37 机油油路控制

图 8-37 中，机油不只起润滑作用，同时也起液压驱动作用。

8.6 机油的鉴别与消耗

8.6.1 机油的失效

机油失效的原因主要有如下几种。

①高温影响：润滑油长期处在高温环境中，会氧化失效，出现变黑、变稠的现象。

②杂质：主要为来源于空气中的尘埃、金属磨粒、渗漏物（燃油、水等）、润滑油氧化物以及燃料燃烧产生的物质等。

③添加剂失效：一些润滑油因为其中的添加剂失效或用完而性能下降。例如润滑油中的抗磨剂用完，会使抗磨性下降。

④黏度指数增进剂失效：因为其中的有机物分子长链断裂，不再具有增粘作用。

⑤基础油失效：基础油是添加剂的载体，基础油失效后，添加剂不会发挥作用。如图 8-38 所示，未启封的新机油和密封好的机油外观通透（呈金黄色），已氧化的机油则像废弃机油一样乌黑。

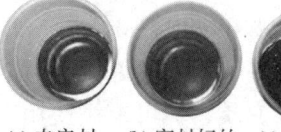

(a) 未启封新机油　(b) 密封好的剩余机油　(c) 已氧化的剩余机油

图 8-38 机油失效比较

8.6.2 新机油质量的鉴别

新机油质量的鉴别方法包括以下三种。

1）观察机油颜色

国产正牌散装机油多为金黄色，具有明亮的光泽，流动均匀。凡是颜色不均、流动时带有异色线条者均为伪劣或变质机油，若使用此类机油，将严重损害发动机。进口机油的颜色为金黄略带蓝色，晶莹透明，油桶制造精致，图案字码的边缘清晰、整齐，无漏色和重叠现象；否则为假货。

2）识别机油牌号和试验黏度

国产桶装机油分汽油机油和柴油机油两种。气温低应选用黏度等级数字小的或带"D"字的机油，气温高应选用黏度等级数字大的机油。柴油机油选用原则与汽油机相同。随着我国机械行业与国际标准逐步接轨，机油的牌号也逐渐与国际标准相适应，目前有些国产机油的牌号已使用进口机油标准牌号，具体选用方法与上述相同。

3）闻气味

合格的机油应无特别的气味，只略带芳香。凡是对嗅觉刺激大且有异味的机油均为变质或劣质机油，绝对不可使用。

8.6.3 新机油的选用

新机油的选用原则如下。

①根据发动机类型选用：比如选择柴油或汽油。

②根据汽车使用规定选用：应根据汽车发动机的工作条件和车辆的负荷与转速，选用适当的机油品种及级别。负荷高、转速低一般选用黏度大的机油；负荷轻、转速高一般选用黏度小的机油。

③根据汽车使用环境选用：冬季在不同地区要根据当地温度选用不同的黏度级别的机油，如北方冬季应选用 5 W/30 或 0 W/30 的机油。

④根据汽车档次选用：高档车必须用高等级机油，低档车用低等级的机油。

⑤结合本地的最高和最低气温，参照汽车的使用手册选用，优先选用名牌机油。

若选用了黏度过大的机油，会增加运动阻力，消耗发动机功率；若选用了黏度过小的机油，保证不了润滑质量，会加剧发动机磨损。对于磨损已较严重、各配合间隙已较大的发动机，可选用高一级黏度的机油，以加强配合件的密封性能。

8.6.4 使用中机油的鉴别

使用中机油的质量鉴别是判断是否需要更换机油的依据。

1）搓捻鉴别

取出油底壳中的少许机油，放在手指上搓捻。搓捻时，如有粘稠感，并有拉丝现象，说明机油未变质，仍可继续使用；否则应更换。

2）油尺鉴别

抽出机油标尺对着光亮处观察刻度线是否清晰，当透过油尺上的机油看不清刻线时，说明机油过脏，需立即更换。

3）倾倒鉴别

取油底壳中的少量机油注入一容器内，然后从容器中慢慢倒出，观察油流的光泽和黏度。若油流能保持细长且均匀，说明机油内没有胶质及杂质，还可使用一段时间；否则应更换。

4）油滴检查

在白纸上滴一滴油底壳中的机油，若油滴中心黑点很大，呈黑褐色且均匀分布颗粒，周围黄色浸润很小,说明机油变质应更换。若油滴中心黑点小而且颜色较浅,周围的黄色浸润痕迹较大,表明机油还可以使用。

以上检查均应在发动机停机后机油还未沉淀时进行,否则可能得不到正确结论。因为机油沉淀后,浮在上面的往往是好的机油,这样检查的只是表面现象,而变质机油或杂质存留在油底壳的底部,可能造成误检。

8.6.5 机油正常损耗

只要发动机运转就会有机油消耗,正常的机油消耗是维持发动机运转所必需的,所以不会对发动机造成危害。

发动机正常工作过程中,极少一部分机油会通过各种渠道进入气缸并在燃烧后排入大气。机油进入气缸主要有三条途径,如图 8-39 所示,一条途径是通过进排气门杆和气门导管之间的间隙,微量的机油必须透过气门油封以免气门在气门导管中卡死;另一条途径是活塞和气缸壁之间的间隙,活塞环在上行过程中会将气缸壁上残存的润滑油膜带入燃烧室;还有一条途径就是雾状机油微粒透过曲轴箱强制通风管路进入燃烧室。由此可以看出,所有损耗的机油最终都是在主燃烧室"烧掉"后通

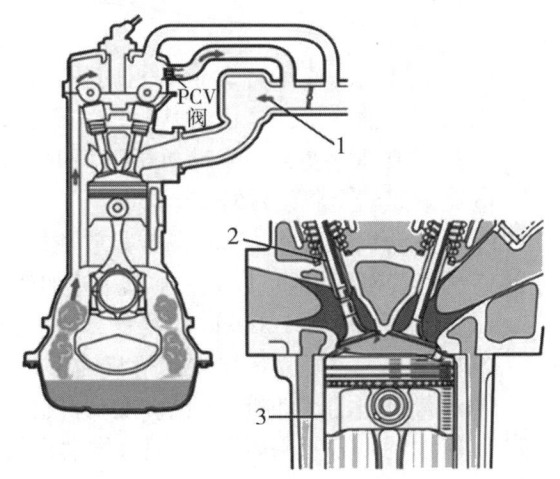

图 8-39 机油消耗途径
1—窜缸混合气烧损;2—气门导管间隙;
3—气缸与活塞间的间隙

过排气系统排入大气之中,虽然这种机油消耗量并不大,但必须定期地检查机油量并根据需要添加适量机油。

那么,多大的机油消耗量才属于正常消耗呢?根据我国机械行业标准 JB3743—1984 的规定,机油/燃油消耗比应<1%,我国于 2003 年又新出台《GB/T19055—2003 汽车发动机性能试验方法》,明确规定额定转速全负荷时机油/燃油消耗比不超过 0.3%,以 2014 款全新爱丽舍为例,首保 7500 公里按新标准计算,跑完 7500 公里机油正常消耗为:7500 公里 × 0.30 升/1000 公里 = 2.25 升。国外对轿车发动机机油消耗量并未作强制规定,一般认为在最初行驶的 10 000 公里走合期内,机油消耗量可能达到 0.3 升/1000 公里,在行驶 10 000 公里之后,机油消耗将维持在 0.2 升/1000 公里之内,而维修手册中则标明只要机油消耗量<1 升/101 000 公里均为正常。

8.6.6 机油消耗的计算

1)机油消耗的计算公式

$$发动机机油消耗量 = \frac{加注的机油量 - 排出的机油量}{排出时的里程数 - 加注发动机机油时的里程数} \quad (8-1)$$

例如,已知

在里程数 44 800km 时加注的机油量的体积为 4000cm³

在里程数 45 900km 时排出的机油量的重量为 2700g

则

$$发动机机油消耗 = \frac{4000 \text{cm}^3 - 2700\text{g} \div 0.86\text{g/cm}^3}{45\,900\text{km} - 44\,800\text{km}} \approx 0.78 \text{cm}^3/\text{km}$$

2）机油消耗测试步骤

在测试发动机机油消耗之前，要排除可能的泄漏，保证不漏油。机油消耗测试步骤如下：

①发动机机油只允许在暖机状态下排出。此时机油温度至少为 95℃，可通过诊断系统读取；

②让发动机怠速运转 5min，这时机油温度不允许降至 90℃ 以下；

③松开主油路机油滤清器盖（发动机机油从机油滤清器壳回流至油底壳）；

④打开放油螺塞，让发动机机油滴 15min；

⑤在减震器上将发动机转动 360°；

⑥让发动机机油滴 15min，拧紧放油螺塞；

⑦为相应型号的发动机（更换滤芯）加注规定的机油量；

⑧让车辆行驶约 1000km 的路程，增加行驶里程可明显改善测量结果；

⑨按照步骤 1 至 6 排出发动机机油，并用一个测量容器收集；

⑩称量排出的发动机机油量（发动机机油密度在室温下约为 0.86 g/cm³）。

计算油耗时需使用表 8-2 记录发动机机油消耗。

3）机油消耗记录表

表 8-2　机油消耗记录表

车辆型号	
底盘号码	
提示	针对测量记录：务必注意文件"机油消耗量测量"中的内容！

加注的油量_____（cm³）；里程数（1）：_____km。

称量排出的发动机机油量_____g；油密度 = 0.86g/cm³。

排出的机油量 = 排出的机油量/油密度 = _____（g）/0.86（g/cm³）

结果：

排出的机油量 = _____（cm³），里程数（2）：_____km

计算油耗 = 加注的机油量 - 排出的机油量 = _____cm³ - _____cm³

结果：

机油消耗量 = _____（cm³）

计算行驶距离 = 里程数（2）- 里程数（1）= _____km - _____km

结果：

行驶里程 = _____km

项目八　发动机润滑系统

项目实操

请根据下表进行发动机润滑系统的实际训练。

序号	实操项目	实操目的
1	机油泵的检修	●掌握拆机油泵方法； ●掌握机油泵的检修方法； ●掌握装机油泵方法
2	机油的检查与更换	●掌握机油量的检查方法 ●掌握机油质量的检查方法； ●掌握更换机油的方法

实操1　机油泵的检修

将机油泵从发动机上拆卸下来，分解机油泵，用汽油洗刷清洁各零部件，准备好量具：平尺、千分尺、厚薄规，工具在使用前也要清洁。

①机油泵盖平面度的检查。

用一把平尺压在机油泵盖与机油泵接触面上，用厚薄规测量两者之间的间隙（如图8-40所示），应符合厂家出厂规定。

②外转子厚度的检查。

用千分尺测量外转子的厚度（如图8-41所示），应符合厂家出厂规定。

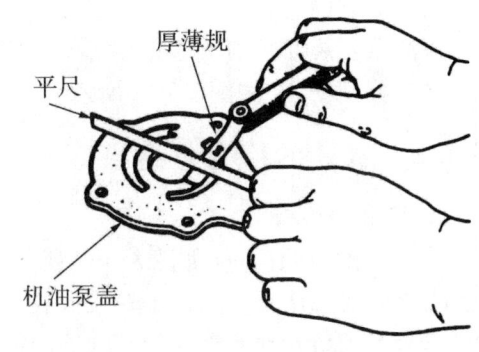

图8-40　机油泵盖平面度的检查

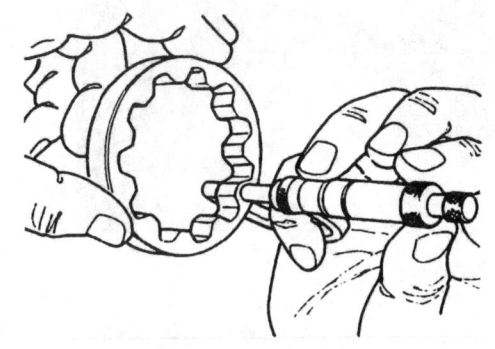

图8-41　外转子厚度的检查

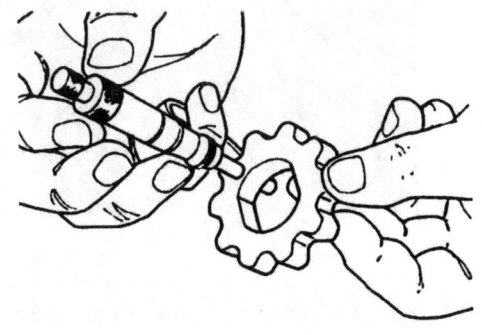

图8-42　内转子厚度的检查

③内转子厚度的检查。

用千分尺测量内转子的厚度（如图8-42所示），应符合厂家出厂规定。

④外转子间隙检查。

将机油内、外转子对好冲模标记安装在机油泵壳里，用厚薄规测量机油泵外转子与机油泵壳之间的间隙(如图8-43所示),间隙值应符合厂家出厂规定。

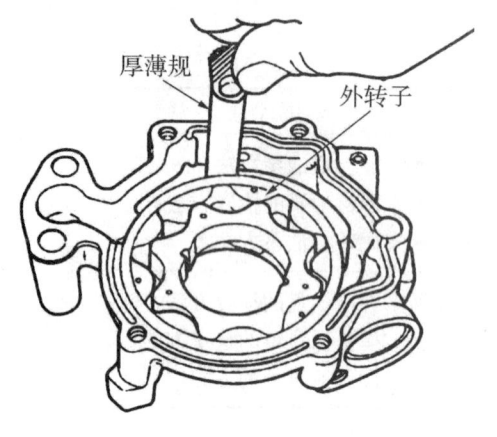 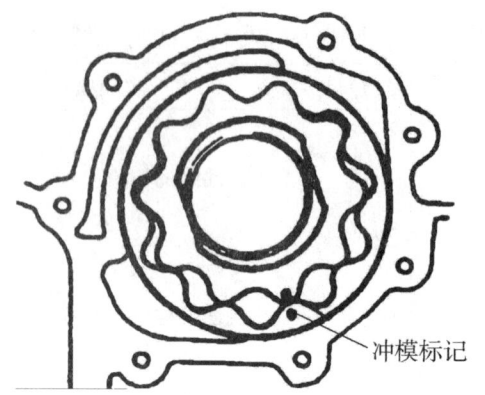

图8-43 外转子间隙检查　　　　　图8-44 机油泵的安装

⑤机油泵的安装。

机油泵安装前必须清洁各零部件,用压缩空气吹干净各零部件表面,必须对准内、外转子冲模标记安装(如图8-44所示)。

实操2　机油的检查与更换

1. 机油的检查

1)机油油量的检查(如图8-45所示)

①首先要确认车辆的四个轮子停在同一水平高度上,前后左右都不能有任何的倾斜,一旦车身有倾斜,油底壳内的机油液面就会改变,测量结果不准;

②在发动机舱里找到机油尺的手柄,准备一张纸巾;

 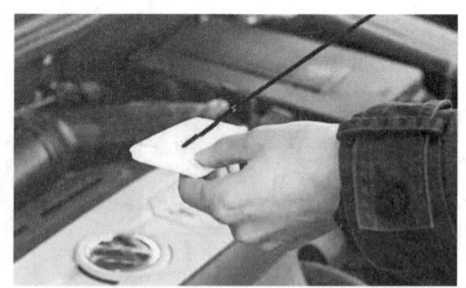

图8-45 机油油量的检查

③把机油尺拔出来,用纸巾把机油尺头上的机油完全抹干净,同时看清楚机油尺的刻度位置(通常有MIN和MAX两个刻度);

④把擦干净的机油尺插回去,插到底,然后再拔出来,这次黏在机油尺末段的机油就可以用来观测;

⑤观测机油标尺上黏住的机油,可以知道发动机内机油最高点的位置。机油液面的位置处于MIN和MAX的中间位是最理想的,证明发动机里的机油量很合适。

2）机油质量的检查

①闻味法。打开车辆前机盖，抽出机油尺闻一闻，如果有极强的酸臭味，说明机油已经变质，应该及时更换。

②手捻法（如图 8-46a 所示）。取少量旧机油倒在手指上，反复捻磨，正常应该是无摩擦、有润滑性的，如果感到黏性差、有颗粒杂质，甚至发涩，就应该及时更换。

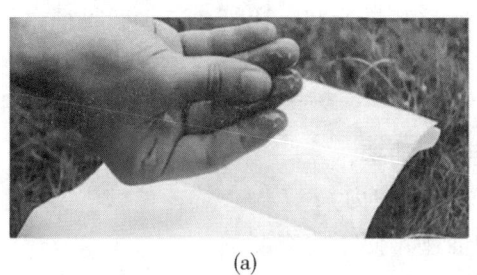 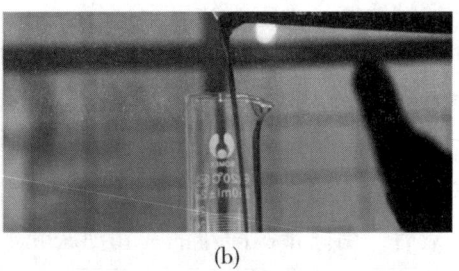

图 8-46 机油质量的检查

③观察法（如图 8-46b 所示）。将机油的量杯慢慢倒向另一空杯，观察其流动情况，质量好的机油的油流应该是细长、均匀、连绵不断；而变质的机油会呈油滴状态。

此外，机油变黑不一定就是变质，因为现在的机油中加入的清净剂会使机件上的油垢和积碳等沉积物分散于油中，一定时间后就会导致机油的颜色变黑，因此应根据用车环境和上次更换机油的里程，或结合上面两种方法来判断是否需要更换新机油。

2. 机油的更换

机油更换的操作步骤如下。

1）准备

①车辆进入工位前，清理工位卫生，排除障碍物，准备好相关的工具、物品等；

②车辆驶入工位，拉紧驻车制动器以及将变速器置于 N 位或 P 位。

③准备相关设备或工具；

④安装三件套（方向盘套、座椅套和脚垫）；

⑤打开机舱盖并支撑好；

⑥安装翼子板罩布、前格栅布。

2）预热发动机

①进入驾驶室，横向摆动变速器挡位控制手柄，确认驻车制动器拉紧和变速器处于 N 挡或 P 挡位置。

②打开点火开关，起动发动机并保持息速运转 3～5min，观察水温表指示数值的变化，当水温达到 60～70℃时，关闭点火开关，停止发动机运转。本步骤有利于发动机内机油排放彻底。

3）检查泄漏

①查看气门室罩垫、加油口、曲轴前油封等处是否存在漏油现象。若漏油应先维修好泄漏点。

②分别调整举升机提升臂的角度和抽拉臂的长度，使托垫对准车辆底板上的支撑点。

③将车辆举升到目标高度,并可靠停驻。确认车辆可靠停驻后,方可进入车下作业。

4)排放机油

①将机油回收桶置于发动机油底壳排油塞的正下方;

②用套筒、扭力扳手拧松排油塞;

③用手缓缓旋出排油塞(建议戴手套),当感觉到仅剩1～2丝扣时,继续旋出并稍用力向上推排油塞,确定螺纹已全部旋出后,急速移开排油塞,让机油流入回收桶内;

④检查排油塞垫片是否损坏,如有断裂要更换新垫片(丰田卡罗拉要求更换),使用抹布擦净排油塞上吸附的金属屑;

⑤当油底壳的排油孔不再滴油时,用手旋入排油塞;

⑥用套筒、扭力扳手将排油塞拧紧(力矩至规定扭力);

⑦最后,用抹布擦净排油塞和油底壳上的油迹,便于检查漏油。

5)更换机油滤清器

①使用机油滤清器专用套筒、接杆、扭力扳手旋松机油滤清器;

②用手旋下滤清器并放入废件回收桶中,并清洁滤清器座;

③在新的滤清器内加注新鲜机油至约为其容量的3/4后,在密封圈上均匀涂抹一薄层机油;

④用手竖直举起滤清器,将滤清器旋入其座上并用力拧紧;

⑤使用机油滤清器专用套筒、接杆、扭力扳手转动滤清器3/4圈将其紧固;

⑥最后,使用抹布擦净滤清器及其座上的机油,便于检漏。

注意:滤清器的拧紧力矩不要过大,以免损坏密封圈,按其规定要求拧紧即可。

6)加注机油

①将车辆平稳降落到地面上,举升机的托垫和车辆的支撑点不要接触,车辆靠自重停驻在地面上;

②观察车辆是否存在歪斜和严重变形等现象,如有,应修复后再加机油,重点检查轮胎气压和减振器总成(当车辆严重变形时,发动机在车上的位置发生偏移,加注机油标尺显示的数值便会出现或大或小的偏差,给发动机的正常工作带来隐患);

③用抹布擦净加油塞周围的油渍、尘土等,并旋下排油塞;

④旋下机油桶盖,然后一手握住机油桶上的手柄,一手托住机油桶底,对准发动机的加油口,稍稍倾斜机油桶,缓缓将机油倒入发动机内;

⑤当加注量接近油桶容量(4L)的3/4时,停止加注。2～3min后,拔出机油尺,擦净刻度尺处的油液,将其插入机油尺套管内,检查机油标尺油面的高度,液面应位于上下刻度线中间偏上的位置,不允许液面高于上刻度线。若油量不足,进行添加。

7)添加和检漏

①机油加注完毕,旋紧加油口盖;

②进入驾驶室,打开点火开关,起动发动机并保持运转3～5min之后,关闭点火开关;

③待发动机停止运转3～5min之后,拔出机油尺,擦净刻度尺的机油,然后将其插回

套筒内,确定插入到位后,再次拔出机油尺,观察油底壳中的油面在刻度尺上显示位置;

④将车辆举升到适当高度,检查排油塞、机油滤清器等处是否漏油。如有泄漏,修复后车辆才可以投入使用。

⑤将车辆平稳下降到地面上。

步骤③的目的是填充润滑系统中的储油空间,以便确定油底壳中的实际存油量。如果油面显示于标尺的上下极限刻度线的中间偏上位置,为正常;显示于中间偏下位置,则添加适量机油;高于上刻度线,应放出适量机油。

8)整理工位

①关闭发动机舱盖;

②清洁收拾工具和仪器并归位;

③清洁地面。

项目小结

1. 发动机润滑系的功用:减磨、冷却、清洁、密封、缓冲、防锈。

2. 润滑油:国际上广泛采用美国 SAE 黏度分类法和 API 质量分类法。

3. 发动机润滑方式:压力润滑、飞溅润滑、定期润滑。

4. 发动机润滑系组成:机油泵、机油滤清器、机油散热器、油底壳和集滤器等零部件,以及温度表和润滑油管道等。

5. 机油泵的构造型式:齿轮式机油泵、内齿轮式机油泵、转子式机油泵和变排量泵。

6. 机油泵的发展趋势:变排量泵使得发动机在中高速下的主油道压力保持一个相对恒定值,在满足发动机机油需求的同时,减少功率消耗,起到节能减排的作用,也使发动机配气正时调整更加准确可靠。

7. 机油滤清器:有集滤器、粗滤器、细滤器三种。

8. 机油冷却器:在高性能大功率的强化发动机上,由于热负荷大,必须装设机油冷却器。

9. 机油油量指示:机油尺;机油液位、温度报警装置;机油压力传感器。

10. 润滑系统的有关说明:曲轴轴瓦油膜的形成;机油在气环和油环中的密封和冷却作用;机油油泥的产生与危害。

11. 机油油路控制:发动机部件的润滑控制、机油冷却油路控制、配气正时调整油路控制。

12. 机油消耗:机油的失效的原因、新机油质量的鉴别与选用、使用中机油的鉴别、机油正常损耗、机油消耗的计算。

13. 机油泵检修:包括各项间隙检查、机油泵装复后,应检查其转动情况。

14. 机油的检查与更换:油位应该在上下限之间,不允许超过最高标记,以免发生三元催化转化器损坏的危险。

 复习与思考

一、填空题

1. 润滑系统能起到润滑、清洁、冷却、密封和（　　）作用。
2. 润滑油膜形成的基本条件是两零件之间存在（　　）及相对运动，并且有足够的润滑油供给。
3. 发动机零件表面的润滑，按其供油方式可分为（　　）和飞溅润滑。
4. （　　）是保证润滑油在润滑系统内循环流动，并在发动机任何转速下都能以足够高的压力向润滑部位输送足够数量的润滑油。
5. 与主油道（　　）的滤清器称为全流式滤清器。
6. 全流式机油滤清器的滤芯有（　　）滤芯和纤维滤清材料滤芯等。
7. 发动机上使用的润滑剂有润滑油和（　　）。
8. （　　）很像一个小型散热器，利用汽车行驶时的迎面风对润滑油进行冷却。
9. 我国润滑油的黏度分类，已采用国际上广泛使用的美国汽车工程师学会的（　　）分类法。
10. 现代汽车发动机都采用（　　）润滑方式。
11. 在热负荷较高的发动机上装备有（　　），用来降低润滑油的温度。
12. 发动机零件表面的润滑，按其供油方式可分为压力润滑和（　　）。
13. 润滑油膜形成的基本条件是两零件之间存在油楔及（　　），并且有足够的润滑油供给。
14. （　　）是用金属丝编织的滤网，用来滤除润滑油中粗大的杂质，防止其进入机油泵。
15. 分流式滤清器与主油道（　　）。
16. 全流式机油滤清器的滤芯有褶纸滤芯和（　　）滤芯等。
17. 根据地区的季节气温选用适当（　　）等级的润滑油。
18. 对外露、负荷较轻、相对运动速度较小的工作表面采用（　　）。

二、判断题

1. 机油细滤器滤清能力强，所以经过细滤器滤清后的机油直接流向润滑表面。（　　）
2. 润滑油路中的机油压力不能过高，所以润滑油路中用旁通阀来限制油压。（　　）
3. 风冷式机油冷却器多与主油道并联。（　　）
4. 由于离心式机油滤清器有效地解决了滤清能力与通过能力的矛盾，所以一般串联于主油道中。（　　）
5. 汽油机的润滑油路可以为液力挺柱供油。（　　）
6. 二冲程汽油机油与四冲程汽油机油不同。（　　）
7. 离心式机油细滤器对机油的滤清是由于喷嘴对金属杂质产生过滤作用而实现的。（　　）

8. 离心式机油滤清器出油无压力。（ ）
9. 固定式集滤器比浮筒式集滤器应用广泛。（ ）
10. 加注润滑油时，加入量越多，越有利于发动机的润滑。（ ）
11. 柴油机油 CD 级的工作性能比 CC 级高。（ ）
12. 固定式集滤器容易吸入油面上泡沫。（ ）
13. 润滑油膜形成时，轴的转速越高，单位时间被带动的油也越多，产生的油压力就越大。（ ）
14. 水冷式机油冷却器串联在主油道之前。（ ）
15. 由于机油粗滤器串联于主油道中，所以一旦粗滤器滤芯堵塞，主油道中机油压力便会大大下降，甚至降为零。（ ）
16. 转子上的喷嘴保证通过细滤器的油量为油泵出油量的 10%～15%。（ ）
17. 柴油机油分为 SC、SD、SE、SF、SG、SH 等 6 个级别。（ ）
18. 离心式滤清器滤清能力强，但对胶质的滤清效果差。（ ）
19. 风冷式机油冷却器多用于普通轿车。（ ）
20. 水冷式机油冷却器位于冷却液路中。（ ）
21. 汽油机和柴油机使用的润滑油相同。（ ）
22. 当主油道内的油压高于 150kPa 时，机油压力表传感器的触点接通使机油压力过低警告灯发亮。（ ）
23. 轴与轴承间的摩擦可以变为液体摩擦。（ ）
24. 水冷式机油冷却器利用汽车行驶时的迎面风对润滑油进行冷却。（ ）
25. 浮筒式集滤器浮筒可以活动，随机油油面高低而浮动。（ ）

三、选择题

1. 机油细滤器上设置进油限制阀的作用是（   ）。
A. 机油泵出油压力高于一定值时，关闭通往细滤器油道
B. 机油泵出油压力低于一定值时，关闭通往细滤器油道
C. 使进入主油道的机油保持较低压力
D. 使进入机油细滤器的机油保持较低压力

2. 润滑系统中旁通阀的作用是（   ）。
A. 保证主油道中的最小机油压力
B. 防止主油道过大的机油压力
C. 防止机油粗滤器滤芯损坏
D. 在机油粗滤器滤芯堵塞后仍能使机油进入主油道内

3. 上海桑塔纳轿车发动机油路中只设一个机油滤清器，该滤清器采用（   ）。
A. 全流式滤清器　　　　　　　B. 分流式滤清器
C. 离心式滤清器　　　　　　　D. 油浴式滤清器

4. 机油泵常用的形式有（   ）。
A. 齿轮式与膜片式　　　　　　B. 转子式和活塞式

C. 转子式与齿轮式　　　　　　　　D. 叶片式与膜片式

5. 汽油发动机采用压力润滑的部位是(　　)。
A. 凸轮轴轴承和凸轮　　　　　　　B. 曲轴的主轴承和活塞
C. 连杆轴承和活塞环　　　　　　　D. 正时齿轮和机油泵驱动轴

6. 发动机工作时，机油经(　　)初步过滤后进入机油泵，防止大的机械杂质进入泵体内。
A. 机油粗滤器　　　　　　　　　　B. 分流式滤清器
C. 离心式滤清器　　　　　　　　　D. 机油集滤器

7. 机油泵的端盖上装有(　　)。
A. 旁通阀　　　　B. 限压阀　　　　C. 减压阀　　　　D. 止回阀

8. 对负荷(　　)，相对运动速度(　　)的零件，进行飞溅润滑。
A. 大；低　　　　B. 大；高　　　　C. 小；高　　　　D. 小；低

9. 外啮合齿轮式机油泵工作时，(　　)。
A. 主动轮与从动轮同向旋转　　　　B. 齿轮泵靠电机带动旋转
C. 轮齿脱开啮合处吸油，进入啮合处压油　D. 轮齿脱开啮合处压油，进入啮合处吸油

10. 经过细滤器的润滑油进入(　　)。
A. 机油泵　　　　B. 主油道　　　　C. 油底壳　　　　D. 机油冷却器

11. 机油冷却器安全阀的作用是(　　)。
A. 限制润滑系统内的最高油压，防止因压力过高而造成过分润滑及密封垫、圈发生泄漏现象
B. 当气温高于293K时，该阀开启，使部分机油流经机油冷却器冷却
C. 当油压高于400kPa时，该阀开启，使机油经此阀泄入油底壳
D. 当润滑油路中的油压低于100kPa时，该阀不开启，机油细滤器停止工作

12. 凸轮轴轴承一般采用(　　)润滑方式。
A. 压力　　　　　B. 飞溅　　　　　C. 润滑脂　　　　D. 复合式

13. (　　)与主油道串联。
A. 机油细滤器　　B. 离心式滤清器　C. 全流式滤清器　D. 分流式滤清器

14. 有些发动机的机油滤清器设置止回阀的目的是(　　)。
A. 在油压过高时泄压，维持主油道内的正常压力
B. 当重新起动发动机时，润滑系统能迅速建立起油压
C. 滤芯堵塞时，机油通过该阀直接流入主油道，以防供油中断
D. 保护机油滤清器不因油压过高而受损坏

15. 关于水冷式机油冷却器说法不正确的是(　　)。
A. 并联在主油道中　　　　　　　　B. 冷却液和润滑油分别在管内、外流动
C. 油温较低时，从冷却液吸热　　　D. 水冷式机油冷却器外形尺寸小

16. 活塞与气缸壁之间的润滑方式是(　　)。
A. 压力润滑　　　　B. 飞溅润滑

C. 脂润滑　　　　　　D. 压力润滑和飞溅润滑同时进行

17. 转子式机油泵工作时，偏心的内转子旋转带动外转子一起旋转，内转子的转速（　　）外转子的转速。
A. 大于　　　　B. 等于　　　　C. 小于　　　　D. 不一定

18. 汽油发动机采用飞溅润滑的部位是（　　）。
A. 气缸壁和摇臂孔　　　　　　B. 活塞环和正时齿轮
C. 气门和空气压缩机　　　　　D. 挺柱和凸轮

19. 内啮合齿轮式机油泵一般主动齿轮是（　　）齿轮，由曲轴直接驱动，从动齿轮是（　　）齿轮
A. 内；外　　　B. 外；内　　　C. 内；内　　　D. 外；外

20. 滤清能力最强的机油滤清器是（　　）。
A. 集滤器　　　B. 粗滤器　　　C. 分流式滤清器　　　D. 全流式滤清器

21. 浮筒式集滤器的（　　）不论油底壳内的油面如何波动，始终浮在润滑油表面上。
A. 滤网　　　B. 吸油管　　　C. 浮筒罩　　　D. 浮筒

22. 使离心式机油滤清器的转子转动的是（　　）。
A. 电机　　　B. 曲轴　　　C. 弹簧　　　D. 喷嘴喷出的机油

23. 转子式机油泵（　　）。
A. 内转子主动，外转子从动
B. 外转子主动，内转子从动
C. 内转子有四个凸齿，外转子有六个凹齿
D. 内转子有五个凸齿，外转子有四个凹齿

24. 现代轿车很少使用（　　）。
A. 集滤器　　　B. 粗滤器　　　C. 分流式滤清器　　　D. 全流式滤清器

项目九　发动机冷却系统

学习目标

1. 能描述发动机冷却系统的组成、结构与功用；
2. 能描述冷却系统的冷却方式和冷却液路；
3. 能运用检测设备进行冷却系统主要零部件的检修；
4. 能对冷却系统进行正确维护；
5. 能正确选择防冻液；
6. 具备信息查询和手册使用的基本能力。

9.1　概述

发动机工作时，气缸内的气体温度可高达 1927～2527℃，若不及时冷却，将导致发动机零部件温度过高，尤其是直接与高温气体接触的零件，会因受热膨胀影响正常的配合间隙，导致运动件运动受阻甚至卡死。此外，高温还会造成发动机零部件的机械强度下降，使润滑油失去作用等。但发动机工作时温度也不能过低，温度过低会导致可燃混合气点燃困难或燃烧迟缓，造成发动机功率下降；机油因温度过低而变浓，黏度增大，增加了机件运动的阻力；因温度过低而未完全汽化的燃料对气缸、活塞、活塞环等摩擦表面上的油膜产生冲刷并稀释机油，加剧机件磨损，混合气燃烧不完全也增加耗油量。

发动机冷却系统（图 9-1）的功用是对在高温条件下工作的发动机零部件进行冷却，保证发动机在适宜的温度（通常为 80～90℃）下连续工作，冷却系统还为驾驶室或者车厢内的暖风装置提供热源，气缸盖出水管上设有橡胶水管，与暖风装置相通。为了提高燃油雾化程度，还可以利用冷却液的热量对进入进气歧管内的混合气进行预热，防止节气门结

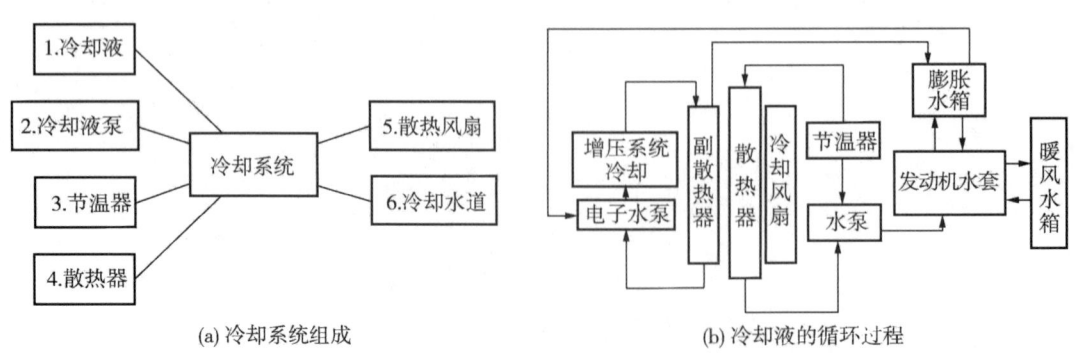

(a) 冷却系统组成　　　　(b) 冷却液的循环过程

图 9-1　发动机冷却系统

冰等。在现在的发动机上，冷却液还承担润滑系统的润滑油、涡轮增压器、增压空气和自动变速器油的散热任务。冷却系统的结构示意图如图9-2所示。

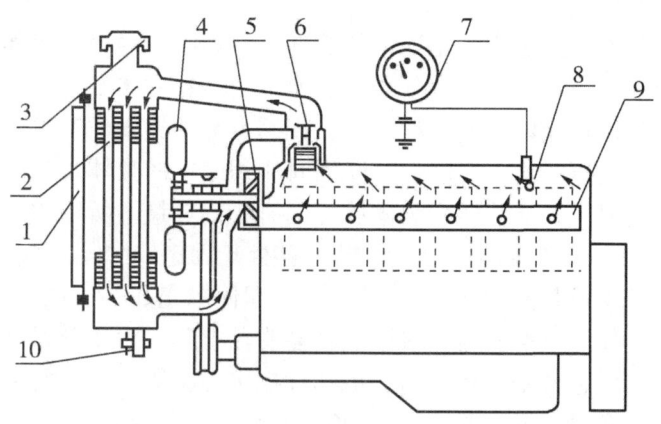

图9-2 冷却系统示意图
1—百叶窗；2—散热器；3—散热器盖；4—风扇；5—水泵；
6—节温器；7—水温表；8—水套；9—分水管；10—放水开关

发动机的冷却系统有风冷和水冷之分。以空气为冷却介质的冷却系统称为风冷系统；以冷却液为冷却介质的冷却系统称水冷系统。一般汽车发动机冷却系统以水冷却为主，本书也主要介绍水冷系统。

9.2 冷却液

9.2.1 沸点与凝固点（冰点）的影响因素

1. 沸点的影响因素

液体沸腾时的温度叫作沸点，在标准大气压下，水的沸点是100℃。沸腾是在同一温度下液体表面和内部同时进行的剧烈汽化过程，液体沸腾时需要吸热，当温度升高到沸点时，还要继续吸热才会沸腾。

液体内部和器壁上通常有许多小气泡，其中的蒸气处于饱和状态。随着温度上升，小气泡中的饱和蒸气压相应增加，气泡不断胀大，当饱和蒸气压增加到与外界压力相同时，气泡骤然胀大，在浮力作用下迅速上升到液面并放出蒸汽，这种剧烈的汽化就是沸腾。沸腾与蒸发在相变上并无根本区别。液体沸腾时，由于吸收大量汽化热，液体温度保持不变。

液体所受外界压力增大时，沸点升高；外界压力减小时，沸点降低。例如，蒸汽锅炉里的蒸汽压强相当于几十个大气压，锅炉里的水的沸点可在200℃以上。又如，在高山上煮饭，大气压力低于标准大气压，水易沸腾，但饭不易熟。

沸腾时液体内部和器壁上的小气泡起着汽化核的作用，液体中若含有溶质，沸点就会上升。这是由于存在溶质后，液体分子之间的引力增加了，液体不易汽化，饱和蒸气压也较小,要使饱和蒸气压与大气压相同,必须提高沸点。例如加到水中的乙二醇可以将冷却液的沸点提高,超过水的沸点。

2. 凝固点(冰点)的影响因素

凝固点是液体凝固时的温度,是液体的蒸气压与其固体的蒸气压相等时的温度,不同液体具有不同的凝固点。在标准的大气压下,水的凝固点是0℃,在一定外界气压下,任何液体的凝固点与其熔点相同。同一种液体,凝固点与外界气压有关。凝固时体积膨胀的液体,凝固点随外界气压的增大而降低;凝固时体积缩小的液体,凝固点随外界气压的增大而升高。在凝固过程中,液体转变为固体,同时放出热量。所以物质的温度高于凝固点(熔点)时,处于液态;低于凝固点(熔点)时,就处于固态。

如果液体中溶有少量其他物质(称为杂质),即使数量很少,物质的凝固点(熔点)也会有很大的变化。例如水中溶有盐,凝固点就会明显下降。海水就是溶有盐的水,海水冬天结冰的温度比河水低,就是这个原因。饱和食盐水的凝固点可下降到约-22℃。又如加到水中的乙二醇会改变冷却液的凝固点,使冷却液的凝固点降低至低于水的凝固点。

9.2.2 冷却液特性和类型

1. 冷却液的特性

①防冻。用乙二醇配制的冷却液最低可在-70℃环境下使用。乙二醇浓度一般在33%~50%之间,也就是冰点在-20℃~-45℃之间,可以根据不同地域的实际需要合理选择浓度。

②防沸。加到水中的乙二醇会改变冷却液的沸点。乙二醇浓度越高,冷却液的沸点也就越高,如果冷却系统采用压力盖,冷却液的实际沸点会更高,即使在炎热的夏天,也能有效防止冷却液沸腾。

③防腐。冷却液最主要的功能是防腐蚀。腐蚀是一种化学、电化学侵蚀作用,会逐步破坏冷却系统内的金属表面,严重时可使冷却系统的壁穿孔,引起冷却液漏失,导致发动机损坏。使用负离子水及适当的添加剂能防止各种腐蚀的出现。

④防锈。锈蚀是由冷却系统内的氧化作用造成的。热量和湿气会使锈蚀的过程加速,锈蚀留下的残余物会阻塞冷却系统,加速零件磨损和降低热传导的效率。冷却液中的添加剂有助于防止冷却系统通道内锈蚀的出现。

⑤防垢。水源中所含的各种杂质,包括金属离子、无机盐等,决定了结垢和沉淀的形成。结垢会大大地降低冷却系统的导热效率,在许多情况下会对发动机造成严重损害。冷却液所使用的去离子水可以避免结垢和沉淀的形成,从而保护发动机。

2. 冷却液的类型

冷却液是在软化水中按比例添加防冻剂,配以适量的金属缓蚀剂、阻垢剂等添加剂的液体。它具有冬季防冻、夏季防沸、防腐蚀、防水垢等作用。冷却液按防冻剂成分不同可分为酒精型、甘油型、乙二醇型等类型。

1)酒精型冷却液

酒精型冷却液是用乙醇作防冻剂,价格便宜,流动性好,配制工艺简单,但有沸点较低、易挥发损失、冰点较高、易燃等缺点,现已逐渐被淘汰;

2)甘油型冷却液

甘油型冷却液沸点高、挥发性小、不易着火、无毒、腐蚀性小;但降低冰点效果不佳、成本高、价格昂贵,用户难以接受,只有少数北欧国家仍在使用。

3)乙二醇型冷却液

乙二醇型冷却液是用乙二醇作防冻剂,并添加少量抗泡沫、防腐蚀等综合添加剂配制而成。由于乙二醇易溶于水,可以配成各种冰点的冷却液,其最低冰点可达 -70℃。这种冷却液具有沸点高、泡沫倾向低、粘温性能好、防腐和防垢等特点,是一种较为理想的冷却液,目前国内外发动机所使用的和市场上所出售的冷却液几乎都是乙二醇型冷却液。长城 C30 就是乙二醇型冷却液。

3. 冷却液的选用

各种车型的冷却液是不能相互混用的,特别是进口汽车的冷却液与国产汽车的冷却液,更是严禁混合使用,因为进口车冷却液中的防锈剂、消泡剂和色素与国产车冷却液的化学成分不一致,相互混用容易发生化学反应,引起沉淀、结垢和腐蚀等危害,从而影响发动机的使用寿命。冷却液的选用原则如下。

①根据环境温度条件选择冷却液的冰点:一般情况下,应选择冰点比当地最低环境气温低 10~15℃ 的冷却液。

②根据车辆不同要求选择冷却液:一般情况下,进口车辆及国内合资厂生产的高、中档车辆应选用永久性冷却液,使用期限为 2~3 年,其余普通车辆则可采用直接使用型的冷却液。

③根据车辆多少和集中程度选择冷却液:车辆较多又相对集中的单位和部门可选用小包装的冷却液母液,这种冷却液母液性能稳定,由于采用小包装,便于运输和储存,同时又可按照不同环境使用条件和不同的工作要求进行灵活的配制,达到节约和实用的目的。车辆少或分散的情况下,可以选用直接使用型的冷却液。

④根据口碑好坏选择冷却液品牌:一般应选用具有良好的防锈防腐及除垢能力的冷却液。冷却液最重要的是防锈蚀,所以宜选用名牌产品,这些产品中加有防腐剂、缓蚀剂、防垢剂和清洗剂,产品质量有保证。

⑤选择与橡胶密封导管相匹配的冷却液:冷却液应对橡胶密封导管无溶解和侵蚀等副作用。

9.2.3 冷却液的配制

纯净水不适合用作冷却液,只有添加了适合的防冻、防蚀剂混合物,简单地说就是防冻剂后,才能确保冷却系统功能正常。

汽车的冷却系统只能注入许可使用的防冻防蚀剂,要遵守维修和操作说明中的加注和维护规定,且防冻防蚀剂必须以正确的比例与水混合。

所使用的防冻剂必须满足下列条件:

①保证冷却系统在冬季(通过降低冰点实现防冻保护)和夏季(防止沸腾和冷却液飞溅)的功能良好;

②要防止与冷却液接触的金属部件(灰铸铁、钢、铝合金、黄铜、铜、焊锡)发生锈蚀和气蚀作用;

③与冷却环路中的橡胶件和塑料件没有化学反应；
④所用产品的质量标准持久可靠。

冷却液混合比的影响：

①50%的防冻剂在-38℃时仍有防冻保护作用。

②在-29℃以上时，如果防冻剂的比例低于40%（意味着水的比例超过60%），在防冻保护性能降低的同时防蚀保护性能也降低。水的比例太高会引起在高温行驶时冷却液沸点降低，从而导致冷却液飞溅和发动机过热损坏，因此在热带地区仍然必须添加防冻防蚀剂；

③在-47℃以下时，如果浓度高过55%，会导致冷却性能（热传导）不良，而防冻效果也同样变差；

④防冻保护所需的防冻剂的百分比在包装瓶上有说明。对水质的最低要求为外观无色、透明，可有沉淀物但无悬浮物，pH值在6.5～8.0之间。

9.3 冷却系统部件

冷却系统各零部件的位置如图9-3所示。

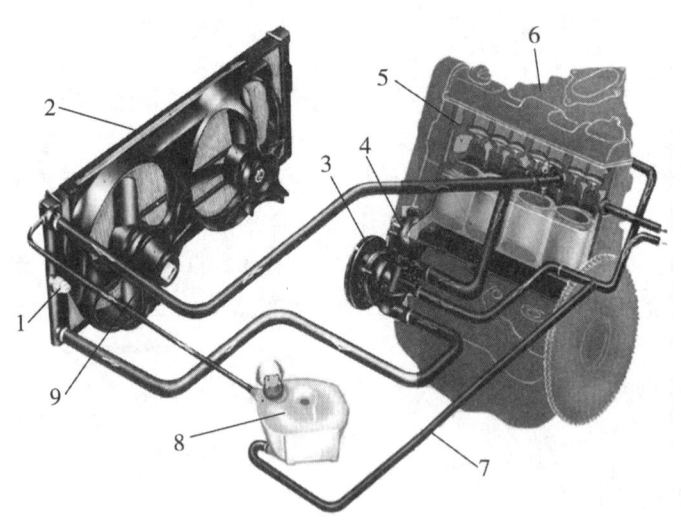

图9-3 冷却系统零部件位置图
1—温控开关；2—散热器总成；3—水泵；4—节温器；
5—发动机水套；6—发动机；7—冷却液管；8—膨胀水箱；9—电动风扇

9.3.1 水泵

机械水泵由泵壳、泵盖、叶轮、水泵轴、轴承和水封等组成。水泵的功用是对冷却液加压，加速冷却液的循环流动，保证冷却可靠。车用发动机上多采用离心式水泵。离心式水泵具有结构简单、尺寸小、排水量大和维修方便等优点。为了适应现代发动机节能减排的要求，现代发动机装有两个水泵，其中一个是电子水泵。水泵泵体上溢水孔的作用是及时排出向后渗漏的冷却液,保护水泵轴承。水泵的结构如图9-4所示。

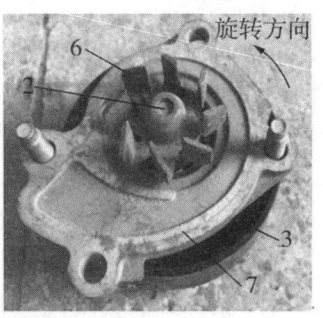

图9-4 水泵的结构
1—轴承;2—水泵轴;3—皮带轮;4—泄水孔;5—密封圈;6—叶轮;7—泵壳

机械水泵基本原理:发动机工作时,冷却系统内充满冷却液,曲轴通过皮带传动驱动水泵轴并带动叶轮转动,从而使水泵内腔的冷却液也一起转动,在离心力的作用下,冷却液被甩向叶轮边缘,并经与叶轮成切线方向的出水口泵出。同时,叶轮中心部位形成一定真空,将散热器内的冷却液经进水口吸入泵腔,使整个冷却系统内的冷却液循环流动。

9.3.2 节温器

目前汽车发动机装用的节温器大多是蜡式节温器(如图9-5所示),石蜡装在胶管与节温器壳体之间的腔体内,节温器安装在水套出水口处。

节温器的功用是控制冷却液流动路径,根据发动机冷却液温度的高低,打开或关闭冷却液通向散热器的通道,使冷却液在散热器和水套之间进行大循环或小循环,调节冷却强度,保证发动机在最适宜的温度下工作。

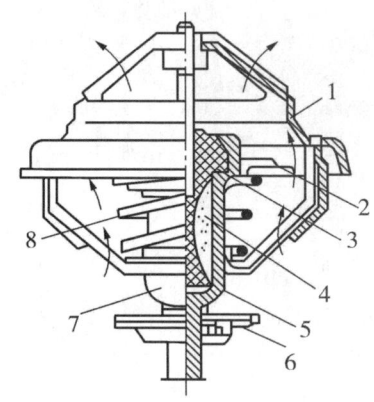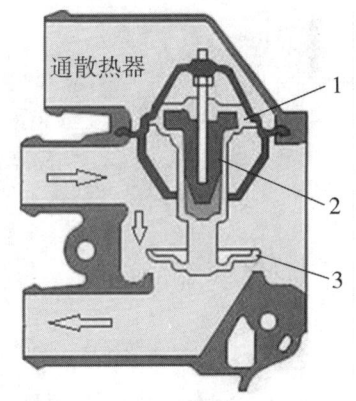

图9-5 节温器的结构
1—支架;2—主阀门;3—推杆;4—石蜡;
5—胶管;6—副阀门;7—节温器壳体;8—弹簧

图9-6 蜡式节温器工作原理(1)
1—主阀门;2—石蜡感应体;3—副阀门

1)小循环(如图9-6所示)

温度较低(86℃以下)时,石蜡呈固态,主阀门被弹簧推向上方与阀座压紧,处于关闭状态。此时,副阀门开启,冷却液进行小循环,来自发动机水套的冷却液经副阀门、小循环水管直接进入水泵,被泵回到发动机水套内。

2)大循环(如图9-7所示)

温度升高时(100℃以上),石蜡逐渐熔化成液态,体积膨胀,迫使胶管收缩对推杆端部产生向上的推力。由于推杆固定在支架上,故推杆对胶管、节温器壳体产生向下的反推力,推动节温器壳体向下运动,主阀门开始开启,同时副阀门开始关闭。当冷却液温度进一步升高到一定值时,主阀门完全开启,而副阀门也正好关闭小循环水路,此时来自发动机水套的冷却液全部经过散热器进行大循环。

气温为86～100℃时,大、小循环同时存在。冷却液温度在主阀门开始开启温度与完全开启温度之间时,主阀门还未完全打开,副阀门还未完成关闭,因此主阀门和副阀门均部分打开,大小循环都存在。

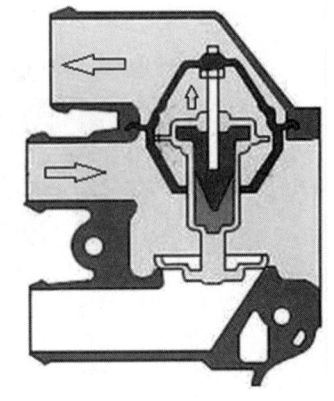

图9-7 蜡式节温器工作原理(2)

9.3.3 散热器

发动机散热器,又叫发动机水箱,是水冷式发动机冷却系统的关键部件,是保证发动机在正常温度范围内连续工作的换热装置,通过强制水循环对发动机进行冷却。散热器的构造如图9-8所示。它主要由上储水室、下储水室和连接上下储水室且对冷却液起散热作用的散热器芯等组成。上储水室通过散热器进水管与缸盖上的出水管相通,下储水室通过散热器出水管与水泵进水口相通。上储水室上端设有加水口,并用散热器盖密封,下储水室设有放水阀,必要时可将散热器内的冷却液放掉。

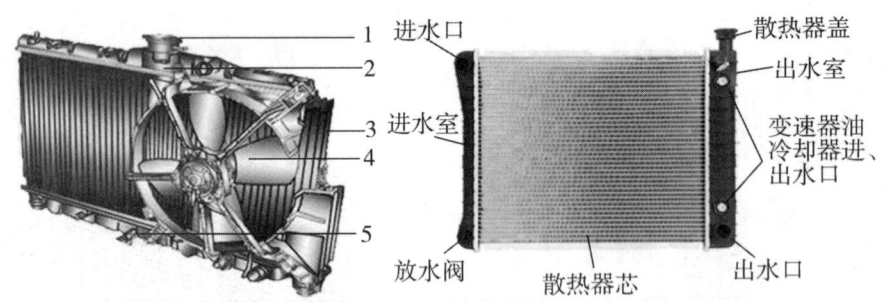

图9-8 散热器的结构
1—散热器盖;2—上储水室;3—散热器芯;4—风扇;5—下水室;

散热器芯应该有尽可能大的散热面积,采用散热片是为了增加散热器芯的散热面积。散热器芯的构造形式有多样,常用的有管片式和管带式两种。

散热器可按散热器芯结构分类,也可按冷却液流动方向分类。

1)按散热器芯结构分

①管片式散热器芯。如图9-9所示,冷却管的断面大多为扁圆形,它连通上、下水室,是冷却液的通道。和圆形断面的冷却管相比,管片式不但散热面积大,而且万一管内的冷却液结冰膨胀,扁管可以借其横断面变形而避免破裂。采用散热片不但可以增加散热

面积，还可增大散热器的刚度和强度。这种散热器芯强度和刚度都好，耐高压；但制造工艺较复杂、成本高。

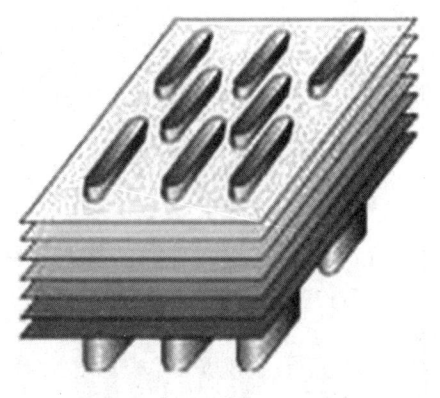

图 9-9　管片式散热器芯

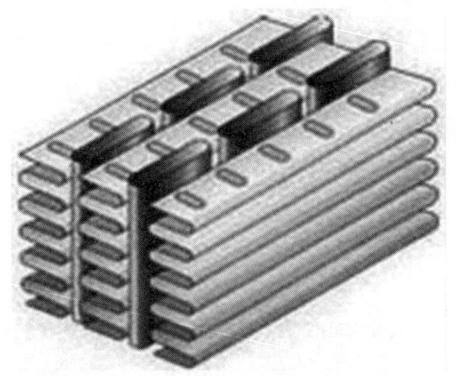

图 9-10　管带式散热器芯

②管带式散热器芯。如图 9-10 所示，采用冷却管和散热带沿纵向间隔排列的方式，散热带上的小孔是为了破坏空气流在散热带上形成的附面层，使散热能力提高。这种散热器芯散热能力强，制造工艺简单，成本低，但结构刚度不如管片式大，一般多为轿车发动机采用，近年来在一些中型车辆上也开始采用。

2）按冷却液流动方向分

①纵流式散热器。如图 9-11 所示，从发动机流出的冷却液经过水箱的上部管接头流入上储水室、散热器芯，然后从下储水室中流出。水箱上储水室上安装了一个加注口盖和一个溢流管。这种散热器通常与水冷式发动机或变速器油冷却器组合在一起。

图 9-11　纵流式散热器

1—散热器盖；2—上储水室；3—散热器芯；
4—下储水室；5—放水开关

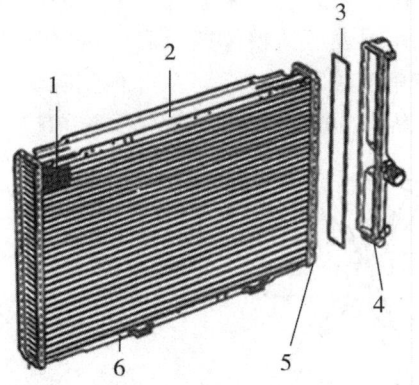

图 9-12　横流式散热器

1—波形叶片；2—散热器芯；3—橡胶密封垫；
4—塑料冷却液箱；5—侧盖板；6—管底

②横流式散热器。如图 9-12 所示，将两个水室装在侧面。冷却液沿水平方向从一侧流向另一侧。如果进水口和出水口在同一侧，则在这一侧将水室分成两个区域。在上部区域内冷却液向一侧流动，在下部区域内向另一侧流动。横流式散热器安装高度较小。

③带有高温和低温区的横流式散热器。如图9-13所示，这种散热器通过不同流速来建立两个不同的温度区域。通过低温区域内经过节流的冷却液流的降温幅度比在上部冷却区域中大得多。用较冷的冷却液可以冷却自动变速器油或增压空气等。

纵流、横流式散热器冷却液流方向对比如图9-14所示。

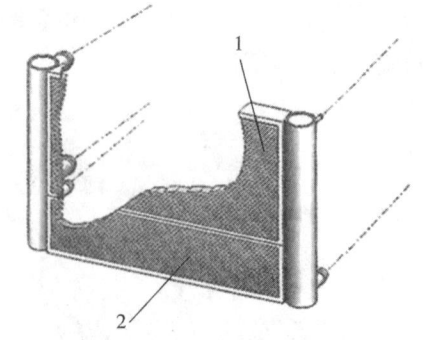

图9-13 带有高温和低温区的横流式散热器
1—高温循环；2—低温循环

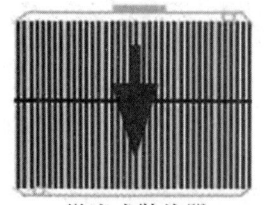
纵流式散热器

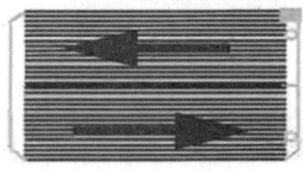
横流式散热器

图9-14 纵流、横流式散热器冷却液流动方向

9.3.4 冷却风扇

风扇的功用是提高通过散热器芯的空气流速，增加散热效果，加速冷却液的冷却。分为机械风扇和电动风扇两种类型。

1）机械风扇

冷却风扇有的采用金属钢板冲压成叶片，叶片用螺钉固定在连接板上，小轿车风扇一般采用尼龙压铸整体式风扇。风扇一般有4～6片叶片，叶片相对风扇旋转平面有一定的扭转角度（30°～45°），从叶根到叶尖扭转角度逐渐减小，为减小风扇噪声，风扇叶片间夹角不等（如图9-15所示）。

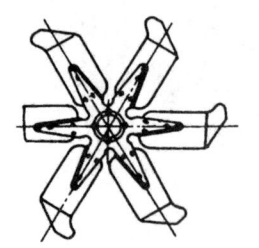
叶尖弯风扇
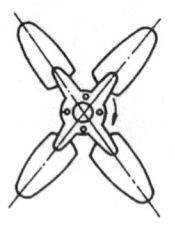
尖窄根宽风扇
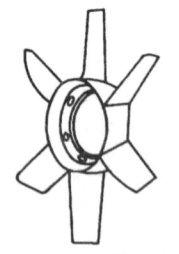
尼龙压铸整体风扇

图9-15 发动机机械风扇

图9-16 发动机双扇电动风扇

2）电动风扇

轿车通常采用电动风扇，风扇一般由水温系统和空调系统共同控制。多数轿车采用双扇结构，有的采用主扇与副扇结构，主扇通过皮带带动副扇旋转，如图9-16所示。风扇转速取决于水温高低和空调系统的工作状态。

硅油离合器控制风扇(如图9-17所示)，属于机械风扇类，硅油风扇离合器依据冷却液的温度改变风扇的转速，常用于大型汽车。风扇由发动机曲轴皮带轮驱动，硅油风扇离合器处于皮带轮与风扇之间。硅油风扇离合器前部有双金属弹簧作为感温元件，温度变化时，双金属的膨胀系数不同，导致双金属弹簧发生卷曲，控制硅油风扇离合器内部接合，实现风扇转速的提高。

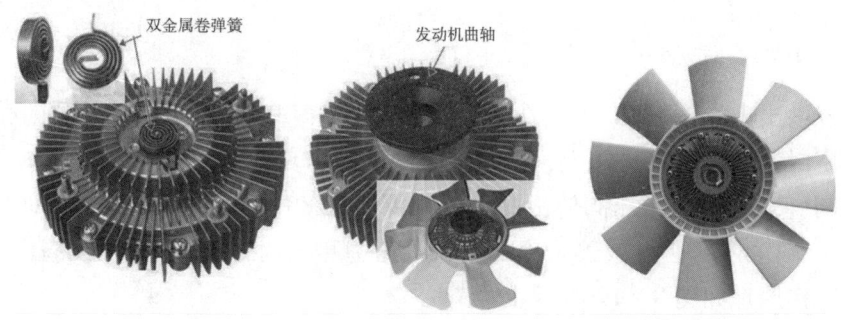

图9-17 硅油离合器控制风扇

9.3.5 百叶窗

有些货车和大客车的发动机在散热器前面装有百叶窗，其作用是通过改变吹过散热器的空气流量来调节发动机的冷却强度，以保证发动机始终在适当的温度范围内工作。

在发动机冷起动或暖机期间，冷却液的温度较低，这时将百叶窗部分或完全关闭，可以减少吹过散热器的空气流量，使冷却液的温度迅速升高。百叶窗可由驾驶员通过驾驶室内的手柄来操纵开闭，也可用感温器自动控制。

9.3.6 膨胀水箱

附带有膨胀水箱的散热器称为自动补偿封闭式散热器，是为了减少冷却液的损失、保证冷却系统的正常工作而采用的将散热器盖蒸汽引入管与一封闭的膨胀水箱相连通的全封闭装置。汽车的冷却系统温度升高的时候，冷却液就会膨胀，如果没有膨胀水箱，那么冷却系统的压力就会升高，冷却液就会从缝隙处喷出或者压坏冷却系统零件，使冷却系统失灵。

膨胀水箱的功用是补水、定压、膨胀。散热器内的冷却液受热后体积变大，膨胀的冷却液就会被顶到膨胀水箱，起到了保持冷却系统正常的工作压力的作用；当冷却系统水温变低时体积又会缩小，膨胀水箱里的冷却液又会补充到散热器内。由于膨胀水箱温度较低，进入的气体冷凝，一部分变成液体，重新进入水泵，而积存在膨胀水箱液面上的气体起缓冲作用，使冷却系统内压力保持稳定状态，如图9-18所示。

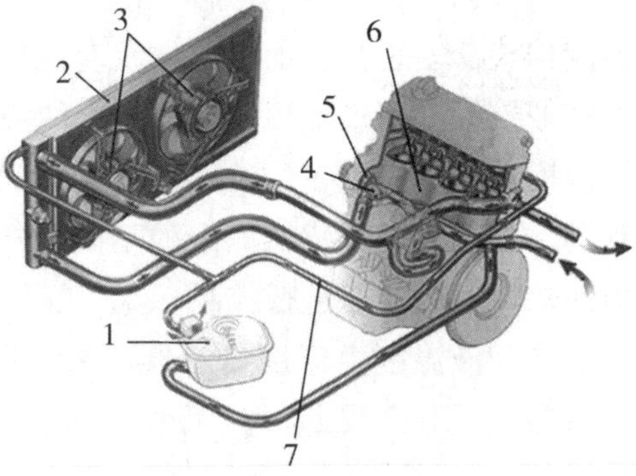

图9-18 膨胀水箱
1—膨胀水箱；2—散热器；3—电动风扇；4—节温器；
5—水泵；6—气缸体水套；7—发动机水套排气管

一般冷却系统冷却液的流动是靠水泵的压力来实现的,水泵吸水的一侧压力低,易产生蒸汽泡,使水泵的出水量显著下降,并引起水泵叶轮和水套的穴蚀,在其表面产生麻点或凹坑,缩短了叶轮和水套的使用寿命。加装膨胀水箱后,由于膨胀水箱和水泵进水口之间存在补充水管,使水泵产生的气泡、散热器中的蒸汽泡和水套中的蒸汽泡通过导管和进入膨胀水箱,从而使汽水彻底分离,减少冷却系统穴蚀的产生。

9.3.7 加注口盖

冷却系统内出现过压或真空时,加注口会关闭或打开冷却系统。加注口盖位于散热器上部或作为密封盖位于膨胀水箱上,带有一个限压阀和真空阀。

①限压阀(蒸汽阀)。限压阀使冷却系统内保持在 80 kPa 的压力,使冷却液的沸腾温度提高到 104～108℃,因此改善了冷却效果。压力更高时该阀门打开并将压力释放到膨胀水箱中,工作原理如图 9-19 所示。

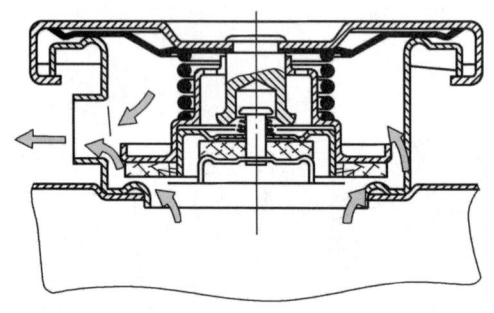 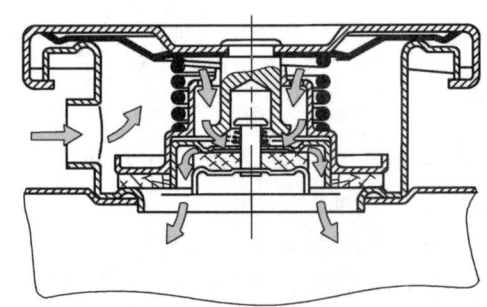

图 9-19 限压阀　　　　　　　　图 9-20 真空阀

②真空阀。冷却液在冷却过程中,冷却系统内出现真空时,真空阀打开并让空气从外部流入,因此可以避免冷却液软管收缩,工作原理如图 9-20 所示。

9.3.8 冷却系统中的传感器与开关

(1)冷却液温度传感器(如图 9-21 所示)。冷却液温度传感器安装在发动机缸体水套或冷却液管路中,与冷却液接触,用来检测发动机的冷却液温度。ECU 收到该温度信号后修正喷油时间和点火时间;有的发动机也利用冷却液温度传感器测定的不同冷却液温度,对散热器冷却风扇的转速进行控制。

图 9-21 冷却液温度传感器

冷却液温度由温度显示器监控,用一个 NTC(负温度系数)电阻来测量,然后将信号继续传输给温度显示器。

(2)冷却液液位传感器。冷却液液位由电阻传感器(如图 9-22 所示)通过测量两个金属销之间的电阻测定。冷却液位正常时两个金属销完全浸在冷却液中,两销之间的电阻很小，冷却液液位下降时，两销之间的电阻上升，组合仪表电子装置接通警告灯。

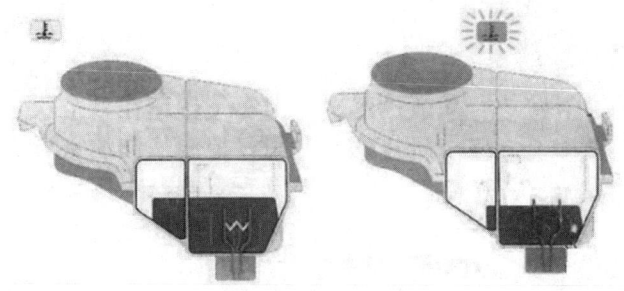

图 9-22　冷却液液位传感器

（3）散热器风扇温控开关。如图 9-23 所示，它由蜡质感温驱动元件及两档触点动作机构组成，利用石蜡受热由固态变为液态时体积突然变大的原理移动推杆，控制触点的开闭。随着冷却液温度的升高，石蜡开始膨胀，通过硅胶密封垫推动推杆而压倒拉簧架。当冷却液温度升至95℃时，低速触点闭合，散热器电机风扇接通电源，以1600r/min的速度低速运转。

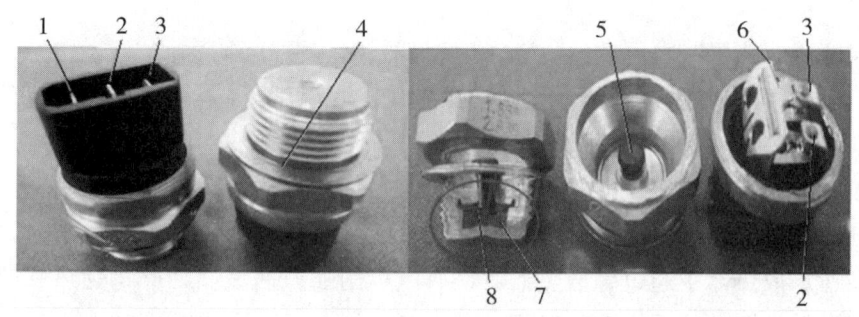

图 9-23　温控开关的结构

1—正极；2—低速触点；3—高速触点；4—顶塞；5—金属压片；6—石蜡；7—硅胶密封垫；8—石蜡体

当冷却液温度继续上升至105℃时，石蜡继续膨胀使高速触点闭合，散热器电机风扇以2400r/min的速度高速运转，冷却强度增加。当冷却液温下降时，石蜡体积收缩，推杆在触点拉力的作用下回缩而使触点断开，实现了对散热器电机风扇的控制。丰田部分发动机采用风扇温控开关，比如5A-FE发动机。

9.4　循环冷却系统的原理

汽车发动机冷却系统采用强制循环方式，通过水泵让冷却液在水套和散热器之间进行循环，完成对发动机的冷却。轿车发动机冷却系统的组成和循环原理如图 9-24 所示。它主要由以下装置和零件组成。

强制循环供给装置：由水泵、散热器、水套和分水管等组成。

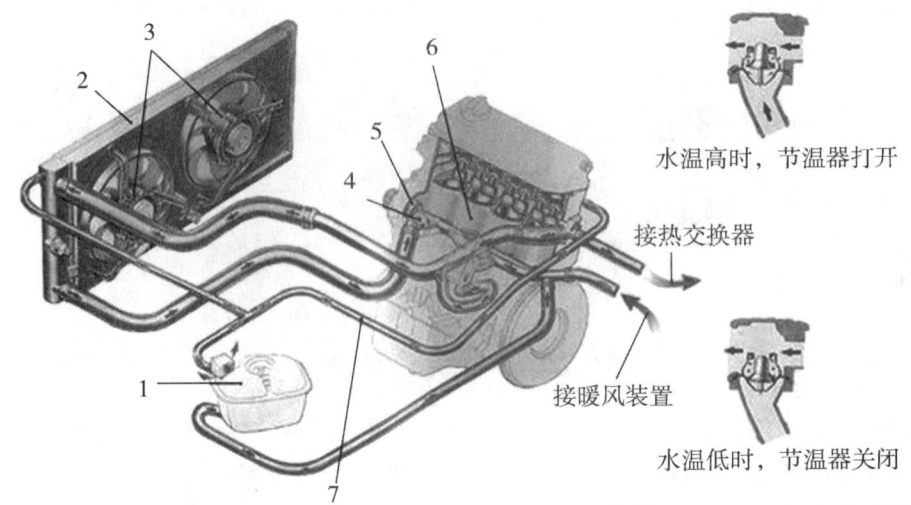

图9-24 循环冷却系统原理图
1—膨胀水箱；2—散热器；3—电子扇；4—节温器；
5—水泵；6—气缸体水套；7—发动机水套排气管

冷却强度调节装置：由可调速电动风扇、节温器、百叶窗等组成。

冷却液温度指示装置：由冷却液温度表、冷却液温度传感器和冷却液温度警告灯等组成。

水泵吸入冷却液并加压，使之经分水管流入发动机缸体水套、气缸盖水套。冷却液从气缸壁、气缸盖吸收热量后温度升高，沿出水管流到散热器内。汽车在行驶时，外部气流由前向后高速从散热器中通过，散热器后部有风扇的强力抽吸。因此，受热后的冷却液在自上到下流经散热器的过程中，热量不断散发到大气中，从而得到冷却。冷却液流到散热器的底部后，又在水泵的作用下，再次流向气缸体、气缸盖水套。如此不断地往复循环，使发动机在高温条件下工作的零件得到适宜的冷却。此外，由于冷却液流经节气门体，在冬季可以有效地防止节气门结冰。

在缸盖或缸体上安装有水温传感器，它与驾驶室内的水温表相连，随时指示出缸盖水套内冷却液的温度。若温度过低，电动风扇不工作，使冷却液温度迅速上升；当冷却液温度达到95℃时，风扇低速运转；当冷却液温度过高，超过105℃时，风扇则高速运转，使冷却液温度下降。这样，经温控开关或ECU控制的电动风扇的转速调节，可使冷却液温度稳定在80～108℃之间。

9.4.1 小循环回路

如图9-25所示，冷却液温度较低时（低于76℃），节温器的主阀门关闭、副阀门开启，冷却液不流经散热器而流经节温器的副阀门后直接流回水泵进水口，被水泵重新压入水套。此时，冷却液在冷却系统内的循环称为冷却液小循环。冷却液小循环路线是：水套→节温器副阀门→旁通管→水泵进水口→水泵→水套。

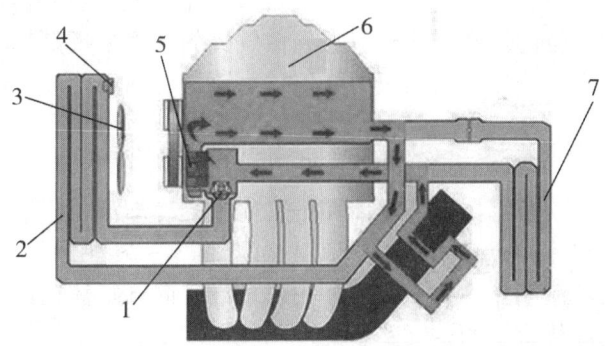

图 9-25 冷却系统小循环路线图

1—节温器；2—散热器；3—冷却风扇；4—温控开关；5—水泵；6—发动机；7—暖风水箱

9.4.2 大循环回路

如图 9-26 所示，冷却液温度升高时（超过 86℃），节温器的主阀门开启，副阀门关闭旁通孔，冷却液全部经主阀门流入散热器散热后，流至水泵进水口，被水泵压入水套，此时冷却液在冷却系统中的循环称作大循环。发动机冷却液大循环流经路线为：水套→节温器主阀门→散热器上水室→冷却管→散热器下水室→水泵进水口→水泵→水套。

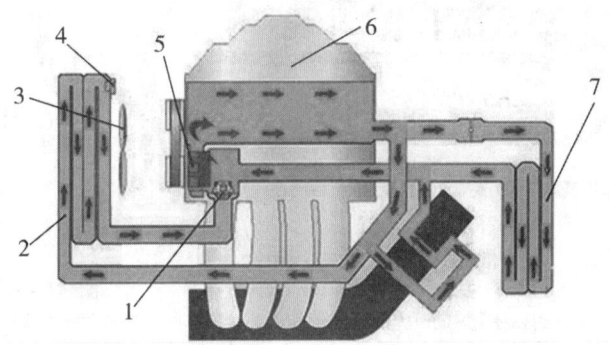

图 9-26 冷却系统大循环路线图

1—节温器；2—散热器；3—冷却风扇；4—温控开关；5—水泵；6—发动机；7—暖风水箱

9.4.3 横流冷却和纵流冷却

采用横流冷却方式时（如图 9-27 所示），气缸盖内的冷却液由较热的排气侧流向较凉的进气侧，这种方式的优点是整个气缸盖内热量分布比较均匀。

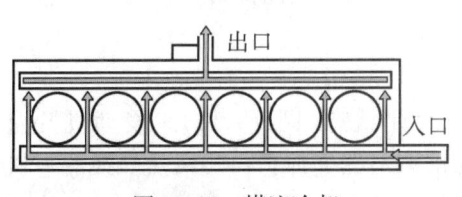

图 9-27 横流冷却

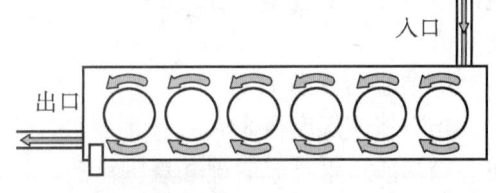

图 9-28 纵流冷却

采用纵流冷却方式时(如图9-28所示),冷却液沿气缸盖纵轴流动,即由端面一侧流向动力输出端或其相反方向。冷却液在流经各个气缸的过程中逐渐加热,因此热量分布非常不均衡,还会造成冷却循环回路内压力降低。可以组合使用两种冷却方式。

9.4.4 双回路冷却系统

传统发动机只用一个节温器,气缸体和气缸盖中的冷却液也只有一个回路,两处冷却液温度相同。而双回路冷却方式采用两个节温器(如图9-29所示),分别用于冷却气缸体的液流回路和缸盖的液流回路中,三分之一的冷却液流向气缸体内的气缸,三分之二的冷却液流向气缸盖内的燃烧室,两条回路中的冷却液温度不同。

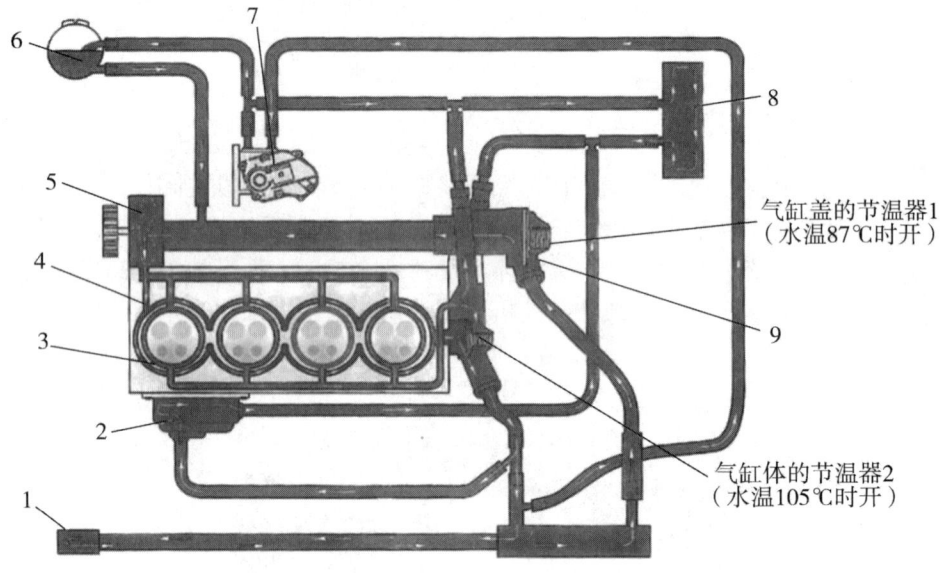

图9-29 双回路冷却系统
1—散热器;2—机油冷却器;3—气缸盖冷却液循环回路;4—气缸体冷却液循环回路;
5—水泵;6—膨胀水箱;7—废气再循环阀;8—暖风水箱;9—冷却液调节器壳体

由于气缸盖上有燃烧室和排气门座,气缸受热严重,为加强散热,采用更低的冷却温度(83~98℃)。气缸盖温度较低有利于更充分地充气、增加容积效率,减少爆燃和提高排气门座寿命。而气缸体处受热强度要小些,冷却液温度保持在87~105℃,既有利于燃气膨胀又减少了摩擦和气体传热损失。双回路冷却方式能使两处各自保持最佳的温度。冷却液循环回路中集成了废气再循环阀,以防止温度过高。

双回路冷却系统液流回路中,气缸体和气缸盖中各有一条冷却回路,装在冷却液分配壳体中的两个节温器各自控制一个回路的冷却液流量,但两个回路的冷却液在气缸盖中也交叉流动。

1) 节温器状态1

当冷却液温度在87℃以下时,两个节温器处于关闭状态(图9-30),发动机升温更快。冷却液从水泵流向气缸盖(燃烧室)再流向冷却液调节器壳体:→暖风热交换器→机油冷却器→废气再循环阀、膨胀水箱→流向水泵。

2)节温器状态 2

当冷却液温度在 81～105℃时,节温器 1 打开,节温器 2 关闭(图 9-31)。将气缸盖中的温度控制在 87℃,气缸体内的温度继续上升。冷却液从水泵流向气缸盖(燃烧室)再流向冷却液调节器壳体:→暖风热交换器→机油冷却器→废气再循环阀、膨胀水箱→散热器→流向水泵。

3)节温器状态 3

当冷却液温度超过 105℃时,两个节温器处于打开状态(图 9-32)。将气缸盖中的温度控制在 87℃,将气缸体中温度控制在 105℃。冷却液从水泵流向气缸盖再流向冷却液调节器壳体:→暖风热交换器→机油冷却器→废气再循环阀、膨胀水箱→气缸盖、散热器、冷却液调节器壳体→流向水泵。

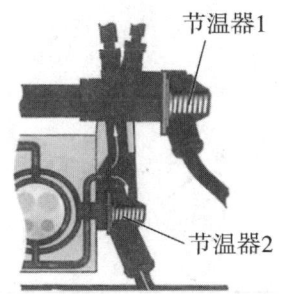 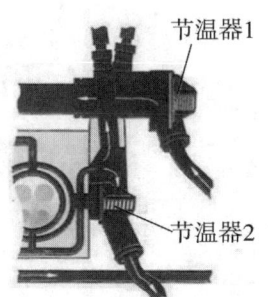 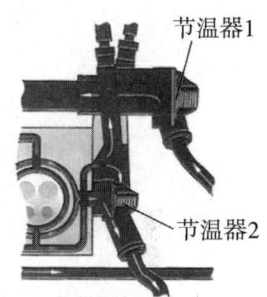

图 9-30　节温器状态 1　　　　图 9-31　节温器状态 2　　　　图 9-32　节温器状态 3

9.5　电子控制冷却系统

9.5.1　系统概览

常规冷却系统都是按发动机最恶劣的工况条件设计的,也就是在携带挂车负荷时上山行驶或者在盛夏城市工况下不得超过允许的最高温度。这些工况条件出现的机会很少,多数情况下发动机会在正常的环境温度以及部分负荷条件下运行。

电子控制冷却系统的任务是根据负荷状态将发动机的工作温度控制在一个额定值上。因此这种冷却系统的冷却液分配器壳体中集成了一个由特性曲线控制的节温器(如图 9-33 所示);发动机控制单元中还存储了附加特性曲线,按照这些特性曲线可以对电加热节温器和风扇的运转级别进行调整,以实现发动机的最佳工作温

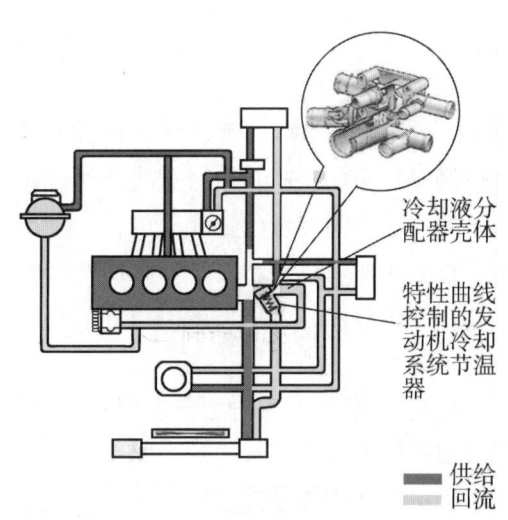

图 9-33　电子控制冷却循环回路

度。电子控制冷却系统由传感器、信息处理装置、执行器三部分组成(如图9-34所示)。

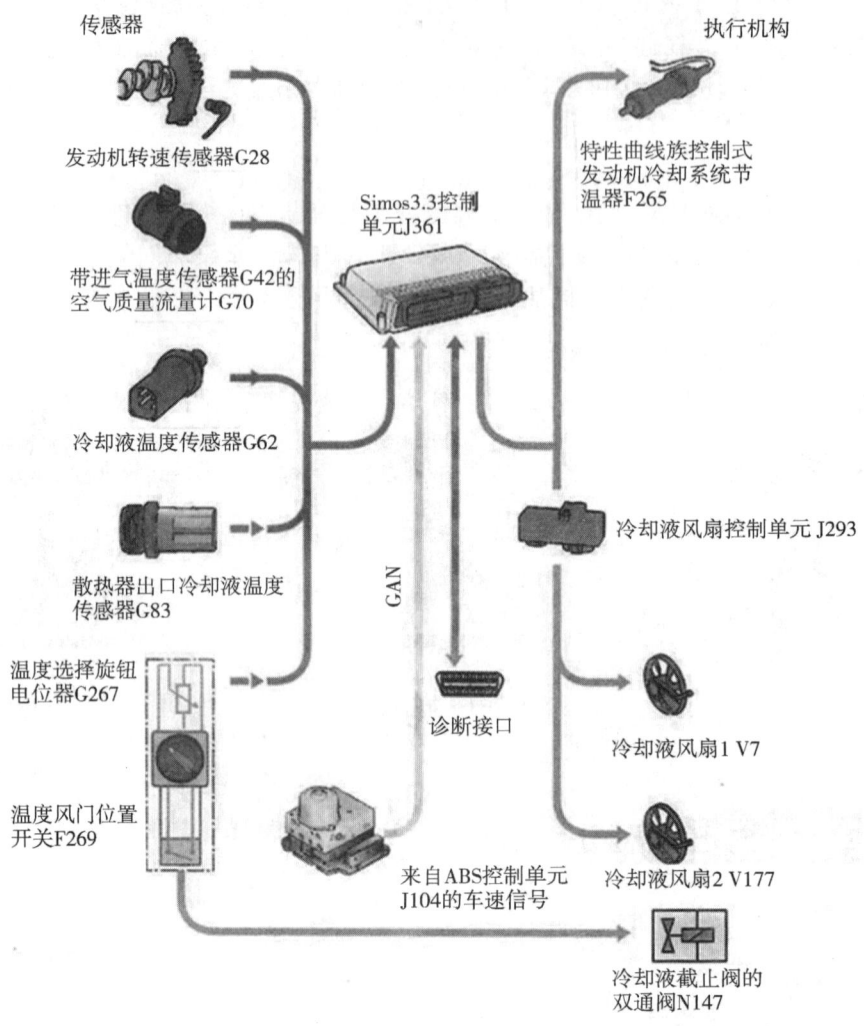

图9-34 电子控制冷却系统示意图

1)传感器

为了控制冷却液的温度，需要得到发动机转速、发动机负荷和冷却液温度信息，即通过转速传感器测定转速，通过空气质量流量计测定负荷。冷却液的实际温度是在冷却循环回路中的两个不同测量位置测得的：

①直接在发动机冷却液出口处冷却液分配器中测得的冷却液实际温度值1；

②在散热器冷却液出口内测得的散热器冷却液实际温度值2。

2)信号处理装置

发动机控制单元中存储了一些特性曲线，通过对存储在特性曲线中的额定温度与冷却液实际温度值1进行比较，得出供给节温器加热电阻的电能输出值。

起决定性作用的是发动机负荷。

3）执行机构

从各种计算的结果中得出对系统的控制：

①对节温器加热电阻进行加热以便打开散热器大循环回路，以此对冷却液温度进行调节；

②起动散热器风扇以辅助冷却液温度的迅速下降；

③对冷却液实际温度值1和2进行对比，用于电子风扇的控制。

9.5.2 冷却液大小循环控制

1）小循环回路（图9-35）

在进行小循环时节温器作出下述调节：

①关闭大阀门座：关闭散热器回流管路；

②打开小阀门座：冷却液经过冷却液分配器单元流向水泵。

由特性曲线控制的发动机冷却系统尚未开始工作。大约110℃时在未进行调节干预的情况下打开特性曲线节温器，小循环回路用于95～110℃时的加热。

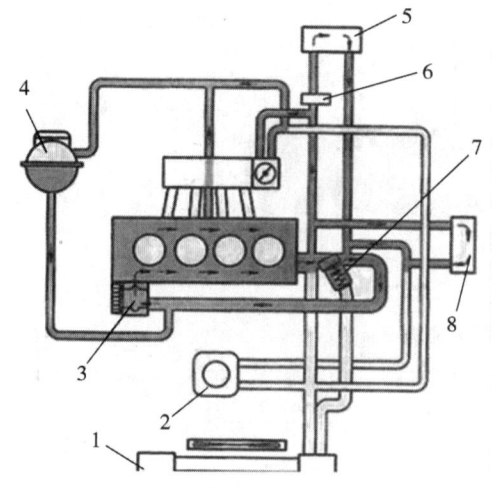 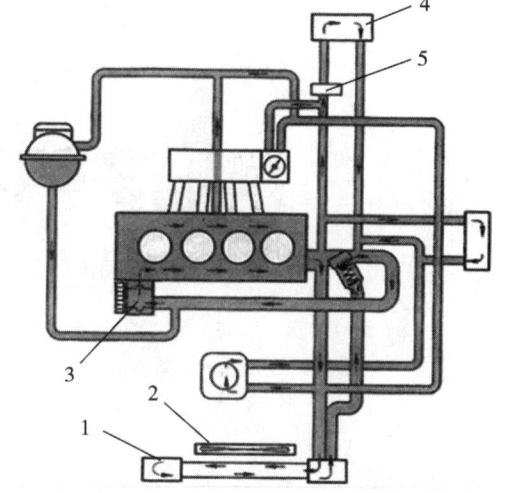

图9-35 小循环回路
1—散热器；2—机油冷却器；3—水泵；
4—膨胀水箱；5—暖风水箱；
6—热水阀；7—冷却液分配器壳；
8—自动变速器油冷却器

图9-36 大循环回路
1—散热器；2—冷却液风扇；3—水泵；
4—暖风水箱；5—热水阀

2）大循环回路（图9-36）

大循环既可在达到大约110℃时通过冷却液调节器中的节温器打开，也可根据负荷情况通过特性曲线打开。

①打开大阀门座：打开通向水泵的散热器回流管路。

②关闭小阀门座：关闭从发动机到水泵的直接通道。

通过对膨胀材料元件进行加热，在85～95℃的冷却液低温区出现满负荷时节温器已经打开。为了辅助冷却，必要时将电子风扇开启。

9.5.3 电子水泵

很多新能源汽车、新型轿车等冷却系统都采用了电子水泵(图9-37)，其原理是通过机械装置使水泵内部的隔膜做往复式运动，从而压缩、拉伸泵腔(固定容积)内的空气，在单向阀作用下，在排水口处形成正压(实际输出压力大小跟泵排水口受到的助力和泵的特性有关)，在抽水口处形成真空，从而与外界大气压产生压力差。在压力差的作用下，将水压入进水口，再从排水口排出。在电机传递的动能作用下，水持续不断地吸入、排出，形成较稳定的流量。涡轮增压发动机的散热也有特别的安排，除了利用中冷器降低增压后的空气温度外，还特别开设了一条冷却液循环管路来控制涡轮本身的温度。随着发动机电子集成度越来越高，电子水泵的应用也让冷却系统的工作变得更灵活，即便在熄火后，电子水泵也可以运转一段时间，将囤积在涡轮增压器内部的热量随着冷却液的循环散出。电子水泵的结构如图9-38所示。

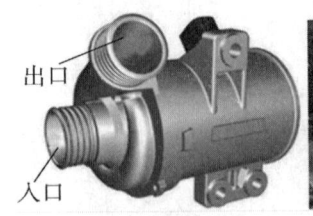

图9-37 电子水泵外形

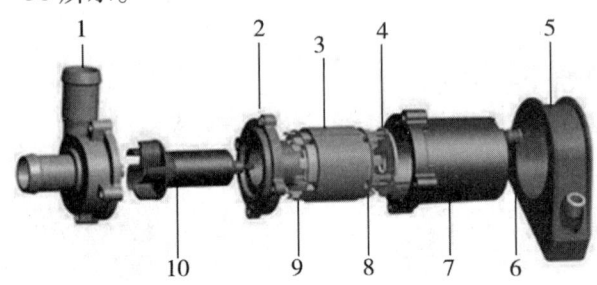

图9-38 电子水泵结构

1—出水口；2—防水室；3—硅钢片；4—PCBA板；5—橡胶支架；6—外壳；
7—护线套；8—线架；9—上线架；10—敞开式转子(内含陶瓷轴心)

9.5.4 电子节温器

电子节温器在原理上相当于无级控制的节温器。石蜡由于冷却液的温度升高而熔化成液态并膨胀，石蜡的膨胀推动反推杆。此外在膨胀材料元件中还埋入了一个加热电阻，当发动机控制单元对该电阻输送电能时，石蜡元件就会额外升温。因此，电子节温器不仅会根据冷却液的温度调节反推杆，还会通过相应的特性曲线对该反推杆进行调节。

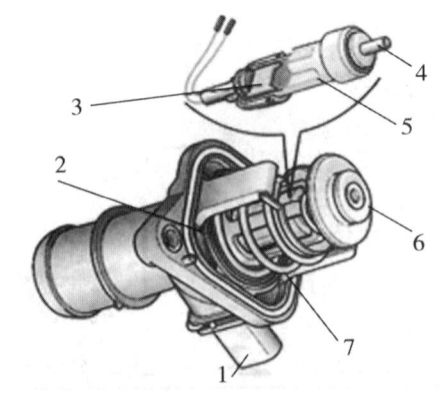

图9-39 电子节温器结构

1—节温器加热插座；2—大阀门座；3—电阻加热器；
4—反推杆；5—膨胀材料节温器；6—小阀门座；7—压缩弹簧

9.6 热量管理系统

如图9-40所示,热量管理系统可以自动确定当前冷却需求并对冷却系统做相应调节。在某些情况下甚至可以完全关闭水泵,例如在暖机阶段让冷却液迅速加热时。但是只有在不接通暖风且车外温度允许时,才能实现上述操作。

在调节发动机温度方面,电子水泵的工作方式也与传统水泵不同,以前节温器只考虑发动机当前温度,现在发动机控制模块内的软件有一个计算模型,这个模型可以根据负荷情况考虑气缸盖温度的变化趋势。在发动机停止运转且温度较高或冷却废气涡轮增压器时,水泵在发动机静止状态下仍可继续输送冷却液。因此可以不依赖发动机转速而满足冷却要求。

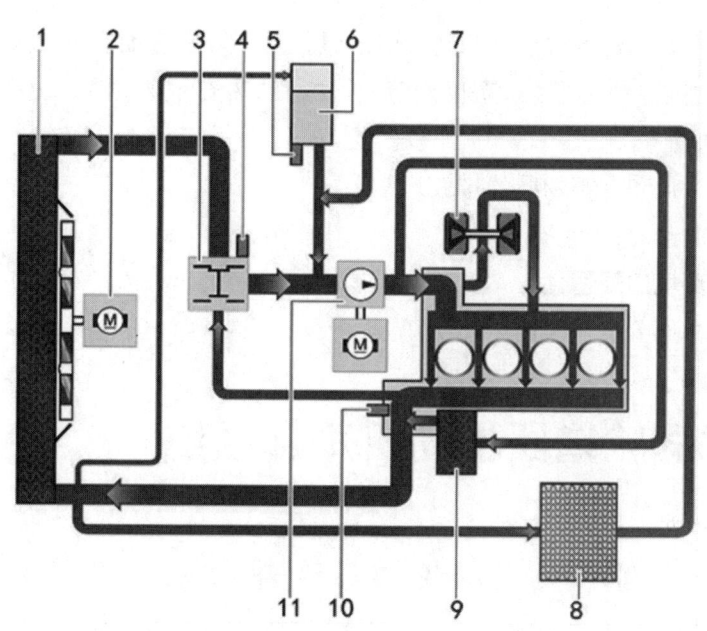

图9-40 具有热量管理功能的冷却系统

1—散热器;2—电子风扇;3—特性曲线式节温器;4—特性曲线节温器加热装置;5—电动液位传感器;
6—膨胀水箱;7—废气涡轮增压器;8—暖风水箱;9—机油冷却器;10—冷却液温度传感器;11—电子水泵

除特性曲线式节温器外,热量管理系统还能根据不同特性曲线指挥发动机的控制模块的需要控制水泵:冷却需求较低且车外温度较低时功率较小;冷却需求较高且车外温度较高时功率较大。

因此发动机管理系统可以根据行驶情况调节冷却液温度。通过发动机管理系统可以调节至以下温度范围:

① 109℃ = 经济运行模式;
② 106℃ = 正常运行模式;
③ 95℃ = 高功率运行模式;

④ 80℃＝高功率运行模式和特性曲线式节温器控制模式。

发动机控制单元根据行驶情况获得节省能量的"经济"运行范围时，发动机管理系统就会调节到较高温度(109℃)。由于在该温度范围内发动机内部摩擦减小，发动机运行时燃油需求相对较低，发动机扭矩提高。温度升高还有助于减小负荷较低时的耗油量。

发动机控制单元可根据相应行驶状况调节到特定运行范围，通过冷却系统影响耗油量和功率。处于高功率运行模式和特性曲线式节温器供电时，驾驶员希望利用最佳发动机功率，为此系统将气缸盖温度降至80℃，从而提高容积效率，增大发动机扭矩。发动机控制模块此时可根据当前运行状况设置一个特定温度模式，通过冷却系统影响耗油量和功率。

然而，上述温度仅代表一个目标值，能否达到目标值取决于多种因素。最重要的不是达到精确的温度，而是在每一个温度范围内都能降低油耗并提高功率。冷却系统的作用是根据发动机运行的当前框架条件提供最佳的冷却功率。

未来的冷却系统朝着各种热流和物质流的最佳工作控制方面发展。发动机质量管理涉及以冷却系统和空调(空气温度、湿度调节)为中心的热流和物质流。发动机热量管理的目的在于：

①降低燃料消耗和有害物质的排放；

②提高部件的寿命；

③提高车内环境的舒适性；

④改善发动机部分负荷时的冷却功率。

9.7　废气涡轮增压发动机冷却系统

9.7.1　汽油发动机废气涡轮增压冷却系统

发动机拥有两套独立冷却系统：电子水泵控制冷却系统和传统的冷却系统。电子水泵控制系统负责涡轮增压系统的散热，即使是在发动机熄火的状态下，它也可以继续让冷却液循环。传统的冷却系统由机械水泵驱动，主要负责发动机缸体的散热以及为车内提供暖风。

电子水泵控制冷却系统根据负荷来操作控制，将冷却液通过前端的泵口从附加散热器中吸出，泵入进气歧管内的冷却器和另一侧的涡轮增压器。电子泵会在不同发动机工况下，由行车电脑控制进行智能的工作，它在下面几种情况下被开启：

①每次发动机启动后的短时间内；

②输出扭矩持续在100N·m以上；

③进气歧管内增压空气温度持续超过50℃；

④两个增压空气温度传感器(分别位于进气歧管的冷却器前后)之间的温差小于8℃；

⑤发动机每工作120s，其工作10s，避免涡轮增压器产生热量积聚；

⑥关闭发动机后，根据迈普图决定从0至480s之间的工作时间，避免涡轮增压器过热而产生故障（迈普图存于电脑程序中，是根据发动机的进气温度、压力和其他工况确定循环泵工作延时的三维函数）。

采用独立电机带动水泵的冷却系统优势显而易见，由于其并不直接通过曲轴的动力进行工作，发动机在长时间高速行驶后，如果车主直接熄火，这套独立的冷却液循环泵仍会自动继续工作一段时间，消除了涡轮增压器因过热产生的故障隐患。另外，在发动机小负荷运作时，这套系统也会根据情况停止工作，达到节能的目的。

1. **主冷却系统**

主冷却系统用于传统的气缸体和气缸盖的散热，由双节温器控制气缸盖温度，使其低于气缸体温度，气缸体高温时热效率高，气缸盖低温时能避免爆震的产生，结构如图9-41所示。

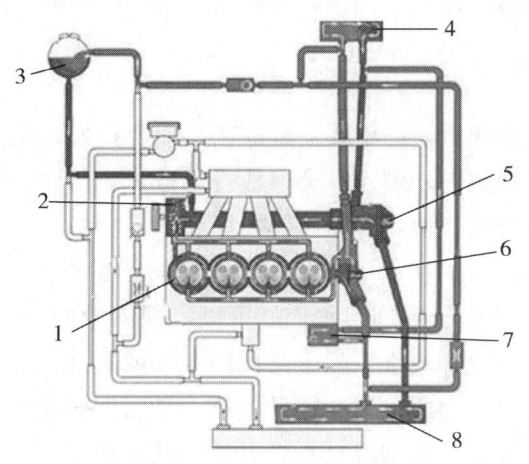

图9-41 主冷却系统
1—气缸盖；2—机械水泵；3—膨胀水箱；4—暖风水箱；
5—节温器1；6—节温器2；7—机油冷却器；8—主散热器

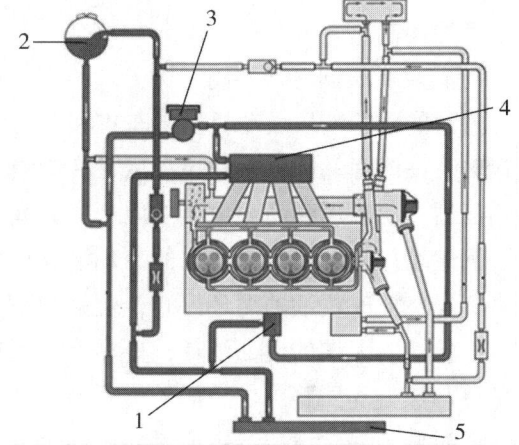

图9-42 副冷却系统
1—涡轮增压器；2—膨胀水箱；3—电子水泵；
4—增压空气冷却器；5—副散热器

2. **副冷却系统**

副冷却系统通过电子水泵、副散热器为涡轮增压器及增压空气散热，还用作增压空气水冷的冷却器，结构如图9-42所示。

1）增压空气水冷的冷却器

增压空气水冷的冷却器独立循环中，冷却液经循环泵流过位于进气歧管内的冷却器。这个冷却器的作用是为增压后的空气进行散热。我们知道，气体在被压缩的时候温度会上升，比如打气筒在打气的时候底部会发热。经过涡轮增压器的空气与之类似，因气体受到压缩，再加上经过高温涡轮时的部分热传导作用，增压后的空气温度会很高。高温气体由于受热而膨胀，因此有必要对增压后的空气进行冷却，以提高单位体积空气中的氧气浓度，进而提高燃烧效率。

虽然水冷是十分理想的散热方式，但并没有在增压空气冷却中得到非常广泛的应用，因为这种结构不但对密封性要求较高，还需要增加特别设计的循环水冷却系统，对成本和技术都有要求。因此很多厂商的发动机通过发动机舱前的中冷器进行风冷，其弊端是增大了体积和重量。通过独立电机冷却液循环泵和冷却器的精巧设计，可较为理想地解决这一问题。

为压缩空气进行冷却的冷却器由许多铝叶片组成，在里面有冷却液流过的管路。热空气流过铝制叶片，将热量传导给在内部循环的冷却液，冷却液再被泵入车辆进气口前端的散热器以实现冷却。经过冷却后的增压空气，在压力值最高可达 180kPa 的条件下，气体温度仅比自然吸气发动机的进气温度高 20～25℃，冷却效果非常好。

水冷式压缩空气冷却器相对于其他散热方式的优点在于：

①占用的体积更小；

②效果比空冷更好；

③相对独立的冷却液循环系统在温度传感器的监控下工作，冷却水泵可以根据需要进行合理的控制。

2）涡轮增压器冷却回路

通常的涡轮增压发动机要求车主在长时间高速行驶后不要立即熄火，而要让发动机怠速运转一段时间。因为立即熄火后，冷却液循环也随之停止，会造成冷却液汽化，腐蚀涡轮增压器；机油遇到高温也会变质，失去润滑作用，使涡轮增压器损坏。

涡轮增压发动机依靠独立的冷却液循环泵，可以在引擎关闭的情况下继续工作多达 8 分钟，虽然此时机油的循环停止，但通过涡轮增压器冷却回路依然可以实现涡轮的散热，节省了怠速时无谓的燃油消耗，更加节能环保。冷却液水泵除了给增压空气散热外，还有一条冷却液循环回路提供给涡轮增压器辅助散热。之所以称为辅助散热，是因为发动机在运转的时候，涡轮增压器主要是靠机油进行冷却的，冷却液只在必要的时候才被泵到涡轮增压器。

9.7.2 柴油发动机废气涡轮增压冷却系统

1. 单级废气冷却加二级涡轮增压的发动机冷却系统

这一系统由一个废气再循环冷却器（通过发动机冷却液进行冷却）和一个低温冷却回路（含两个中冷器和一个低温散热器）组成。由于低温散热器装配在汽车的最前端，汽车的迎面风直接对它进行冷却，此回路中低温的冷却液可以从二级中冷器获得更低的中冷后温度。

这类中冷器即称为间接中冷器，工作原理为从发动机的排气歧管排出的废气经过废气再循环冷却器冷却后，和增压空气一起进入进气歧管，混合后进一步降低进气温度，达到减少 NO_x 的生成的目的。但是，应用单级废气再循环冷却系统仅可达欧 4 标准，不能满足欧 5 的要求。要达到欧 5 的要求，需要更强的冷却效果或者更高的废气再循环率。然而，增加废气再循环率必将降低缸内氧气的浓度，为了保证缸内氧气的浓度足够，必须采用更高的增压压力，带中冷的二级增压就能达到这个目的。这种冷却系统的原理图如图 9-43

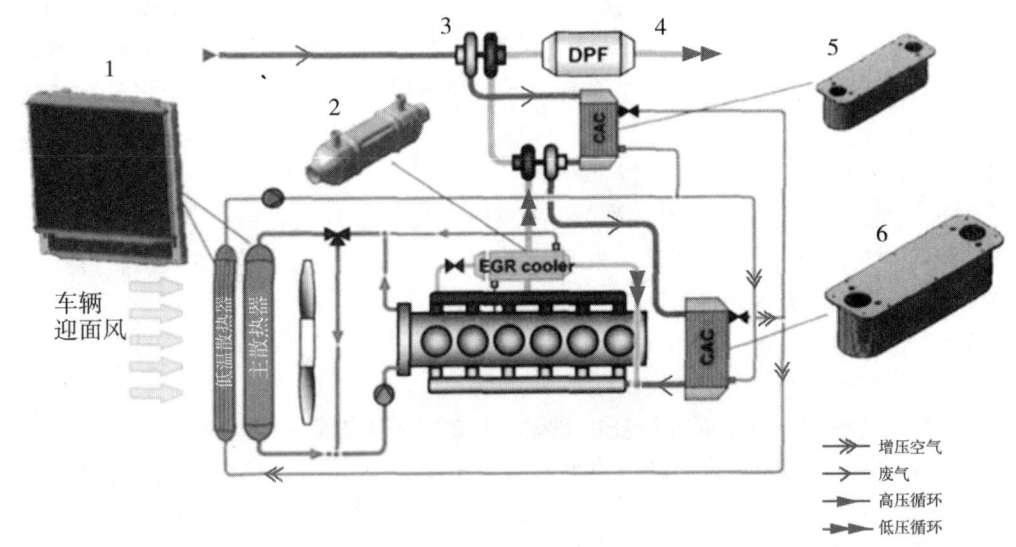

图9-43 单级废气冷却加二级涡轮增压发动机冷却系统原理图
1—冷却模块;2—废气再循环冷却器;3—涡轮增压器;4—柴油微粒捕集器;5—低压中冷器;6—高压中冷器

所示,其中的废气再循环冷却器如图9-44所示。它提高了废气再循环率,同时能够保证发动机的输出功不降低,并且不会增加微粒排放量。

在两个涡轮增压器中的增压空气经过两次压缩而使温度升高后,在中冷器中冷却,其中部分热量传递给冷却液,在低温散热器里的部分热量则散发到空气中。低温散热器装在车辆前部,也就是我们今天在柴油机卡车上看到装中冷器的位置,传统的中冷器通过很多管道与涡轮增压器及发动机进气歧管相连。采用间接中冷器就可取消这些管道,节省空间并简化组件。

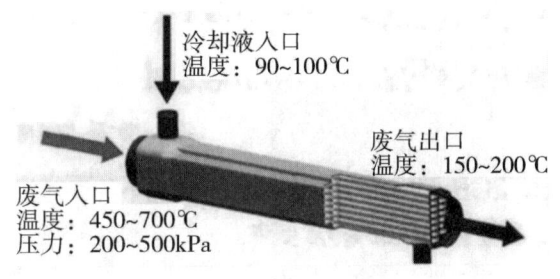

图9-44 废气再循环冷却器(EGRC)

与传统的中冷器相比,间接中冷器热交换效率高,结构紧凑,能够安装在涡轮增压器和进气歧管之间。因而增压空气管道可采用直管道,管内空气压力的损失将减少50%,充气压力也相应提高。气缸内空气充量的增大和气体交换过程的简化使发动机在相同输出功率的条件下燃油消耗降低。

间接中冷器的应用还可以减少空气管道的体积。例如,在一个12L的柴油发动机中空气管道体积可减少超过50%,系统对负荷的响应也随之变得更快。虽然商用车不像乘用车那样对扭矩快速响应,但是排放问题却不可避免,例如微粒排放。没有微粒捕集器的货车突然加速时,由于涡轮增压器响应慢,不能提供足够的空气,导致缸内燃料因缺氧、燃烧不充分,于是微粒快速增加。缩小空气管道的体积可提高增压空气的响应速度,可减少排入大气微粒或者使微粒排入微粒捕集器中。

中间冷却的增压空气可提高二次增压效率。目前在单级涡轮增压的情况下，充气压力可高达 360kPa，二级涡轮增压加中间冷却的情况下充气绝对压力则可达 400～500 kPa。如上所述，它能在不降低发动机性能的前提下增加废气再循环率，同时不引起微粒排放的增加。

此外，理论上，充气压力高有以下好处：

①增加发动机的功率密度(升功率)。在同样排量的条件下可提高发动机的输出功率，或者在同样输出功率的条件下可减小发动机的排量(即"小型化")。小型化后可减少发动机内的摩擦，有利于减小燃油消耗。

②增加气缸中的过量空气，由于气缸内氧气含量较高，会减少积碳的形成。换句话讲，由于燃料完全燃烧会减少微粒的生成。

2. 二级废气冷却加单级涡轮增压的发动机冷却系统(图 9-45)

在这一系统中，发动机排出的待再循环废气先送入一个废气冷却器(此冷却器由发动机的循环水进行冷却)，然后再进入另一个位于中冷器旁边的废气冷却器(该冷却器采用空冷)，空气流速取决于风扇或者车辆行驶的速度。

该系统中应用了二级废气冷却，有效降低了废气温度，因此单级涡轮增压加中冷就能达到欧 5 要求。该中冷器就是常规的空冷方式，在该系统中废气和增压气体能达到差不多的温度水平，进气歧管内的混合气体温度显著降低。

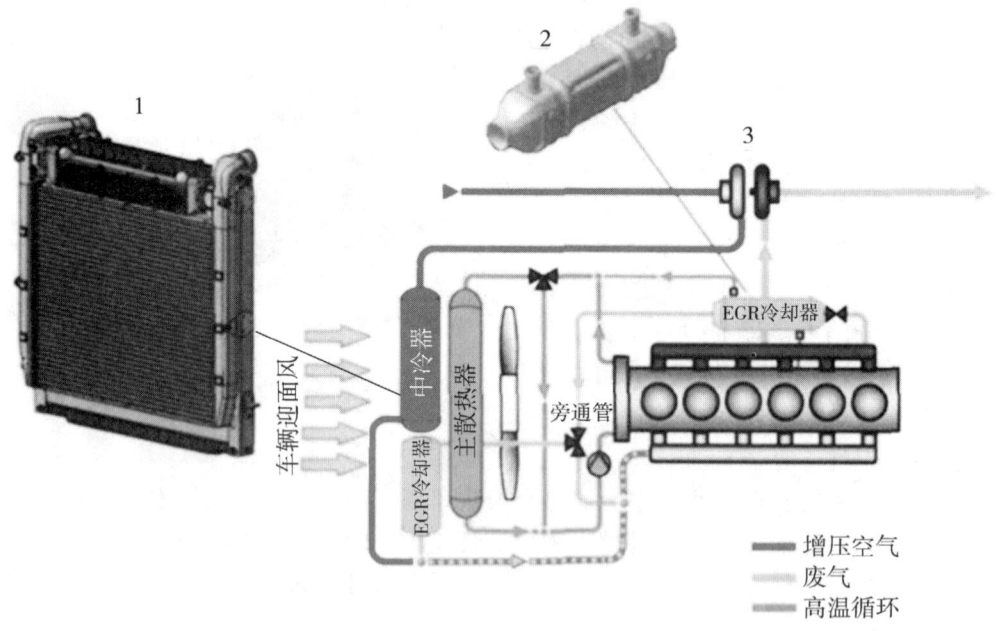

图 9-45　二级废气冷却加单级涡轮增压的发动机冷却系统原理图
1—冷却模块；2—EGR 冷却器；3—涡轮增压器

如图 9-45 所示，在一个冷却模块中装有中冷器和废气冷却器，不在此模块中的另外一个废气冷却器叫集成的冷却器。

该系统有如下的创新：

(1)废气冷却器和中冷器的集成。

如图9-46所示，该系统串联了多个废气冷却器，应用了不同的冷却介质：发动机冷却液和空气。将空冷的废气再循环冷却器和中冷器集成在一起，是全球首创。

废气冷却过程：废气流从气缸内流出进入排气歧管，部分废气流入第一级废气冷却器，由发动机冷却液进行冷却。随后，这部分废气流入第二级空冷废气冷却器，此冷却器与中冷器的上部集成。当环境温度较低时，为了防止冷却器结冰，废气不通过二级废气冷却器而是通过旁通管进入发

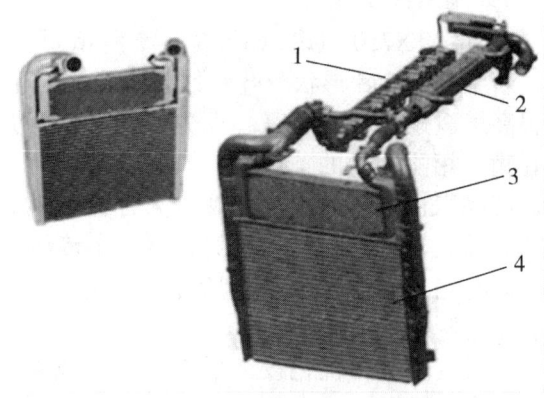

图9-46　废气冷却器和中冷器集成示意图
1—进气歧管；2—第一级废气冷却器；
3—第二级废气冷却器；4—中冷器

动机进气歧管。在这两种情况下，冷却废气和中冷后的气体在混合腔进行混合进入进气歧管。所以进入各缸内的气体有相同的成分和温度，这对于确保各个气缸中的燃烧情况一致很重要。

在第一级废气冷却时，废气温度降到150～200℃；第二级冷却（低温）时，废气温度降到比周围空气温度只高出20～25℃。充入气体的温度降低程度视增压空气和废气的混合比例而定。

空冷废气再循环冷却器的芯子是废气管，废气管间有带波纹的散热带，并有产生紊流的翅片，管道及波纹散热带钎焊在一起，废气管和废气室焊接在一起。冷却器由耐腐蚀管道、波纹散热带和废气室组成，它们都由不锈钢制成。

综合增压空气/废气冷却器模块的特点：

①优化废气及增压空气冷却器中的压力损失；

②在混合腔内更好地混合增压空气及废气；

③废气冷却器带旁通，防止结冰；

④没有冷凝物回流进中冷器；

⑤耐腐蚀的废气再循环冷却器。

（2）集成节温器的间接中冷器。

欧5标准和欧4标准相比，因欧5标准需要更高的废气再循环率，必然要求更大的增压压力，这将导致增压空气的温度上升，所以要求使用的中冷器能够承受220℃以上的温度及超过510kPa的绝对压力。基于压力和温度负荷，中冷器设计上的变化降低应力级数，能够承受更高的负载，如CAC/EGR模块就采用有限元分析法（FEM）来检验其应力分析。

间接中冷器是一个叠片系统，其中包括增压空气管道和冷却液管道。为了满足传热性能、温度、压力的要求，必须对通过增压空气和冷却液中的紊流片进行优化设计。另外，中冷器中气、液流体的运行方向相反，冷却液的流量通过安装在中冷器出口中的节温器进行控制，通过节温器中快速响应的蜡部件快速调整冷却液的流量，不需复杂的控制系统。

(3) 风扇组件及其运行。

最新的 NFX750 风扇 (如图 9-47 所示) 风量已经提高, 新调整的叶片形状及叶片数 (从 8 片增至 11 片) 大幅提高了风扇的输出风量, 原先的轴向结构几乎没变, 在输出相同风量的条件下, 风扇消耗功减少大约 10%。该风扇由 ViscoERS250 风扇离合器传动, 这种电控离合器比现在使用的风扇离合器可多传输 40% 的扭矩, 同时它的可控性和动态离合响应速度得到明显改善, 还可降低风扇噪声。

为了风扇毂进行优化设计后更加适合风扇离合器的冷却要求, 进一步改善了离合器内硅油的冷却, 大大减少滑动功率偏差, 可充分冷却在各种转速下运行的 Visco 风扇, 另外还防止离合器内的硅油过热。

图 9-47 冷却器风扇

项目实操

请根据下表进行发动机冷却系统的实操训练。

序号	项目实操	实操目的
1	节温器的检测	• 认识节温器的结构; • 掌握节温器开启温度点的检查方法; • 掌握节温器开启最大行程的检查方法
2	散热器盖及冷却系统密封性检查	• 掌握散热器盖的检查方法; • 掌握冷却系统密封性检查方法
3	冷却系统水垢的清洗	• 掌握水垢的清洗方法
4	电动风扇热敏开关的检查	• 掌握风扇开启时温度点检查方法; • 掌握电动风扇热敏开关好坏的判断方法

实操 1 节温器的检测

如图 9-48 所示, 准备好温度计、加热容器、加热装置、游标卡尺, 把节温器放在水中加热, 分别测开启的温度、全开的温度和开启量是否符合厂家的具体规定。检测时注意以下要点:

① 水温约 87℃ 时, 节温器阀门必须开启;

② 水温约 105℃ 时, 应全开, 阀门最低行程为 7mm。当阀门的升程衰减到 7mm 以下时就不能继续使用, 应予以更换。

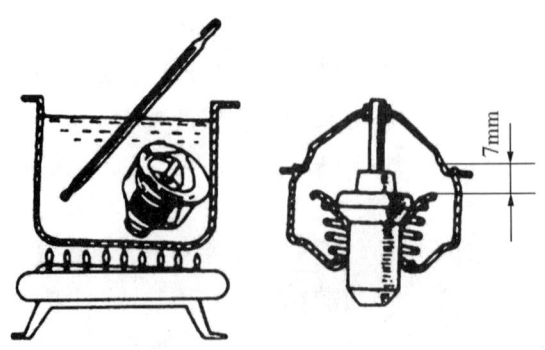

图 9-48 节温器的检查

实操2　散热器盖及冷却系统密封性检查

1. 散热器盖的检查

①外观检查：先进行外观检查，检查散热器盖上的密封垫是否有老化变形、弯曲、起泡等现象，如有，应更换；检查散热器盖上有无水垢积存，如有，应清除；同时清除散热器加水口表面上的水垢，以保持阀门的正常工作（如图9－49所示）。检查散热器盖上的限压阀(蒸汽阀)和真空阀是否有变形、损伤和锈蚀等现象，拉出真空阀将其打开，拉力释放后确定是否完全关闭，用手压限压阀(蒸汽阀)是否灵活，如不正常应更换；检查弹簧是否有变形、弹力失效和阀门工作不正常等现象，如有，应予更换（如图9－50所示）。

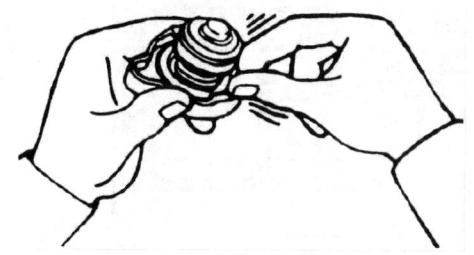

图9－49　散热器盖外观检查

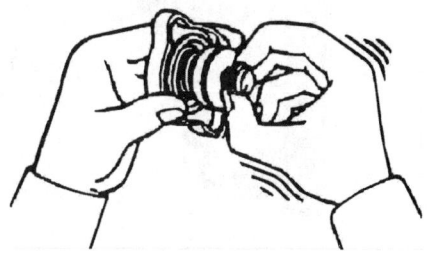

图9－50　真空阀的检查

②用专用工具对散热器盖进行压力试验（如图9－51所示）。用适当的接头将散热器盖接到专用的压力测试仪上，用测试仪上的手动压气泵施加压力，直至散热器盖上的限压阀打开释放压力为止。此时的压力值应和散热器盖顶面上所打印的压力值相符（一般为75～105kPa），同时应能保持此压力1min以上无泄漏。如检查结果不符合规定，应更换散热器盖。

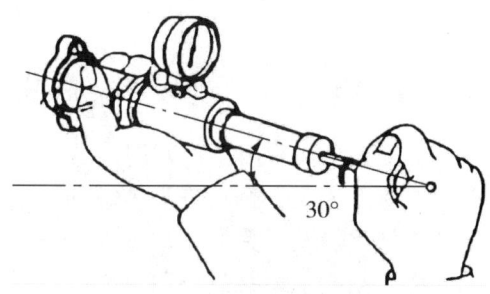

图9－51　散热器盖压力试验

2. 冷却系统密封性检查

如图9－52所示，将测试仪与散热器连接，利用测试仪上手动压力泵将冷却系统加压到105kPa（蒸汽阀开启压力为126～137kPa），然后保持2min。如2min内冷却系统压力保持不变，说明冷却系统密封良好。

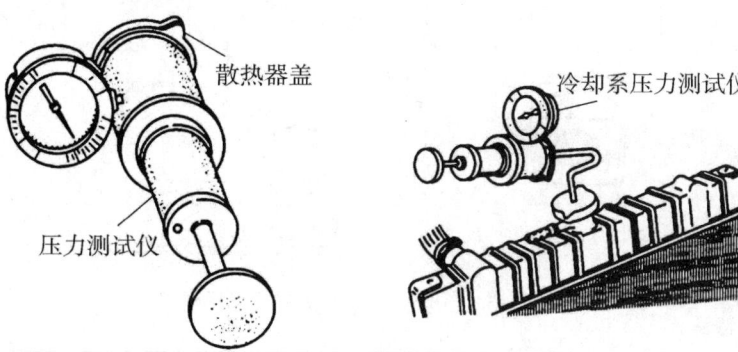

图9－52　冷却系统密封性检查

实操 3　冷却系统水垢的清洗

如图 9-53 所示，维护修理过程进行水套水垢的清洗时，应先拆去节温器，将水从正常水循环相反的方向压入（即从出水管处压入），到流出的水清洁时为止。必要时，可加入水垢清洗液使水垢溶解，而后用清水洗净。

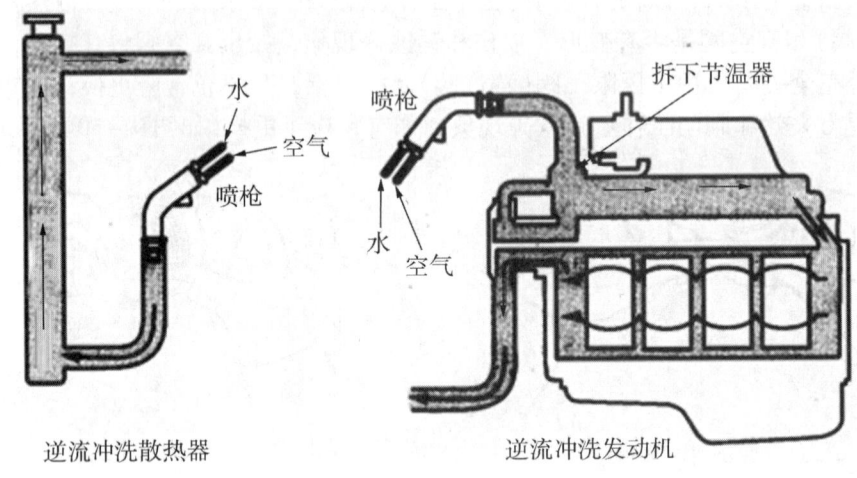

图 9-53　冷却系统水垢的清洗

实操 4　电动风扇热敏开关的检查

如图 9-54 所示，用万用表电阻挡测量热敏开关接线端与外壳间的电阻，万用表指示电阻应为无穷大，否则表明热敏开关损坏，应更换新件。当水温达 93～98℃时，万用表指针应指示热敏开关导通；当水温下降至 88～93℃时，万用表指示热敏开关断开（电阻为无穷大），否则表明热敏开关损坏，应更换新件。

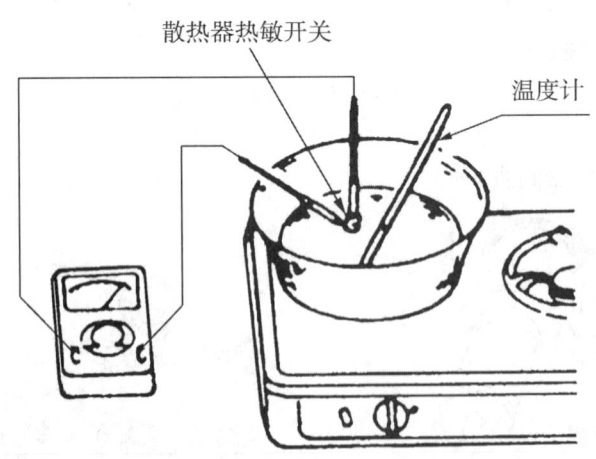

图 9-54　电动风扇热敏开关的检查

项目小结

1. 发动机冷却系统功用：对在高温条件下工作的发动机零部件进行冷却，保证发动机在适宜的温度下连续工作。

2. 分类：液体冷却（水冷却）和风冷却（空气冷却）。目前汽车发动机采用液体冷却。

3. 组成：强制循环供给装置（水泵、散热器、水套和分水管）、冷却强度调节装置（可调速电动风扇、节温器、百叶窗）、液温指示装置（液温表、液温传感器和液温警告灯）。

4. 工作情况：冷却液流到散热器的底部后，又在水泵的作用下，再次流向气缸体、气缸盖水套。

5. 冷却液：最常用的防冻剂是乙二醇。冷却液中水与乙二醇的比例不同，其冰点也不同。50%的水与50%的乙二醇混合而成的冷却液，其冰点约为-35.5℃。

6. 水泵：由泵壳、泵盖、叶轮、水泵轴、轴承和水封等组成。

7. 风扇：有机械风扇和电动风扇之分。风扇的功用是提高通过散热器芯的空气流速，增加散热效果，加速冷却液的冷却。

8. 散热器：散热器由上（左）储水室、下（右）储水室、进水管、出水管、散热器盖和散热器芯组成。

9. 节温器：节温器安装在水套出水口处，根据发动机工作温度，自动控制通向散热器和水泵的两个冷却液通路。

10. 双回路冷却系统：气缸体与气缸盖控制温度不同，气缸盖温度较低有利于更充分的充气、增加容积效率，减少爆燃和提高排气门座寿命。而气缸体处受热强度要小些，冷却液温度保持在87～105℃，既有利于燃气膨胀又减少了摩擦和气体传热损失。

11. 电子控制冷却系统：其任务是根据负荷状态将发动机的工作温度控制在一个额定值上。

12. 热量管理系统：热量管理系统确定当前冷却需求并相应调节冷却系统，以达到节能、环保，提高车辆的舒适性的目的。

13. 汽油发动机废气涡轮增压冷却系统：主冷却系统用于传统的气缸体和气缸盖的散热，副冷却系统由电子水泵、副散热器为涡轮增压器及增压空气散热。

14. 柴油发动机废气涡轮增压冷却系统：①单级废气冷却加二级涡轮增压的发动机冷却系统；②二级废气冷却加单级涡轮增压的发动机冷却系统。目的是达到新的排放要求。

15. 冷却系统的检修：（1）节温器的检测；（2）散热器盖及冷却系统密封性检查；（3）冷却系水垢的清洗；（4）电动风扇热敏开关的检查

一、填空题

1. 发动机的冷却方式一般有_____和_____两种。
2. 发动机冷却液的最佳工作温度一般是_____。
3. 冷却液的流向与流量主要由_____来控制。
4. 水冷系冷却强度主要可通过_____、_____、_____等装置来调节。

5. 散热器芯的结构形式有_____和_____两种。

二、应会的术语

1. 冷却液小循环；
2. 冷却液大循环；
3. 自动补偿封闭式散热器。

三、判断题（正确打√、错误打×）

1. 发动机在使用中，冷却液的温度越低越好。　　　　　　　　　　　　（　）
2. 风扇工作时，风是向散热器方向吹的，这样有利于散热。　　　　　　（　）
3. 任何水都可以直接作为冷却液加注。　　　　　　　　　　　　　　　（　）
4. 采用具有真空阀、限压阀（蒸汽阀）的散热器盖后，冷却液的工作温度可以提高至100℃以上而不"开锅"。　　　　　　　　　　　　　　　　　　　　　　　（　）
5. 发动机工作温度过高时，应立即打开散热器盖，加入冷水。　　　　　（　）
6. 蜡式节温器失效后，发动机易出现过热现象。　　　　　　　　　　　（　）
7. 蜡式节温器的弹簧，具有顶开节温器阀门的作用。　　　　　　　　　（　）
8. 硅油风扇离合器，具有降低噪声和减少发动机功率损失的作用。　　　（　）
9. 膨胀水箱中的冷却液面过低时，可直接补充任何牌号的冷却液。　　　（　）
10. 风扇离合器失效后，应立即修复后使用。　　　　　　　　　　　　　（　）

四、选择题

1. 使冷却液在散热器和水套之间进行循环的水泵旋转部件叫作（　　）。
   A. 叶轮　　　　　　B. 风扇　　　　　　C. 壳体　　　　　　D. 水封
2. 节温器中使阀门开闭的部件是（　　）。
   A. 阀座　　　　　　B. 石蜡感应体　　　C. 支架　　　　　　D. 弹簧
3. 冷却系统中提高冷却液沸点的装置是（　　）。
   A. 水箱盖　　　　　B. 散热器　　　　　C. 水套　　　　　　D. 水泵
4. 水泵泵体上溢水孔的作用是（　　）。
   A. 减少水泵出水口工作压力　　　　　　　B. 减少水泵进水口工作压力
   C. 及时排出向后渗漏的冷却液，保护水泵轴承　　D. 便于检查水封工作情况
5. 如果节温器阀门打不开，发动机将会出现（　　）的现象。
   A. 温升慢　　　　　B. 热容量减少　　　C. 不能起动　　　　D. 怠速不稳定
6. 采用自动补偿封闭式散热器结构的目的，是为了（　　）。
   A. 降低冷却液损耗　　　　　　　　　　　　　　　　B. 提高冷却液沸点
   C. 防止冷却液因温度过高而造成蒸汽从蒸汽引入管喷出伤人　　D. 加强散热
7. 加注冷却液时，最好选择（　　）。
   A. 井水　　　　　　B. 泉水　　　　　　C. 雨雪水　　　　　D. 蒸馏水
8. 为在容积相同的情况下获得较大散热面积，提高抗裂性能，散热器冷却管应选用（　　）。
   A. 圆管　　　　　　B. 扁圆管　　　　　C. 矩形管　　　　　D. 三角形管
9. 发动机冷却系统中锈蚀物和水垢积存的后果是（　　）。
   A. 发动机温升慢　　B. 热容量减少　　　C. 发动机过热　　　D. 发动机怠速不稳

五、问答题

1. 水泵的作用是什么?
2. 发动机温度过高过低有哪些危害?
3. 试述蜡式节温器的工作原理。
4. 取下节温器不用,可能会给发动机带来哪些危害?

项目十　发动机排放控制

学习目标

1. 能描述汽油的有害排放物；
2. 能描述汽车废气产生的原理；
3. 能描述汽车污染物排放法规标准；
4. 能说明国内现行的汽车尾气排放测量方法；
5. 能描述汽车污染物减排措施。

10.1　概述

　　汽车上装有降低空气污染的零部件。污染物来源于曲轴箱排放、蒸发排放和排气管尾气排放。曲轴箱排放的污染物包括不完全燃烧的燃料和燃烧副产品，这些气体可以在曲轴箱正压通风装置作用下循环到发动机再次燃烧。蒸发排放就是燃料、机油蒸发成蒸汽后渗漏出来的排放物，可通过密封燃油系统将它吸收、存储在炭罐内，然后将这些蒸汽引入燃烧室内燃烧。排气管尾气排放的有一氧化碳、不完全燃烧碳氢化合物、氮氧化合物和碳烟。随着发动机技术的不断发展，燃油喷射量、点火正时得到准确控制，安装有尾气处理装置对尾气排放的预处理可减少这类污染物排放。尾气从排气管排出前需通过标有"再燃烧"的催化转化器，尾气控制系统是发动机的一个整体部分，不能被修改和拆除，安装在汽车上与该系统相关的装置有：排气管、消音器、废气再循环阀、催化转化器、空气泵和炭罐。

　　汽车上的排放控制系统是用于减少对环境和人有害的大气污染物的装置。其功能如图10-1所示，气体排放控制路径如图10-2所示。

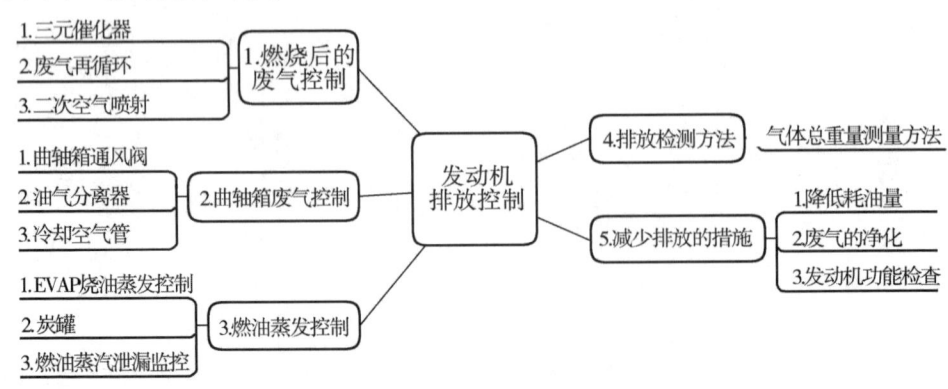

图10-1　排放控制系统功能图

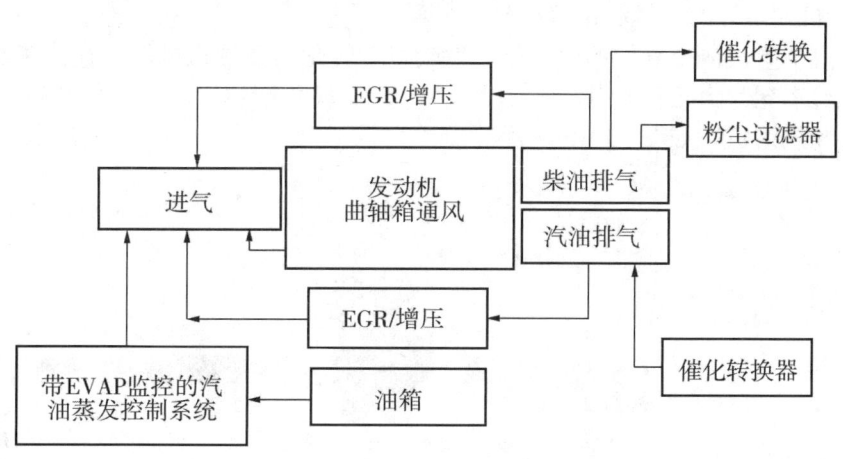

图 10-2　气体排放控制路径

10.2　汽车的有害排放物介绍

1. 大气污染物

大气污染物是指燃油箱中的蒸发燃油，从气缸壁和活塞之间漏出的气体，及从排气管排出的废气（见图 10-3、图 10-4）。

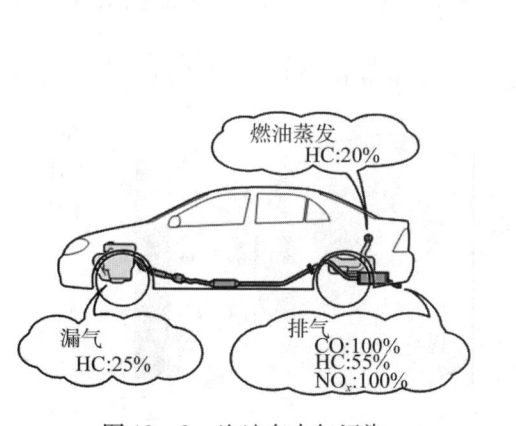

图 10-3　汽油车大气污染

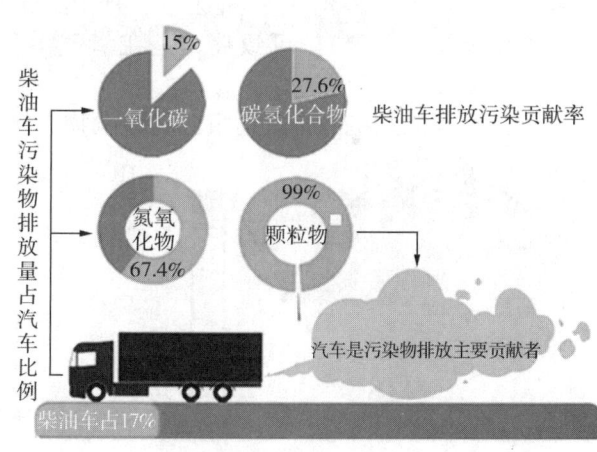

图 10-4　柴油车大气污染

理论上，燃油燃烧只会产生 CO_2（二氧化碳）和 H_2O（水蒸气）。但由于空燃比、大气中氮（N_2）的含量、燃烧室温度、燃烧时间等因素，燃油不能按照化学理论产生反应，会产生一氧化碳（CO）、碳化氢（HC）、氮氧化合物（NO_x）、硫化物、颗粒物等有害物质。

燃油箱、活性炭罐等处的燃油蒸发形成燃油蒸气进入大气，它的主要成分是 HC。

漏气是从活塞和气缸壁的间隙窜入曲轴箱的气体，它的主要成分是未燃混合气中的 HC。

2. 发动机燃烧时的进气和排气成分

储存在燃油空气混合气中的化学能在发动机中转化为曲轴机械能，在能量转换过程中产生废气。汽车尾气由无毒废气成分氮气（N_2）、二氧化碳（CO_2）、水（H_2O）、氧气（O_2）和各种有害物质组成，如图10-5所示。

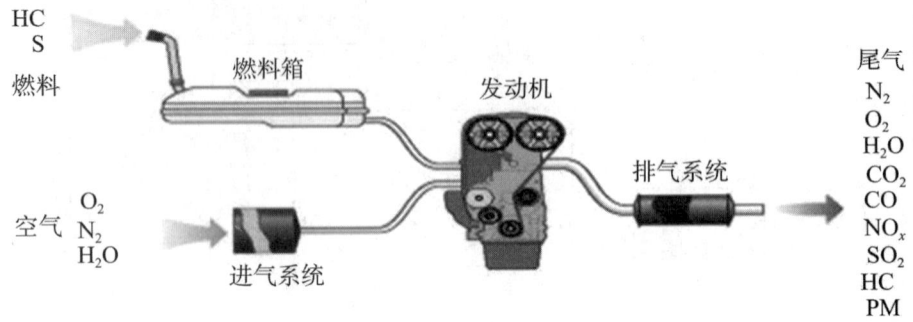

图10-5　进气和排气成分

3. 汽车产生的有害物质

①一氧化碳（CO）。无色无味，毒性大。当过量空气系数$\lambda = 1$且混合气较稀时，含量小。

②碳氢化合物（HC）。典型的尾气臭味，可致癌。当$\lambda < 1$和$\lambda > 1$时产生。

③氮氧化合物（NO_x）。无色无味，刺激呼吸道，造成麻痹。当λ在$1.05 \sim 1.1$范围内且混合气较稀时可降低氮氧化合物产生量。

④二氧化硫（SO_2）。是一种无色、有刺激性气味的不可燃气体，可造成呼吸道疾病。

⑤碳烟颗粒（PM）。可致癌，是在氧气不足的情况下燃烧柴油，特别是在$\lambda = 1$时产生。

汽油机与柴油机的排放物组成和污染物占比分别如图10-6、图10-7所示。

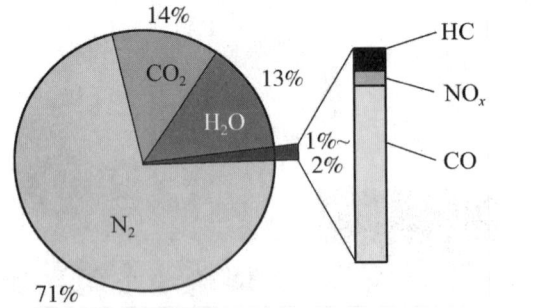

图10-6　汽油机排放物组成和污染物占比

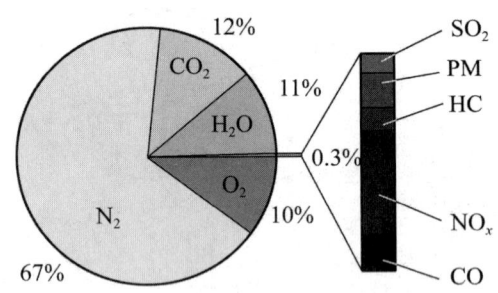

图10-7　柴油机排放物组成和污染物占比

10.3　汽车废气产生的机理

10.3.1　理想空燃比

理论空燃比是燃油与它充分燃烧所需的最少空气量（含氧）的比值（图10-8）。汽油是

几种碳氢化合物的混合物，主要成分是辛烷(C_8H_{18})，其燃烧的反应方程式为

$$2C_8H_{18} + 25O_2 \longrightarrow 16CO_2 + 18H_2O$$

1g 辛烷完全燃烧成为水蒸气(H_2O)和二氧化碳(CO_2)需要 15 克的空气。

实际燃油不是纯辛烷，而是和几种碳氢化合物的混合物。因此理论空燃比大约是 14.7。

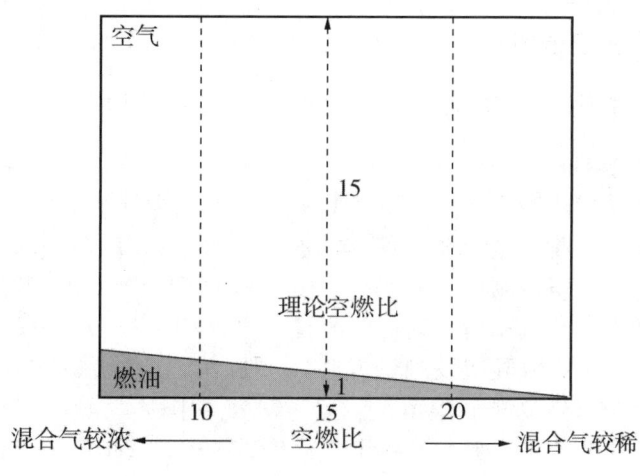

图 10-8 空燃比

10.3.2 空燃比和 CO／HC／NO_x 的形成曲线图

空燃比和 CO/HC/NO_x 形成的关系如图 10-9 所示。

空燃比较小时，
①CO/HC：增加；
②NO_x：减少。

空燃比较大时，
①CO：减少；
②HC：减少，但混合气太稀时，因缺火造成 HC 含量增加；
③NO_x：在混合气比理论空燃比下的混合气稍稀时，其产生量最大；在混合气与理论空燃比下的混合气相比过稀时，因燃烧室温度降低，其产生量减少。

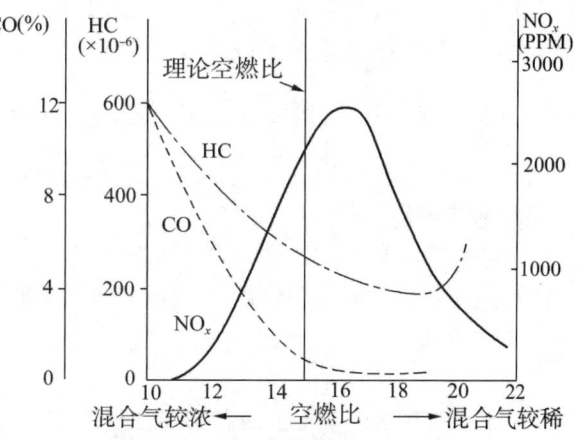

图 10-9 空燃比和污染形成关系

除了上述因素外，在下列情况 CO/HC/NO_x 的产生量也会增加。

①发动机冷态：因所供混合气较浓，CO/HC 的产生量增加；
②高负荷时：废气排放量因燃油和空气的增加而增加；
③所供混合气较浓，CO/HC 的产生量增加；
④燃烧室温度升高，NO_x 的产生量增加。

10.4 汽车污染物排放法规标准及测量方法

自20世纪60年代第一个点燃式发动机排放法规在美国加利福尼亚州生效以来,各类有害物的排放限值一再降低。目前,所有的工业国家都实施了排放法规,规定了点燃式发动机和柴油机的排放限值和测试方法,在一些国家还限制了燃油蒸发排放。

10.4.1 国内外现行的汽车污染物排放法规标准

1. 国内排放法规标准

①《中华人民共和国环境保护法》和《中华人民共和国大气污染防治法》;
②《车用汽油有害物质控制标准》(第四、五阶段)(GWKB 1.1—2011);
③《车用柴油有害物质控制标准》(第四、五阶段)(GWKB 1.2—2011);
④《轻型混合动力电动汽车污染物排放测量方法》(GB/T 19755—2016);
⑤《轻型汽车污染物排放限值及测量方法》(中国第五阶段)(GB 18352.5—2013)[注:该标准已由《轻型汽车污染物排放限值及测量方法》(中国第六阶段)(GB 18352.6—2016)代替,自2020年7月1日起,所有销售和注册登记的轻型汽车应符合新标准要求]。

2. 美国排放法规

①CARB(美国加利福尼亚州空气资源保护局)法规;
②EPA(美国环境保护局)法规。

3. EU(欧盟)法规和ECE(欧洲经济委员会)指令

在排放方面,欧洲将汽车分为总质量不超过3.5吨(轻型车)和总质量超过3.5吨(重型车)两类。欧洲电工标准化委员会(CENELEC)和欧洲标准委员会(CEN)以及它们的联合机构共同的欧洲标准化组织(CEN/CENELEC)是欧洲最主要的标准制定机构。

10.4.2 国内现行的汽车尾气排放测量方法

目前国内主要采用的是气体总重量测量方法。

1. 排气测量仪

排气测量仪有转鼓试验台和不分光红外分析仪。转鼓试验台(图10-10)是通过模拟汽车在道路上的实际行驶情况,进行汽车排气检测的。

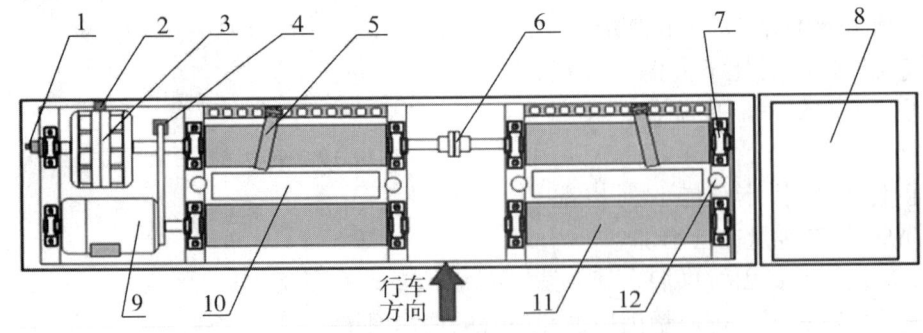

图10-10 转鼓试验台
1—测速传感器;2—扭力传感器;3—功率吸收装置;4—反拖传感器;5—自动(或手动)挡轮;6—联轴器;7—滚筒轴承;8—飞轮组;9—反拖装置;10—举升器;11—滚筒;12—轮胎挡轮

不分光红外分析仪(NDIR)利用某些气体在窄波长范围吸收红外射线的特性,将吸收的红外射线转换为吸收分子的振动能或转动能而重新作为热能测定出来,其检测原理如图10-11所示。

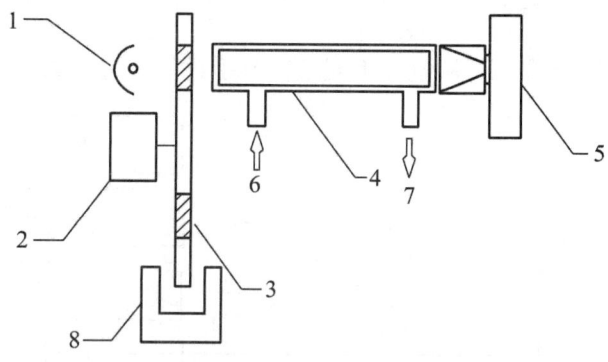

图10-11 不分光红外分析仪检测原理

1—红外光源;2—调制马达;3—滤光片;4—分析气室;5—红外探测器;6—进气口;7—出气口;8—相位检测器

2. 气体总重量测量方法

仪器:转鼓试验台(模拟城市道路)、NDIR(不分光红外)分析仪、稀释装置。

使用气体总重量测量法(图10-12)测量气体总重量时,通过模拟城市道路工况,测出在实验过程中排出的CO/HC/NO_x的气体总重量。这是目前测量气体总重量的主要测量方法。

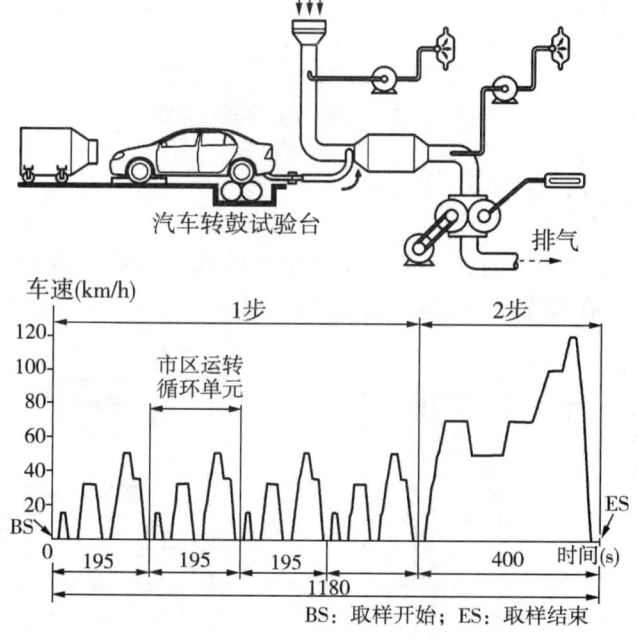

图10-12 气体总重量测量方法

具体检测方法参见:《GB18352.5—2013 轻型汽车污染物排放限值及测量方法》(中国第五阶段)附录C常温下冷起动后排气污染物排放试验(Ⅰ型试验)。

10.5 汽车污染物减排措施

为实现汽车污染物减排,可从汽车不同组件着手进行改进,如图 10-13 所示。

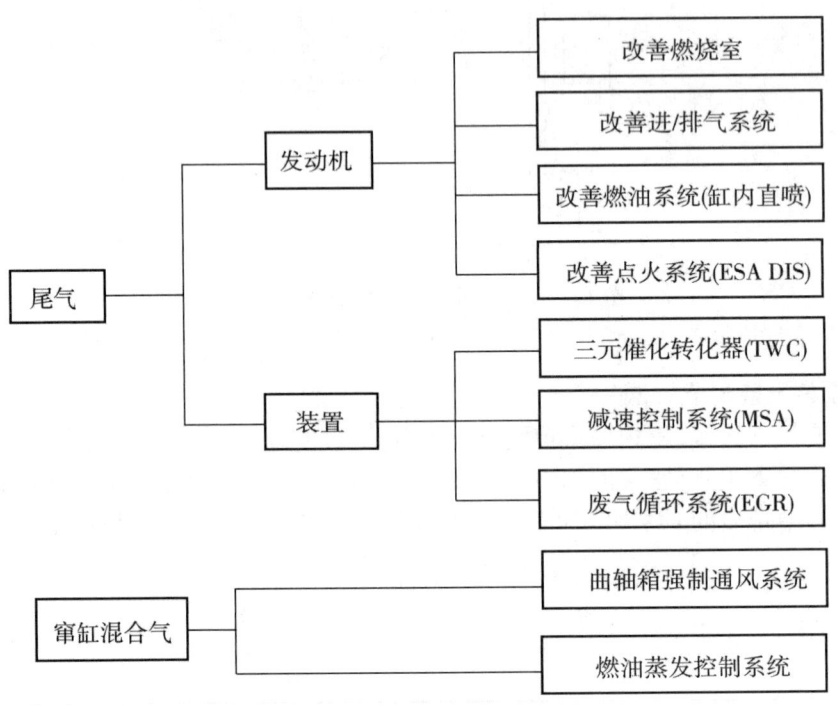

图 10-13 汽车污染物减排措施

10.5.1 催化转化器

混合气在理论空燃比附近时,三元催化转化器的效率最高。因此需要空燃比反馈(控制)系统把空燃比保持在理论空燃比附近(图 10-14)。

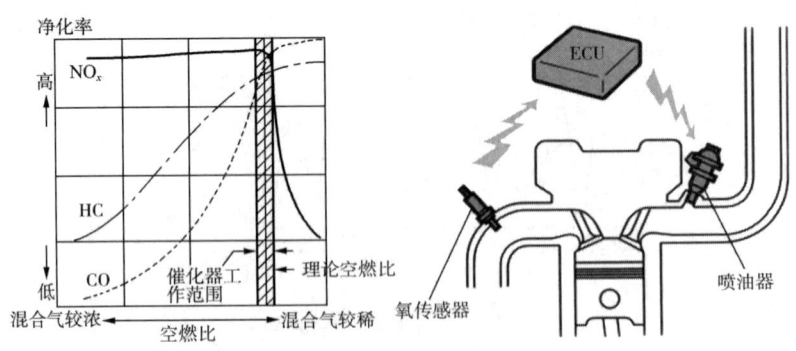

图 10-14 空燃比控制

空燃比反馈(控制)系统使用插入排气管内的氧传感器监测废气中氧的含量,然后发动机控制单元通过调整燃油喷油量控制空燃比,使三元催化转化器的转化效率达到最高。

具体操作参见:《GB 18352.5—2013 轻型汽车污染物排放限值及测量方法》(中国第五阶段)附录 G 污染控制装置耐久性试验(V型试验);附录 I 车载诊断(OBD)系统;附录 P 装有周期性再生系统汽车的排放试验规程。

催化转化器是把有害物质(CO、HC 和 NO_x),经过化学反应转化为 H_2O、CO_2、N_2。通常,汽车上使用铂、钯、铱、铑等作为催化剂。在现今的汽车里,大多数汽车使用了三元催化转化器。

催化器的净化率随温度而变化,如图 10-15 所示。当催化器温度达到 400℃ 以上时,净化率接近 100%,废气将得到有效净化。

装备有催化转化器的车辆需要使用无铅汽油,如果使用含铅汽油,铅粘附于催化剂和氧传感器(O_2 传感器)的表面,影响催化效果(俗称三元催化中毒)。

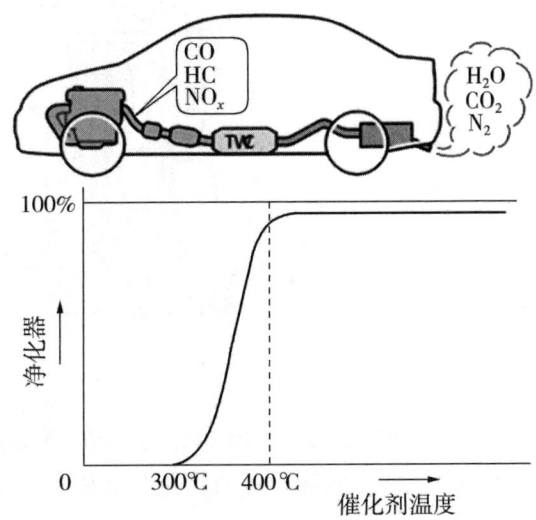

图 10-15 三元催化器工作曲线

10.5.2 废气再循环系统(EGR)

废气再循环系统(EGR)(图 10-16)将部分废气再循环至进气系统。

因为废气的大部分为惰性(不可燃)气体,将废气混入空气-燃料混合气后,在燃烧过程中火焰传播减慢。同时,由于惰性(不可燃)气体吸收燃烧所产生的热量,燃烧温度降低,也减少了氮氧混合物的产生。

具体介绍参见:《GB 18352.5—2013 轻型汽车污染物排放限值及测量方法》(中国第五阶段)附录 I 车载诊断(OBD)系统。

10.5.3 曲轴箱通风装置

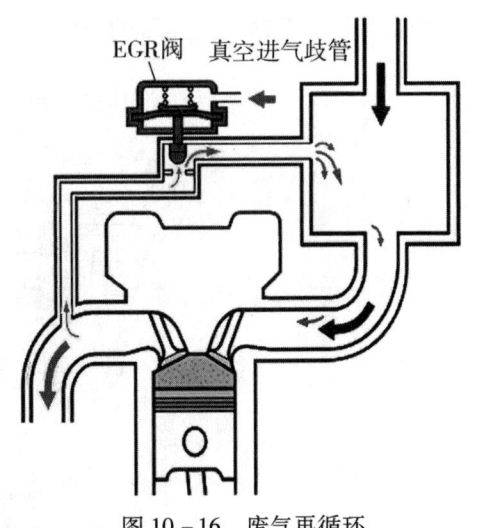

图 10-16 废气再循环

窜缸混合气中含有大量从活塞环和气缸壁间的空隙漏出而进入曲轴箱内的未燃气体。曲轴箱强制通风(PCV)装置(图 10-17)能将窜缸混合气导入进气系统,让其重新燃烧。

曲轴箱通风装置因利用了进气歧管的真空负压,所以可将窜缸混合气吸入。PCV阀安装在进气歧管和气缸盖之间。一般来说,当发动机负荷大时所产生的窜缸混合气的量变较大(进气歧管真空度小),当发动机负荷小时所产生的窜缸混合气的量变小(进气歧管真空度大)。

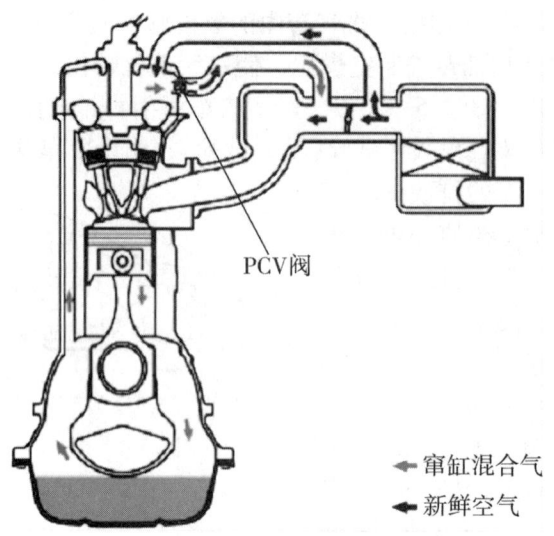

图 10-17 曲轴箱强制通风装置

具体介绍参见：《GB18352.5—2013 轻型汽车污染物排放限值及测量方法》（中国第五阶段）附录 E 曲轴箱污染物排放试验（Ⅲ型试验）；附录 I 车载诊断（OBD）系统。

10.5.4 燃油蒸发排放控制系统

燃料蒸发排放控制（EVAP）系统（图 10-18）暂时地将蒸发气体吸收在活性炭罐内后，再将其送回发动机燃烧。其目的是防止从燃油箱蒸发出的燃料逸入大气中。

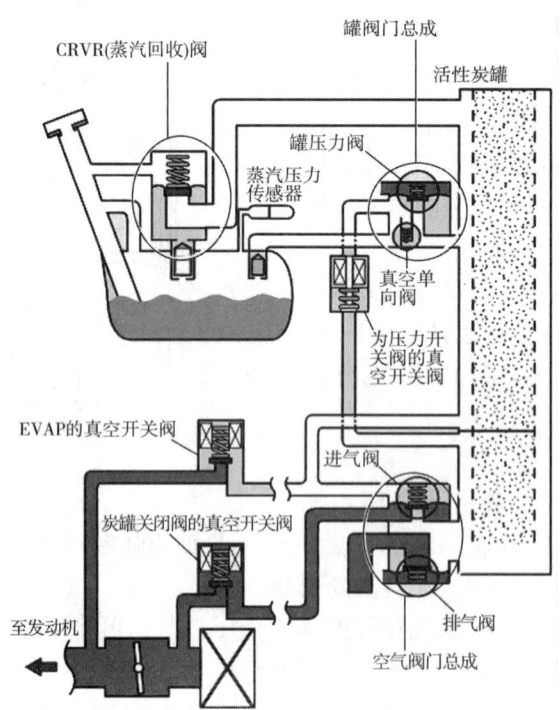

图 10-18 燃油蒸发排放控制系统

具体介绍参见:《GB18352.5—2013 轻型汽车污染物排放限值及测量方法》(中国第五阶段)附录F 蒸发污染物排放试验(Ⅳ型试验);附录Ⅰ车载诊断(OBD)系统。

10.5.5 发动机优化措施

为了改良发动机输出功率和燃油消耗率,并减少有害气体的产生,现代汽车发动机作了较大的改进。下列项目并不在所有类型发动机上采用,但对某些发动机效果较好。

1. 燃烧室改进

挤压区的采用:燃烧室的挤压区在进气行程结束时产生强涡流,并持续到做功行程(如图10-19所示)。涡流提高了燃烧速度,使空气-燃油混合气燃烧更完全,同时降低HC和CO的生成量。

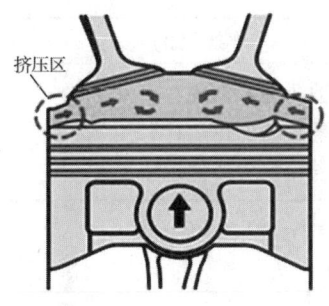

图10-19 挤压区的使用

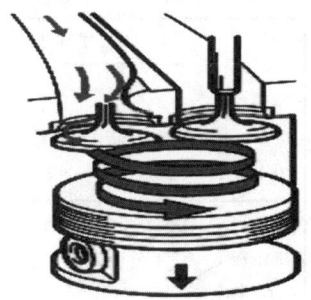

图10-20 涡流的形成

涡流的形成:弧形的进气口使空气-燃油混合气在进气行程中,进入燃烧室时,朝燃烧室边缘方向形成适当的涡流(如图10-20所示)。涡流从压缩行程持续到做功行程,和挤压产生相同的作用。

2. 直接点火系统(DIS)

直接点火系统(DIS)(图10-21):点火正时根据行驶情况得到更精确的调节,使得混合气燃烧更充分,并达到减少废气有害物质的目的。

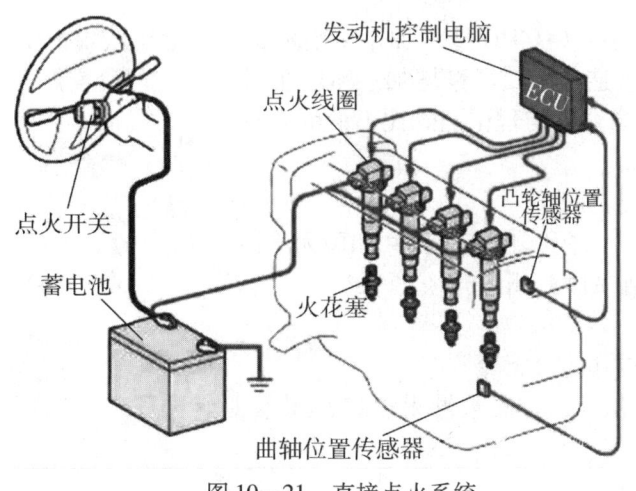

图10-21 直接点火系统

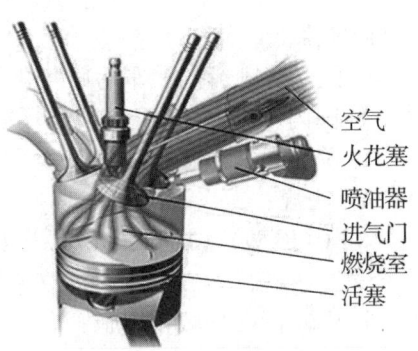

图10-22 缸内直喷技术

3. 缸内直喷技术

缸内直喷技术(图10-22):在进气行程中,纯空气通过打开的进气门流入燃烧室,燃油直接喷入燃烧室内,在燃烧室内形成混合气,通过这种方法能将耗油量减低,排放减少。

4. 发动机自动起动/关闭功能(MSA)

该功能通过在车辆静止期间自动关闭发动机来降低油耗。当符合相应的起动条件时,发动机也重新自动起动。

根据下表进行发动机排放控制的训练,巩固相关知识。

序号	实操项目	实操目的
1	三元催化器的认识	● 认识三元催化器的结构; ● 了解三元催化器的作用; ● 了解三元催化器失效的现象

项目小结

1. 大气污染物是指燃油箱中的蒸发燃油、从气缸壁和活塞之间的漏气及从排气管排出的废气。

2. 发动机燃烧时的进气和排气成分:
①进气:氮气(N_2)、水(H_2O)、氧气(O_2);
②喷射的燃油:碳氢化合物(HC)、硫(S);
③排气(无毒的废气):氮气(N_2)、水(H_2O)、氧气(O_2)、二氧化碳(CO_2);
④排气(有毒的废气):一氧化碳(CO)、氮氧化物(NO_x)、碳氢化合物(HC)、二氧化硫(SO_2)、碳烟颗粒(PM)。

3. 汽车废气产生的原理,空燃比较小:CO/HC 值增加,NO_x 减少;空燃比较稀:CO减少,HC减少。混合气太稀时,因缺火造成 HC 含量增加。NO_x 在混合气比理论空燃比下的混合气略稀时,其产生量最大;在混合气与理论空燃比下的混合气相比过稀时,因燃烧室温度降低,其产生量减少。

4. 国内外现行的汽车污染物排放法规标准:
① 国内:《中华人民共和国环境保护法》和《中华人民共和国大气污染防治法》;
② 美国排放法规:CARB(美国加利福尼亚州空气资源保护局)法规;EPA(美国环境保护局)法规;
③ EU(欧盟)法规和 ECE(欧洲经济委员会)指令;

5. 国内现行的汽车尾气排放测量方法:气体总重量测量方法(市区运转循环工况)

6. 汽车污染物减排措施:
①三元催化转化器;
②废气再循环系统(EGR);
③曲轴箱通风装置;

④燃油蒸发控制系统；
⑤燃烧室改进（挤压区的采用、涡流的形成）；
⑥直接点火系统（DIS）；
⑦缸内直喷技术；
⑧发动机自动起动/关闭功能（MSA）。

 复习与思考

一、应会的术语
1. 大气污染物；
2. 催化转化器。

二、填空题
1. 大气污染物是指燃油箱中的_____，从_____之间的漏气及从_____排出的废气。
2. 汽车尾气由无毒废气成分_____、_____、_____、_____和各种有害物质组成。
3. 一氧化碳（CO）无色无味，毒性大。当 λ = _____且混合气较稀时，含量小。
4. 碳氢化合物（HC）有典型的尾气臭味，可致癌。当_____时产生。
5. 氮氧化合物（NO_x）无色无味，刺激呼吸道，造成麻痹现象。在稀混合气 λ = _____范围内会降低氮氧化合物的产生。
6. 国内排放法规标准：_____和_____。
7. 美国排放法规：_____和_____。
8. 国内现行的汽车尾气排放测量方法：_____。

三、判断题
1. 燃油箱、活性炭罐等处的燃油蒸发形成燃油蒸气进入大气，它的主要成分是 HC。（　）
2. 大气污染物是指燃油箱中的蒸发燃油，从气缸壁和活塞之间的漏气，及从排气管排出的废气。（　）
3. 柴油机的排放污染物主要是碳烟颗粒（PM），碳烟颗粒（PM）可致癌。（　）
4. 空燃比较小时，CO/HC 减少，NO_x 增加。（　）
5. 废气再循环（EGR）系统将部分废气再循环至进气系统，以减少 CO 的排放。（　）
6. 大气中含量最多的是氧气。（　）

四、问答题
1. 汽车污染物减排措施有哪些？
2. 为减少有害气体的产生，发动机作了哪些改进？

项目十一　综合实操　发动机大修

学习目标

1. 能描述需要进行大修的情况和大修的步骤；
2. 能熟练查询与大修相关的维修手册资料；
3. 能进行发动机零部件的清洁和检查；
4. 能使用测量工具进行发动机零部件的测量并进行更换或加工的判断；
5. 能完整写出大修的工作报告。

发动机大修是汽车维修企业机电岗位常见的一项工作内容，指的是通过拆卸/分解发动机和调整、修理或更换必要的零部件等来检测故障并进行修复。比如当发动机发生水淹或发生事故时，就有必要进入发动机大修的程序。汽车发动机大修程序如图 11 – 1 所示：

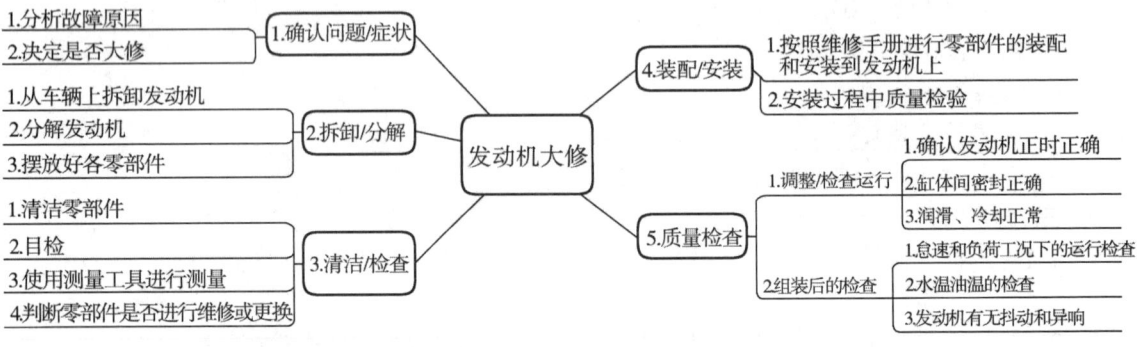

图 11 – 1　发动机大修步骤图

11.1　发动机大修的步骤

11.1.1　确认问题和症状

内燃机组的工作程序虽然看上去简单，但实际的操作步骤比较复杂，类似对病人进行手术的工作，需要进行准备工作，比如确认是否需要大修和准备专用工具，甚至要考虑环保问题，需要对排放的油液进行环保处理等等。造成发动机需要进行大修的原因有四个方面：

①新车装配和零部件质量原因导致的故障，比如气环质量原因导致发动机窜气，发动

机不正常运作；

②发动机浸水或发生事故导致发动机机械部件的损伤；

③发动机的工作时间过长，机械疲劳或机械磨损过大，需要通过大修更换零部件来延长发动机的正常工作时间；

④因超负荷驾驶原因导致发动机的损伤。

要判断发动机是否需要进行大修，还要对发动机的运行情况进行更多的确认，比如发动机的动力不足并不一定是机械部件磨损造成的，可能是发动机的进气控制、喷油和点火等电气故障导致的。因此，确认是否需要进行发动机的大修，要从发动机本身最核心的运作情况进行了解和判断。

在前面的章节中，我们已经了解了发动机的运作原理和构造原理，发动机的运作核心是控制燃油的燃烧，把热能最大可能地转换成机械能。

发动机大修主要是针对发动机内部零部件磨损进行的维修，最严重的发动机内部磨损是活塞气环和油环的损坏。活塞是实现热能转换成机械能的过程中承受力负荷和热负荷最大的部件，当气环和油环损坏时，不仅会导致机油立即窜入气缸，严重影响燃油的燃烧，尾气中机油的燃烧产物增多（产生蓝色油雾），还会导致活塞立即失去负荷，发动机严重抖动和扭矩功率下降，机油失效，严重的还会导致活塞连杆的折弯、轴瓦失效等故障。

其次是气缸垫破损导致的机油、冷却液泄漏，以及气缸间的窜气、窜油导致的燃烧不正常。以上两个严重的故障都可以从发动机的尾气情况进行判断。另外一种需要进行大修的情况是曲轴、连杆轴瓦的磨损，当然也包括凸轮轴、气门磨损导致的漏气，这种情况一般是润滑系统失效导致的发动机运动部件磨损。

可以把发动机大修的充分必要条件总结为以下两点：

①尾气中出现了大量机油燃烧产物；

②必须从车体吊装发动机拆卸后才能进行检查更换工作。

确认需要进行发动机的大修后，第二个步骤是进行拆卸/分解的工作。

11.1.2 拆卸和分解

拆卸发动机（图 11-2）的注意事项如下。

（1）用举升器，千斤顶等从车的上部或下部拆卸发动机或传动桥；

（2）拆卸重的部件时，比如发动机或传动桥，一定要高度注意安全，不要使其掉落；

（3）从汽车上拆卸部件时，不要划伤车辆或使自己受伤；

（4）发动机从车辆上拆卸，需要进行以下准备工作：

①切断燃油供应，脱开发动机侧的燃油管路；

②断开与蓄电池的连接，脱开发动

图 11-2 发动机拆卸

机线束；

③排放机油和冷却液，脱开冷却液管路；

④分解总成，以便进行检查、调整或修理，将发动机分解为凸轮轴、气缸盖或气缸体、火花塞、曲轴、活塞连杆组等（图11-3）。

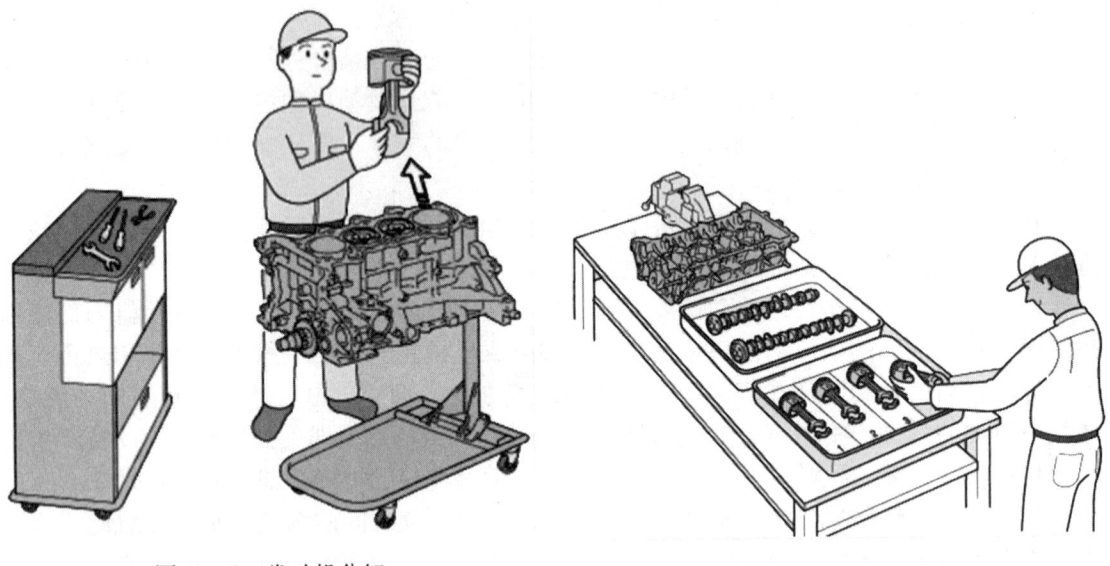

图11-3　发动机分解　　　　　　　　　　图11-4　摆放零部件

提示：分解时，认真观察每个部件。对于目测就可以判断的损坏零件，直接进行维修或更换处理。

分解时，根据每个部件安装位置/区域摆放（图11-4），以便组装/安装到原始位置。因为即使是相同的部件，其碰撞和磨损程度也不一样，所以要摆放好每一个部件，避免装错。

某些零件安装时有规定的位置和方向。如未在规定的位置和方向安装，零件可能受到损坏，或即使安装上了也会出问题。这些零件具有特殊的标记、形状、识别号等。在拆卸这些零件时，应认真记录它们的特征，确保照原样更换。

11.1.3　清洁/检查

（1）清洁已分解的部件（图11-5）可以：

①提高测量的精确度；

②便于发现故障；

③防止安装时进入异物；

④除去积碳或油泥等沉积物，使部件恢复其原始性能。

（2）零部件清洗方式一般有以下几种：

图11-5　清洁零部件

①使用刮刀、刷子和油石清洁积碳类型的强附着物，注意不要刮伤零部件的表面；

②用刷子和洗涤油清洁，如果使用煤油或者无铅汽油清洁，清洁后要用水将其冲洗干

净，然后清除湿气，并且在部件上涂防锈油，比如发动机机油；

③使用压缩空气吹扫零部件的灰尘、湿气或者油；

④冲洗后，用干净的汽油或清洗剂去除零件上的润滑脂，并用抹布抹干。

（3）用合适的方法测量和检查。

例如目视检查或用仪器测量缸盖平面度、缸径、曲轴的间隙等等，如图11-6所示。

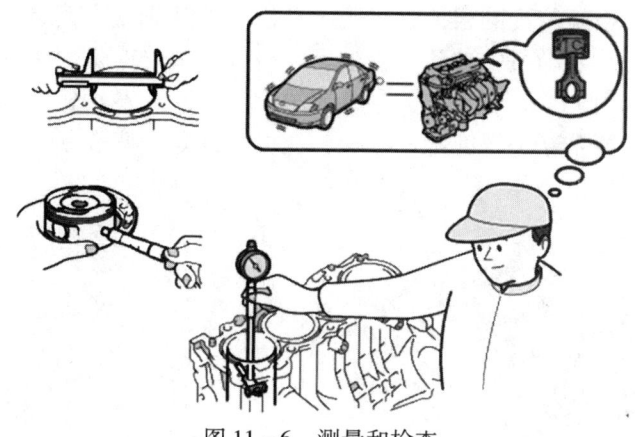

图11-6 测量和检查

11.1.4 装配/安装

一定要参考发动机的修理手册进行正确的安装（图11-7），在安装过程中要注意以下几点：

①遵循扭矩/标准值；

②更换不能再使用的部件，比如密封件、垫片；

③组装前，在滑动位置涂上修理手册规定的润滑油；

④在相同的位置和方向，照原样组装部件。

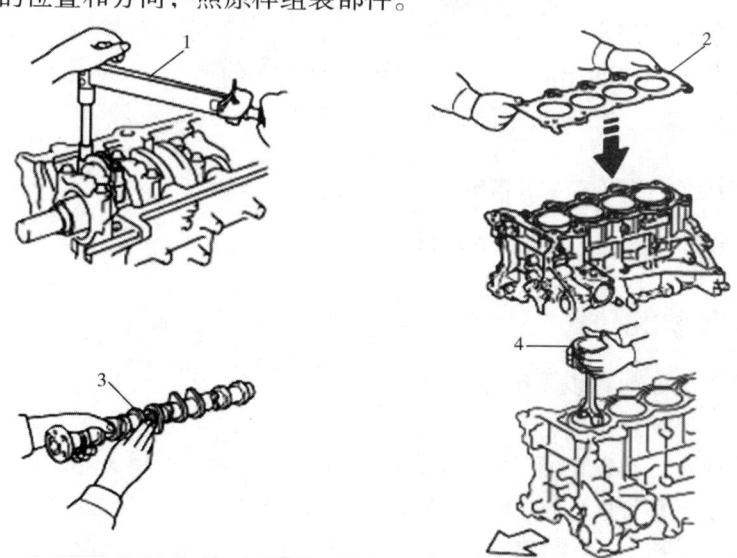

图11-7 发动机装配

1—使用扭矩扳手；2—新垫片；3—涂抹机油；4—按照活塞向前标记组装

不同机构设计的发动机有一定的区别,正确的安装规则以及注意事项会在对应的维修手册中说明,比如活塞正前方的标示,通常采用箭头或凹口等印记进行标识。

11.1.5 质量检查

质量检查包括两个方面,一方面是在装配过程中的检查运行,比如曲轴装配完后一定要进行扭转的测试,检验装配的误差,否则发动机安装完成后可能会导致再次故障而需要重新大修;另一方面是发动机安装到车辆上后,检查各个总成是否工作正常,比如润滑系统、冷却系统等,如图11-8所示。因各车辆的设计不同,发动机吊装后会引起其他的总成部件的拆卸,也需要重新进行匹配和检查,比如变速器和底盘系统,发动机大修后需要重新匹配和进行四轮定位操作。

图11-8 发动机大修质量检查

11.2 大修的工作程序

11.2.1 发动机落地

拆卸发动机总成之前有以下准备工作:
①放冷却液、机油;
②拆卸蓄电池正、负极的连接(要留意视听系统的密码、SRS系统);
③拆卸各部位连接导线(发电机、起动机、点火系统、喷油器、传感器等);
④拆卸制冷压缩机(不要释放制冷剂);
⑤拆卸与发动机或变速器有关的所有附件和管路;
⑥用吊车或举升器从车上将发动机卸下,并可靠地放置。

11.2.2 发动机分解

1. 气缸体曲轴箱组的拆卸

(1) 首先从发动机上拆去燃料供给系统、点火系统、冷却系统、充电系统、起动系统、润滑系统有关部件,以便气缸体曲轴箱组的拆卸;

(2) 拆卸气缸盖罩,拆除凸轮轴等,以便于拆除气缸盖;

(3) 拆卸气缸盖及衬垫(拆气缸盖螺栓和螺母时,要从两端向中间交叉均匀拆卸,可用木锤在缸盖四周轻轻敲击,使其松动,不允许用起子撬气缸盖),拆下的缸盖要侧置;

(4) 倒放发动机,拆下油底壳(拆卸前如油底壳中储有机油,应拧开放油螺塞放尽机油后再拆油底壳)。

2. 活塞连杆组的拆卸

(1) 将要拆下的活塞连杆组转到下止点位置。

(2) 拆下连杆螺母,取下连杆盖、衬垫和轴承,并按顺序放好,以免和其他气缸的连杆盖混淆。

(3) 用手锤木柄推出活塞连杆组,取出后,应将已取下的连杆盖、衬垫、轴承和连杆螺栓等按原样装复,不能错乱。

(4) 用活塞环装卸钳拆下活塞环。

3. 曲轴飞轮组的拆卸

(1) 将发动机放倒,拆下主轴承盖螺栓,取下主轴承,并按顺序放好;

(2) 拆下曲轴,并按原位将主轴承盖摆好,以免混乱,将曲轴竖立放置;

(3) 拆下飞轮固定螺栓,拆下飞轮;

(4) 拆下曲轴正时齿轮等。

11.2.3 清洗、检查

所有零件拆卸完毕后,应清洗零件表面油污,消除磨屑。零件按可用零件、可修零件、需换零件进行分类。并按需要及时进行以下检查与更换:

(1) 易损零件、紧固锁止件全部换新,如自锁螺母、弹簧垫片等;

(2) 燃油系统中的"O"形密封圈必须更换,而且不得使用含硅密封胶;

(3) 检查活塞环的三隙;

(4) 检查主轴承、连杆轴承的径向间隙;

(5) 检查气门的磨损情况,视程度给予更换;

(6) 更换气门室盖与缸体的垫片;

(7) 检测气缸体与缸盖的磨损、变形情况;

(8) 检测缸盖平面的平整度;

(9) 检测进气歧管平面的平整度;

(10) 检测排气歧管平面的平整度;

(11) 检测气门与导管的配合间隙;

(12) 检查气门间隙:进气门应为 0.20～0.25mm,排气门应为 0.25～0.35mm;

(13) 检查气门工作面的位置及宽度;

(14)检查凸轮轴凸轮的高度;
(15)检查凸轮轴轴颈与座之间的间隙;
(16)检测配气正时链条、正时链轮的磨损情况;
(17)检查正时链条张紧装置的工作是否良好;
(18)检测曲轴轴向间隙、曲轴主轴颈、连杆轴颈的磨损情况;
(19)检测曲轴弯曲、扭曲变形情况;
(20)检测润滑系统零部件的工作情况,如机油泵;
(21)检查冷却系统零部件的工作情况,如水泵、节温器、散热器盖;
(22)检查节气门的工作情况。

11.2.4 装配

1. 装配的总原则

(1)复检零部件、辅助总成,性能试验合格;
(2)易损零件、紧固锁止件全部换新,如自锁螺母、弹簧垫片等;
(3)严格保持零件、润滑油道清洁;
(4)做好预润滑,预润滑油必须清洁且品质符合发动机工作要求;
(5)不可互换配合位置的零件,严格按装配标记装配;
(6)零件的平衡、配重位置正确,固定可靠;
(7)尽量使用专用工具装配,按规定紧固力矩、方法和顺序紧固螺栓;
(8)装配间隙必须符合技术条件,但应根据具体情况适当调整。如活塞的配缸间隙,若选择购买数个厂家的活塞,应根据其产品质量规律,总结调整出适合各厂家活塞的配缸间隙值。对于变形的零件,配合间隙调到公差下限,无变形的零件调整到上限等(实践证明都是很有意义的措施)。
(9)电控系统各接头、接线柱要清洁,接触要可靠。燃油系统中的"O"形密封圈必须更换,而且不得使用含硅密封胶。

2. 装配的流程

1)曲轴飞轮组的安装

①将飞轮安装于曲轴后端凸缘盘上,安装时注意原定位标记,然后紧固螺母、螺栓(应对角交叉进行),并按扭紧力矩拧紧;

②在曲轴主轴承端盖上安装并定位好轴承,在与曲轴接触面上涂抹机油;

③将不带油槽的主轴承装入主轴承盖,把各道主轴承按原位装在多道主轴颈上,在与曲轴接触面涂抹机油,将曲轴安装在主轴承内,在曲轴轴颈上涂抹机油,按标记相应位置放置主轴承、曲轴止推片,并按规定扭矩依次拧紧主轴承螺栓,螺栓不得一次拧紧,分二到三次完成,拧紧顺序应按中间到两端交叉进行,拧紧后转动曲轴,检查曲轴转动是否轻松、平稳,以便安装活塞连杆组;

④将曲轴前端正时齿轮、挡油片、前后油封等装上。

2)活塞连杆组的安装

①在气缸壁上、活塞环、活塞侧面涂抹机油;

②用活塞环装卸钳依次装上活塞环,安装时注意扭曲环方向不可装反;

③将各道环端隙(开口隙)按一定角度错开,曲轴转动到下止点,用活塞环箍将活塞环箍紧,用木锤手柄轻敲活塞顶部,使其进入气缸,推至连杆大端与曲轴连杆轴颈连接,装上连杆盖,按规定扭矩拧紧连杆螺母、螺栓。

3)气缸体曲轴箱组安装

①放倒发动机,装上油底壳衬垫及油底壳,拧紧油底壳螺栓时应从中间向两端交叉进行;

②竖直发动机,安装气缸垫和气缸盖,缸盖螺栓应由中间向两端交叉均匀分2～3次按规定扭矩拧紧;

③安装凸轮轴等,安装气缸盖罩等;

④将所拆卸下的其他曲轴连杆机构部件安装到发动机上;

⑤安装发动机附件,如进、排气歧管、水泵、发电机、起动机等;

⑥检查有无未装部件,清洁整理好工具。

活塞连杆组、曲轴飞轮组部分技术要求如下。

①曲轴主轴承径向间隙:0.015～0.04mm,极限0.10mm;

②曲轴轴向间隙:0.020～0.22mm,极限0.30mm;

③连杆轴承的径向间隙:0.02～0.05mm,极限0.08mm;

④活塞环的三隙:端隙0.25～0.44mm,侧隙0.04～0.08mm,背隙0～0.35mm;

⑤主轴颈直径:47.98～48mm(圆度圆柱度极限0.02mm);

⑥连杆颈直径:39.98～40mm(圆度圆柱度极限0.02mm);

⑦气门杆与导管间隙:进气门0.025～0.060mm,排气门0.03～0.065mm;

⑧凸轮轴桃尖高度:进气门41.71～41.81mm,极限41.30mm;排气门:41.96～42.06mm,极限41.55mm;

⑨凸轮轴两齿啮合间隙:0.02～0.20mm,极限0.30mm。

11.2.5 调试

调试工作要点:

①着车前的检查工作(机油、水、电、燃料、各部件的连接,检查发动机是否有故障码);

②起动着车(发动机能快速起动,起动时间不得超过5s);

③真空度(怠速时进气歧管真空度应在57～70kPa之间);

④怠速稳定,怠速波动不大于50转;

⑤加速迅速、顺畅,油门响应跟随性能良好(急加速、急减速过渡圆滑);

⑥高速状态良好,加速迅速,随着节气门开度增大,发动机转速相应增高,中间没有停顿或者忽高忽低的变化;

⑦发动机无异响;

⑧排气颜色正常,排放装置齐全有效,排放污染物限值符合国家有关标准规定;

⑨动力性:气缸压力达到标准值90%以上,发动机额定功率、最大扭矩不低于原设计规定的90%;

⑩发动机最低燃料消耗率不大于原设计规定的105%;

⑪机油压力正常,机油的消耗量符合原设计规定;
⑫水温正常;
⑬无四漏:无水泄露、电泄露、油泄露、气泄露现象;
⑭起动运行后发动机无故障码出现。

 项目小结

1. 发动机大修的步骤
(1)确认问题/症状;
(2)拆卸和分解;
(3)清洁/检查;
(4)装配/安装;
(5)质量检查。
2. 大修的工作程序
(1)发动机落地;
(2)发动机分解;
(3)清洗、检查;
(4)装配;
(5)调试。

 复习与思考

简答题
1. 造成发动机需要进行大修的原因有哪些?
2. 发动机落地有哪些步骤?
3. 质量检查包括哪两方面?

复习与思考题参考答案

项目一

一、单选题

1. C；2. A；3. B；4. B；5. B；6. A；7. B；8. A；9. A；10. A；11. C；12. A；13. B；14. C；15. B；16. D；17. C；18. B；19. B；20. A；21. B。

二、填空题

1. 杂乱无章；2. 润滑油、润滑脂；3. 有毒的；4. 水箱盖；5. 精神；6. 高层主管；7. 素养。

三、判断题

1. √； 2. ×。

四、简答题

1. 答案：汽油、燃料添加剂、机油、变速器油、制动液、蓄电池、安全气囊等物品。

2. 答案：(1)在车间里一定要戴安全眼镜或防护面罩。

(2)当有高强度噪声时，要带耳塞或耳罩。

(3)要穿能够保护脚的靴子或鞋子。不宜在车间内穿运动鞋和休闲鞋。

(4)在汽车上作业时，不要戴手表、珠宝首饰。因金属物品在进行电气作业时，会对设备甚至人员造成伤害。

(5)不穿宽松的衣服，不佩戴长的饰品。因宽松的衣服和饰品很容易卷入旋转的部件。

(6)在会产生灰尘的环境工作时，要戴呼吸器以保护肺。

(7)进行焊接作业时，要戴焊接防护面罩和手套，保护眼睛和皮肤。

3. 答案：要统一规范地存储危险品，使用合格的专门用于存放的存储罐，并贴上标签，存储在指定的地方。

4. 答案：整理(SEIRI)、整顿(SEITON)、清扫(SEISO)、清洁(SEIKETSU)、素养(SHITSUKE)、安全(SECURITY)。

5. 答案：压缩比 = $\dfrac{气缸总容积}{燃烧室总容积}$

6. 答案：$P = Tn/9550$，功率 P 等于扭矩 T 乘以转速 n 除以9550。P——功率，千瓦(kW)；T——扭矩，牛米(N·m)；n——转速，转每分钟(r/min)。

7. 答案：进气行程、压缩行程、做功行程、排气行程。

8. 答案：扭矩是使物体发生转动的一种特殊的力矩。功率是指物体在单位时间内所做的功。

9. 答案：要达到完全燃烧，必须具备四个条件：①空气量适当；②燃油量适当；③在密闭容器中燃烧；④点火时间和点火能量适当。

10. 答案：文丘里效应的原理是当风吹过阻挡物时，在阻挡物的背风面上方端口附近气压相对较低，从而产生吸附作用并导致空气的流动。简单地说就是把气流由粗变细，以加快气体流速，使气体在文氏管出口的后侧形成一个"真空"区。

11. 答案：由于空气是有质量和重量的气态物质，对地球表面就产生了压力。大气压可以定义为地球大气的总重量。

12. 答案：①储存在分子中的化学能。②电子通过电路所需的电能。③能够移动物体的机械能。④由加热形成的热能。⑤辐射能：光产生的能量。⑥太阳能：能够转化为热能或电能的光源能量。

13. 答案：①化学能转化为热能。②热能转化为机械能。③电能转化为机械能。④机械能转化为电能。

项目二

一、填空题

1. 两大　五大；2. 曲柄连杆机构　配气机构；3. 供给系统　冷却系统　润滑系统　点火系统　起动系统；4. 发动机机体　整车铭牌　发动机装饰盖；5. 维修手册　位置图　功能图　装配图；6. 15～22　6～12；7. 维修手册；8. 自锁；9. 非合金　合金钢；10. 点火系统。

二、简答题

1. 答案：维修手册可以为维修技师提供全面的车型及配置信息、维修注意事项和准备事项，科学的故障诊断流程、步骤与方法以及完整的维修数据。维修手册对于维修技师而言，等同于工程作业书，用于指导维修技师按标准完成维修作业。

2. 答案：形状附着、力附着、材料附着。

项目三

一、填空题

1. 活塞　活塞环　活塞销　连杆；2. 气环、油环；3. 相互交错；4. 普通油环　上下刮油片　胀簧；5. 上下；6. 全浮式；7. 连杆小头　连杆大头　杆身；8. 气缸数目　排列方式；9. 全支承曲轴　非全支承曲轴　整体式　组合式；10. 正时齿轮　皮带轮　起动爪；11. 点火正时　点火间隙；12. 中央对称地向四周扩展；13. 冷状态　热状态；14. 凹顶　平顶。

二、选择题

1. B；2. B；3. A；4. A；5. C；6. A；7. B；8. A D；9. C；10. D；11. B D；12. B。

三、判断题

1. √； 2. ×； 3. √； 4. √； 5. √； 6. √； 7. √。

四、名词解释题

1. 全浮式活塞销：发动机运转过程中，活塞销不仅能在连杆小头衬套孔内转动，还能在活塞销转动。

2. 活塞销偏置：活塞销座孔轴线通常向活塞中心线左侧（由发动机前方看）偏移1～2mm，称为活塞销偏置。目的是防止活塞在受气体压力较大的压缩上止点换向时，撞击气缸壁而产生"敲缸"。

3. 曲轴偏置：是指曲轴轴线与气缸中心面的偏置。

项目四

一、选择题

1. A； 2. C； 3. C； 4. A； 5. A； 6. A； 7. D； 8. C； 9. B； 10. C； 11. A； 12. D； 13. B。

二、判断题

1. √； 2. ×； 3. √； 4. ×； 5. √。

三、填空题

1. 气门组 气门传动组；2. 2 1；3. 齿轮传动 皮带传动 链传动；4. 多 大；5. 配气相位；6. 旋向 夹角；7. 正时标记 配气正时 点火正时；8. 锁片 锁块；9. 头部 杆部。

项目五

一、填空题

1. 大 小；2. 谐振进气 可变进气歧管；3. 空气；4. 清洁；5. 涡轮增压器 机械式增压器；6. 一氧化碳（CO） 碳氢化合物（HC） 氮氧化物（NO_x）；7. 100 000r/min；8. 发动机的排量 转速。

二、判断题

1. √； 2. √； 3. √； 4. ×； 5. ×； 6. √。

项目六

一、填空题

1. C_4～C_{10}各种烃类组成，是碳氢化合物（HC）；2. 挥发性、含硫量、辛烷值和添加剂；3. RON 97；4. 容积式泵（滚柱式泵、齿轮式泵）、流体式泵（叶片式泵）；5. 回油管的燃油滤清器、带有无回油系统的燃油滤清器、直流式汽油滤清器；6. 带回油管路的燃油压力调节器、无回油管路的燃油油路调节器；7. 文丘里效应；8. 油箱通风保护、加注通风、运行通风；9. 典型的汽油蒸发控制系统、电磁式燃油蒸发控制系统、带监控的汽油蒸发控制系统；10. 吸附并贮存；11. 锥形喷束、双喷束、气罩式（γ角喷束）；12. 均质燃烧、分层燃烧、均质+分层燃烧；13. 壁面引导混合气燃烧方法、气流引导混合气燃烧方法、喷雾引导混合气燃烧方法；14. 热的汽油、高压泵磨损、动态性能；15. 贮存和分配；16. 滑动电阻阻值。

二、判断题

1. √；2. √；3. √；4. ×；5. ×；6. √。

项目七

一、应会的术语

1. 单火花点火线圈点火系统：一个点火线圈对应一个火花塞（也就是只对应一个气缸），为其提供高压电源。

2. 双火花点火线圈点火系统：每两个火花塞共用一个点火线圈为其提供高压电源。

3. 冷型火花塞与热型火花塞：相对散热量较小的叫作热型火花塞，也就是低热值火花塞；能够大量散热的称为冷型火花塞，也就是高热值火花塞。

4. 火花塞间隙：是指火花塞中心电极与接地电极间的间隙隔距离。

二、填空题

1. 电动机　啮合继电器　啮合传动机构；2. 高启动功能和结构紧凑；3. 起动转矩大且空载转速高；4. 点火控制器　点火线圈　火花塞；5.（略）6. 1—防漏电层；2—柱头螺栓；3—绝缘体；4—收缩和热压配合区；5—特殊导电熔化物；6—不可丢失外密封环；7—带导向凸肩的螺纹；8—耐烧损特殊铬电极（中心电极）；9—耐烧损接地电极；10—绝缘底部；11—呼吸腔；12—内密封环；13—火花塞壳体；14—凸缘环；7. 0.7～1.2mm；8. 平面密封座　锥形密封座；9. B；10. 火花塞吸热与散热能力；11. 绝缘体长度决定的；12. 正常　沉积物过多　熏黑　机油沉积　过热　严重过热　绝缘体底端断裂　形成釉层

项目八

一、填空题

1. 防锈；2. 油楔；3. 压力润滑；4. 机油泵；5. 串联；6. 褶纸；7. 润滑脂；8. 风冷式机油冷却器；9. SAE 黏度；10. 复合式；11. 机油冷却器；12. 飞溅润滑；13. 相对运动；14. 集滤器；15. 并联；16. 纤维滤清材料；17. 黏度；18. 飞溅润滑。

二、判断题

1. ×；2. ×；3. √；4. ×；5. √；6. √；7. ×；8. √；9. √；10. ×；11. √；12. ×；13. √；14. √；15. ×；16. √；17. ×；18. √；19. ×；20. √；21. ×；22. ×；23. √；24. ×；25. ×。

三、选择题

1. B；2. D；3. A；4. C；5. A；6. D；7. B；8. D；9. C；10. C；11. C；12. A；13. C；14. B；15. A；16. B；17. A；18. D；19. B；20. C；21. D；22. D；23. A；24. C。

项目九

一、填空题

1. 风冷 水冷；2. 80～90 ℃；3. 节温器；4. 节温器 冷却风扇 百叶窗；5. 管片式 管带式

二、应会的术语

1. 冷却液小循环：节温器的主阀门关闭、副阀门开启，冷却液不流经散热器而流经节温器的副阀门后直接流回水泵进水口，被水泵重新压入水套。

2. 冷却液大循环：节温器的主阀门开启，副阀门关闭旁通孔，冷却液全部经主阀门流入散热器散热后，流至水泵进水口，被水泵压入水套。

3. 自动补偿封闭式散热器：附带有膨胀水箱的散热器，为了减少冷却液的损失，保证冷却系的正常工作，而采用的将散热器盖蒸汽引入管与一封闭的膨胀水箱相连通的全封闭装置。

三、判断题

1. ×；2. ×；3. ×；4. √；5. ×；6. √；7. ×；8. √；9. ×；10. √。

四、选择题

1. A；2. D；3. A；4. C；5. D；6. A；7. D；8. B；9. C

五、问答题

1. 答案：水泵的功用是对冷却液加压，加速冷却液的循环流动，保证冷却可靠。

2. 答案：发动机工作时，气缸内的气体温度可高达1927～2527℃。若不及时冷却，将造成发动机零部件温度过高，尤其是直接与高温气体接触的零件，会因受热膨胀影响正常的配合间隙，导致运动件运动受阻甚至卡死。此外，高温还会造成发动机零部件的机械强度下降，使润滑油失去作用等。但发动机工作时温度也不能过低，温度过低可使可燃混合气点燃困难或燃烧迟缓，造成发动机功率下降；机油因温度过低而变稠，黏度增大，增加了机件运动的阻力，因温度过低而未完全汽化的燃料对气缸、活塞、活塞环等摩擦表面上的油膜产生冲刷并稀释机油，加剧机件磨损。

3. 答案：温度较低时，石蜡呈固态，主阀门被弹簧推向上方与阀座压紧，处于关闭状态，此时，副阀门开启，冷却液进行小循环，来自发动机水套的冷却液经副阀门、小循环水管直接进入水泵，被泵回到发动机水套内。温度升高时，石蜡逐渐熔化成液态，体积膨胀，迫使胶管收缩对推杆端部产生向上的推力。由于推杆固定在支架上，故推杆对胶管、节温器壳体产生向下的反作用力，推动节温器壳体向下运动，主阀门开始开启，同时副阀门开始关闭。当冷却液温度进一步升高到一定值时，主阀门完全开启，而副阀门也正好关闭小循环水路，此时来自发动机水套的冷却液全部经过散热器进行大循环。

4. 答案：会造成发动机温度过低，特别是低气温时。发动机温度过低可使可燃混合气点燃困难或燃烧迟缓,造成发动机功率下降;机油因温度过低而变稠,黏度增大,增加了机件运动的阻力,因温度过低而未完全汽化的燃料对气缸、活塞、活塞环等摩擦表面上的油膜产生冲刷并稀释机油,加剧机件磨损,混合气燃烧不完全也增加耗油量。

项目十

一、应会的术语
1. 大气污染物:大气污染物是指燃油箱中的蒸发燃油,从气缸壁和活塞之间的漏气,及从排气管排出的废气。
2. 催化转化器:催化转化器是把有害物质(CO、HC 和 NO_x),经过化学反应转化为 H_2O、CO_2、N_2。通常,汽车上使用铂、钯、铱、铑等作为催化剂。在现今的汽车里,大多数汽车使用了三元催化转化器。

二、填空题
1. 燃油蒸发 气缸壁和活塞 排气管;2. 氮气(N_2) 二氧化碳(CO_2) 水(H_2O) 氧气(O_2);3. 1;4. $\lambda < 1$ 和 $\lambda > 1$;5. 1.05~1.1;6.《中华人民共和国环境保护法》《中华人民共和国大气污染防治法》;7. CARB(美国加利福尼亚州空气资源保护局)法规 EPA(美国环境保护局)法规;8. 气体总重量测量方法(市区运转循环工况)。

三、判断题
1. √; 2. √; 3. √; 4. ×; 5. ×; 6. ×。

四、问答题
1. 答案:①三元催化转化器;②废气再循环系统(EGR);③曲轴箱通风装置;④燃油蒸发控制系统;⑤燃烧室改进(挤压区的采用、涡流的形成);⑥直接点火系统(DIS);⑦缸内直喷技术;⑧发动机自动起动/关闭功能(MSA)。

2. 答案:①燃烧室改进(挤压区的采用、涡流的形成);②直接点火系统(DIS);③缸内直喷技术;④发动机自动起动/关闭功能(MSA)。

项目十一

简答题
1. 答案:造成发动机需要进行大修的原因有四个方面:
①新车装配和零部件质量原因导致的故障,比如气环质量原因导致发动机窜气、不正常运作;
②发动机浸水或发生事故导致发动机机械部件的损伤;
③发动机的工作时间过长,机械疲劳或机械磨损过大,需要通过大修更换零部件以延长发动机的正常工作时间;
④因超负荷驾驶原因导致发动机的损伤。

2. 答案:①放冷却液、机油;

②拆卸蓄电池正、负极的连接(要留意视听系统的密码、SRS系统);
③拆卸各部位连接导线(发电机、起动机、点火系统、喷油器、传感器等);
④拆卸制冷压缩机(不要释放制冷剂);
⑤拆卸与发动机或变速器有关的所有附件和管路;
⑥用吊车或举升器将发动机从车上卸下,并可靠地放置。

3. 答案:质量检查包括两个方面,一个方面是在装配过程中的检查运行,比如曲轴装配完后一定要进行扭转的测试,检验装配的误差,否则发动机安装完成后可能会导致再次故障而重新大修;另一个方面是发动机安装到车辆上后,检查各个总成是否工作正常,比如润滑系统、冷却系统等,因各车辆的设计不同,发动机吊装后会引起其他的总成部件的拆卸,也需要重新进行匹配和检查,比如变速器和底盘系统,发动机大修后需要重新匹配和进行四轮定位操作。

参考文献

[1] BOSCH公司. 汽车工程手册[M]. 魏春源译. 3版. 北京：北京理工大学出版社, 2009.
[2] 陈家瑞. 汽车构造[M]. 3版. 北京：机械工业出版社, 2015.
[3] 林振清, 吴正乾. 汽车发动机构造与维修[M]. 山东：中国石油大学出版社, 2017.
[4] 李晶华. 汽车构造与原理[M]. 2版. 北京：机械工业出版社, 2016.
[5] 施托德. 汽车机电技术[M]. 华晨宝马汽车有限公司, 译. 北京：机械工业出版社, 2009.
[6] BOSCH公司. 汽油机管理系统[M]. 吴森等, 译. 北京：北京理工大学出版社, 2009.
[7] 陈新亚. 汽车构造透视图[M]. 北京：北京理工大学出版社, 2009.
[8] 霍尔贝克. 汽车燃油与排放控制系统结构、诊断与维修[M]. 葛蕴珊, 尤可为等, 译. 北京：机械工业出版社, 2007.
[9] 威德尔. 汽车发动机构造与诊断维修[M]. 迟瑞娟等, 译. 北京：机械工业出版社, 2006.
[10] 胡胜. 汽车发动机构造与维修[M]. 2版. 北京：机械工业出版社, 2015.
[11] 张飞, 李军. 汽车使用性能与检测[M]. 北京：清华大学出版社, 2015.